LA SERVANTE ET LA CONSOLATRICE

TEXTES ET TRADITIONS

Collection dirigée par

Marie-Odile GOULET-CAZÉ Richard GOULET Philippe HOFFMANN

3

LA SERVANTE ET LA CONSOLATRICE

La philosophie dans ses rapports avec la théologie au Moyen Âge

études réunies par

Jean-Luc SOLÈRE et **Zénon KALUZA**

PARIS

LIBRAIRIE PHILOSOPHIQUE J. VRIN

6, Place de la Sorbonne, V^e

—

2002

TEXTES ET TRADITIONS

Collection dirigée par

Marie-Odile GOULET-CAZÉ, **Richard** GOULET,
Philippe HOFFMANN

Couverture : Vase du peintre Douris
© *Bildarchiv Preußischer Kulturbesitz* (Staatliche Museen zu Berlin,
Antikersammlung. Kat./Inv.-Nr. : F2285)
Photographie : Johannes Laurentius

Imprimé en France
ISBN 2-7116-1563-4

AVANT-PROPOS

On l'aura deviné, le titre donné à ce recueil d'études [1] fait allusion aux deux figures antithétiques sous lesquelles la philosophie a pu être présentée au Moyen Âge. La moins flatteuse est celle de la servante, selon certaine formule fameuse prêtée à Pierre Damien qui a fait date et mouche: *philosophia ancilla theologiae* [2]. Par cette image, on a voulu refouler toute prétention de la dialectique à enfermer la religion dans les limites de la simple raison, c'est-à-dire à se poser en juge de ce qui dans l'Écriture est recevable ou non. Il faut donc dans cette formule entendre non seulement que la philosophie est enrôlée au service de la théologie, comme auxiliaire plus ou moins bien considérée, pour exécuter certaines tâches, voire de basses besognes; mais surtout qu'elle ne doit pas avoir l'initiative dans la recherche de la vérité ultime. Elle est une suivante de la théologie, il ne lui revient pas d'indiquer le chemin à emprunter, ou de prendre spontanément la parole, de sa propre autorité. Elle ne doit pas se mêler de prescrire ce qui peut être cru. Elle n'a pas son mot à dire, mais doit rester silencieuse devant ce qu'elle ne comprend pas dans la Révélation. Bref elle n'est pas maîtresse, ni chez elle ni chez les autres.

À l'opposé de cette condition servile, Boèce a donné à la philosophie les traits d'une grande dame, pleine de noblesse et de majesté [3], quasi divine [4], en tout cas évoluant entre ciel et terre [5]. À la façon dont elle congédie les Muses de la poésie, on devine qu'elle n'est pas femme à se laisser gouverner [6]. Son auto-

1. Ce recueil est l'aboutissement d'un programme de recherches du Centre d'Études des Religions du Livre (Unité Mixte de Recherche 8584, CNRS / ÉPHÉ). Le séminaire correspondant a également bénéficié de la généreuse hospitalité d'O. Boulnois à l'Institut Universitaire de France.

2. L'expression n'est pas vraiment de lui et déforme même quelque peu sa pensée: voir A. Cantin, introduction à: Pierre Damien, *Lettre sur la toute-puissance divine*, Paris, Cerf («Sources chrétiennes», 191), 1972, p. 250-264. P. Damien écrivait plus exactement: «Quae tamen artis humanae peritia, si quando tractandis sacris eloquiis adhibetur, non debet ius magisterii sibimet arroganter arripere, sed velut ancilla dominae quodam famulatus obsequio subservire, ne, si praecedit, oberret (...)» (*ibid.*, chap. 7, l. 56-59, p. 414). Sur l'histoire de cette image, voir H. de Lubac, *Exégèse médiévale*, t. I, Paris, 1959, p. 74-94.

3. «[M]ulier reverendi admodum vultus» (*Philosophiae Consolatio* 2e éd. Bieler, Brepols, Turnhout [«Corpus Christianorum, series latina» XCIV], 1984, lib. I, 1, l. 3); «sceptrum vero sinistra gestabat» (*ibid.*, l. 22).

4. «[O]culis ardentibus et ultra communem hominum valentiam perspicacibus» (*ibid.*, l. 4-5).

5. «[C]um altius ipsum etiam caelum penetrabat respicientiumque hominum frustrabatur intuitum» (*ibid.*, l. 10-11).

6. «[M]ulier tam imperiosae auctoritatis» (*ibid.*, l. 40).

rité sait se faire toutefois bienveillante et douce, comme celle d'une mère nourricière[7]: elle prodigue donc sa consolation au malheureux condamné. Le point remarquable est que cette consolation est justement de nature exclusivement philosophique, et d'une philosophie issue tout droit de la tradition païenne. On l'a noté depuis longtemps, le vêtement qu'elle porte est celui même d'Athéna, puisqu'il est indiqué par deux fois que, comme la déesse inventeur du tissage, elle a elle-même fabriqué sa tunique[8]. De fait, les discours qu'elle tient pour démontrer que le mal n'est rien et que le cours du monde n'est pas abandonné à un hasard aveugle, sont empreints de l'antique sagesse stoïcienne et néoplatonicienne, à tel point que l'on a pu se demander pourquoi transparaissait si peu de consolation spécifiquement chrétienne chez un auteur qui ne se livrait pas à un simple exercice littéraire mais se trouvait réellement au seuil de la mort – et même, on a pu douter si ce Boèce était bien celui qui avait écrit des opuscules de théologie chrétienne.

Or, on sait que la *Consolatio* a été un des textes de base de la culture médiévale[9], en dehors même des milieux universitaires, et l'allégorie de Boèce a donc répandu une tout autre image de la philosophie que celle d'une humble suivante. Comme le rappelle ici même Th. Ricklin, dans le *Convivio*, Dante « se met en scène en tant que prédicateur d'une morale philosophique » pour un public de laïcs. Lui aussi victime de déboires et à la recherche d'une consolation, il convertit la célébration de la *donna gentile* en celle de *Filosofia*, et raisonne sur la façon dont la bonté céleste peut descendre en nous, telle « un autre Dieu incarné », en laissant la théologie spéculative régner dans un ciel Empyrée dont nous n'avons pas le souci immédiat. Par ailleurs, c'est-à-dire dans les milieux universitaires, il est bien connu que lorsque les spécialistes des « arts » se sont retrouvés en possession d'un corpus doctrinal puissant, celui de l'aristotélisme, ils ont relevé la bannière d'une philosophie qui prétend satisfaire tous les besoins intellectuels et spirituels de l'homme dans cette vie-ci. Ainsi, le maître danois homonyme de l'auteur de la *Consolatio*, Boèce de Dacie, va jusqu'à dire, d'une manière tout à fait provocante pour des théologiens, que :

> Haec est vita philosophi, quam quicumque non habuerit non habet rectam vitam. Philosophum autem voco omnem hominem viventem secundum rectum ordinem naturae, et qui acquisivit optimum et ultimum finem vitae humanae[10].

L'idéal théorétique de la *Métaphysique* ou de l'*Éthique à Nicomaque* est repris tel quel par ceux que l'on nomme les « aristotéliciens radicaux ». Quel

7. « [R]espicio nutricem meam » (*ibid.*, I.3, l. 4).

8. *Ibid.*, I.1, l. 14 ; I.3, l .21-22. *Cf. Iliade* V.734

9. Voir P. Courcelle, *La Consolation de la Philosophie dans la tradition littéraire : antécédents et postérité de Boèce*, Paris, 1967, et M. Hoenen et L. Nauta (éd.), *Boethius in the Middle Ages. Latin and Vernacular Traditions of the Consolatio Philosophiae*, Leyde, Brill, 1997.

10. *De summo bono*, éd. N. G. Green-Pedersen, dans : *Boethii Daci Opera,* vol. VI pars II, Copenhague, Bagge-Gad (« Corpus Philosophorum Danicorum Medii Aevi »), 1976, p. 377, l. 239-242.

chemin parcouru depuis le temps où Pierre Damien, authentiquement cette fois, s'inspirant d'un autre exemple de condition féminine, voulait faire subir à la philosophie, pour l'admettre dans la demeure chrétienne, le traitement qui s'imposait à la captive que l'Israëlite voulait épouser (d'après *Deut.* 21, 10-13) : il lui faut raser sa chevelure (supprimer les théories inutiles), couper ses ongles (retrancher les superstitions), changer de vêtements (dépouiller la vérité des faussetés qui l'enveloppent), porter un mois le deuil de ses père et mère (considérer comme morts les inventeurs des arts libéraux et déplorer qu'ils aient péri dans l'erreur)[11].

Entre ces deux extrêmes, cette condition de stricte sujétion où la philosophie n'est plus elle-même, et cette glorification de la philosophie où rien ne lui est supérieur, il y a évidemment place pour tout un éventail de positions intermédiaires, où sont déclinés sur de multiples modes ses rapports avec la théologie. Il lui arrive même d'avoir simultanément ces deux visages : servante et consolatrice, ou du moins de pouvoir prodiguer quelques consolations tout en demeurant dans la subordination à la théologie. Ainsi Bonaventure, dans le *De reductione artium*, réaffirme que : « toutes les connaissances sont au service *(famulantur)* de la théologie », mais en même temps qu'on puise en elles des consolations *(hauriantur consolationes)*, qui, en vertu de la correspondance systématique entre lumières des sciences profanes et illumination de la Révélation, préfigurent anagogiquement l'union mystique, les « consolations que donne l'union de l'époux et de l'épouse, réalisée dans l'amour »[12]. Une place de choix est donc réservée à la philosophie dans l'itinéraire bonaventurien vers Dieu, pourvu justement qu'elle accepte de se laisser dépasser par un savoir encore plus haut.

On vérifie ainsi encore une fois que P. Vignaux avait bien raison de parler de la « diversité rebelle » du Moyen Âge. Le statut de la philosophie ne se laisse pas réduire à l'unité. Si Philosophie devait se manifester de nos jours, sa tunique ne serait-elle pas en un état encore plus déplorable que lorsqu'elle est apparue à Boèce? Elle aurait sujet de se plaindre à nouveau qu'au Moyen Âge d'autres « brutes »[13] l'ont encore une fois traitée comme leur butin, et en ont arraché des lambeaux en s'imaginant la tenir tout entière[14].

Devant cette multiplicité de conditions possibles de la philosophie, on comprendra qu'il soit difficile aux médiévistes de préciser quel est leur objet, c'est-à-dire ce qu'est la philosophie. Ils ont la maigre excuse de n'être sans doute pas les seuls dans ce cas. Mais cette esquive n'est guère satisfaisante, et l'on attend

11. *De perfectione monachorum*, c. XI, PL 145, 306-307.

12. *De reductione artium ad theologiam*, § 26, Quaracchi, Collegium S. Bonaventurae (« S. Bonaventurae Opera omnia », t. V), 1891, p. 325b (trad. fr. P. Michaud-Quantin *et al.*, *Les Six Lumières de la connaissance humaine*, Paris, Éditions Franciscaines, 1971, p. 85).

13. « Eandem tamen vestem violentorum quorundam sciderant manus et particulas quas quisque potuit abstulerant » (*Cons.* I.1, l. 19-21).

14. *Ibid.*, I.3, l. 18-23.

mieux. Les essais n'ont pourtant pas manqué depuis quelques années, d'autant que sont devenus un sujet d'étude central le sens et la portée des censures ecclésiastiques, notamment de la fameuse condamnation de 1277. Le statut de la faculté des «arts» a fait l'objet d'une attention particulière. Il est celui même d'une philosophie «pure», qui malheureusement se nie elle-même dès lors qu'elle est circonscrite par un règlement. Le domaine des recherches en logique et philosophie du langage est incontestablement très riche et encore inépuisé, mais on ne saurait y borner la philosophie, à moins de donner satisfaction aux modernes analyticiens. La philosophie est bien plus diffuse, au Moyen Âge, que ne le voudrait son assignation à une institution particulière. La question n'est pas: qui est censé faire de la philosophie?, mais bien plutôt: qui en *produit*?

Or, à cette aune, il apparaît que les théologiens ne sont pas en reste. L'argument d'É. Gilson est toujours davantage vérifié par la recherche sur les sources de la philosophie moderne: au vu des thèmes et des idées qu'elle a empruntés à la scolastique, il fallait bien qu'il y eût en cette dernière de la philosophie, et une philosophie qu'elle avait elle-même sécrétée puisqu'elle ne l'a pas empruntée entièrement aux Anciens. L'analyse historique conduit ainsi à admettre que des théologiens aient pu faire œuvre novatrice et durable de philosophes, non sans avoir, d'ailleurs, soigneusement réfléchi sur les rapports de la théologie et de la philosophie, qui ne sont ni d'identité ni d'exclusion.

Loin de nous cependant l'idée de relancer le débat touchant au concept de «philosophie chrétienne» défendu par Gilson. En 1972, au Ve Congrès international de philosophie médiévale, T. Gregory souhaitait à juste titre sortir de cette querelle quelque peu stérile en remarquant que des deux côtés, les adversaires en présence (principalement F. Van Steenberghen et É. Gilson) avaient en commun de chacun choisir d'abord un concept déterminé de la philosophie, pour se demander ensuite si cette philosophie peut recevoir ou non la qualification de chrétienne, en mesurant l'apport spécifique de la foi à cette réflexion[15] (nul par définition si la philosophie consiste, comme le voulait Van Steenberghen, en ce que l'homme élabore sur la seule base de la connaissance rationnelle naturelle; capital au contraire, selon la vision de Gilson). Il nous semble aussi qu'il faut concevoir bien plus empiriquement la tâche de l'historien; il est sage pour ce dernier d'abandonner toute conception *a priori* de la philosophie, et de prendre simplement acte de ce qui s'est pensé dans l'époque qu'il étudie. Pour le dire dans le vocabulaire même de l'École, au lieu de suivre une démarche moderne, c'est-à-dire de partir d'une prénotion de la nature de la philosophie *(quid sit philosophia)*, et de s'enquérir dans un deuxième temps de son existence au Moyen Âge *(an sit)*, il serait plus conforme à l'objet d'appliquer la

15. «La conception de la philosophie au Moyen Âge», dans: *Actas del V congreso internacional de filosofia medieval*, Madrid, Editora Nacional, 1979, p. 55. Voir la réponse de F. Van Steenberghen: «La conception de la philosophie au moyen âge. Nouvel examen du problème», dans: *Philosophie im Mittelalter Entwicklungslinien und Paradigmen*, éd. J. P. Beckman *et al.*, Hambourg, Felix Meiner, 1987, p. 187-199.

méthode aristotélicienne, et de demander d'abord s'il existe quelque chose (ou plusieurs choses) que l'on a nommé au Moyen Âge philosophie – ou aussi que nous pourrions nommer, *quoad nos*, philosophie –, pour rechercher ensuite ce qu'est cette forme de pensée, quelles sont ses spécificités, ses procédures, sa place dans la culture de son époque, si enfin elle a sa consistance propre ou si elle est en dernier ressort réductible à d'autres (dont la théologie).

Comme le remarque M. McCord Adams [16], alors que Van Steenberghen utilisait, pour identifier ce qu'est la philosophie au Moyen Âge, un critère cognitif (est philosophique ce qui est saisissable par la seule raison), Gilson employait un critère fondé sur l'agent (les convictions chrétiennes d'un individu interagissent avec sa formation philosophique pour donner naissance à un système d'idées nouveau intégrant toutes ces données). Cette dernière approche nous paraît plus réaliste, et elle exige avec raison que l'on se refuse à tenter d'isoler des idées philosophiques «pures», comme si un même esprit avait pu cloisonner son activité et engendrer certaines pensées indépendamment du contexte et du sens global de son activité dans son existence entière; bien au contraire, ainsi que le disait T. Gregory, il s'agit de «se rendre justement compte de leur caractère impur, c'est-à-dire lié à la vie réelle des hommes qui les développaient» [17]. Mais si nous allons jusqu'au bout de ce qu'entraîne l'«agent-criterion», la philosophie au Moyen Âge ne nous paraît plus pouvoir être appréhendée autrement qu'au pluriel, et dans la complexité des situations de pensée concrètes. Elle ne se limite pas à une construction appelée «philosophie chrétienne», dont l'unité doctrinale est soit arbitrairement ramenée au contenu d'une seule pensée, soit pauvrement réduite au plus petit dénominateur commun. La «vie réelle des hommes» est celle d'individus différents, dont certains goûtent la consolation d'une antique philosophie retrouvée et célébrée, et d'autres s'efforcent de discuter, de mener des démonstrations et de poser des conclusions rationnelles dans le cadre de problèmes théologiques. Du point de vue des contenus, il semble définitivement impossible de réduire la pensée médiévale à une unité doctrinale, comme par exemple le voulait jadis M. De Wulf, qui croyait pouvoir remarquer qu'au-delà de toutes les divergences, un accord fondamental régnait sur l'absence de «toute communauté d'être entre Dieu et les créatures», «la valeur de la personnalité humaine, l'existence

16. «Reviving Philosophical Theology : Some Medieval Models», dans: *Was ist Philosophie im Mittelalter?* (Akten des X. Internationalen Kongresses für mittelalterliche Philosophie der S.I.E.P.M.), éd. J. A. Aertsen et A. Speer, Berlin, W. De Gruyter («Miscellanea Mediaevalia», 26), 1998, p. 61.

17. *Art. cit.*, p. 53. *Cf. ibid.*, p. 50: «Je ne crois pas qu'on puisse donner *une* philosophie en dehors de ce que furent les conditions historiques de l'activité philosophique», et p. 51 : «Bien différente est la tâche de l'historien: il devra retrouver les diverses façons dont les hommes ont essayé de prendre conscience de leur expérience historique, de construire ce que à chaque fois on a appelé philosophie, de comprendre le sens des différentes tentatives de construire, organiser et justifier des modes d'existence, de définir des orientations devant les problèmes posés par des conditions historiquement déterminées».

d'êtres supérieurs à la matière, l'objectivité du savoir humain»[18]. Ce sont là bien plutôt les données de base d'une certaine représentation du monde, les bornes d'un horizon culturel indépassable à cette époque. À ce compte, on pourrait aussi bien soutenir que toute la pensée occidentale n'a jamais fait que répéter la même chose, car pour un regard extérieur, bouddhiste par exemple, elle a toujours postulé (sauf peut-être le pyrrhonisme) l'existence réelle d'individus. Parler d'*une* pensée médiévale, comme d'*une* chrétienté, n'est qu'un effet de perspective: si l'on s'approche du tableau, la continuité des masses se dissout en une multiplicité de touches.

Pourtant, il n'est pas exclu de donner une certaine spécification de l'objet des études d'histoire intellectuelle médiévale, si l'on accepte de l'appréhender bien plus formellement, pour ainsi dire, que par son contenu. Cl. Bauemker évoquait, à meilleur titre qu'une unité doctrinale, un «patrimoine commun» de la pensée médiévale[19]. Il paraît en effet plus pertinent de définir la philosophie en fonction du donné historico-culturel qu'elle réfléchit. La pensée s'exerce sur des matériaux imposés, dans un espace intellectuel qui est délimité par des présupposés, des adhésions premières à des représentations cosmologiques et physiques, des mythes fondateurs, des certitudes éthiques, des croyances sociales et religieuses, et enfin des textes. De ce point de vue, les fondements de la réflexion médiévale sont suffisamment homogènes pour que l'unité du travail intellectuel se laisse aisément percevoir, non pas dans ses résultats mais dans ses conditions. Que l'on démontre que le monde est éternel, ou au contraire qu'il a eu un commencement, ou encore qu'on ne peut prouver ni l'un ni l'autre, c'est du même cosmos qu'il s'agit, et ce sont les mêmes notions de mouvement, de causalité, *etc.*, qui sont mobilisées. La situation n'était pas la même dans l'Antiquité, où les différences étaient bien plus accusées entre les représentations cosmologiques de l'épicurisme, du stoïcisme et de l'aristotélisme par exemple. Les discours médiévaux s'inscrivent dans un cadre intellectuel davantage resserré, qui explique le caractère de plus en plus technique et subtil des discussions, aboutissant parfois à des différences de position infinitésimales. De là vient aussi qu'un même problème puisse être traité simultanément sur les plans de la théologie, de l'ontologie, de la philosophie naturelle, de la logique. Dans ce traitement, il faut encore souligner l'unité forte des procédures médiévales d'investigation, de discussion et d'enseignement, dans tous les domaines. C'est peut-être même en cette communauté de méthodes que réside la meilleure définition de l'ensemble de la pensée médiévale. Bien que la référence à *Die Geschichte der scholastischen Methode* de M. Grabmann semble s'imposer, elle est aussitôt à démentir, car ce qu'il appelait «méthode» est bien plutôt un programme: rendre compte par la raison des vérités de foi – or, on a très

18. *Histoire de la philosophie médiévale*, 5e éd., Louvain, 1924, p. 17.

19. Voir la présentation des différentes positions historiographiques donnée par R. Schönberger dans *Was ist Scholastik ?*, Hildesheim, Bernward, 1991, p. 20 *sq.*

justement contesté qu'il y ait jamais eu *une* méthode scolastique en ce sens[20]. Si méthode il y a, c'est au sens strict de « système fixé de notions, de distinctions, d'analyses des propositions, de techniques de raisonnement et de méthodes de disputation »[21]. Bien que certains textes spéculatifs médiévaux puissent passer entre les mailles de ce filet, elles sont assez serrées pour circonscrire la philosophie médiévale dans sa spécificité formelle. Ce n'est pas réduire sa définition au simple fait des conventions littéraires et institutionnelles : comme l'a souligné récemment Th. Kobusch[22], la structure objective de ces dernières caractérise nettement la pensée médiévale du point de vue même d'une histoire conceptuelle, car elle est par elle-même porteuse d'un contenu intellectuel, qui détermine une certaine manière de faire de la philosophie (inspirée certes par la philosophie antique tardive, le néoplatonisme grec, latin et arabe, ainsi que par la patristique, mais qui est une synthèse originale). À travers cet ensemble de mécanismes intellectuels, la philosophie médiévale se laisse saisir non pas par son contenu, irréductiblement pluriel, mais comme discussion inlassable et vivante, perpétuellement reprise, suivant des procédures rigoureuses : non pas une *philosophia perennis*, mais une *dialectica perennis*, selon l'heureuse expression de M. Villey[23].

Cette analyse nous permet de revenir sur le rôle des théologiens dans la production de la philosophie médiévale, qui fait spécialement l'objet de ce recueil. Qu'ils réfléchissent sur les universaux ou sur le statut de la métaphysique, il y a bien chez eux de la philosophie, selon le « content-criterion » que propose M. McCord Adams (par distinction d'avec le critère cognitif de Van Steenberghen et l'« agent-criterion » de Gilson) :

> (...) philosophy is theological if God is numbered among its ontological commitments, and is presented as doing one or more theoretical jobs – *e. g.* in value theory, God is the ground of created goodness or Divine commands of obligation ; in philosophy of mathematics, if the Divine essence is the reality that makes necessary truths true (...) Likewise, theology is philoso-

20. Il s'agit bien plutôt d'une reconstruction néoscolastique, tout comme « l'esprit scolastique », défini par exemple par J. Pieper comme l'essai d'une coordination du savoir et de la croyance, reposant sur la conviction que foi et raison ne se contredisent pas, que l'intellect humain est apte à saisir le vrai et que la théologie ne se réduit pas à exprimer par images ou symboles ce dont la philosophie formulerait la vérité en mode conceptuel (cité par J. Follon et J. McEvoy, « Introduction », dans : *Eid.* [éd.], *Actualité de la pensée médiévale*, Louvain-la-Neuve-Louvain-Paris, Éditions de l'Institut Supérieur de Philosophie-Peeters, 1994, p. 11-12). De telles définitions échouent à embrasser l'ensemble de la pensée médiévale, car ceux qui ont mis en opposition philosophie et théologie sont marginalisés et considérés comme davantage représentatifs de l'Antiquité ou de la modernité que du Moyen Âge ; d'autre part, Malebranche ou Leibniz pourraient être alors considérés comme scolastiques.

21. L. M. de Rijk, *La Philosophie au Moyen Âge*, Leiden, Brill, 1985, p. 21.

22. Th. Kobusch (éd.), *Philosophen des Mittelalters : eine Einführung*, Darmstadt, Wissenschaftliche Buchgemeinschaft, 2000, p. 6.

23. *Questions de saint Thomas sur le droit et la politique ou le bon usage des dialogues*, Paris, P.U.F., 1987, p. 74, cité par Ph. Rosemann, « Histoire et actualité de la méthode scolastique selon M. Grabmann », dans : J. Follon et J. McEvoy (éd.), *Actualité de la pensée médiévale*, *op. cit.*, p. 117.

phical if philosophical conceptuality and assumptions are deployed to formulate, explain, and/ or defend theological claims. Notice, my content-criterion deliberately "sits loose" to the issue of the proof. Just as Goldbach's conjecture – that every even number is the sum of two primes – belongs to mathematics because it is about mathematics, whether or not it can be proved in mathematics; so I shall take claims to be philosophical because they are about philosophy (*e.g.*, about the relation between substance and accidents) and/or theological (*e.g.*, about God's being and goodness, about Divine acts in relation to creation and redemption) because they are about theology, whether or not such claims can be proved to every rational human being[24].

Il faut toutefois préciser que ce qui donne leur caractère philosophique à une thèse ou un concept est également le fait qu'ils sont situés dans un référentiel qui les précède, en deçà même de l'argumentation évidemment nécessaire qui les étaye. Si, pour notre part, nous nous mêlions d'avancer une conjecture sur les nombres, il serait douteux qu'elle devienne valable aux yeux de la communauté des mathématiciens: il ne suffirait pas qu'elle parle de mathématiques pour qu'elle soit considérée comme mathématique. Une conjecture digne de ce nom répond à un état donné du savoir mathématique, non tant en ce sens qu'elle en souligne les limites actuelles, mais qu'elle en présuppose la maîtrise et s'y adosse, pour faire éventuellement preuve de fécondité en ouvrant un nouveau champ de recherche. De même, la teneur philosophique du discours tenu par un théologien est validée par son appartenance à une communauté scientifique bien définie: l'université. Autrement dit, l'incessante interférence entre philosophie et théologie au Moyen Âge est rendue possible et nécessaire par le fait que l'assise culturelle et les méthodes de travail de la scolastique, pensée d'école par excellence, sont extrêmement homogènes, comme nous l'avons souligné plus haut. Théologiens et «artiens» ont une même formation, la philosophie leur est un langage commun, et la réflexion des uns et des autres se développe à l'aide des mêmes outils[25]. Lorsque donc un théologien se met à parler sur la substance et les accidents, c'est en se référant à un ensemble d'acquis, ou au moins de couches superposées de discussions, qui font que son propos en cela relève effectivement de la philosophie, même au cas où il entend contester la validité inconditionnelle des principes de cette dernière. Il ne s'agit en effet pas de prétendre que le théologien médiéval élabore nécessairement une théologie philosophique. Cela n'est pas vrai de tous, et c'est même une des tendances lourdes du XIVe siècle que de refermer la théologie sur ses axiomes propres, de manière à la mettre à l'abri soit des critiques soit des errements de la raison naturelle. Mais le rapport de cette «science» à la philosophie est rarement

24. «Reviving Philosophical Theology : Some Medieval Models», *art. cit.*, p. 61.

25. La philosophie ayant été, à partir du XIIIe siècle, la base même de toute formation universitaire, de par le passage obligé à la faculté des arts, il est intéressant d'essayer d'imaginer, comme le propose J. McEvoy («La philosophie du Moyen Âge, la civilisation médiévale et la culture du médiéviste», dans: J. Follon et J. McEvoy [éd.], *Actualité de la pensée médiévale*, *op. cit.*, p.73), ce qu'aurait été la civilisation médiévale si la méthode et le savoir philosophiques avaient complètement disparu à la fin de l'Antiquité: ni la théologie, ni le droit canon, ni les arts libéraux, ni les autres disciplines, comme la médecine ou l'astronomie (la réception de la science arabe étant également passée par la médiation philosophique), n'auraient été ce qu'ils sont devenus.

d'indifférence. La prégnance de la culture philosophique dans l'université est telle que c'est, au besoin, en s'opposant à elle que la théologie se définit et s'affirme. D'autre part, l'une des caractéristiques majeures de cette dernière (on lui en fera précisément grief plus tard) est de viser à une conceptualisation et une systématisation maximales, et son utilisation massive des techniques de pensée de la philosophie la conduit à un constant voisinage avec elle. Symétriquement, les artiens se voient enjoindre de ne pas traiter de problèmes purement théologiques, mais certaines de leurs questions « naturelles » ont inévitablement des implications en théologie, et leurs discussions débordent fréquemment dans son domaine – ne serait-ce, qu'ils le rappellent avec sincérité ou non, que parce qu'ils se sont engagés à ne pas laisser sans réfutation des démonstrations opposées à la foi : d'où la nécessité qu'ils évoquent finalement des arguments propres aux théologiens. Tout irait pour le mieux si chacune des deux disciplines pouvait effectivement rester sur son territoire. Mais au long de leur frontière commune, trop nombreux sont les points de passage, et donc les occasions de friction. Chacune aspire à se constituer comme autonome par rapport à l'autre, et le revendique, mais, paradoxalement, elles ne cessent en même temps de se confronter entre elles. C'est que les formations, les *habitus* intellectuels, les données théoriques et les références textuelles sont trop universellement partagés pour que des interférences ne se produisent pas constamment. Le conflit des facultés ne sera donc jamais apaisé. Les théologiens ne peuvent éviter de faire de la philosophie, comme les philosophes de la théologie.

Au-delà de cette base de références et de méthodes communes qui, mieux que toute déclaration d'intention et de projet intellectuel, définissent le labeur scolastique, il faut tout simplement accepter la multiplicité créatrice de cette époque, comme de toutes les autres. Le XVIIe siècle fut à la fois celui de Spinoza et de Pascal, de La Mothe Le Vayer et de Mme Guyon. De même, en 1327, Eckhart et Ockham étaient tous deux à Avignon pour être jugés par la curie pontificale. Entre ces deux esprits si différents, voués à ne pas se comprendre (Ockham prit Eckhart pour un fou), un seul point commun, semble-t-il : celui d'être mis en accusation. Pourtant, tous les deux, et leurs censeurs aussi, appartenaient à la même culture.

C'est cette diversité qu'il s'agit d'honorer dans notre recueil. Lors de son intervention déjà mentionnée, T. Gregory remarquait que les disputes sur les universaux entre Roscelin et Abélard étaient liées à la doctrine de la Trinité[26]. C'est ce qu'illustrent ici les études d'A. Maierù et de M. Hoenen. La première montre que le quatrième concile du Latran, en condamnant Joachim de Fiore et reprenant la thèse de Pierre Lombard – selon laquelle il y a une *summa res* qui, sans être un quatrième terme, est en même temps les trois personnes et chacune d'entre elles prise individuellement –, suit l'interprétation « identitaire » réaliste

26. « La conception de la philosophie au Moyen Âge », *art. cit.*, p. 52.

des universaux, alors que Joachim adoptait la version de la « non-différence » ou de la *collectio*. Les parallèles effectués avec la même problématique au XIVe siècle sont confirmés par M. Hoenen et son analyse des thèses de Marsile d'Inghen, Pierre d'Ailly et Jean Wyclif: la question des universaux ne concerne pas seulement la philosophie, mais devient un véritable critère d'orthodoxie chrétienne, aussi bien selon des tenants du réalisme que selon leurs adversaires. Wyclif, particulièrement, fait de cette doctrine une véritable clé de compréhension de la Révélation. Dans la même veine, la contribution de P. Bakker, également consacrée au XIVe siècle, étudie les répercussions du dogme eucharistique sur l'ontologie, avec la ligne de partage entre ceux qui, comme Jean Buridan, acceptent de réformer la notion d'accident, et ceux qui, comme Jean de Jandun ou Marsile d'Inghen, préfèrent s'en tenir à la définition aristotélicienne et acceptent par là une scission complète de la raison et de la foi.

Avec pour contrepoint l'entreprise originale de Dante, dont nous avons déjà parlé, l'apport philosophique du XIIIe siècle et du XIVe commençant est illustré par le travail original de théologiens tous deux franciscains, et pourtant très différents l'un de l'autre. En affirmant la possibilité d'une connaissance intellectuelle intuitive d'un existant comme existant, comme lorsque l'âme s'appréhende elle-même, Jean Duns Scot a franchi un pas tel que, écrit G. Sondag, il nous est impossible d'en revenir à Aristote parce que désormais « il ne correspond plus ni à notre attente, ni à notre expérience ». Quant à Roger Bacon, comme le montre C. Trottmann, s'il entend réformer le savoir sur la base d'une connaissance par expérience, c'est pour des raisons morales et religieuses plus qu'épistémologiques. Il est de ceux qui enrôlent la philosophie au service de la théologie (laquelle est première selon une subalternation par les fins), mais il définit en fait une « démocratie des savoirs où les services sont mutuels entre la reine et ses suivantes ». La théologie fournit à la philosophie en son sommet éthique un « supplément d'âme métaphysique », qui, dans l'esprit de Bacon, doit rendre possible une attraction des autres religions dans l'orbe du christianisme, dont le discours rationalisant est le plus universaliste.

Les contributions précédentes donnent donc à voir des cas concrets et réfléchis de production ou d'utilisation de philosophèmes dans le monde des théologiens. Quant à la recherche d'une définition d'ensemble de la philosophie au Moyen Âge, elle a été récemment relancée sous un autre angle par les analyses de P. Hadot portant sur la nature et le devenir de la notion antique de la philosophie. Selon lui, le Moyen Âge marque une rupture en ce qu'il a réduit la philosophie à être un pur discours conceptuel, démis de la charge de donner sens et corps à la sagesse, au profit exclusif de la religion. L'étude de J.-L. Solère entre en débat avec cette thèse, et en prend occasion pour essayer de cerner quelle était l'intention même qui présidait chez les théologiens à la construction laborieuse et proliférante d'un savoir qui se veut à la fois théorique et pratique. Dans la perspective d'une recherche de la sagesse qui est en fait la prolongation de l'effort antique, cette production intellectuelle peut être nommée simplement « la philosophie des théologiens » : philosophie tout de même, bien que produite par des théologiens, parce que spécifiée par son objet, comme l'était inversement la «théologie» (naturelle) des philosophes anciens. Partant de la même interrogation sur la nature de la philosophie médiévale, O. Boulnois examine les différentes figures qu'a prises sa partie spéculative la plus haute, la métaphysique. Comprise d'abord, en fonction du legs néoplatonicien, comme *protologie*, doctrine du principe, elle entrait ainsi en concurrence directe avec la doctrine révélée. C'est en fait avec le travail de délimitation de son objet par les théologiens, sur la base d'une analyse critique de la portée de la raison humaine, que s'est constituée la figure moderne de la métaphysique, conçue préférentiellement comme science de l'étant en général, plutôt que comme mode d'accès au premier des étants. L'apport du Moyen Âge à la philosophie ne se trouve donc pas seulement dans la conceptualisation d'idées religieuses, selon un processus de transfert que justifiait fort bien P. Vignaux[27]. La stricte séparation, à l'inverse, de la philosophie et de la théologie est encore un acte philosophique, et qui peut être opéré par des théologiens.

Ainsi, avec les études réunies dans ce volume, à défaut d'une improbable définition unique et exhaustive de la philosophie au Moyen Âge, on espère seulement confirmer le caractère indispensable du détour par le Moyen Âge dans l'étude de l'histoire de la philosophie.

J.-L. Solère

27. «Envisagé dans sa généralité, un passage de la théologie à la philosophie ne nous semble pas faire plus de problème que n'en faisait, pour l'école sociologique d'Émile Durkheim, l'origine religieuse des catégories. Évoquant les sources mystiques de l'idéalisme allemand, Victor Delbos remarquait qu'"il est vain de présumer que tout ce qui est susceptible de prendre un sens rationnel doit nécessairement entrer dans le monde et dans l'esprit humain par la voie de la simple raison". Même si l'on n'est intéressé qu'aux origines médiévales de la philosophie moderne, il convient de ne pas restreindre l'étude du Moyen Âge spéculatif à ce qu'on peut discerner de théologie naturelle, *pars philosophiae* envisagée à part de la *doctrina sacra* spécifiée par son fondement scripturaire, son rapport à la parole divine» (*De S. Anselme à Luther*, Paris, Vrin, 1976, p. 15). Par exemple, «la doctrine du Verbe éclaire l'analyse de l'acte et de l'objet du connaître humain» (*ibid.*, p. 224).

JEAN-LUC SOLÈRE

LA PHILOSOPHIE DES THÉOLOGIENS

La sagesse, quelle qu'en soit la définition, nous tient tant à cœur qu'elle peut difficilement demeurer une entité abstraite. Dans l'attente de l'imaginaire collectif, elle doit prendre corps, s'incarner dans une figure qui la rend visible et la réalise. Qui peut prétendre à être le support de cette épiphanie ? Pour ceux qui sont en Occident à l'origine de la quête d'une sagesse délibérée, construite méthodiquement et rationnellement, qui se distingue ainsi de la sainteté, du prophétisme, de la transe aussi bien que du bon sens populaire, pour les Grecs donc, c'est indubitablement le philosophe qui doit lui donner chair, conformément à la visée, même si elle est empreinte de modestie, qui s'annonce par son nom. Certes, comme le remarque P. Hadot, on nomme aussi bien « sage » ou « philosophe » celui qui n'est pas un spécialiste de la pensée, mais de l'action, comme Caton d'Utique[1]. Mais du moins le philosophe, même dans son sens le plus spéculatif, se définit par rapport à cette sagesse qui inclut une mise en pratique, même si elle ne s'y borne pas[2]. Peut-être y tend-il seulement, comme le précisait Pythagore[3], et peut-être le sage est-il plus rare que le phénix, comme l'avouaient les Stoïciens. Mais la philosophie antique se fixe comme but et réalisation d'elle-même cette sagesse qui ne se dépose pas seulement dans un système mais s'incarne en une existence, à tel point que c'est sur sa vie et ses actions que l'on peut juger et réfuter un philosophe (ainsi peut-on comprendre qu'une doxographie comme celle de Diogène Laërce s'attarde sur les détails – qui pourraient parfois passer pour des ragots – de la vie, qui n'est pas encore « privée », des penseurs recensés).

Or celui qu'on appelle aujourd'hui philosophe n'est plus forcément une figure de la sagesse, ne serait-ce qu'en projet, mais une figure du savoir. Pour être

1. Voir P. Hadot, *Qu'est-ce que la philosophie antique ?* [= *PA*], Paris, Gallimard (« Folio essais »), 1995, p. 266. Voir aussi la description de la figure du sage p. 336 *sq*.

2. Voir les définitions de « sagesse » et « philosophie » données par J. Domański dans : *La Philosophie, théorie ou manière de vivre ?*, Paris-Fribourg, Éditions du Cerf-Éditions universitaires de Fribourg (« Vestigia », 18), 1996, p. 3-7.

3. *Cf.* Cicéron, *Tusculanes* V.3.7-9, et Diogène Laërce VIII.8.

appelé tel, il faut et il suffit par exemple de passer des examens et des concours où sont requis une certaine compétence intellectuelle, une maîtrise dans l'analyse et la combinaison des concepts, et une solide information historique[4]. En dehors même du cadre institutionnel, une récente définition de la philosophie, par G. Deleuze et F. Guattari[5], caractérise celle-ci comme une activité créatrice de concepts, donc plus comme une production intellectuelle que comme une recherche de sagesse (dans la mesure où un travail intellectuel, même s'il est un choix de vie, ne peut informer à lui tout seul l'existence).

D'où la question qui va nous occuper ici : à partir de quand le philosophe renonce-t-il à l'ambition d'être une figure de la sagesse, pour être un intellectuel, dont la fonction critique, revendiquée comme étant l'héritage de Socrate, a pourtant moins trait à la conduite concrète de la vie personnelle qu'à la discussion théorique – si ce n'est à la simple critique historique, lorsque le philosophe devient un historien spécialisé – ? En voyant dans le Moyen Âge le tournant où la philosophie a pris la configuration que nous lui connaissons, P. Hadot a suscité l'intérêt et les interrogations de nombreux médiévistes, qui ont saisi l'occasion de ce débat pour réexaminer, sous ce nouveau biais, le problème du statut de la philosophie dans la période qu'ils étudient[6].

LES TECHNICIENS DE LA RAISON ET LE VIN DE LA SAGESSE

Le canon kantien

Si le philosophe antique, un Épicure ou un Marc-Aurèle, passe pour le type même du sage, il est pourtant clair que le souci de sagesse n'est pas absent chez certains auteurs modernes, à commencer par Descartes, tout comme chez Spinoza, Schopenhauer ou Alain, pour ne citer arbitrairement qu'eux, et pour ne point parler de quelques réactualisations contemporaines. Kant lui-même, le créateur et l'organisateur de concepts par excellence, distingue le vrai philosophe

4. Voir l'article de P. Hadot sur Thoreau : « Il y a de nos jours des professeurs de philosophie, mais pas de philosophes ... », dans : *L'Herne*, « Henry D. Thoreau », Paris, 1994, p. 188-193. Voir aussi J. Follon : *'Ακολουθεῖν τῷ θεῷ (« Suivre la Divinité »). Introduction à l'esprit de la philosophie ancienne*, Louvain-Paris, Peeters, 1997, p. 15-18.

5. *Qu'est-ce que la philosophie ?*, Paris, Éditions de Minuit (« Critique »), 1991, p. 10-14.

6. Voir par exemple, outre la contribution d'O. Boulnois au présent volume, C. Steel : « Medieval Philosophy : an Impossible Project? », dans : *Was ist Philosophie im Mittelalter ?* (Akten des X. Internationalen Kongresses für mittelalterliche Philosophie der S.I.E.P.M.), éd. J. A. Aertsen et A. Speer, Berlin, W. De Gruyter (« Miscellanea Mediaevalia », 26), 1998 ; J. A. Aertsen, « Mittelalterliche Philosophie : ein unmögliches Projekt? Zur Wende des Philosophieverständnisses im 13. Jahrhundert », dans : *Geistesleben im 13. Jahrhundert*, éd. J. A. Aertsen et A. Speer, Berlin, W. De Gruyter (« Miscellanea Mediaevalia », 27), 2000 ; A. Speer, « Philosophie als Lebensform ? Zum Verhältnis von Philosophie und Weisheit im Mittelalter », *Tijdschrift voor Filosofie*, 62 (2000).

de ceux qu'il appelle les « artistes de la raison » *(Vernunftkünstler)*[7]. Ces derniers relèvent du « concept d'école » ou « concept scolaire » *(Schulbegriff)* de la philosophie[8], « celui d'un système de la connaissance, qui n'est recherché que comme science *(Wissenschaft)*, sans avoir pour but davantage que l'unité systématique de ce savoir, et par conséquent la complétude logique de ce savoir »[9]. C'est au contraire le « concept cosmique » *(Weltbegriff, conceptus cosmicus)*, qui a toujours servi de fondement à la dénomination de la *philo-sophia*, précisément quand on la personnifiait dans le modèle idéal du philosophe[10]. Heidegger fait remarquer qu'ici le concept de « cosmos », de « monde », a une signification non point cosmologique mais existentielle[11], selon la définition que Kant lui-même en donne dans *L'Anthropologie d'un point de vue pragmatique*[12] :

> Le plus important objet dans le monde, auquel l'homme puisse appliquer tous les progrès de la culture, c'est *l'homme*, parce qu'il est à lui-même son but ultime. Le connaître selon son espèce, comme un être terrestre doué de raison, tel est ce qui mérite tout particulièrement le nom de *connaissance du monde*, quoique l'homme ne soit en fin de compte qu'une partie des créatures terrestres[13].

C'est selon cette perspective qui privilégie le sens à donner à l'existence humaine, que la philosophie doit être définie comme « la science du rapport de toute connaissance aux fins essentielles de la raison humaine *(teleologia rationis humanae)* », et que le philosophe ne doit pas se borner à être « un artiste de la raison », mais doit être « le législateur de la raison humaine »[14]. En ce sens, disent plus simplement les *Leçons de Métaphysique*, la philosophie est « la

7. La distinction est signalée par P. Hadot dans *PA*, p. 402. Le nom d'artiste paraît convenir particulièrement bien à ce que Deleuze et Guattari ont en vue, dans la mesure où ils revendiquent pour le philosophe une activité créatrice comparable à celle de l'artiste. Nous verrons plus loin une autre possibilité d'explication de ce terme.

8. Les traducteurs, en écrivant habituellement « scolastique », risquent de laisser entendre que Kant s'en prend avant tout à la période médiévale, comme si la tournure d'esprit ainsi caractérisée était purement historique, et ne concernait pas aussi la pratique scolaire de la philosophie, le monde universitaire, du temps de Kant comme du nôtre.

9. *Critique de la Raison pure*, A 838 / B 866, dans *Œuvres philosophiques*, t. I, Paris, Gallimard (NRF, « Bibliothèque de la Pléiade »), p. 1389.

10. *Loc. cit.*

11. *Ce qui fait l'être essentiel d'un fondement ou « raison »*, trad. fr. H. Corbin, in *Questions I*, Paris, Gallimard (NRF, « Classiques de la Philosophie »), 1968, p. 126. Voir aussi P. Hadot, *PA*, p. 403.

12. Préface, citée par Heidegger, *ibid.*, p. 126.

13. Cette connaissance cosmologique est donc la connaissance de ce que l'homme « peut et doit faire de soi-même », comme « citoyen du monde » *(Weltbürger)*, doué d'« existance » dans une communauté historique et non en tant qu'appartenant au cosmos « comme une espèce animale parmi d'autres » (Heidegger, *op. cit.*, p. 127). Ce sens existentiel de « monde » se retrouve dans les expressions « avoir l'expérience du monde », « avoir l'usage du monde ». « De cette "connaissance du monde" entendue comme une "expérience de la vie" et une compréhension de l'existance, Kant distingue le "savoir d'école" » (*ibid.*, p. 128).

14. *Critique de la Raison pure*, A 839 / B 867, *ed. cit.*, p. 1389.

science des fins dernières de la raison humaine»[15]. Mais cette science n'est pas purement théorique, indifférente à la pratique. La philosophie selon son «concept cosmique» a pour objet les buts universels qui valent pour tout homme, alors que selon son concept scolaire, elle n'indique qu'une compétence particulière (le maniement formel des systèmes). Le *Vernunftkünstler*, justement, «ne tend qu'au savoir spéculatif sans voir dans quelle mesure celui-ci concourt à la fin dernière de la raison humaine. *Le vrai philosophe est le philosophe pratique*»[16]. Ou encore, dit la *Logique*, l'artiste de la raison n'est autre que celui que Socrate nomme «philodoxe»[17], alors que le «philosophe pratique» ou «vrai philosophe» est «le maître de la sagesse par la doctrine *et par l'exemple*»[18]. Incontestablement, Kant retrouve ici l'intuition antique selon laquelle la philosophie n'est adéquate à son essence que lorsqu'elle ne reste pas un discours, mais trouve à s'incarner dans une figure concrète. Le philosophe, va-t-il jusqu'à dire, «est alors mieux caractérisé par son attitude que par sa science»[19], bien qu' «on nomme habituellement philosophes tous ceux qui ne font que s'épuiser sur des concepts, sans se soucier de savoir à quoi ils servent»[20].

Cependant, si Kant donne apparemment le primat à la *vie philosophique* sur la pure spéculation intellectuelle, il n'est pas assuré qu'il entende dans le même sens qu'un Ancien que «le vrai philosophe est le philosophe pratique» (c'est-à-dire, au sens où Caton d'Utique serait ainsi un vrai philosophe). En effet, il distingue nettement deux significations de «pratique», ou de «principes pratiques». Traitant des divisions de la philosophie, il affirme que la partie morale ou «pratique» (portant sur l'agir) de celle-ci ne s'occupe pas de «pratique» (d'application) au sens où elle traiterait des règles ou des techniques pour la conduite effective de soi[21]. Elle n'énonce que la législation pratique de la raison d'après le concept de liberté, c'est à dire les normes rationnelles qui s'imposent à la volonté considérée comme cause libre, et non les lois du mécanisme des causes naturelles, desquelles fait aussi partie la volonté considérée comme

15. *Leçons de Métaphysique* [= *LM*], trad. M. Castillo, Paris, Le Livre de Poche («Classiques de la philosophie»), 1993, p. 118.

16. *LM*, p. 118. Je souligne. *Cf. loc. cit.* : «Dans son sens scolastique, la philosophie ne tend qu'à l'habileté mais, dans son sens cosmopolitique, elle tend à l'utilité. Dans la première acception, la philosophie est la doctrine de l'habileté, mais dans la seconde, de la sagesse».

17. *Cf. Rep.* V 480 a. Il s'agit de celui qui ne s'attache qu'aux images de la beauté, de la justice, etc., et refuse de regarder vers la beauté ou la justice en soi : il ne s'intéresse donc qu'à des choses qui ne sont pas purement belles ou justes, qui sont intermédiaires entre l'être véritable et le néant, et qui relèvent non point de la science mais de l'opinion. De même pour Kant, peut-on penser, l'artiste de la raison ne s'intéresse qu'aux ektypes de la philosophie, tel ou tel système particulier, et non à l'archétype de la philosophie, qui n'est d'ailleurs jamais totalement réalisé.

18. Trad. L. Guillermit, Paris, Vrin, 1979, p. 24.

19. *LM,* p. 119.

20. *Ibid.*, p. 120.

21. *Critique de la Faculté de juger*, trad. A. Philonenko, Paris, Vrin, 1979, p. 21-23.

faculté de désirer. Autrement dit elle n'a pas pour objet les principes qui déterminent la volonté dans le domaine des faits, mais uniquement ceux qui la déterminent dans le domaine du devoir. C'est cette dualité des ordres de principes qui fait que « pratique » peut s'entendre en deux sens :

> Si le concept qui détermine la causalité est un concept naturel, les principes sont *pratiques techniquement* ; mais si c'est un concept de la liberté ils sont *pratiques moralement* <...>[22].

Les principes pratiques techniquement sont donc ceux qui permettent d'agir sur la faculté de désirer de façon à écarter les obstacles naturels (égoïsme, sensualité, paresse ...) à l'application de la loi morale. En somme ce sont les conseils « pratiques » (en un sens populaire), méthodiques, les règles de sagesse, qui aident à réaliser la moralité. Mais Kant, on le voit, les exclut du champ de la philosophie pratique :

> Toutes les règles techniques-pratiques (c'est-à-dire celles de l'art et de l'habileté en général ou aussi de la prudence[23] comme habileté à agir sur les hommes et leur volonté) ne doivent, dans la mesure où leurs principes reposent sur des concepts, être comptées que comme des corollaires de la philosophie théorique[24].

Le coup de force qu'il opère est d'expulser de la morale proprement dite ces règles de conduite, ces préceptes qui en faisaient jusqu'ici partie, et de les transférer au domaine de la « philosophie théorique », c'est à dire de la « science de la nature »[25], et encore seulement au titre annexe de corollaires. De même, explique-t-il[26], que l'arpentage n'est pas de la « géométrie pratique » mais une simple technique subordonnée à la géométrie pure, pareillement « la doctrine générale du bonheur » et « l'art de réfréner et de dompter les passions » ne sont pas la philosophie pratique parce qu'ils ne sont que des techniques dont la fin est de « produire un effet possible d'après les concepts naturels des causes et des effets ». Leurs règles sont de simples conséquences des lois de la nature, et c'est pourquoi ils ne sont que des appendices de la science de la nature, mis par Kant au même rang que « l'économie domestique, rurale, politique, l'art des relations sociales, les prescriptions de la diététique »[27].

Il est vrai que, dans les *Fondements de la métaphysique des mœurs*[28], Kant fait des impératifs hypothétiques de l'habileté (la diététique par exemple) les impératifs proprement techniques, tandis que ceux de la prudence sont nommés *pragmatiques* (ayant rapport au bien-être moral). Mais il reste que le transfert de la prudence (ou de la sagesse ou de la recherche du bonheur) du côté de la

22. *Ibid.*, p. 22.

23. Est évidemment ici visée la notion aristotélicienne de prudence (φρόνησις : capacité de délibérer sur le contingent et le particulier, vertu qui permet le discernement dans la conduite de la vie), qui, précisément, est avant Kant étudiée traditionnellement en morale.

24. *Ibid.*, p. 22.

25. *Ibid.*, p. 23, l. 5.

26. *Ibid.*, p. 22-23.

27. *Ibid.*, p. 22.

28. 2e section, trad. V. Delbos, Paris, Vrin, 1980, p. 88.

science est loin d'être une promotion. Le concept du bonheur étant de toute façon, d'après Kant, si indéterminé qu'il n'est qu'un « idéal de l'imagination » incapable de déterminer une loi de l'agir[29], il ne saurait y avoir de science du bonheur. Celui-ci ne relève guère que de *l'anthropologie du point de vue pragmatique*, qui développe quelques considérations empiriques sur la faculté de désirer, l'émotion, la passion[30].

On a nettement l'impression que ce qu'on appelle communément sagesse, l'art de vivre bien, la modération des passions, la recherche du bonheur, devient la moindre part de la philosophie. De fait, si Kant leur réserve encore une place même modeste au sein de la « philosophie théorique » (entendue comme science de la nature), il semble que les disciplines qui se sont par la suite détachées de la philosophie, les « sciences humaines », en aient emporté le soin avec elles. Le philosophe paraît avoir abandonné l'art du bonheur, la guérison des passions, à de vrais techniciens (empiriques de science incertaine), à des « spécialistes » du bien-être, dont le nom commence généralement par « psy ». Lorsque le philosophe discute des valeurs, il ne se soucie guère de la manière de les appliquer. Il est un intellectuel, non un « amant de la sagesse »[31].

La pratique antique

En prenant la position kantienne comme référence pour décrire la conception moderne de la philosophie, on peut mesurer l'écart qui s'est creusé avec celle de l'Antiquité. En effet, comme y a insisté P. Hadot[32], la philosophie n'est pas,

29. *Fondements ...., op. cit.*, p. 91. *Cf. ibid.*, p. 90 : « malgré le désir qu'a tout homme d'arriver à être heureux, personne ne peut jamais dire en termes précis et cohérents ce que véritablement il désire et il veut » (en matière de bonheur).

30. La *Doctrine de la vertu* ne traite que des devoirs moraux. D'après Kant, la vertu (force morale de la volonté) comprend un *devoir* d'*apatheia* (impassibilité) c'est à dire une défense de se laisser dominer par les sentiments et les affections (y compris l'enthousiasme pour le bien : la vertu ne requiert que « la tranquillité de l'âme avec la décision ferme et réfléchie de mettre la loi en pratique » – Introduction, § XVI et XVII, trad. A. Philonenko, Paris, Vrin, 1968, p. 80-81). L'exercice ou culture de la vertu (ascétique morale) a pour règle d'avoir l'âme « courageuse et gaie », d'éprouver la joie, le contentement dans l'accomplissement du devoir (qui suppose de sacrifier « bien des joies de la vie » – Méthodologie éthique, § 53, p. 162-163). Mais tout le problème est de savoir *comment* parvenir à l'*apatheia*, la tranquillité d'âme, *comment* avoir l'âme courageuse et joyeuse même dans le renoncement. C'est là que devraient intervenir les règles pragmatiques. Au juste, pour les Anciens, elles conduisent à persuader l'âme qu'elle ne se sacrifie pas à la sagesse, qu'elle ne renonce pas à de vraies joies de la vie.

31. *Cf.* le manuel de M. Gourinat (*De la Philosophie*, Hachette, 1982, t. I, p. 186) : la *sophia* n'est pas la sagesse, mais « un savoir essentiellement abstrait, qui n'a avec la conduite pratique de la vie quotidienne qu'un rapport lointain et indirect » (cité par R.-P. Droit, dans *L'Oubli de l'Inde*, P.U.F., 1989, p. 44).

32. Voir *PA*, et *Exercices spirituels et philosophie antique* [= *ES*], 2e éd. revue et augmentée, Paris, Études augustiniennes, 1987.

pour la plupart des écoles anciennes, seulement une doctrine abstraite, une théorie, mais une discipline (au sens fort) de l'âme, une direction spirituelle destinée à transformer de l'intérieur l'apprenti-philosophe. Ainsi qu'en avertit Porphyre :

> la contemplation qui nous conduit au bonheur ne consiste pas en une accumulation de raisonnements ni en une masse de connaissances apprises (...) bien loin que toute sorte de connaissance puisse réaliser pleinement la contemplation, les connaissances portant sur les étants essentiels en sont elles-mêmes incapables, s'il ne s'y ajoute *une seconde nature et une vie conforme à ces réalités*[33].

Ou encore :

> on n'est pas cultivé pour avoir appris toutes sortes de connaissances, mais pour s'être affranchi des passions de l'âme[34].

C'est pourquoi il ne suffit pas de connaître les thèses de la doctrine : il faut les faire siennes, se les incorporer par des méditations répétées, qui sont conduites selon une méthode précise. La philosophie antique ne néglige pas d'indiquer des techniques qui peuvent avoir un effet psychologique bien défini, une répercussion affective, menant à une réelle transformation de l'individu, dans toutes ses dimensions[35]. « La première et la plus nécessaire partie de la philosophie », dit ironiquement Épictète, n'est pas la logique ou la métaphysique, « mais celle qui traite de la mise en pratique des principes »[36]. Polémon, successeur de Xénocrate à l'Académie, critique ceux dont on admire les argumentations mais qui se contredisent dans leurs dispositions intérieures :

> il vaut mieux s'exercer dans les difficultés de la vie que dans les questions dialectiques[37].

33. *De l'abstinence*, I.29, 1-2, trad. J. Bouffartigue, Paris, Les Belles Lettres (« Collection des Universités de France »), 1977, p. 63.

34. *Lettre à Marcella*, 9, trad. É. Des Places, Paris, Les Belles Lettres (« Collection des Universités de France »), 1982, p. 110.

35. Aucun traité de *théorie* des exercices ne nous a été conservé, mais nous savons par Diogène Laërce (VII.166-167) qu'existaient plusieurs ouvrages stoïciens *De l'exercice*. De plus, Philon d'Alexandrie a transmis deux listes d'exercices : recherche *(zetesis)*, examen approfondi (*skepsis*), lecture, audition, attention *(prosoche)*, maîtrise de soi *(enkrateia)*, indifférence aux choses indifférentes (*Quis rerum div. heres*, § 253) ; lectures, méditation *(meletai)*, thérapie des passions, souvenir de ce qui est bien, maîtrise de soi, accomplissement des devoirs (*Leg. Alleg.*, III.18). D'une manière générale, P. Hadot (*ES,* p. 18) estime que « les allusions à telle ou telle de ces activités intérieures sont très fréquentes dans les écrits de l'époque hellénistique et romaine. Il faut en conclure que ces exercices étaient bien connus parce qu'ils faisaient partie de la vie quotidienne des écoles philosophiques, qu'ils faisaient donc partie d'un enseignement oral traditionnel ». Les *Pensées* de Marc-Aurèle semblent bien être une application de ces exercices spirituels, un cahier d'écolier en quelque sorte, où l'empereur applique systématiquement des règles de méditation bien définies, codifiées, destinées à le faire progresser dans la voie de la sagesse (voir P. Hadot, *PA,* p. 272). On s'expose à un contre-sens majeur en les considérant comme un journal intime dans lequel l'empereur note ses sentiments, ses états d'âme (voir l'analyse de P. Hadot, « La physique comme exercice spirituel, ou pessimisme et optimisme chez Marc-Aurèle », dans *ES,* p. 119-133).

36. *Manuel*, LII.

37. Diogène Laërce, IV.18-19.

C'est donc à un travail effectif sur les sentiments que vise la philosophie antique, à une purgation des passions. Elle ne consiste pas dans l'enseignement d'une théorie pour elle-même, mais essentiellement en une pratique : « la philosophie enseigne à faire, non à dire »[38]. Elle est un exercice, une ascèse[39] : elle exige plus qu'un effort de bonne conduite[40], car elle vise à une transformation de la vision du monde, voire à une métamorphose de la personne. Son domaine ne se trouve pas seulement dans les textes, mais dans l'existence : « L'art de vivre a pour matière la vie de chacun »[41]. Elle est une direction de conscience, une cure d'âme, une manière d'être, un style d'existence[42], supposant rien moins qu'une conversion, un engagement total, qui fasse passer d'un état désaxé, perturbé par le souci et la passion, à un état qualitativement autre, où l'homme atteint à une vision exacte du monde, de sa place dans le monde, à la conscience de soi, à la paix et à la liberté intérieures, affranchi de l'inquiétude et de tout trouble. Toutes les écoles antiques ont ce même diagnostic : elles considèrent l'homme comme un malade (il ne vit pas vraiment, aliéné par des choses étrangères, superflues, qui ne peuvent lui appartenir vraiment), et elles proposent un même type de remède (revenir à ce qui est vraiment nous-même ou dépend de nous). Ce n'est pas user d'un vocabulaire qui leur soit étranger. La philosophie est avant tout une thérapie[43] ; même les plus irréductibles adversaires, épicuriens et stoïciens, en conviennent : « Notre seule occupation doit être notre guérison », « Vide est le discours du philosophe s'il ne contribue pas à soigner une passion de l'homme » ; « La philosophie est assurément une médecine de l'âme », « L'école du philosophe est un cabinet médical »[44].

38. Sénèque, *Epist. XX*.2.

39. *Cf.* Épictète, *Entretiens* II.9.13 ; II.18.26 ; III.8.1 ; III.12.1-7 ; IV.6.16 ; IV.12.13.

40. C'est sur ce point que P. Hadot (*ES*, p. 60) critique l'auteur qui par ailleurs a inspiré ses analyses, P. Rabbow (*Seelenführung. Methodik der Exerzitien in der Antike*, München, 1954).

41. Épictète, *Entr.* I.15.2.

42. Aussi ses préoccupations peuvent-elles paraître très terre-à-terre, telles chez Platon les considérations sur le régime, l'éducation physique, etc. Même souci de diététique chez Porphyre, qui prend la peine de défendre le végétarisme dans *De l'abstinence*. Voir par exemple en I.27.1 : « il faut savoir que les conseils délivrés par mon traité ne concerneront pas n'importe quelle existence humaine (...) Ils concerneront l'homme qui a réfléchi sur ce qu'il est, sur son origine, sur le but qu'il doit s'efforcer d'atteindre, et qui a adopté, dans sa nourriture comme dans les autres domaines, des principes distincts de ceux qui régissent les autres genres d'existence » (trad. cit., t. I, p. 61). En un sens, Kant n'avait finalement pas tort, dans le texte cité plus haut, de ranger la doctrine du bonheur et de la purgation des passions avec la diététique ! La différence est que pour Porphyre ces arts ne sont pas relégués au second ou au troisième plan du souci philosophique.

43. Voir l'ouvrage d'A.-J. Voelke, qui corrobore les analyses de P. Hadot : *La Philosophie comme thérapie de l'âme*, Paris-Fribourg, Éditions du Cerf-Éditions universitaires de Fribourg (« Vestigia », 12), 1993, et aussi celui de M. C. Nussbaum, *The Therapy of Desire*, Princeton, Princeton University Press, 1994.

44. Épicure, dans le *Gnomologium Vaticanum*, § 64 ; *Epicurea*, Usener, fr. 221 (mais *cf.* Porphyre, *Lettre à Marcella*, 31) ; Cicéron, *Tusculanes* III.6 et Épictète, *Entr.* III.23.30.

Or donc, ce passage de l'état maladif à la pleine santé, qui suppose une transformation radicale de l'homme, semble être sorti du champ des préoccupations de la philosophie, progressivement sans doute, en tout cas totalement ou presque à l'époque contemporaine. Comment expliquer ce processus?

XVIIe siècle ou Moyen Âge ? M. Foucault et P. Hadot

L'interprétation de M. Foucault est que la rupture intervient au XVIIe siècle, avec Descartes. Le fait que le bon sens soit désormais réputé «la chose la mieux partagée du monde», impliquerait que la philosophie se dispense d'agir concrètement sur l'individu selon un projet psychagogique, puisqu'il possède nativement tout ce qui est nécessaire pour saisir la vérité et élaborer un système conceptuel: «Avant Descartes, un sujet ne pouvait avoir accès à la vérité à moins de réaliser d'abord sur lui un travail qui le rendrait susceptible de connaître la vérité»; à partir de Descartes, «pour accéder à la vérité, il suffit que je sois n'importe quel sujet capable de voir ce qui est évident», «l'évidence est substituée à l'ascèse»[45].

Cette thèse se heurte à bien des difficultés. D'abord, la recherche de l'évidence semble bien être une sorte d'ascèse, et il n'est pas innocent, comme le pointe P. Hadot[46], que Descartes ait choisi le titre de *Méditations* pour une œuvre qui invite à partager, en prenant tout le temps qu'il faudra, une expérience de pensée[47]. Ensuite, comme on l'a noté plus haut, l'intention de la sagesse n'est pas absente chez lui, pas plus qu'elle ne le sera chez d'autres modernes et contemporains. Et si l'impact de la réflexion philosophique est parfois limité à la purgation des passions, il s'est agi aussi parfois encore de bouleverser radicalement la vision du monde du sujet (Spinoza, Malebranche, Schopenhauer).

Il y a pourtant quelque chose de certainement juste dans l'idée de Foucault, car, si nous prenons encore une fois Kant comme le *canon* de la philosophie telle qu'on l'entend principalement aujourd'hui, la réflexion occidentale est bien devenue celle du «sujet quelconque». Il n'y a sans doute pas eu en fait de *rupture* épistémologique, mais des glissements progressifs, une interaction des besoins de l'*épistémê* (avec la naissance de la science moderne, prise comme

45. Dans H. Dreyfus et P. Rabinow, *Michel Foucault, un parcours philosophique*, Paris, Seuil, 1984, p. 345, cité par P. Hadot, *ES*, p. 232.

46. *PA*, p. 396-397.

47. *Cf.* la fin de la 2e *Méditation*: «Mais, parce qu'il est presque impossible de se défaire si promptement d'une ancienne opinion, il sera bon que je m'arrête un peu en cet endroit, afin que, par la longueur de ma méditation, j'imprime plus profondément en ma mémoire cette nouvelle connaissance» (*Œuvres philosophiques*, éd. Alquié, Paris, Dunod [«Classiques Garnier»], 1996, t. II, p. 429). À comparer avec la connexion établie par P. Hadot (*ES*, p. 21, n. 36) entre l'exercice de méditation et la remémoration. Pour le lien avec le thème de l'attention, voir mon étude: «Philosophie et amour de la sagesse: entre les Anciens et nous, l'Inde», dans: *Inde-Europe-Postmodernité*, éd. R. Ivekovic et J. Poulain, Paris, Noël Blandin, 1993, p. 160-162.

modèle) et des contraintes de l'institution scolaire (dans laquelle la philosophie a peu à peu élu domicile quasi-exclusif[48]). L'histoire de cette évolution reste à écrire. Toujours est-il que l'acte philosophique ne requiert qu'un sujet doué du «sens commun», capable de penser sans avoir au préalable effectué de travail sur soi. C'est ce que Kant, ennemi de la *Schwärmerei*, des illuminés prétendant à des intuitions exceptionnelles, proclame:

> je déclare ici encore une fois que la *Critique <de la Raison pure>* est absolument à entendre selon la lettre, et à comprendre selon le point de vue de l'entendement commun, mais seulement cultivé longuement pour entreprendre de telles recherches abstraites[49].

Il faut pour étudier le criticisme un esprit certes délié, assoupli, mais qui demeure sur le même plan que l'esprit ordinaire. C'est là que passe le clivage, me semble-t-il, avec la philosophie antique. Alors que pour Platon le philosophe voit ce que ne peut voir l'homme ordinaire, qui est soumis à l'illusion en vivant dans un monde d'ombres qu'il prend pour la réalité, la philosophie moderne, du criticisme à la phénoménologie, en passant par Fichte[50], n'a d'autre souci que de décrire et fonder transcendantalement la conscience commune[51].

Mais quoi qu'il en soit, l'hypothèse soutenue par P. Hadot dans son dialogue avec Foucault doit être prise aussi en grande considération[52]. Comme il le fait valoir, dès l'Antiquité les chrétiens (ainsi Justin ou Origène) ont pu présenter le christianisme comme une philosophie, ou plutôt comme la vraie philosophie, parce qu'il est un mode d'être, un style de vie selon le *Logos*, qui mène précisément et plus sûrement à ce que les philosophes recherchaient et n'ont pu, selon eux, trouver. Ainsi, le terme de «philosophie» est appliqué à la vie monastique même. Au contraire, la vie philosophique, dans l'Antiquité pré-chrétienne, n'était pas concurrencée par les religions païennes, parce que celles-ci étaient davantage des religions civiques que le choix spirituel d'un mode de vie qui implique toute l'existence y compris la vie intérieure[53]. Le christianisme s'est donc chargé du soin de l'âme. Aussi, soutient P. Hadot, lorsque le Moyen Âge a retrouvé une partie de la pensée antique, et a été amené à délimiter strictement

48. *Cf.* P. Hadot, *PA,* p. 388-390.

49. Dans l'*Allgemeine Literatur-Zeitung*, 1797 (*Kants Werke*, Akademie Textausgabe, t. XII, p. 363). Je souligne.

50. Voir la remarque d'A. Philonenko: «La fin poursuivie par Fichte est la démonstration qu'il n'est pas d'autre vérité que celle de la conscience commune» (*La Liberté humaine dans la Philosophie de Fichte*, Paris, Vrin, 1966, p. 104; voir aussi les p. 54-61: l'intention de Fichte est la «justification de la δόξα».

51. En ce sens, c'est peut-être bien à partir de Descartes que le philosophe n'entend pas découvrir autre chose que ce que tout sujet peut découvrir par sa lumière naturelle. Alors que chez Plotin, par exemple, l'âme ne peut acquérir la certitude de sa propre immatérialité à moins d'avoir effectué le long travail de purgation des passions, chez Descartes, la purgation des passions procède de la certitude de l'immatérialité de l'âme (obtenue, il est vrai, par une ascèse intellectuelle) distinguée du corps-mécanisme.

52. *ES,* p. 56-57 et 222-225, *PA,* p. 379 *sq*.

53. Hadot, *PA,* p. 409

son domaine de compétence par rapport à celui de la théologie, la philosophie renaissante s'est trouvée dépouillée de la psychagogie, des exercices spirituels et de la tâche parénétique, qui sont tout entiers passés du côté de la théologie ou de certaines de ses subdivisions : morale, ascétique, spiritualité, mystique. La philosophie se serait ainsi trouvée limitée à une activité seulement théorique et abstraite, au pur discours ratiocinant, au simple travail conceptuel, destiné à fournir à la théologie un outillage notionnel logique, physique et métaphysique, conformément à la formule prêtée à Pierre Damien : « philosophia ancilla theologiae »[54]. En d'autres termes, les directeurs de conscience auraient mis les philosophes au chômage spirituel.

Objections et hypothèses

Il est tout à fait exact que c'est au Moyen Âge, et particulièrement au XIIIe siècle, avec l'arrivée des nouvelles traductions d'Aristote et de ses commentateurs qui fournissaient un abondant matériau aux spécialistes des « arts », et avec l'apparition de l'institution universitaire, que la philosophie a été définie comme matière scolaire (soumise à des programmes et des examens) fondée sur la connaissance des textes, qu'elle est devenue institutionnellement une spécialité à côté d'autres et même soumise à d'autres[55], que son objet et son discours ont été étroitement réglementés et confinés à la discussion des problèmes « naturels », en mettant hors de ses compétences les véritables fins dernières, désormais « surnaturelles », de l'homme, et qui comme telles ne relevaient que de la religion. Dans le rôle du sage, le théologien, ou même le saint, devait remplacer le philosophe. La philosophie était-elle pour autant déchue de son « concept cosmique », réduite à son « concept scolaire », comme dira Kant, était-elle condamnée à ne devenir qu'une affaire de techniciens[56] du concept, exercice intellectuel et non plus spirituel ?

Sans doute pas, car, comme A. de Libera l'a montré[57], lorsque les maîtres des facultés des arts se sont constitués en une communauté d'hommes de métier, les

54. Le pouvoir organisateur des futures universités, l'autorité pontificale, s'en est inspiré pour définir la place de la philosophie dans la culture chrétienne.

55. J. Domański (*La Philosophie, théorie ou manière de vivre?*, *op. cit.*, chap. II) insiste sur le fait que la philosophie occupe désormais le rôle simplement propédeutique (à l'égard de la théologie) que les arts libéraux remplissaient à son endroit dans l'Antiquité. *Cf.* P. Hadot, *PA*, p. 383-385.

56. C'est par ce terme que M. Castillo traduit le *Künstler* de Kant, dans *Vernunftkünstler* (*LM*, p. 118 ; voir *supra* n. 6). Le même terme signifiant pourtant aussi « artiste », n'est-il pas loisible de penser qu'il s'applique avec précision à ces *artistae*, membres de la faculté des arts, qu'étaient les spécialistes en philosophie ?

57. *Penser au Moyen Age*, *op. cit.*, chap. V et VI. Voir aussi L. Bianchi et E. Randi : *Vérités dissonantes. Aristote à la fin du Moyen Âge*, Paris-Fribourg, Cerf-Éditions universitaires de Fribourg (« Vestigia », 11), 1993, p. 26 *sq*.

« intellectuels », les professeurs, les professionnels de la pensée[58], ces spécialistes d'une philosophie qu'on aurait pu croire uniquement livresque ont élaboré un idéal de vie, ont revendiqué une manière d'être, qui était la réactivation de l'ambition antique. Ainsi Boèce de Dacie, au XIIIe siècle, rappelle que « isti sunt philosophi, qui ponunt vitam suam in studio sapientiae », et que ceux-là ont acquis l'« optimum et ultimum finem vitae humanae »[59].

Autrement dit, lorsque la philosophie a retrouvé une autonomie même subordonnée, elle s'est aussitôt réactualisée comme règle d'existence. Par exemple, si les condamnations théologiques parisiennes de 1277 frappent les thèses « naturalistes » des philosophes, notamment en matière d'éthique sexuelle, ce n'est pas à cause d'on ne sait quel libertinage ès mœurs. C'est au contraire parce qu'ils définissent un modèle de vie ascétique, vertueux, concurrent de celui des théologiens. Leur tort n'est pas d'être immoraux, il est d'être moraux à leur manière, « laïque », philosophique. Leur idéal de vie est en effet celui du péripatétisme (aristotélisme pénétré de néo-platonisme) gréco-arabe : la contemplation, la vie selon l'intellect, l'union à l'Intelligence céleste. Qu'il ne s'agisse pas là seulement d'un discours théorique, mais d'une pratique, c'est ce que montre l'intervention d'hommes comme Dante et Eckhart, qui ont traduit en langue vulgaire et exporté cet idéal pourtant « élitiste » hors de sa sphère d'origine, dans des milieux non-universitaires[60]. Ils en ont fait une conversion, un engagement, un mode d'être, dans le même sens que la philosophie antique, et en consciente continuité avec elle. Il est par exemple très significatif que maître Eckhart, pour prouver que la parole doit s'accorder avec les actes chez les prélats, enchaîne une série de références qui nous mènent sans discontinuité aucune de Pères de l'Église à des auteurs païens[61]. Ou encore, dans son sermon parisien pour la fête

58. On pense immédiatement aux sarcasmes de Schopenhauer contre le philosophe-fonctionnaire : voir *Contre la philosophie universitaire*, Paris, Payot / Rivages Poche (« Petite bibliothèque »), 1994.

59. *De summo bono*, éd. N. G. Green-Pedersen, dans : *Boethii Daci Opera,* vol. VI pars II, Copenhague, Bagge-Gad (« Corpus Philosophorum Danicorum Medii Aevi »), 1976, p. 374. Ou encore : « Haec est vita philosophi, quam quicumque non habuerit non habet rectam vitam. Philosophum autem voco omnem hominem viventem secundum rectum ordinem naturae, et qui acquisivit optimum et ultimum finem vitae humanae » (*ibid.*, p. 377)

60. A. de Libera, *op. cit.*, chap. VII et VIII. *Cf.* R. Imbach, *Dante, la philosophie et les laïcs*, Paris-Fribourg, Éditions du Cerf-Éditions universitaires de Fribourg (« Vestigia »), 1996, et la contribution de Th. Ricklin au présent volume.

61. *Expositio libri Genesis*, chap. 27, § 278-285, dans : *Die lateinischen Werke* [= LW suivi du n° du t.], éd. de la *Deutsche Forschungsgemeinschaft*, Stuttgart, Kohlhammer, 1936 *sq.*, t. I, p. 414-420 (trad. fr. A. de Libera, É.-H. Wéber et É. Zum Brunn, dans : *L'Œuvre latine de maître Eckhart*, t. I, Paris, Cerf, 1984, p. 607-617). Les paroles commentées sont : « La voix est en effet celle de Jacob, mais les mains sont d'Esaü » (*Gn* 27.22). Voici quelques-unes des « autorités » invoquées. Chrysostome : « Celui qui enseigne doit être lui-même un exemple, de sorte qu'il enseigne davantage par les œuvres que par la parole » ; Aulu-Gelle : « Il n'y a rien de plus indigne que des paresseux qui arborent la barbe et le manteau de philosophes » ; Sénèque : « Le plus important critère de la sagesse est l'accord des actes avec les paroles ».

de S. Augustin, il n'hésite pas à poser l'égalité «ethica sive theologia», comme troisième discipline à l'intérieur même de la partie théorique ou spéculative de la philosophie (à côté de la mathématique et de la physique), de laquelle pourtant il a auparavant distingué, outre la logique, déjà une partie éthique ou pratique[62]. Est «ethicus sive theologus» celui qui contemple les idées des choses dans l'esprit divin dans leur éternité intelligible. Il faut en fait concevoir comme convergentes les trois exigences de «cogitatio, locutio et operatio», en une unité dont Augustin donne le modèle, comme nous le verrons.

On pourra objecter que ces courants sont minoritaires, et à quelques exceptions près (dont Eckhart) assez peu inventifs en philosophie même, sauf en logique, savoir formel par excellence. Statutairement condamnés à «réciter» Aristote, les «artiens» semblent avoir été globalement moins créatifs que les théologiens, à qui l'on peut attribuer la plupart des innovations que l'on retrouvera à l'époque moderne[63].

Mais précisément, cette objection montre qu'il faut peut-être rechercher le devenir de la philosophie ailleurs que dans le cadre institutionnel qui lui est imparti au sein de l'université médiévale. L'acquis décisif des travaux de P. Hadot est de montrer que par une fatale illusion de proximité, à la suite d'une longue fréquentation scolaire, nous pratiquons la confusion des genres et croyons pouvoir lire d'emblée les textes antiques, comme les textes modernes, en oubliant par qui et pour qui ils sont écrits. Ne doit-on faire de même à l'égard des textes médiévaux ? La distinction entre théologie et philosophie n'est peut-être pas celle que nous croyons, et il nous faut prudemment essayer de percevoir ce qu'implique cette distinction de l'intérieur, du point de vue des médiévaux. Il n'est pas sûr que même pour des théologiens «traditionalistes», méfiants envers les théories philosophiques qui peuvent entamer la pureté de la foi, le cloisonnement soit si grand entre théologie et philosophie, et qu'il n'y ait pas eu moins un refoulement qu'une assomption de la philosophie, y compris quant au souci «pratique» qui la caractérisait déjà dans l'Antiquité. Suivant l'interprétation allégorique habituelle du miracle des noces de Cana, le vin pur de la sagesse n'est pas coupé par l'eau de la raison ; mais, peut-on ajouter, c'est pourtant bien de l'eau qui est transformée en vin, c'est-à-dire la philosophie en sagesse[64].

62. LW, t. V, p. 89-90. *Cf.* A. Speer, «Ethica sive theologia». Wissenschaftseinteilung und Philosophieverständnis bei Meister Eckhart», dans : *Was ist Philosophie im Mittelalter ?*, *op. cit.*

63. Voir É. Gilson, *L'Esprit de la Philosophie médiévale,* 2e éd., Paris, Vrin, 1978, p. 11-16, et encore récemment : C. Steel, «Medieval Philosophy : an Impossible Project ? », *op. cit.*, p. 171.

64. *Cf.* Thomas d'Aquin, *Expositio super Boethium de Trinitate*, q. 2, a. 3, ad 5m, Rome, Commissio Leonina-Paris, Cerf («S. Thomae de Aquino Opera omnia», t. L), 1992, p. 100 : «Unde illi, qui utuntur philosophicis documentis in sacra doctrina redigendo in obsequium fidei, non miscent aquam vino, sed aquam convertunt in vinum». *Cf.* au contraire Bonaventure, *Collationes in Hexaemeron*, XIX.14, Quaracchi, Collegium S. Bonaventurae («S. Bonaventurae Opera omnia», t. V), 1891, p. 422 b.

L'intention de la « sapientia christiana » n'aurait ainsi pas été de dépouiller la philosophie de sa vocation spirituelle, mais plutôt d'assumer, avec la vocation spirituelle, la philosophie tout entière. Bien que celle-ci soit étudiée avant l'entrée en théologie, elle ne lui demeurerait pas cependant extérieure, comme une simple propédeutique, mais son projet s'y trouverait intégré et sauvegardé, selon un rapport complexe mais vital, de l'ordre de l'intussusception. Ainsi, malgré son assignation effective à un cursus et un fonctionnement scolaires bien déterminés, la philosophie au Moyen Âge n'aurait pas dépéri en un pur jeu conceptuel, mais soit aurait revécu comme idéal théorétique sous sa forme « péripatéticienne », soit aurait été assimilée dans l'exercice même de la théologie, ès qualités. C'est en tout cas l'hypothèse que je propose maintenant d'éprouver (du moins quant à son second membre), en examinant les conceptions de la sagesse à l'époque médiévale.

LE GOÛT DE LA SAGESSE

Il s'agit en somme de savoir si l'idée de sagesse ne fournirait pas, comme concept inclusif, le lien qui place la pensée médiévale dans le prolongement de la pensée antique. Pour juger de cette éventuelle continuité, nous devons commencer par rappeler les principales sources antiques qui ont alimenté le Moyen Âge.

La sagesse des Anciens

En prenant ces sources dans l'ordre chronologique, nous trouverons d'abord Aristote. Sa conception de la sagesse se trouve être justement la plus problématique pour la thèse de P. Hadot sur le caractère « pratique » de la philosophie antique[65] : si les pensées de l'âge hellénistique semblent effectivement être principalement orientées vers la conquête du bonheur, elles sont souvent données comme en retrait (appréciation à laquelle n'est pas étranger le concept, discutable, de décadence) sur celles de l'âge grec classique, dont l'objet véritable serait le savoir. De fait, il existe chez Aristote deux formes de sagesse, ou, si l'on veut la σοφία proprement dite, et une vertu nommée φρόνησις, terme traditionnellement traduit par *prudentia*, mais que R.-A. Gauthier, pour dédouaner ce nom de la résonance précautionneuse, voire timorée ou prudhommesque, qu'a pris aujourd'hui le mot de « prudence », a préféré rendre par « sagesse » (avec la connotation pratique et concrète qu'a ce terme pour le langage courant, comme dans l'expression « sagesse populaire », qui implique qu'un sage n'est pas forcément un savant), identifiant alors la σοφία à la philosophie proprement dite[66].

65. Comme il le signale lui-même, *PA*, p. 123.

66. Voir la trad. et le comm. de l'*Éthique à Nicomaque* par R.-A. Gauthier et J.-Y. Jolif, Louvain-Paris, Publications universitaires de Louvain-Béatrice-Nauwelaerts, 1958, t. II, p. 463 et 479-480.

Effectivement, la σοφία pour Aristote préside au θεωρεῖν, à l'activité de contemplation. Elle porte sur les réalités les plus élevées, qui peuvent être objet d'une science véritable, elle a donc rapport au divin. La φρόνησις en revanche concourt au bien proprement humain par la délibération, le choix et la décision au sujet des actions à accomplir. Puisque ces actions sont toujours singulières et comportent une part de contingence, elles relèvent d'une connaissance moins rigoureuse et parfaite que la σοφία. Ces deux vertus sont intellectuelles, mais ont pour siège une partie différente de l'âme rationnelle : la partie « scientifique » et la partie « opinative » ou « calculative »[67]. En conséquence, Aristote considère comme inférieur le bonheur que l'homme peut trouver dans la vie active (notamment politique), et comme supérieur le bonheur philosophique qui correspond à la vocation théorétique, c'est-à-dire à un genre de vie tout entier consacré à l'activité de l'esprit, qui est la vertu la plus élevée de l'homme, « excellence » de sa plus noble faculté, soustraite aux inconvénients inhérents à la vie active. C'est ce que corroborent les textes célèbres du début de la *Métaphysique* : « la sagesse (σοφία), chez tous les hommes, accompagne plutôt le savoir »[68], c'est-à-dire le savoir des causes, car « sous la dénomination de sagesse, chacun entend communément ce qui traite des premières causes et des premiers principes »[69]. De plus, ce savoir suprême a pour caractéristique d'être désintéressé : « parmi les sciences, celle que l'on choisit pour elle-même et à seule fin de savoir, est considérée comme étant plus vraiment sagesse que celle qui est choisie en vue de ses résultats »[70]. Il semble donc que l'on trouve là l'expression d'une σοφία conçue comme l'idéal théorétique de la connaissance pour la connaissance, la spéculation pure, indépendante de toute fin pratique ou poïétique, l'exercice de la pensée en vue d'elle-même.

Mais, comme le remarque P. Hadot[71], « théorétique » ne s'oppose pas en fait, comme « théorique » (au sens moderne), à « pratique ». À l'appui vient ce passage de la *Politique* : « ce ne sont pas seulement les pensées qui visent des résultats produits par l'agir qui sont "pratiques", car sont "pratiques", bien plus encore, les activités de l'esprit *(theoriai)* et les réflexions qui ont leur fin en elles-mêmes et sont développées en vue d'elles-mêmes »[72]. « Théorétique » désigne certes un mode de connaissance qui vise le savoir pour le savoir, mais de même que la *praxis* vertueuse consiste à ne choisir aucune autre fin que la vertu

67. *Cf. Éthique à Nicomaque*, VI.5, 1140 b 5-6 : la φρόνησις est une disposition (ἕξις) vraie, accompagnée de raison et capable de diriger l'action (πρακτική) dans le domaine des choses bonnes ou mauvaises pour l'homme ; 1140 b 2-3 : la σοφία est à la fois science (ἐπιστήμη) et intelligence (νοῦς) des réalités qui sont par nature de la plus haute dignité.

68. I.1, 981 a 27.

69. I.1, 981 b 28-29.

70. I.2, 982 a 14-16. *Cf. ibid.* 30-32 : « connaître et savoir pour connaître et savoir, c'est là le caractère principal de la science du suprême connaissable ».

71. *PA*, p. 128-130.

72. VII.3.8, 1325 b.

pour elle-même, à vouloir être homme de bien sans rechercher d'intérêt particulier. Et, d'autre part, «théorétique» désigne le mode de vie qui consiste à consacrer son existence à ce mode de connaissance[73]. Or ce mode de vie est celui qui procure la suprême béatitude, et il est donc le plus *enviable*. Bien qu'il soit désintéressé, il est tout de même l'objet d'un désir. «Non-utilitaire» signifie: qui n'est pas un moyen ordonné à une fin supérieure, qui est sa propre fin. Mais la connaissance même désintéressée est liée au désir, pourvu que ce soit le désir de ce qui est désirable pour soi-même comme fin ultime: «le suprême désirable et le suprême intelligible se confondent»[74]. Portée par le vecteur du désir, la recherche de la θεωρία est ancrée dans la vie, procède d'un choix «existentiel».

De plus cette vie selon l'intellect et pour la contemplation doit nécessairement être préparée par une vie vertueuse selon l'ἦθος. On ne peut imaginer que le philosophe puisse vaquer à la θεωρία, qui suppose le loisir et l'indépendance, s'il est secoué et entravé par les émotions, les désirs, les passions, qui attachent aux impératifs du corps, de la relation avec autrui, de la vie sociale[75]. La plus haute vertu intellectuelle suppose donc, comme assise et condition, l'ἀρετὴ ἠθική, vertu du caractère, qui se différencie en plusieurs vertus selon les objets[76]. Ces dispositions vertueuses s'acquièrent par la répétition, l'application constante, l'habitude. La φρόνησις elle-même, vertu intellectuelle mais qui s'applique aux actes et guide la vertu éthique, a besoin d'expérience et de temps pour se former. Elle n'est pas réductible à une connaissance théorique des règles de morale. Il n'y a pas là de norme abstraite, mais une norme concrète: l'incarnation de la φρόνησις dans le «sage», le φρόνιμος, «le porteur vivant de la norme»[77], qui est à lui-même son propre critère. L'apprentissage de la sagesse

73. Sur le point de savoir si cette «vie selon l'esprit» ou «pour la connaissance» peut être ramenée à «une vie de savant» au sens moderne, voir P. Hadot, *PA,* p. 130-136, qui relève que le plaisir et l'intérêt procurés par n'importe quelle connaissance sont une trace de l'attraction qu'exerce le premier moteur et du souverain bonheur qu'il y a à le connaître.

74. *Métaph*. XII, 1072 a 26.

75. *Cf.* l'avertissement au début de l'*Éthique à Nicomaque* (I.2, 1095 a 2): cette étude ne sera pas profitable à ceux qui sont jeunes par l'âge ou le caractère, c'est-à-dire qui «s'élancent à la poursuite de tout ce qu'ils voient»: il faut que les désirs et les actes soient déjà conformes à la raison pour que l'éthique théorique soit abordée avec fruit. *Ibid.*, II.2, 1103 b 26-29: «Puisque le présent travail n'a pas pour but la spéculation pure ... c'est afin de devenir vertueux, autrement cette étude ne servirait à rien» (*cf.* aussi II.3, 1105 b 12-17). C'est une différence de perspective très nette d'avec l'esprit selon lequel on aborde ordinairement cette œuvre aujourd'hui. Plus généralement, l'idée antique d'un cursus, où la plus haute science est abordée très tard, à maturité, est encore présente au Moyen-âge: *cf.* Thomas d'Aquin, *Super librum De causis expositio*, procemium, éd. H.-D. Saffrey, Fribourg-Louvain, Nauwelaerts («Textus Philosophici Friburgenses», 4/5), 1954, p. 2, l. 14-24. Voir aussi M. Nussbaum, *The Therapy of Desire*, *op. cit.*, chap. II, p. 58 *sq*.

76. Ce que précisent aussi Gauthier et Jolif, *op. cit.*, t. II, p. 862-863.

77. P. Aubenque, *La Prudence chez Aristote*, Paris, P.U.F., 1963, p. 41.

commence donc vraisemblablement par l'imitation d'une figure de la sagesse (φρόνησις), par l'imitation de celui qui en réalise le type.

Enfin, R.-A. Gauthier lui-même, qui insiste tant sur le caractère intellectualiste de la σοφία dans son commentaire de l'*Éthique à Nicomaque*, montre[78] que la contemplation n'est pas dissociable chez Aristote de la piété, et que l'idéal de vie est la vie mixte, à la fois vie pratique (*i. e.* pratique des vertus morales, vie vertueuse) et vie selon l'intellect spéculatif, de sorte que « seul le contemplatif pourra être vertueux et seul le vertueux pourra être contemplatif »[79]. Ainsi, chez Aristote comme chez Socrate et Platon, la philosophie est science, mais c'est une connaissance qui choisit et veut le bien, une connaissance où pensée et désir ne font qu'un. Si la vertu est science, la science est aussi vertu[80]. Il faudra s'en souvenir en considérant la reprise de la doctrine aristotélicienne de la science au Moyen Âge.

Mais auparavant, regardons une deuxième source essentielle du Moyen Âge : Cicéron, qui transmet, directement ou indirectement, deux idées importantes.

1°/ L'impossibilité de disjoindre théorie et pratique, contemplation et action. La sagesse est pourtant d'abord localisée dans le registre de la science supérieure, alors que, conformément à ce qu'en dit Aristote, le bien-agir relève d'une autre vertu, d'une connaissance d'ordre inférieur, la *prudentia*, science de ce qui doit être désiré ou évité[81]. La *sapientia* au contraire contemple d'une seule vue ce qu'il y a de commun entre le divin et l'humain (seuls en effet de tous les êtres vivants, les hommes et les dieux possèdent la raison[82], et ils forment sous ce rapport une *societas*[83]). Mais, comme le remarque A. Motte, « il n'est pas possible de voir et comprendre cette communauté sans désirer intensément sa réalisation effective, c'est-à-dire sans œuvrer du même coup à une *societas* parmi les hommes eux-mêmes » ; « Réalisée en pensée, elle doit être réalisée en actes »[84]. Le passage est donc inévitable de la *sapientia* à la *prudentia*. Comme le dit Cicéron lui-même :

78. T. II, p. 862, sur X.6-9.

79. *Ibid.*, p. 863.

80. P. Hadot, *PA*, p. 106.

81. « La première de toutes les vertus est cette sagesse (*sapientia*) que les Grecs appellent σοφία. Par prudence (*prudentia*), en effet, que les Grecs nomment φρόνησις, nous entendons une autre vertu qui est la connaissance (*scientia*) des choses à rechercher et des choses à fuir. En revanche, cette sagesse que j'ai dite première est la connaissance (*scientia*) des choses divines et humaines dans laquelle est comprise la communauté des dieux et des hommes et la société qu'ils forment entre eux » (*De officiis*, I.153).

82. *Ibid.*, II.11.

83. *Ibid.*, I.153.

84. « Cicéron et Aristote. À propos de la distinction entre la *sophia* et la *phronèsis* », in *Aristotelica. Mélanges offerts à Marcel De Corte*, Presses Universitaires de Liège-Bruxelles, Éditions Ousia (« Cahiers de Philosophie ancienne », 3), 1985, p. 292 et 296.

La contemplation resterait, en effet, inachevée et comme manchote s'il n'en résultait aucune action réelle[85].

Ceux qui cultivent la *sapientia* trouvent certes dans leurs études mêmes un plaisir tout intellectuel *(oblectatio animi)* ainsi que la quiétude[86]. Mais là aussi la sagesse est pourtant liée au désir, en un sens inverse de celui décrit par Aristote: un désir de mettre en pratique ce qui a été vu dans la contemplation[87]. D'ailleurs, si elle est une science, la sagesse est aussi un *ars*, qui assure l'apprentissage de la constance et de la vertu[88].

2°/ L'identification de la sagesse et de la santé, qui est un thème commun de la philosophie antique comme nous l'avons vu plus haut. Bien des siècles avant Socrate, assure Cicéron, les vieux Romains considéraient déjà que « la santé des âmes consiste en une certaine tranquillité et une certaine stabilité *(constantia)* »[89]. Inversement, « ils ont appelé insane l'esprit dépourvu des ces caractères, parce que dans une âme comme dans un corps perturbés, il ne peut y avoir de santé ». D'où le rapprochement effectué entre *insania* et *insanitas*. Le contraire de la sagesse est folie *(insania)*, c'est-à-dire maladie *(pathos*, *morbus*, *perturbatio)*[90]:

ita fit ut sapientia sanitas sit animi, insipientia autem quasi insanitas quædam, quæ est insania eademque dementia[91].

Il faudrait faire plus que mentionner, après ces sources philosophiques, l'apport propre du judaïsme hellénistique et du christianisme: bien au-delà de la « figuration », la personnification même de la Sagesse, comme Verbe en Dieu et comme incarnée dans le Christ, qui est désormais conçu comme la manifestation sensible de cette sagesse que recherchait les philosophes. Corrélativement, apparaît aussi une problématique du « don » de sagesse par l'Esprit, sagesse créée dans l'âme et participation de la Sagesse incréée.

85. *De officiis,* II.153.

86. *Ibid.*, II.6.

87. « Le propre de la *sapientia* », commente encore A. Motte, « est d'élever l'homme au-delà des choses terrestres et contingentes qui sont l'univers habituel de la prudence, de discerner ce qui l'unit à la divinité et constitue l'essence de sa nature, de mieux percevoir ainsi les exigences de l'*honestum*. Elle fournit donc à l'homme prudent les normes universelles et permanentes de l'agir. Or plus on connaît lucidement l'idéal rationnel, plus intensément on est épris de lui et plus on est enflammé du désir de le réaliser » (*art. cit.*, p. 294).

88. *ratio constantiae et virtutis* (*De officiis,* II.6).

89. *Tusculanes,* III.iv.

90. « Le mot de folie signifie état morbide et maladie de l'esprit (*mentis aegrotationem et morbum*) » (*loc. cit.*).

91. *Dementia* ou *amentia* (déraison), à distinguer de *furor*, délire – alors que le grec n'a que μανία (qui vient de la racine μα d'où dérive μαίομαι, « désirer très fortement »), ou alors μελαγχολία.

Mais nous en viendrons immédiatement à S. Augustin, réservoir inépuisable de la réflexion chrétienne ultérieure sur la connaissance de Dieu, la sagesse et la vie religieuse. Les thèmes de la sagesse comme vertu de la plus haute fonction intellectuelle exercée dans la contemplation, mais aussi du désir intense de la sagesse imprégnant toute une vie et s'accomplissant en une pratique, ainsi que de la sagesse comme santé de l'âme, se nouent chez lui en une synthèse tout entière passée au Moyen Âge.

Comme on le sait, le point de départ d'Augustin est une recherche eudémoniste. Où trouver le bonheur? Dans la sagesse. Qu'est-ce que la sagesse? C'est la possession d'une vérité qui soit telle qu'elle satisfasse nos aspirations. Mais Dieu seul est le bien qui puisse nous rassasier. La sagesse est donc connaissance, ou mieux, possession de Dieu, car *la saisie de cette vérité ne peut être seulement intellectuelle mais implique l'amour*:

> En effet, si la sagesse et vérité n'est pas désirée de toutes les forces de l'âme, elle ne peut aucunement être trouvée. Mais si elle est de cette manière recherchée, ainsi qu'elle en est digne, elle ne peut s'échapper et se cacher de ses amants (...) *Amore petitur, amore quaeritur*[92].

On ne peut évidemment atteindre directement cette connaissance de Dieu: il faut s'astreindre à suivre une méthode rigoureuse, *disciplina*, celle que la loi divine enseigne. Celui-là verra la beauté divine, «qui vit bien, prie bien, étudie bien»[93].

«Bene vivere», car (comme cela était d'ailleurs requis du philosophe antique) il faut être totalement détaché de l'argent, des honneurs, de l'amour. Il ne suffit pas que ces passions soient maîtrisées, il faut qu'elles soient déracinées. Des yeux parfaitement *sains* sont nécessaires pour se complaire à voir la lumière, autrement on préfère se détourner vers les ténèbres: «videre nequit nisi sana»[94].

«Bene orare», car la sagesse n'est pas seulement le fruit de l'effort humain, elle est l'effet d'une grâce et a une origine surnaturelle[95]. L'acceptation par les chrétiens de la définition de la sagesse comme santé et, somme toute, statut normal de l'âme, a certainement été facilitée par la conception du péché originel comme, précisément, une maladie mortifère qui a coûté à l'homme son bon état naturel. Autrement dit, il s'agit bien de guérir d'une corruption, d'un état morbide. La différence est que pour les chrétiens, le remède sur lequel comptent les philosophes, la raison (et la volonté droite qui la suit), fait en réalité partie de la maladie, est inclus dans ce qui a été contaminé par le péché, et ne peut provoquer à soi seul la guérison.

«Bene studere», car la vérité recherchée possède une certitude et une intelligibilité égale à celle de la connaissance des choses mathématiques[96], et relève

92. *De moribus ecclesiae catholicae,* I.17.

93. *De ordine,* II.xix.51.

94. *Soliloquia,* I.vi.12.

95. *Ibid.*, I.x.28-29.

96. *Ibid.*, I.iv.10.

donc de l'intellect. Mais encore faut-il opérer une distinction capitale entre sagesse et science. La réflexion d'Augustin est guidée par ce passage de *I Cor.* 12.8 : « à l'un est donné par l'Esprit une parole de sagesse, à l'autre une parole de science, selon le même Esprit », complété par cette sentence de *Job* (28.28) : « La piété, voilà la sagesse ; la fuite du mal, voilà la science ». « La sagesse, en conclut Augustin, a trait à la contemplation, la science à l'action »[97]. Ce partage des tâches répond à une division entre deux régions de l'être. « De la sagesse relèvent les choses qui ne sont ni passées, ni futures, mais présentes », c'est-à-dire éternelles[98]. « Par contre, se garder du mal, ce que Job appelle la science, relève de l'ordre des choses temporelles. C'est parce que nous sommes dans le temps que nous sommes dans le mal (...) Et donc, tout ce que nous accomplissons avec prudence, force, tempérance et justice relève de la science ou de la règle de conduite (...) »[99]. On retrouve donc ici la même différence que chez Aristote entre vertus théorétiques et vertus pratiques, σοφία et φρόνησις (traduite non plus par *prudentia* mais par *scientia*). Cependant cette distinction n'est pas une disjonction, car les deux termes sont engagés dans une dépendance réciproque. Augustin affirme en effet : « tendimus per scientiam ad sapientiam »[100], ce qui est susceptible d'une double lecture. D'une part, la science n'est pas une fin en soi, mais une étape vers la sagesse. Inversement, l'obtention de la sagesse est conditionnée par celle de la science :

> sans la science en effet, ces vertus qui donnent à la vie sa rectitude ne pourraient exister, elles qui nous permettent de nous diriger en cette vie misérable de telle sorte que nous parvenions à la vie éternelle où est le vrai bonheur[101].

Si donc à un double titre, par ses moyens et par sa fin, la *sapientia* reste bien un idéal intellectuel et théorétique[102], elle est aussi identifiée par Augustin (à la suite de Job) à la *pietas* ou *theosebia*, vrai culte du vrai Dieu, défini comme

97. *De Trinitate,* XII.xiv.22.

98. *Ibid.*, XII.xiv.23.

99. *Ibid.*, XII.xiv.22. La science est donnée ici comme rectrice des quatre vertus cardinales, mais elle n'est pas seulement éthique, elle est aussi intellectuelle (*cf. De Trin.*, XIII). Elle a pour matière ce qui se manifeste dans le temps et l'empirique, ce qui vient s'insérer dans l'histoire humaine, elle est donc une « cognitio historica » qui scrute les vérités contenues dans la Révélation, l'activité de l'intelligence qui s'applique au donné de la foi : « Haec autem omnia quae pro nobis verbum caro factum temporaliter et localiter fecit et pertulit secundum distinctionem quam demonstrare suscepimus ad scientiam pertinent » (*ibid.*, XIII.xix.24). En XIV.i.3, elle est aussi définie comme savoir apporter « ce même contenu de la foi aux âmes pieuses et le défendre contre les impies » : elle contient donc la prédication et l'apologétique, et tout ce qu'impliquent ces deux disciplines (y compris éventuellement la philosophie. *Cf.* les trois fonctions du théologien universitaire médiéval : lire, prêcher, disputer).

100. *Ibid.*, XIII.xix.24. Dans ce même passage, sagesse et science sont réunies en leur commune source, le Christ : « scientia ergo nostra Christus est, sapientia quoque nostra idem Christus est. Ipse nobis fidem de rebus temporalibus inserit, ipse de sempiternis exhibet veritatem ».

101. *De Trin.*, XII.xiv.21.

102. *Cf. De Trin.*, XV.xxvii.49.

«l'*amour* de Dieu qui nous fait désirer de le *voir*, qui nous fait *croire* et *espérer* que nous le verrons»[103]. Certes, cette piété ne se réduit pas à la pratique religieuse et recèle une impulsion vers la vision de Dieu, c'est-à-dire vers la connaissance; elle n'est pas seulement affective, car elle est aussi une contemplation de Dieu. Mais elle contient bien cet élément affectif. Saisie intellective et amour, savoir et désir (de la béatitude), sont indissociables, ce qui a fait écrire à M.-D. Chenu:

> La théologie d'Augustin, c'est, transposé à la vie surnaturelle, le βίος φιλόσοφος des Anciens[104].

La critique théologique de la philosophie

Dans cette dernière formule, l'idée de «transposition» pourrait être précisée par les termes d'«élévation» ou d'«accomplissement»[105]. Du point de vue chrétien, c'est en effet cette religion qui réalise le *telos* même de la vie philosophique[106]. Si la philosophie doit être définie comme un mode de vie, fondé sur la connaissance des premiers principes de toutes choses et ayant pour but un idéal de sagesse consistant à «suivre la divinité»[107], alors le christianisme peut se présenter comme la relève de la philosophie. Les philosophes sont parfois violemment critiqués par Augustin lui-même, mais c'est moins pour s'être trompés sur les fins humaines (du moins les «platoniciens»), que pour ne pas avoir su et pu les atteindre[108]. Leur tort essentiel est d'avoir fait de fausses promesses, d'avoir promis de conduire l'homme à la vie selon la raison et à la béatitude, et de s'être

103. *De Trin.*, XII.xiv.22 (on trouve donc ici données comme composantes les trois vertus théologales de charité, foi et espérance). *Cf.* É. Gilson, *Introduction à l'étude de saint Augustin*, 4e éd., Paris, Vrin, 1969, Introduction, chap. I.

104. *La Théologie comme science au XIIIe siècle*, Paris, Vrin, 1957, p. 95.

105. Au sens où Thomas d'Aquin reprend la formule: «la grâce ne détruit pas la nature mais l'achève», pour définir le rapport entre théologie et philosophie (*Summa theologiae*, Ia p., q. 1 a. 8, ad 2m). On peut aussi parler d'assomption, comme lorsqu'il est dit que le Verbe a assumé la nature humaine dans le Christ: cette dernière n'est pas supprimée, mais élevée.

106. *Cf.* J. Domański , *La Philosophie, théorie ou manière de vivre?, op. cit.*, p. 29: «c'est seulement le christianisme qui est la vraie philosophie dans sa qualité de vie philosophique pleinement réalisée (...)» (à propos de Jean Chrysostome, disant: le Christ «est venu pour nous enseigner ce genre de vie propre aux philosophes»).

107. J. Follon, *'Ακολουθεῖν τῷ θεῷ («Suivre la Divinité»), op. cit.*, p. 198.

108. *Cf. De ordine*, I.ii.32: «Aussi les saintes Écritures, que tu aimes tant, n'ordonnent-elles pas de s'écarter et de se moquer d'absolument tous les philosophes, mais seulement des philosophes de ce monde. (...) Ainsi, penser qu'il faut fuir toute espèce de philosophie, c'est exactement vouloir que l'on n'aime pas la sagesse». Depuis Clément d'Alexandrie au moins, la portée des condamnations de la «sagesse de ce monde» par S. Paul est souvent limitée à la dénonciation de la pensée épicurienne, adversaire désigné et commode, ce qui permet de disculper la doctrine platonicienne, d'inspiration «divine». Voir *Stromates,* I.xi.50, 5-6.

avérés incapables de les lui procurer[109] : « promiserunt dare sapientiam, hoc est beatitudinem, hoc est intellectum adeptum », constatera à son tour Bonaventure en posant une égalité entre les trois termes que reprendra la théologie[110]. C'est pourquoi Augustin s'est acharné à expliquer que la conversion n'est pas une trahison de l'idéal philosophique, mais son accomplissement, y compris dans ses buts théorétiques, puisque la Révélation vient au secours d'une raison défaillante et embarrassée de ses incertitudes et contradictions[111]. Quant à la finalité pratique de la philosophie, elle ne peut être atteinte que par la vie selon la foi, c'est-à-dire soutenue par la grâce, selon l'expérience personnelle mais archétypique d'Augustin. Cette interprétation prévaut globalement au Moyen Âge, quelles que soient par ailleurs les divergences doctrinales : le christianisme, pourrait-on dire en parodiant Clausewitz, y est la continuation de la philosophie par d'autres moyens.

Pour justifier pleinement une telle formule, il faudrait pouvoir montrer comment, sur le plan théorique, les théologiens peuvent *faire* de la philosophie au sein même de leur œuvres théologiques, et construire des métaphysiques qui prolongent et renouvellent l'effort spéculatif de l'Antiquité[112]. Formellement, on

109. *Cf.* J. Domański , *op. cit.*, p. 25 et 28-29. C'est en ce sens que Justin de Naplouse a simplement l'impression de trouver dans le christianisme, comme vraie philosophie, la satisfaction de son désir de connaissance métaphysique et de bonheur (J. Follon, *op. cit.*, p. 200).

110. Bonaventure, *Collationes in Hexaëmeron,* V.22, *ed. cit.*, p. 357b.

111. L'idée qu'une révélation a un rôle à jouer en philosophie n'est d'ailleurs pas étrangère à la pensée grecque, en particulier au néoplatonisme : voir P. Hadot, *PA,* p. 235-236, et 360.

112. Voir les analyses classiques d'É. Gilson : « De nos jours, on tend à identifier la distinction entre théologie et philosophie à celle qui existe entre foi et raison. Selon cette position du problème, toute conclusion dont les prémisses est de foi, est du même coup théologique, et toute conclusion dont les prémisses relèvent de la seule raison naturelle est du même coup philosophique. Les maîtres du moyen âge admettaient le premier point, mais non pas le second. Une conclusion déduite de prémisses purement rationnelles pouvait être à leurs yeux essentiellement théologique » (*Jean Duns Scot. Introduction à ses positions fondamentales*, Paris, Vrin, 1952, p. 647). Par exemple, « 1° la preuve de l'existence d'un « être infini », donc libre, est l'œuvre du théologien [Scot] ; 2° cette preuve est administrée par la raison naturelle usant des méthodes du métaphysicien ; 3° il y a donc des vérités rationnellement démontrables, inconnues des philosophes, qui peuvent être métaphysiquement établies par le théologien » (*ibid.*, p. 649). Que Dieu soit l'être infini est donc une conclusion établie philosophiquement, mais inconnue pourtant des philosophes (s'ils l'avaient connue, ils auraient su que Dieu est libre). De là ce que proclame un auteur scotiste : « *ex puris naturalibus* multi catholici doctores perfectiorem conceptum habuerunt de Deo quam aliquis philosophus » (Ps-Scot, *Quaestiones miscellaneae de formalitatibus,* q. V, n. 34, éd. Vivès, t. V, p. 402 ; cité par Gilson, *ibid.*, p. 654). Comme le remarque encore Gilson : « Le fait qu'au XVIIe siècle Descartes et Leibniz aient décidé de tenir pour philosophiques des thèses qu'on avait jusqu'alors qualifiées de théologiques, n'en a pas changé la nature. Ou elles ne sont pas alors devenues philosophiques, ou elles l'étaient déjà. Toutes les métaphysiques dont le Dieu n'est plus grec, mais chrétien, devront être disqualifiées au même titre que les théologies du moyen âge, si l'on veut tenir pour philosophiques les seules doctrines qui ne se ressentent pas d'avoir germé en sol chrétien » (*ibid.*, p. 655).

sait comment Thomas d'Aquin par exemple s'en représente la possibilité : le statut de la théologie par rapport aux autres disciplines est analogue à celui du *sensus communis* par rapport aux cinq sens[113]. Chacun de ceux-ci est entièrement occupé de ce qu'il perçoit (la couleur, le son, *etc.*) et ne connaît aucun autre genre de perception (la vue n'entend pas et ne sait pas qu'elle n'entend pas). C'est un sens interne ou « commun » qui rassemble les diverses sensations, les compare, les synthétise et juge : c'est donc par lui que nous connaissons une même chose, son objet propre, comme à la fois visible, audible, lourde, etc. Pourtant il ne se substitue à aucun des sens particuliers : lui-même n'entend pas, ne voit pas, etc. ; et dans l'unité de son objet propre, la couleur ne se confond pas avec le son. Il appréhende et unifie une multiplicité de sensations différentes tout en ne les mélangeant pas. Pareillement, la théologie, selon Thomas d'Aquin, considère toutes les connaissances dont traitent les disciplines philosophiques, les utilise, les compare, les éclaire selon sa perspective propre. Mais elle ne prétend pas usurper le rôle de la philosophie et exercer à sa place des raisonnements qui se voudraient contraignants pour la raison naturelle. Elle l'intègre sans la dénaturer. C'est pourquoi le même individu peut, sans schizophrénie, être théologien et philosophe. Pour autant qu'il distingue en sa propre doctrine les vérités établies par la raison seule et les vérités tenues par la foi, les procédés du philosophe et ceux du théologien, c'est néanmoins le même et seul esprit qui pense. Il pense avant tout en théologien : Thomas d'Aquin n'expose jamais ses thèses philosophiques originales que dans ses œuvres théologiques, selon un ordre théologique. Son but ultime n'est pas de produire de la philosophie, « mais il en use, et s'il ne trouve pas toute faite celle dont il a besoin, il la produit afin de pouvoir en user »[114]. C'est ainsi que lui et d'autres théologiens médiévaux ont, en métaphysique, noétique, épistémologie, morale, forgé les instruments originaux qu'ils ne trouvaient pas dans l'héritage antique. Qu'ils les aient obtenus d'une manière vraiment philosophique est une évidence de fait, que révèle la recherche historique en examinant leurs apports au devenir de la philosophie. Comme le fait valoir É. Gilson, « si des conclusions théologiques du moyen âge sont ainsi devenues des conclusions philosophiques au XVIIe siècle et plus tard, c'est donc que, théologiques, elles étaient pourtant rationnelles dès l'origine »[115]. Il n'est pas possible de montrer ici au cas par cas comment les notions d'un Dieu unique, infini, absolument libre, tout-puissant, cause efficiente, d'un univers créé, d'un homme fait à l'image et à la ressemblance du créateur, doté d'une âme purement spirituelle et capable de survivre au corps, relèvent de cette analyse. Pour notre propos, il nous suffira d'étudier plus globalement la façon dont les médiévaux se

113. *Summa theologiae*, Ia p., q. 1, a. 3.

114. É. Gilson, *Le Philosophe et la Théologie*, Paris, Arthème Fayard, 1960, p. 115.

115. *Ibid.*, p. 116. *Cf.* M. Merleau-Ponty, *Partout et nulle part*, dans : *Éloge de la philosophie et autres essais*, Paris, Gallimard (NRF), 1960, p. 205 : « Comment ôter au christianisme, pour les attribuer à une raison "universelle" et sans lieu natal, des idées telles que celles d'histoire, de subjectivité, d'incarnation, de finitude positive ? ».

situent eux-mêmes par rapport à l'entreprise philosophique. Plus précisément : ce qu'est pour eux l'héritage philosophique ancien, quelles en sont les limites, et ce qu'il convient d'en faire, étant donné l'idée qu'ils se font de la situation de l'homme dans le monde et dans l'histoire.

Le cas de Jean Duns Scot est à cet égard exemplaire [116]. Dans le prologue de la *Lectura* ou de l'*Ordinatio*, le conflit est posé, non entre philosophie et théologie, mais entre « philosophes » et « théologiens » [117]. Autrement dit, ce n'est pas la philosophie qui est rejetée en tant que telle, elle a au contraire à être assumée par la théologie [118] ; c'est l'attitude d'esprit, incarnée par ceux que l'on désigne comme *philosophi*, qui proposent une pensée close sur elle-même, achevée dans les limites de la raison naturelle, refusant de s'ouvrir à la dimension surnaturelle. La question posée initialement est de savoir s'il est nécessaire qu'une doctrine spéciale (autre que la philosophie) soit donnée à l'homme, c'est-à-dire « un enseignement auquel il ne peut atteindre par la lumière naturelle de son intellect » [119]. Analysée et transposée en termes de finalité et de perfection (car la connaissance fait la noblesse de l'homme et la plus haute des connaissances est celle qui le parfait), elle devient cette question plus particulière mais décisive : s'il est « naturellement connaissable que l'homme est ordonné suivant l'intellect à Dieu comme à sa fin » [120]. Selon les *philosophi*, l'homme doit trouver sa félicité dans sa plus grande perfection, le degré suprême de la sagesse dans « la connaissance acquise des substances séparées » [121]. Duns Scot admet que l'intellect puisse acquérir cette perfection par lui-même. Mais il y a une perfection supérieure, « une perfection de plus grande noblesse (...) » et « qui est causée par un agent supérieur » [122]. Or cette fin de l'homme ne peut être naturellement connue de lui de façon « distincte » ou « certaine et déterminée ». En effet, dans la

116. *Cf.* É. Gilson, *Jean Duns Scot ...*, *op. cit.*, p. 33 : « Duns Scot semble considérer la philosophie comme une expérience déjà tentée, terminée et dont le bilan peut être établi parce qu'on en connaît désormais les résultats ».

117. C'est également le cas chez bien d'autres auteurs : voir M.-D. Chenu, « Les "philosophes" dans la philosophie chrétienne médiévale », *Revue des Sciences philosophiques et théologiques* 26 (1937), p. 27-40.

118. Outre sa contribution dans ce volume, voir le commentaire de G. Sondag (dans : Duns Scot, *La Théologie comme science pratique (Prologue de la Lectura)*, Paris, Vrin, 1996, p. 32) : « les *theologi*, et Scot au premier chef, ne sont pas disposés à concéder la philosophie aux *philosophi*, car une telle concession reviendrait à leur abandonner la métaphysique et, par conséquent, la possibilité d'une théologie naturelle ».

119. *Ordinatio* [= *Ord.*], prol. § 1, Cité du Vatican, Typis polyglottis Vaticanis (« Ioannis Duns Scoti Opera omnia » [= Vat., suivi du tome et de la page], t. I), 1950, p. 1 (trad. fr. G. Sondag, dans : Jean Duns Scot, *Prologue de l'Ordinatio*, Paris, P.U.F. [« Épiméthée »], 1999, p. 33.)

120. *Ibid.*, § 24, p. 43 (trad. Sondag, p. 53).

121. *Ord.*, prol. § 14, p. 10 (trad. Sondag, p. 47).

122. *Lectura* [= *Lect.*], prol. § 37 (trad. Sondag, *La Théologie comme science pratique*, *op. cit.*, p. 156).

condition présente, nous ne connaissons la fin d'une substance que par inférence à partir des actes de cette substance (science inductive et non déductive, *quia* et non *propter quid*). Or, quant à notre âme, «nous n'avons l'expérience d'aucun acte qui est ordonné de façon nécessaire à notre fin, je veux dire qui lui est ordonné essentiellement»[123]. Scot concède bien que l'intellect humain peut former par lui-même une idée générale de Dieu. Mais il s'agit ici de savoir si l'expérience que nous avons de nos actes intellectuels nous permet, réflexivement, de conclure que notre intellect est «ordonné par essence» à Dieu. Autrement dit: pouvons-nous savoir que l'intellect humain tend nécessairement vers Dieu de la même manière que nous savons qu'une pierre tend nécessairement vers son lieu naturel, le bas, parce que nous voyons que son acte est toujours la chute? La réponse de Scot est négative: si l'analyse permet de montrer que la notion d'être est contenue dans tous les objets que nous concevons, de sorte que l'être est l'objet premier de notre intellect, il n'en va pas de même pour Dieu[124].

Par-delà ce fait, s'avère ainsi l'impossibilité constitutive de la philosophie à remplir son programme de science suprême:

> une propriété n'est jamais déterminée dans une science, si ce n'est une propriété qui est contenue à l'état virtuel dans le sujet premier de cette science[125].

Or les propriétés des substances immatérielles ne sont pas contenues «dans l'être commun comme dans sa cause», *ens in communi* qui est l'objet premier et le point de départ de notre métaphysique[126]. La connaissance d'une proposition universelle n'implique pas la connaissance d'une propriété particulière déductible, mais la connaissance d'une propriété universelle applicable à un sujet plus particulier que celui de la proposition universelle[127]. C'est pourquoi, conclut Scot en paraphrasant Aristote, «le sage[128] connaît en quelque façon *(aliqualiter)* toutes choses, mais non point individuellement *(non singulariter)*»[129].

Plus généralement, la philosophie est constitutivement inapte à disserter de la cause première, car elle raisonne à partir des effets pour remonter à cette cause.

123. *Lect.*, prol. § 17 (trad. Sondag, *ibid.*, p. 143).

124. Voici comment P. Vignaux résume cette anthropologie médiévale: «pour que l'homme se rapporte distinctement à [sa] fin, il lui manque la connaissance distincte de sa nature (...) la situation de l'homme est telle qu'une révélation divine lui est nécessaire pour connaître sa propre essence» («Humanisme et théologie», dans: *Id.*, *De Saint Anselme à Luther*, Paris, Vrin, 1976, p. 181, cité par G. Sondag, *La Théologie comme science pratique*, p. 106 n. 25).

125. *Lect.*, prol. § 21 (trad. Sondag, p. 146).

126. *Loc. cit. Cf.* les § 27 et 28 sur les anges.

127. *Cf. ibid.*, § 47, et le comm. de G. Sondag p. 53: «dans un principe commun ne sont contenues que les seules conclusions qui attribuent à des sujets inférieurs le prédicat du sujet du principe commun». Par exemple, du concept universel et univoque d'être, on peut tirer la proposition «omne est ens vel non ens». Ce principe vaut pour tout sujet inférieur, on peut en déduire que «omnis angelus est ens vel non ens», mais cette application ne permet pas de connaître la quiddité ni les propriétés de l'ange.

128. *I.e.* le philosophe, puisqu'allusion est faite à la *Métaphysique*, I.2, 982 a 9-10.

129. *Lect.*, prol. § 21 (trad. Sondag, p. 146).

Or, d'après le théologien, Dieu cause les créatures librement ; il n'est pas une cause naturelle. Il n'y a donc aucun rapport nécessaire entre la cause première et les effets, et donc aucune induction concluante des effets à la cause. Les philosophes ne peuvent que rester dans le doute à son sujet, ou bien se tromper, comme ce fut le cas pour Aristote, qui, inférant à partir du mouvement naturel, a conclu que le monde n'a pas de commencement. S'il n'y a rien de « nécessaire par soi » dans les choses en tant qu'effets, contingents dans leur ensemble, aucune connaissance certaine ne peut en être tirée quant à leur cause.

Pour un penseur comme Duns Scot, il est donc clair que c'est la théologie qui réalise ce que la philosophie n'a pu faire (parce qu'elle est structurellement inachevable), à savoir assigner à l'homme sa fin ultime, et les moyens d'y parvenir, faut-il ajouter. La théologie dont il est question, qui prétend prendre la relève de la philosophie, ne le fait pas sur un plan purement spéculatif. Si elle se présente comme science théorique, elle est aussi indissociablement science pratique, précisément parce qu'elle a Dieu pour objet[130] : l'appréhension par l'intellect de cet objet est en même temps la connaissance des règles de l'agir qui en découlent (connaître Dieu, c'est connaître qu'il est souverainement aimable, et qu'il faut l'aimer[131]). La théologie est donc une science qui parle de la fin et du rapport à la fin ; elle n'est pas pour autant subalterne parce qu'ordonnée à autre chose qu'elle-même. C'est bien en tant que science suprême qu'elle englobe la pratique. Dès lors, elle relève non seulement le projet spéculatif de la philosophie antique, mais aussi son souci éthique.

Le modèle scientifique de la théologie

Certes, on pourrait citer des textes où la théologie apparaît, à l'instar de la philosophie universitaire, comme un savoir seulement théorique, indifférent à la mise en pratique, fût-il savoir pratique au sens d'une science morale prescrivant ce qui doit être fait. Ainsi, lorsque Thomas d'Aquin renoue avec la conception aristotélicienne de la science et de la sagesse, il pose la théologie comme science par excellence[132], puisqu'elle donne la connaissance la plus exacte de l'être le plus élevé en dignité[133], et comme la plus haute sagesse, en tant que connaissance de la cause la plus universelle[134]. Or, Thomas concède que cette sagesse

130. « L'habitus est dit pratique en raison de l'objet » (*Lect.*, prol. § 148). *Cf.* le commentaire de G. Sondag, *La Théologie comme science pratique, op. cit.*, p. 81-95.

131. *Lect.*, prol. § 164 et 172. C'est d'ailleurs pour cette raison, d'après Scot, qu'Aristote a cru que la science la plus noble est un savoir spéculatif de préférence à un savoir pratique : il n' a pas su qu'une science était possible, dont l'objet soit la contemplation de la fin de l'homme, et qui contienne en même temps les moyens d'atteindre cette fin.

132. *Summa theologiae*, Ia p., q. 1, a. 2.

133. *Ibid.*, a. 5.

134. Considérée comme vertu, la sagesse est une perfection de l'intelligence qui la dispose à procéder dans son acte avec facilité et exactitude. Elle fait partie des cinq vertus intellectuelles que définit Thomas : science, intelligence et sagesse pour l'intellect spéculatif, et prudence et

qui s'acquiert par l'étude, et qui est principalement spéculative [135], peut être une connaissance intellectuelle qui n'implique pas un mode de vivre qui lui soit conforme. Il y a en effet deux façons de juger: «per modum inclinationis» et «per modum cognitionis» [136]. La première relève de la sagesse infuse qui est un don de l'Esprit, où l'on juge d'après une connaturalité fondée sur l'amour de charité qui unit à Dieu [137]. La seconde relève de la théologie proprement dite, et peut se trouver chez celui qui, «instruit en la science morale, pourrait juger des actes vertueux même s'il ne possède pas la vertu» [138]. Plus généralement, les sciences ont en commun avec les «arts» (définis «habitus operativus», incluant les arts libéraux) de ne considérer que leur objet, le résultat, leur «opus», et non pas l'«usus» ni la façon dont l'homme se rapporte à l'objet selon ses dispositions affectives, et notamment selon sa faculté appétitive. Par exemple, le géomètre démontre la même vérité, que son humeur soit par ailleurs bonne ou mauvaise [139].

Toutefois, il importe d'apporter quelques précisions. D'abord, la sagesse est avant tout un attribut divin, et c'est selon des degrés progressifs de participation à cette sagesse divine que sont donnés les deux modes de sagesse qui viennent d'être définis. Le premier, venant directement de Dieu, est évidemment plus élevé que le second: un don de l'Esprit a plus de valeur que toute vertu intellectuelle ou morale [140]. Ensuite, il a son siège dans l'intellect; il demeure une connaissance et implique l'exercice du jugement [141]. C'est pourquoi la définition aristotélicienne de la sagesse naturelle s'applique tout entière à la sagesse surnaturelle: c'est le propre de ce sage-là aussi que de connaître la cause la plus haute, d'ordonner et juger toute autre chose en fonction de celle-ci [142]. Il juge selon une

art pour l'intellect pratique (et il y a bien sûr, d'autre part, les vertus qui perfectionnent les puissances appétitives). L'intellect spéculatif a pour objet propre le vrai, qui est soit «per se notum», soit «per aliud». Ce qui est connu par soi a statut de principe, et est saisi immédiatement par l'intellect, dont la perfection est l'*habitus* d'intelligence. Ce qui est connu médiatement par la raison (régressant vers les causes – puisque connaître, c'est appréhender les causes) a soit statut de prémisse dans un genre particulier de connaissance, et l'*habitus* de sa saisie est science; soit statut de terme ultime de la connaissance humaine, et c'est ici qu'intervient l'*habitus* de sagesse (*ibid.*, IaIIae p., q. 57, a. 2).

135. *Ibid.*, Ia p., q. 1, a. 4.

136. *Ibid.*, Ia p., q. 1, a. 6, ad 3m.

137. *Ibid.*, IIaIIae p., q. 45, a. 2.

138. *Ibid.*, Ia p., a. 6, ad 3m. *Cf. ibid.*, IIaIIae p., q. 45, a. 4, ad 2m.

139. *Ibid.*, IaIIae p., q. 57, a. 3 («Dummodo enim verum geometra demonstret, non refert qualiter se habeat secundum appetitivam partem, utrum sit laetus vel iratus»).

140. *Ibid.*, IaIIae p., q. 68, a. 8.

141. «sapientia importat quandam rectitudinem iudicii secundum rationes divinas. (...) Sic igitur sapientia quae est donum causam quidem habet in voluntate, scilicet caritatem: sed essentiam habet in intellectu, cuius actus est recte iudicare (...)» (*ibid.*, IIaIIae p., q. 45, a. 2).

142. «(...) ad sapientem oportet considerare causam altissimam, per quam de aliis certissime iudicatur, et secundum quam omnia ordinari oportet (...) Ille autem qui cognoscit causam altis-

sorte d'« instinct divin »[143], mais « instinct » n'a pas le sens que nous donnons aujourd'hui à ce terme en le tirant du côté de l'animalité. Son jugement est « instinctif » au sens de spontané, comme chez celui qui s'est incorporé complètement un savoir, et n'a pas plus besoin d'un raisonnement pour apprécier directement avec sûreté, tel le *virtuosus*, l'homme vertueux, chez Aristote, qui est « mesure et règle des actes humains »[144]. La « connaturalité » à Dieu apportée par le don s'oppose à l'« inquisitio » humaine comme la saisie immédiate par l'« intellect » s'oppose à la recherche discursive de la « raison ».

D'autre part, face au *virtuose*, celui qui est « instruit en la science morale » joue le rôle d'un critique qui, sans lui-même pouvoir faire, porte une appréciation parce qu'il connaît les principes. Or, au-delà de cette comparaison esthétique, on peut se demander jusqu'à quel point ce cas de figure de l'expert en vertu qui n'est pas vertueux rend compte de ce qu'il faut entendre par connaissance en éthique. Celui qui n'est pas généreux connaît-il vraiment ce qu'est la générosité[145] ? L'objection platonisante sera toujours résurgente (et elle porte d'autant plus que Thomas admet que la volonté ne peut faire autrement qu'adhérer au bien qui est vu par l'intellect[146]) : qui pense connaître le bien, et fait le mal, en réalité ne connaît pas encore assez le bien. Le savoir moral est aussi un savoir-être, un pouvoir d'agir conformément au bien ; sinon il n'y a là qu'une pseudo-connaissance, qui est en fait aussi peu un vrai savoir que celui de qui prétend connaître l'équitation sans être capable de monter un cheval.

Quoi qu'il en soit de cette hypothèse-limite, néanmoins Thomas lui aussi précise que la sagesse, quant à elle, est simultanément spéculative et pratique. Il ne s'agit pas seulement de la sagesse-don, pour laquelle c'est une évidence[147], mais aussi de la sagesse propre à la discipline théologique[148], à la différence de la métaphysique par exemple qui est un *habitus* purement spéculatif. La théologie considère en effet sous une raison une (comme *revelabilia*, et à l'image de l'unité de la science divine dont elle est « velut quaedam impressio ») le contenu

simam simpliciter, quae est Deus, dicitur sapiens simpliciter : inquantum per regulas divinas omnia potest iudicare et ordinare. Huiusmodi autem iudicium consequitur homo per Spiritum Sanctum (...) » (*ibid.*, IaIIae p., q. 57, a. 1).

143. *Cf. ibid.*, IaIIae p., q. 68, a. 1, ad 4m : « sapientia dicitur intellectualis virtus, secundum quod procedit ex iudicio rationis : dicitur autem donum, secundum quod operatur ex instinctu divino ».

144. *Cf. Éthique à Nicomaque*, X.5, 1176 a 17-18.

145. *Cf. Sum. theol.*, IIaIIae p., q. 45, a. 2.

146. *Cf.* IaIIae p., q. 58, a. 2 : « aliqualiter verum est quod Socrates dixit, quod scientia praesente, non peccatur : si tamen hoc extendatur usque ad usum rationis in particulari eligibili ».

147. *Ibid.,* IIaIIae p., q. 45, a. 3.

148. *Ibid.*, Ia p., q. 1, a. 4 ; *cf. Scriptum super libros Sententiarum*, prol., q. 1, a. 3, qcula 3, éd. Mandonnet, Paris, t. I, 1929, p. 12 : « Unde perficit hominem et in operatione recta et quantum ad contemplationem veritatis : unde quantum ad quid practica est et etiam speculativa ».

que se répartissent les différentes parties de la philosophie[149]. Elle ne sépare donc pas spéculation et pratique[150], même si elle est premièrement théorétique et secondairement pratique parce qu'elle rapporte l'étude des actes humains à une fin qui est la parfaite connaissance de Dieu[151]. Comme le dit Thomas, par opposition précisément à une philosophie qui lui apparaît déjà lettre morte plutôt qu'il ne contribue à la déspiritualiser:

> sapientia secundum nos non solum consideratur ut est cognoscitiva Dei sicut apud philosophos, sed etiam ut est *directiva humanae vitae*[152].

S'occuper de pratique n'est en rien une déchéance par rapport à la dignité spéculative. Au contraire, la sagesse-don est plus directement pratique que la sagesse théologique justement parce qu'elle est meilleure: plus une puissance *(virtus)* est élevée, explique Thomas en citant le *Liber de causis*, plus son domaine est étendu; elle dirige donc non seulement la contemplation mais aussi les actions[153]. Cela même est du ressort de la «ratio superior», et non pas seulement de la «ratio inferior», qui pourtant a pour objet la gestion des choses temporelles. Reprenant cette distinction à Augustin[154], Thomas rappelle que la «ratio superior» contemple les raisons divines éternelles mais aussi les consulte, c'est-à-dire en tire les normes d'action. Il est donc de sa compétence de réguler l'agir, et c'est pourquoi la sagesse-don est pratique aussi bien que spéculative[155]. Or cette même distinction, déployée pour la sagesse-don, a été d'abord posée dans l'analyse de l'intellect en général[156]. Autrement dit, la même chose vaut de tout intellect, fût-ce dans son usage naturel, à savoir qu'en lui la «ratio superior»

149. *Ibid.,* Ia p., q. 1, a. 3, ad 2m. *Cf.* a. 4, resp. : «sacra doctrina, ut dictum est, una existens, se extendit ad ea quae pertinent ad diversas scientias philosophicas, propter rationem formalem quam in diversis attendit: scilicet prout sunt divino lumine cognoscibilia». *Cf. ibid.,* IaIIae p., q. 57, a. 2: «Et ideo secundum diversa genera scibilium, sunt diversi habitus scientiarum, cum tamen sapientia non sit nisi una».

150. «Unde licet in scientiis philosophicis alia sit speculativa et alia practica, sacra tamen doctrina comprehendit sub se utramque, sicut et Deus eadem scientia se cognoscit, et ea quae facit» (*ibid.*, Ia p., q. 1, a. 4, resp.).

151. *Loc. cit. Cf.* ce qu'en dit M.-D. Chenu: «Il n'est pas jusqu'à l'appétit de béatitude d'Augustin, à cette dose d'affectivité enveloppant chez lui tout savoir, qui n'ait son statut dans *l'unité synthétique d'une science qui dépasse la division du spéculatif et du pratique*. Toujours même motif: l'unique raison formelle sous laquelle tout se range, depuis la contemplation pure jusqu'au plus menu cas de conscience. Aussi bien Dieu connaît ainsi: "... sicut et Deus eadem scientia se cognoscit et ea quae facit". La théologie, même en ses fonctions "scientifiques" les plus poussées, est héritière de cette sagesse augustinienne toute qualifiée par la vie bienheureuse vers laquelle elle tend» (*La Théologie comme science au XIIIe siècle, op. cit.*, p. 99; je souligne). *Cf.* l'ouvrage de R. Holte: *Béatitude et Sagesse. Saint Augustin et le problème de la fin de l'homme dans la philosophie ancienne*, Paris, Études Augustiniennes, 1962.

152. *Sum. theol.*, IIaIIae p., q. 19, a. 7.

153. *Ibid.,* IIaIIae p., q. 45, a. 3, ad 1m.

154. *De Trinitate,* XII.7.

155. *Sum. theol.*, IIaIIae p., q. 45, a. 3.

156. *Ibid.*, Ia p., q. 79, a. 9.

indique les règles de l'agir, que la «ratio inferior» se chargera d'appliquer aux circonstances. Sa contemplation n'est pas étrangère à la vie active, mais la considère dans la généralité de ses lois et valeurs, avant de descendre au particulier et contingent. C'est une différence de degré et d'orientation, non pas de nature, ni une opposition entre savoir purement théorique et pratique effective. La «ratio superior» et la «ratio inferior» sont en fait la même puissance, mais dirigée vers des fonctions et des *habitus* autres, comme le sont l'intellect spéculatif et l'intellect pratique, autres du point de vue de la fin mais non en essence[157]. La distinction de ces derniers recoupe celle, toujours empruntée à Augustin, de la sagesse et de la science. Il semble donc que lorsque Thomas parle de sagesse, il mêle aux idées aristotéliciennes une influence augustinienne qui importe dans la notion ce que l'évêque d'Hippone avant voulu y mettre. Comme nous l'avons vu, la différence entre sagesse et science n'est pas une disjonction, leur frontière commune est perméable. La conséquence naturelle de la première est la seconde. Réciproquement, non pas dans son essence mais dans son exercice l'acte de la raison spéculative est volontaire, dépend d'une délibération et d'un choix, et donc est du ressort de la prudence, qui préside à la conduite de la vie[158].

Thomas est d'ailleurs bien conscient que philosophie spéculative et philosophie pratique ne se distinguent pas comme se distinguent un art spéculatif et un art pratique[159]. Dans ce dernier cas, c'est leur rapport à leur fin propre qui les divise : ainsi l'on dira que l'agriculture est un art pratique, et la dialectique un art théorique, chacun poursuivant des buts très différents. Mais, bien que par définition le pratique ordonne ce qu'il appréhende à une œuvre *(opus)* et le spéculatif non, philosophie spéculative et philosophie pratique poursuivent cependant le même but, qui est celui de la vie humaine tout entière, à savoir le bonheur :

> in divisione philosophiae habetur respectus ad finem beatitudinis, ad quem tota humana vita ordinatur. Ut enim dicit Augustinus XX De civitate dei ex verbis Varronis, «nulla est homini alia causa philosophandi nisi ut beatus sit»[160].

C'est seulement en tant qu'il faut distinguer, avec Aristote, une félicité de la vie contemplative, et une félicité de la vie active, qu'il y a lieu de distinguer aussi philosophie spéculative et philosophie pratique. Mais la première, si elle n'est pas ordonnée à une œuvre extérieure, n'en recherche pas moins fondamentalement la même chose que la seconde.

Il faudrait de plus s'assurer qu'il n'y ait pas, dans le débat sur la primauté du théorique ou du pratique, une simple querelle de mots. Si celui qui est dit posséder une sagesse consistant en une science théorétique, obtenue par l'exercice de son intellect, est *ipso facto* capable de gouverner sa vie d'après le vrai et le bien qu'il contemple, la qualification de «théorique» n'a rien à voir avec le sens que

157. *Ibid.,* Ia p., q. 79, a. 9 et 11.

158. *Ibid.,* IIaIIae p., q. 47, a. 2, ad 2m.

159. *Expositio super Boethium de Trinitate*, q. 5, a. 1, *ed. cit.*, p. 137-138.

160. *Loc. cit.*

nous donnons à ce terme lorsque nous parlons d'une science consistant en un savoir purement abstrait et n'ayant aucune implication existentielle. Ce n'est pas en ces derniers termes qu'Albert le Grand explique la félicité intellectuelle dont parle Aristote; elle est une:

> delectatio quam habet intellectus in consideratione scientiae, quae sola non habet contrarium nec paenitudinem; propter quod pura est, nihil habens amaritudinis. Item associatur [intellectui] ut removens taedium omnis contrariae fortunae, sicut societas tollit taedium solitudinis; unde Vitruvius in libro de architectura[161] inducit Theophrastum dicentem «doctum solum neque in alienis peregrinum neque amissis familiaribus et necessariis inopem amicorum, sed in omni civitate civem difficilesque fortunae sine timore posse despicere casus»[162].

Ce *doctus* est aussi un *sapiens*: il se trouve non moins établi dans le bonheur et la sécurité, indifférent aux coups du sort, que le sage stoïcien. Ce n'est pas que, comme Thalès, il s'abîme dans ses réflexions et dans un puits. C'est que la délectation qui résulte de sa spéculation est assez abondante pour déborder de l'intellect, imprégner son âme tout entière, et en chasser toute affection triste (comme dira Spinoza) –ainsi que tout appétit désordonné, serait-on en droit d'ajouter. Il faut en effet ici considérer quelle fin est atteinte: c'est la finalité naturelle même de l'homme en tant qu'homme, l'accomplissement de son essence, l'actualisation plénière de son intellect par la saisie de ce qu'il y a de plus vrai et de plus immuable, et non pas tel ou tel but contingent (fût-il d'ordre intellectuel et savant). Or si la perfection de l'intellect est pleinement réalisée, on ne peut imaginer qu'il n'accomplisse pas sa fonction de commandement à l'égard de toutes les facultés inférieures. Car si celles-ci se rebellent, ce ne peut être qu'à son détriment, en l'affaiblissant et diminuant son actualité. Notamment, la connaissance des principes moraux est oubliée, «corrompue», lorsque les passions occultent le jugement de la raison sur ce qu'est le bien et en proposent un autre[163]. En ce cas, la science n'est donc plus possédée dans sa perfection, elle n'est du moins plus en acte plénier. Autrement dit, l'intellect contemplatif achevé ne peut manquer de mettre en ordre, par l'intermédiaire de la prudence, l'ensemble des facultés, et dès lors la vie tout entière, par les vertus éthiques, se conformera à la hiérarchie des valeurs indiquée par la raison.

161. L. VI, praef., 2, éd. Krohn p. 121.

162. *Super Ethica*, prol., éd. W. Kübel, Münster in W., Aschendorff («S. Alberti Magni Opera omnia», t. XIV, pars I), 1968, p. 1.

163. *Cf. Sum. theol.*, IaIIae p., q. 58, a. 5. Dans ce texte, après avoir posé que les vertus intellectuelles, sauf la prudence bien sûr, peuvent n'être pas accompagnées des vertus morales, Thomas précise ce que nous venons de résumer, à savoir que la connaissance intellectuelle des principes de l'agir dans l'abstrait, n'est précisément plus une science possédée en acte lorsque l'emporte la passion dans le particulier: «Contingit enim quandoque quod huiusmodi universale principium cognitum per intellectum vel scientiam, corrumpitur in particulari per aliquam passionem: sicut concupiscenti, quando concupiscentia vincit, videtur hoc esse bonum quod concupiscit, licet sit contra universale iudicium rationis».

Aussi faut-il tenir compte de cette particularité lorsqu'il est dit que la sagesse est théorétique de par sa finalité. Toute science doit en effet être caractérisée principalement d'après sa fin. Or la fin de la théologie, dit Thomas, est la contemplation de la vérité première *in patria*[164]. C'est pourquoi elle est avant tout spéculative, et c'est aussi pourquoi elle est le plus noble des savoirs, car la connaissance de la vérité première est recherchée pour elle-même et non en vue d'autre chose. Non pas qu'elle soit désintéressée, comme si cette recherche de savoir n'avait pas de but : elle en a précisément un, qui est celui même de la nature humaine ainsi que nous l'avons rappelé, mais ce but lui est immanent, c'est-à-dire n'est pas ordonné à quelque chose qui lui serait extrinsèque. C'est par là qu'une science théorétique se distingue d'une science pratique. Si je me donne la peine d'apprendre un langage informatique, par exemple, c'est en principe pour écrire un programme : l'acquisition du savoir a ici un autre but que sa simple possession, l'application en est extérieure et porte sur un objet qui dépend certes de nous mais qui est contingent et circonstanciel[165]. Cependant, l'actualisation de ce savoir pratique est également contingente : je peux l'acquérir, et puis en rester là sans jamais l'avoir mobilisé dans une opération effective, pour une raison ou une autre ; l'opération est différente du savoir. Il n'en va pas de même pour la métaphysique ou la théologie, précisément parce que leur but leur est immanent[166]. Je ne peux prétendre avoir acquis le savoir de la cause première, sans avoir *ipso facto* contemplé cette cause première. L'opération correspondante est nécessairement réalisée, car sa réalisation fait intrinsèquement partie de l'obtention de la science. Nonobstant la distinction entre acte premier et acte second, l'intellect, en cas de possession bien établie de cette science, doit être formé par son objet qui est aussi sa fin. Dans ces conditions, il est inévitable que cette science théorétique soit aussi pratique si, comme il a été dit plus haut, la contemplation effective ne peut pas ne pas ordonner sous elle l'ensemble des actes des autres facultés.

164. *Scriptum super libros Sent.*, prol., q. 1, a. 3, qcula 3, *ed. cit.*, p. 12.

165. « Theorica, id est speculativa, differt a practica secundum finem : nam finis speculativae est veritas : hoc enim est quod intendit, scilicet veritatis cognitionem. Sed finis practicae est opus, quia etsi « practici », hoc est operativi, intendunt cognoscere veritatem, quomodo se habeat in aliquibus rebus, non tamen quaerunt eam tanquam ultimum finem. Non enim considerant causam veritatis secundum se et propter se, sed ordinando ad finem operationis, sive applicando ad aliquod determinatum particulare, et ad aliquod determinatum tempus » (*In Duodecim libros Metaphysicorum Aristotelis Expositio*, L. II, lect. II, § 290, éd. Cathala-Spiazzi, Turin, Marietti, 1964, p. 84).

166. « [Virtus intellectualis] habet ordinem ad interius opus intellectus » (*Sum. theol.*, IaIIae p., q. 57, a. 1, ad 1m) ; « (...) etiam in ipsis speculabilibus est aliquid per modum cuiusdam operis : puta constructio syllogismi aut orationis congruae aut opus numerandi vel mensurandi » (*ibid.*, a. 3, ad 3m).

Affectus et *sapida scientia*

Mais Thomas d'Aquin n'est pas toute la scolastique, et bien d'autres cou rants insistent encore davantage sur la vocation pratique de la théologie. En premier lieu c'est évidemment le cas de l'école franciscaine, depuis Eudes Rigaud[167]. La science suprême vise le vrai, mais si elle le recherche, c'est parce qu'il est un bien, et le bien de l'homme tout entier. À travers la contemplation de la vérité première, elle s'ordonne donc au Bien premier comme à sa fin ultime, ainsi qu'aux moyens qui y conduisent[168].

Chez Alexandre de Hales aussi, la théologie se distingue de la philosophie (dite «theologia philosophorum») en ce qu'elle «parfait l'âme selon l'affect, en la dirigeant vers le bien par les principes d'amour et de crainte»; et pour cette raison elle est la sagesse proprement dite, «sapientia ut sapientia», alors que la philosophie première est «sapientia ut scientia»[169]. Alexandre reste fidèle à la distinction augustinienne entre *scientia* et *sapientia*, en ce que cette dernière requiert l'*affectus* en plus de l'*aspectus*. Dans les *Soliloques*, I.vi.12, Augustin utilise en effet la métaphore de la vue pour décrire le pouvoir intellectuel et rationnel de l'âme: les sens de l'âme sont comme des yeux, la raison est à l'esprit ce que l'acte de voir *(aspectus)* est aux yeux. Pour que ces yeux puissent voir parfaitement, ils doivent être purifiés du désir des choses mortelles, ce qui s'effectue par l'action de la foi, de l'espérance et de la charité, bref tout ce qui peut recevoir le nom d'*affectus*, en entendant par là autre chose que l'affect au sens d'émotion *(affectio)*[170]. Le sentiment *(affectus)* s'empare de l'esprit par une sorte de puissance générale et de vertu continue, ferme et stable, qu'il a obtenue par la grâce[171], alors que les émotions *(affectiones)* sont, au contraire, variables selon le cours des choses et du temps. D'où ce qu'écrit Alexandre de Hales: la

167. Voir C. Trottmann, *Théologie et Noétique au XIIIe siècle. À la recherche d'un statut*, Paris, Vrin, 1999, chap. II.

168. «Speculatio theologica non sistit in vero, sed ultimo ordinatur ad bonum, et ad bonum summum quod est finis omnium» (*Quaestio de scientia theologica*, II, a. 1, q. 5, n. 109, éd. L. Sileo dans: *Id.*, *Teoria della scienza teologica*, Rome, Pontificum Athenaeum Antonianum, 1984, t. II, p. 48). «Haec divisio scientiae per "speculativam" et "practicam" datur per comparationem ad finem: speculativa enim sistit in cognitione veri, practica autem, quamvis sit cognitio veri, tamen ibi non sistit, sed ulterius ordinat ad bonum sive ad opus, per quod pervenitur ad bonum intentum. Quoniam igitur theologia secundum suum finem non sistit in pura cognitione, sed ulterius ordinat ad opus, ideo dicendum est quod haec scientia sit practica» (n. 118, p. 51).

169. *Summa theologica*, tract. introd., q. 1, c. 1, Quaracchi, Collegium S. Bonaventurae, 1924, t. I, p. 2.

170. *Cf.* par exemple Guillaume de Saint-Thierry: «Aliud quippe est affectus, aliud affectio» (*De natura et dignitate amoris*, in *Deux Traités de l'amour de Dieu*, éd. et trad. M.-M. Davy, Paris, Vrin, 1953, p. 93).

171. Il peut décrire l'expérience mystique; *cf.* Augustin, *Conf.*, X.xi.65: «et aliquando intromittis me in affectum multum inusitatum introrsus ad nescio quam dulcedinem (...)»; Bonaventure, *Itinerarium mentis in Deum* VII.4, *Opera omnia* t. V, p. 312 b.

science humaine poursuit uniquement la connaissance du vrai, la science divine œuvre par les *affectus*, cherchant à les orienter vers le bien[172]. Demandant ensuite si la méthode de la théologie est plus certaine que celle employée dans les autres sciences, il explique que cela dépend de quelle sorte de certitude il s'agit : elle est plus certaine selon la certitude de l'expérience et de l'*affectus*, mais non dans le domaine de la spéculation intellectuelle[173]. Au demeurant, la science théologique est supérieure parce que elle s'occupe davantage du bien que de la connaissance.

Chez les dominicains aussi, nonobstant Thomas d'Aquin, on n'est pas en reste pour souligner cet aspect de la théologie. En donnant à la notion de piété le sens fort que nous lui avons vu chez Augustin, Albert le Grand la définit comme « pieuse science pratique », ou comme une « science affective », qui considère d'un seul regard le vrai et le bien, « verum per modum boni ». Aristote n'a distingué science théorétique et science pratique que parce qu'il a manqué l'unité fondamentale de ces deux transcendantaux. Pour lui viennent en premier l'être et l'un, parce qu'il appréhende l'être seulement comme objet d'un intellect qui résout le postérieur dans l'antérieur, le complexe dans le simple : il n'a pas vu comment l'être procède d'un principe premier qui est lui-même être, un, sage et bon, et communique indivisiblement ces dispositions à tout étant ; il n'a en conséquence traité du bien que comme fin du mouvement[174]. À l'inverse, la théologie (mais une théologie dont il importe de noter la dépendance à l'égard du néoplatonisme, dont elle prolonge ainsi le retournement ontologique) sait que l'être créé flue du bien, et rétablit ce dernier dans sa priorité et son droit à être objet immédiat de l'intellect. C'est pourquoi la théologie ne sépare pas la considération du vrai de celle du bien, et contente indissociablement l'intellect et l'*affectus*, dans l'unité d'une science dont la philosophie a été incapable :

> Ista scientia proprie est affectiva, id est veritatis quae non sequestratur a ratione boni, et ideo perficit et intellectum et affectum. Talis autem finis [beatificans] in rebus creatis non invenitur ; et ideo philosophi non tractaverunt huiusmodi scientiam, sed diviserunt unam ad verum quod est in rebus, aliam autem ad bonum quod est in ipsis[175].

À la suite d'Albert, après avoir montré que s'appliquent bien mieux à la théologie qu'à toute autre discipline les critères qui d'après Aristote dans la *Métaphysique* caractérisent la sagesse, Ulrich de Strasbourg en vient à discuter

172. *Summa theologica*, tract. introd., q. 1, c. 4, a. 1, *ed. cit.*, t. I, p. 7-9.

173. *Ibid.*, a. 2, p. 9-10.

174. « Dicendum quod secundum philosophum ante omnia sunt ens et unum. Philosophus enim non ponit quod verum et bonum sint dispositiones generaliter concomitantes ens, nec divisio entis secundum quod est ens per verum et bonum ; quia philosophus non considerat ens secundum quod fluit ab ente primo et uno et sapiente et bono, sed considerat ens secundum quod stat in ipso intellectu resolvens posterius in prius, et compositum in simplex, et secundum quod ipsum per prius et posterius colligit omnia. Et ideo de vero et bono non determinat per hunc modum, sed de bono quod est finis ad quem est motus » (*In primum librum Sententiarum*, d. 46, a. 14, éd. Borgnet, Paris, Vivès [S. Alberti Opera omnia, t. XXVI], 1893, p. 450).

175. *Ibid.*, d. 1, a. 4, p. 18.

ceux qui la définissent selon l'*Éthique à Nicomaque* (lue par Albert). Il conclut que la sagesse inclut tous les *habitus* qui nous rendent capables de connaître Dieu, *habitus* non seulement spéculatifs, mais aussi affectifs et opératifs, puisqu'elle suppose l'exercice des vertus pratiques[176]. En dehors de l'école albertiste, la tendance est encore plus nettement accusée. Robert Kilwardby argumente en faveur du primat de l'*affectus*[177]. La science humaine ne requiert que l'illumination de l'*aspectus*, la théologie doit préparer les *affectus* en accord avec la vérité dernière et l'amour du bien ultime. La simple ratiocination ne suffit pas, préceptes, exhortations, prières, etc. sont indispensables. D'après Richard Fishacre (qui est pourtant l'un des premiers à insister sur la dimension spéculative de la théologie[178]), pareillement, les *affectus* devraient être façonnés par une conduite conforme au bien avant que l'intellect soit autorisé à soulever des questions difficiles au sujet de la foi[179].

Ce souci du bien-vivre qui doit précéder le bien-penser nous replonge dans l'atmosphère de la philosophie antique telle que la décrit P. Hadot. Avant que l'on se mette à l'étude de la logique, première partie du système stoïcien, Épictète enjoint : « soignez d'abord vos blessures, arrêtez vos débordements, mettez le calme dans vos esprits »[180]. Abélard voyait justement là un point de convergence remarquable entre la philosophie et la tradition biblique :

> Il est écrit, à propos de ce Maître de Sagesse : « La sagesse n'entrera pas dans une âme qui veut le mal, elle n'habitera pas dans un corps soumis au péché »[181]. Cela n'a pas échappé aux philosophes eux-mêmes, qui pensaient qu'on obtient la connaissance de Dieu non en raisonnant mais en vivant comme il convient, et exhortaient à se diriger vers elle par les mœurs plutôt que par les paroles[182].

Une telle consonance inclinait Abélard à penser que la seule raison avait pu procurer aux philosophes une sorte de révélation naturelle de la Trinité et d'autres croyances de la foi chrétienne. Son optimisme n'a guère été partagé (et même lui a valu quelque ennuis). Bonaventure témoigne davantage de la conviction théologique commune (sous l'influence augustinienne) que seul le christia-

176. « Nomen enim sapientiae dicit habitum cognitionis divinae, quae cognitio vera non est, nisi sit affectiva. Unde ipse affectus caritatis vocatur sapientia, Eccli I [14] : « Dilectio Dei honorabilis sapientia ». Et haec ambo non sunt sine operibus virtutum (...) Patet ergo, quod sic haec sapientia virtute continet in se omnes habitus speculativos et affectivos et operativos habilitantes nos ad Dei cognitionem » (*De summo bono*, éd. B. Mojsisch, L. I, tr. 2, c. 6, Hambourg, F. Meiner [« Corpus Philosophorum Teutonicorum Medii Aevi » I.1], 1989, p. 46).

177. *De natura theologiae,* q. 3, éd. Stegmuller, Münster in W., Aschendorff (« Opuscula et Textus. Series scholastica », 17), p. 29.

178. Voir C. Trottmann, *Théologie et Noétique ..., op. cit.*, p. 107-114.

179. *Commentaire des Sentences*, prol., éd. A. Long, *Mediaeval Studies* XXXIV (1972), p. 96.

180. *Entretiens,* II.XXI.22.

181. *Sagesse,* 1.4.

182. *Du Bien suprême*, L. II, prol., trad. J. Jolivet, Montréal-Paris, Bellarmin-Vrin (« Cahiers d'Études médiévales », IV), 1978, p. 53-54. *Cf. ibid.*, p. 46-47.

nisme peut accomplir ce que la philosophie a entrepris. Selon lui, la recherche de sagesse naît d'un besoin du cœur qui veut connaître l'objet de son amour pour en jouir plus pleinement : « La sagesse n'est obtenue que par celui qui en est assoiffé »[183], qui en a « la convoitise et le désir véhément »[184]. Mais cette recherche ne peut aller jusqu'au bout si elle ne reçoit l'aide de la foi :

> la philosophie n'est qu'un acheminement vers des sciences plus hautes, celui qui veut s'y arrêter tombe dans les ténèbres[185].

D'où l'assomption de la philosophie dans la théologie comme sagesse. Dans son sermon *Unus est magister noster Christus*, par exemple, Bonaventure s'interroge sur la source de la sagesse et l'ordre qu'il convient de suivre pour y parvenir. Le but, le bonheur acquis dans la contemplation, ne peut être atteint que si l'esprit est pacifié, ce qui suppose la certitude tranquille de la foi[186]. C'est pourquoi, selon lui, le projet philosophique est irrémédiablement grevé d'incertitude, car faute de se fonder sur la foi, il ne peut parvenir à son terme[187].

Cette contestation de l'autosuffisance de la philosophie ne doit pas être assimilée à du fidéisme. Le fidéisme tend à substituer complètement la foi à la raison, en déniant à celle-ci toute valeur et efficacité (du moins dans le domaine religieux et métaphysique, bien que sa destitution puisse aller encore plus loin,

183. *Collationes in Hexaëmeron*, III.1, *Opera omnia* t. V, p. 343 a (trad. fr. M. Ozilou, *Les Six Jours de la Création*, Paris, Desclée-Cerf, 1991, p. 148).

184. *Ibid.*, II.2, p. 336 a (trad. fr., p. 126).

185. *Collationes de donis Spiritus Sancti*, IV.12, *Opera omnia* t. V, p. 476a. Voir É. Gilson, *La Philosophie de Saint Bonaventure*, 2e éd., Paris, Vrin, 1943, p. 86. *Cf.* les remarques critiques sur cet ouvrage dans F. Van Steenberghen, *La Philosophie au XIIIe siècle*, 2e éd., Louvain-la-Neuve, Éditions de l'Institut supérieur de philosophie, 1991, p. 193 *sq*. La thèse de Gilson me semble néanmoins défendable en considérant la philosophie comme *projet totalisant*. Il ne s'agit pas de nier que la philosophie puisse, dans son ordre, découvrir telles ou telles vérités, particulièrement dans l'étude de la nature. Ce qui est soutenu par Gilson, et sans doute dit par Bonaventure, c'est qu'elle échoue à être une explication totalisante et autosuffisante du monde et de l'homme, parce qu'elle s'engage dans des erreurs trop importantes dès qu'elle aborde les difficultés les plus hautes, celles qui ressortissent à la sagesse, notamment celles concernant Dieu et son mode d'action dans le monde.

186. « (...) l'ordre consiste à commencer par la solidité de la foi, à progresser par la sérénité de la raison, pour parvenir à la suavité de la contemplation » (§ 15 ; éd. et trad. fr. G. Madec, *Le Christ maître*, Paris, Vrin, 1990, p. 47).

187. « Cet ordre, les philosophes l'ont ignoré ; négligeant la foi et prenant appui exclusivement sur la raison, ils n'ont nullement pu parvenir à la contemplation » (*ibid.*, p. 49). Plus exactement, l'Antiquité n'a pas ignoré l'élan spirituel, mais il était disjoint de l'effort de science, les figures de l'un et de l'autre étant respectivement Platon et Aristote : « il semble que, parmi les philosophes, le discours de la sagesse ait été donné à Platon et le discours de la science à Aristote » (*ibid.*, § 18, p. 55). Le premier, « bien qu'il parût établir la voie de la sagesse qui procède selon les raisons éternelles, détruisait la voie de la science qui procède selon les raisons créées ; voie qu'au contraire Aristote établissait, en négligeant l'autre qui est supérieure » (*loc. cit.*, trad. Madec modifiée). La réconciliation des deux voies s'opère dans la personne d'Augustin : « les deux discours de sagesse et de science ont été donnés par l'Esprit saint à Augustin » (*ibid.*, § 19, p. 55).

jusque dans la connaissance de la nature). Il n'est point question de cela dans la pensée augustinienne, qui affirme seulement que l'apport de la foi est indispensable à la raison, pour son bon fonctionnement même en tant que raison. Il se noue entre foi et raison un rapport d'intrication, qui ne peut être élucidé que s'il est compris dynamiquement (chacune entraînant l'autre), et non pas comme un lien statique ou une juxtaposition – laquelle ne peut que dégénérer en conflit. Ce dynamisme est celui même de la nature qui, toujours pour l'augustinisme, ne peut connaître en elle-même la stabilité et le repos. Ou bien elle se dépasse dans le surnaturel, ou bien elle se dégrade en infranaturel. Il n'existe pas de *statu quo*. C'est pourquoi le génie propre d'Augustin a été de montrer que la nature ne peut être pensée qu'en termes de devenir et d'histoire. Soit elle monte, soit elle descend, elle ne peut en rester à ce qu'elle est. Ou plutôt, il suffit qu'elle en reste à ce qu'elle est pour qu'elle décline : dès là qu'elle ne s'élève pas, elle chute. Si toute nature qui se ferme sur elle-même est condamnée à tomber, il en va ainsi pour la raison, et le projet philosophique qui ne s'ouvre pas par le haut à la sagesse divine, s'égare inévitablement[188].

Mais non moins que la révélation, l'ascèse morale est une condition nécessaire de toute connaissance, et en cela Bonaventure reprend l'un des thèmes constants de la philosophie antique, pour laquelle (par opposition à la philosophie moderne, comme nous l'avons vu) la purification de l'âme est un préalable indispensable à l'exercice même de la pensée, tout sujet n'étant pas immédiatement qualifié pour l'actualisation plénière d'une faculté qu'il possède naturellement[189]. Jouant sur les deux sens du terme « discipline », il les rend indissociables dans un seul et même itinéraire :

> sans la discipline monastique[190], la discipline scolastique est insuffisante pour acquérir la sagesse, car ce n'est pas en écoutant seulement, mais en observant, que l'homme devient sage (...) Le malade, en effet, n'est jamais guéri par le simple fait d'écouter le médecin, s'il n'observe ses prescriptions[191].

188. *Cf.* É. Gilson, *La Philosophie de Saint Bonaventure*, *op. cit.*, p. 86 : « l'arrêt ou le repos de la raison sur elle-même, c'est l'erreur ». Voir tout le chap. II, p. 76-100.

189. *Cf.* É. Gilson, *ibid.*, p. 382 : « (...) les évidences lui seront plus ou moins aisément accessibles selon le point de perfection où lui-même se trouvera. La pensée pense, en effet, plus ou moins bien, selon que l'âme qui l'exerce s'est d'abord plus ou moins complètement purifiée de ses souillures, et l'on ne saurait traiter un argument tel que la preuve anselmienne de l'existence de Dieu par l'idée de parfait comme si son acceptation ne dépendait que de la définition des termes qui le composent ou de leur compréhension par une intelligence quelconque. L'homme ne comprend que ce qu'il mérite de comprendre, et le même argument qui semble sophistique à une pensée matérialisée pourra sembler évident au contraire à cette même pensée dépouillée, purifiée et tournée vers Dieu ».

190. C'est-à-dire la discipline des mœurs.

191. *In Hex.*, II.3, *ed. cit.* p. 337 a (trad. cit., p. 127). On croirait lire dans cette dernière phrase une diatribe d'Épictète, mais c'est en fait une référence à l'*Éthique à Nicomaque*, II.3 (1105 b 11 *sq.*).

La notion d'exercice spirituel constitue là aussi le pivot qui articule savoir et sagesse :

> le passage de la science à la sagesse n'est pas sûr, aussi faut-il fixer un intermédiaire, à savoir la sainteté. Or le passage consiste dans l'exercice [192].

Et après deux textes de l'Écriture, Bonaventure peut aussi bien citer Sénèque à l'appui :

> J'en ai trouvé beaucoup exerçant leur corps et peu exerçant leur esprit [193].

Par contemplation, il faut également entendre plus qu'un savoir purement « théorique » : un savoir que l'on peut qualifier d'expérimental, car il s'agit d'une expérience de Dieu [194]. En d'autres termes, la sagesse est l'*habitus* intermédiaire qui réunit connaissance et *affectus*, science théorétique et science pratique [195].

Ainsi, pour Bonaventure, au sens le plus propre la sagesse se définit « connaissance expérimentale de Dieu ; et en ce sens elle est l'un des sept dons de l'Esprit saint, dont l'acte consiste à goûter la suavité divine » [196]. Par cette notion de goût, la connaissance sapientielle est rapportée à une étymologie dont le Moyen Âge s'est plu à jouer [197]. Du même verbe *sapere*, « goûter », dérivent la famille de mots signifiant la sapidité, la saveur, et la famille désignant la sapience, le savoir. Le sage est celui qui sait parce qu'il a goûté, celui qui a l'ex-

192. *In Hex.*, XIX.3, p. 420 b (trad. cit., p. 409). Bonaventure semble apporter ainsi une mise en garde quant au « tendimus per scientiam ad sapientiam » d'Augustin.

193. *Ibid.*, XIX.5, p. 421a (trad. cit., p. 411).

194. *Cf. Quaestiones disputatae de scientia Christi*, q. VII, *Opera omnia* t. V, p. 43 b : « (...) in quo etiam experimentalis et vera consistit sapientia ».

195. « (...) si consideremus intellectum in se, sic est proprie speculativus et perficitur ab habitu, qui est contemplationis gratia, que dicitur scientia speculativa. Si autem consideremus ipsum ut natum extendi ad opus, sic perficitur ab habitu, qui est ut boni fiamus ; et hic est scientia practica sive moralis. Si autem medio modo consideretur ut natus extendi ad affectum, sic perficitur ab habitu medio (...) et hic habitus dicitur sapientia, quae simul dicit cognitionem et affectum » (*Commentaria in quatuor libros Sententiarum*, procem., q. III, *Opera omnia,* t. I, 1882, p. 13). La sagesse divine, dit encore Bonaventure, illumine la faculté cognitive, réjouit la faculté affective, fortifie l'opérative (*Collationes de septem donis Spiritus sancti*, IX.5-7, *Opera omnia,* t. V, p. 500 a-b).

196. « (...) consistit in degustando divinam suavitatem » (*Comm. in ... Sent.*, L. III, d. XXXV, a. I, q. I, *Opera omnia* t. III, p. 774 a). Il vaut la peine de remarquer, à la suite d'A. Speer (« The Vocabulary of Wisdom », dans : J. Hamesse et C. Steel [éd.], *L'Élaboration du vocabulaire philosophique au Moyen Âge*, Turnhout, Brepols, 2000, p. 265), que Bonaventure ne manque pas d'interpréter le plaisir de cette dégustation en termes aristotéliciens : « Et quoniam ad gustum interiorem, in quo est delectatio, necessario requiritur actus affectionis ad coniugendum et actus cognitionis ad apprehendum, secundum illud Philosophi, qui dicit quod "delectatio est coniunctio convenientis cum convenienti cum sensu eiusdem" » (*loc. cit.*). Néanmoins, en tant que don divin, cette expérience de la sagesse qui est communication de la Sagesse divine, suppose un apport particulier de la lumière divine, qui élève l'âme au-dessus d'elle-même et la rend capable de cette participation (*cf. Quaestiones disputatae de scientia Christi*, q. V, resp., *Opera omnia,* t. V, p. 30 a).

197. Voir Grégoire le Grand, *Moralia,* XI.6.9, et Isidore de Séville, *Etym.,* X.240.

périence personnelle de ce dont il parle, celui dont le savoir n'est pas purement formel et verbal, mais a une saveur. Guillaume de Saint-Thierry a tiré le plus grand parti de cette affinité:

> Car l'esprit est une puissance de l'âme par laquelle nous nous unissons à Dieu et nous jouissons de lui; cette jouissance consiste dans une sorte de saveur divine, d'où, de cette saveur, le mot de sagesse[198].

Cette saveur se révèle dans le sens du goût, que Guillaume assimile allégoriquement au Christ dans le corps de l'Église:

> ainsi le Christ homme, par la saveur intérieure de sa divinité, le Christ sagesse de Dieu, a été fait sagesse pour nous[199].

La sagesse résulte donc d'une expérience de la saveur de Dieu, expérience qui s'accompagne de fruition:

> lorsque nous commençons non seulement à comprendre, mais encore, pour ainsi dire, à palper et à toucher en quelque sorte par la main de l'expérience le sens des Écritures et la vertu des mystères et des secrets de Dieu, — ce qui ne se produit que par un certain sens de la conscience et par l'apprentissage d'une expérience de l'intelligence qui saisit, je dirai plus, qui lit à l'intérieur d'elle-même et qui sent la bonté et la vertu de Dieu (...) alors enfin la sagesse remplit son propre rôle[200].

Mais la recherche de cette expérience ne signifie nullement le renoncement aux exigences de l'*intellectio*. L'idéal qui unit science et sagesse goûtée s'exprime parfaitement dans cette formule d'Alexandre de Hales:

> Il y a deux choses dans la sagesse: la connaissance, en tant qu'elle illumine, et par là elle se rapporte au Fils; et la saveur, et par là elle se rapporte à l'Esprit saint[201].

En la combinant avec le thème de l'*affectus*, maître Eckhart mettra en valeur la même unité en reprenant le jeu de mots pseudo-étymologique: *sapientia, quasi sapida scientia*, pour qualifier la connaissance (*cognitio*) la plus haute obtenue en cette vie-ci, celle qui naît d'une illumination divine spéciale, qui est l'*extasis mentis*, et qui se trouve dans l'intellect pratique[202]. Sur ce thème encore, il s'efforce de montrer la continuité entre théologie chrétienne et philosophie païenne, en allant chercher chez Aristote une référence («la langue sert d'abord au goût en vue de l'être, et ensuite la parole en vue du bien-être», *De anima*, II.8, 420b 18 s.) qu'il détourne vers la notion de *sapere*: ceux qui n'accordent pas leurs paroles avec leurs actes, commente-t-il, renversent l'ordre de la nature car ils «parlent avant de goûter» et «veulent leur bien-être avant leur

198. «Est enim mens vis quedam anime, qua Deo inheremus et Deo fruimur. Fruitio autem hec in sapore quodam divino est. *Unde et a sapore sapientia*» (*De natura et dignitate amoris*, § 33, éd. et trad. cit., p. 113).

199. *Ibid.*, § 36, p. 115. *Cf. I Cor.*, 1.30: «qui factus est nobis sapientia a Deo».

200. *Ibid.*, § 37, p. 115.

201. *Glossa in Quatuor libros Sententiarum Petri Lombardi*, L. I d. 15 § 20, Quarrachi, Collegium S. Bonaventurae, 1951, p. 158.

202. «(...) secundum quod est in intellectu practico. Haec cognitio scientia vel sapientia, quasi sapida scientia, quae aliquando intromittit hominem in affectum multum» (*Sermo die b. Augustini*, LW, V, p. 94, l. 15-p. 95, l. 2).

être»[203]. La sagesse est bien une science, mais un savoir savoureux, et qui ne peut être coupé d'une pratique.

CONCLUSIONS

La problématique propre à la philosophie antique paraît donc tout entière transposée au plan théologique. Peut-on alors dire que les scolastiques ont déspiritualisé la philosophie en la cantonnant à des tâches subsidiaires? N'ont-ils pas plutôt hérité d'une philosophie déjà «desséchée», que pour cette raison ils ont placée en dessous de la théologie comme effort humain culminant pour l'appréhension de la vérité?

D'une part, en tout état de cause, on ne doit pas oublier que les médiévaux reçoivent, ou redécouvrent, la philosophie antique, non pas comme une tradition vivante, mais précisément sous une forme déjà livresque, comme un *corpus* de textes. L'impression qu'ils en retirent est que cette philosophie est un savoir admirable, mais un savoir purement théorique (un «discours philosophique», pour reprendre l'expression de P. Hadot), justement parce qu'il n'est pas actualisé sous la forme d'un enseignement vivant plaçant ce savoir dans la perspective d'un engagement existentiel. Cette actualisation de la philosophie, ils éprouveront éventuellement le besoin de la réinventer, sous la forme de la communauté des intellectuels se consacrant à la vocation théorétique, comme ce sera le cas dans l'*universitas* et plus précisément dans les facultés des arts[204]. Mais plus généralement, ils considéreront que c'est le christianisme qui doit reprendre, et réalise au mieux, la visée existentielle de la philosophie. Toute une tradition, essentiellement monastique, utilise même, comme à l'époque patristique, ce terme de «philosophie» pour lui faire désigner une manière de vivre, vertueuse, qui est idéalement celle des moines dans leur cloître[205]. C'est peut-être moins là un détournement de sens, que la prise d'acte que la philosophie reçue de l'Antiquité est un *corpus*, non un mode de vie, et que l'existence philosophique doit s'incarner dans de nouvelles formes. La scolarisation du savoir philosophique, comme le note P. Hadot lui-même[206], s'effectue en fait dès l'époque impériale romaine, en ce sens que l'enseignement consiste désormais moins dans la formation à des méthodes par la discussion en acte, et prend pour base des textes

203. *Expositio libri Genesis*, *ed. cit.*, § 283 (tr. fr. cit., p. 613). *Cf. supra* n. 58.

204. *Cf.* l'analyse de P. Hadot sur les écoles fondées par Platon et Aristote (*PA*, p. 93-104 et 123-125).

205. *Cf.* Jean de Salisbury, *Policraticus*, VII.21 (PL 199, 696): «vita claustralium virtutem philosophorum incomparabiliter antecedit aut, quod melius crediderim, rectissime et tutissime philosophantur». Voir J. Leclercq, «Pour l'histoire de l'expression "philosophie chrétienne"», *Mélanges de Science religieuse* IX (1952); *Id.*, *L'Amour des Lettres et le Désir de Dieu*, Paris, 1957, p. 99-102; *Id.*, *Études sur le vocabulaire monastique du moyen âge*, Rome, Studia Anselmiana, 1961, chap. II: *Philosophia*, p. 39-67.

206. *PA*, p. 230-235.

(d'autorités) que l'on commente et que l'on constitue en corps de doctrine. On avait coutume de dire (sous l'influence du concept pseudo-historique de décadence, et avec un brin de condescendance, signifiant par là qu'ils ne sont pas des théoriciens) que les Stoïciens tardifs sont avant tout des directeurs de conscience. Mais ne peut-on entendre l'incessant rappel par les Sénèque ou les Épictète de la nécessité de la mise en pratique, comme signifiant une réaction devant cette scolarisation de la philosophie, plutôt que comme un affaiblissement de l'aptitude spéculative ? Dès lors, l'attitude des théologiens n'est guère différente, lorsqu'ils soutiennent, devant un *corpus* philosophique qui est déjà pour eux inerte, que la réalisation des buts mêmes de la vie philosophique, la guérison de l'homme et l'accès à la béatitude, doit passer par les formes de la vie chrétienne. On en revient alors à la question posée par S. Augustin : la finalité ultime de la vie humaine peut-elle être atteinte par les moyens de la seule nature, le projet philosophique antique est-il réalisable dans les termes où il a été posé ? Si l'on admet avec lui que cette nature est déchue et désormais impuissante, il est fatal que le nouveau nom de la philosophie soit « sapientia » (au sens, théologique, où il l'entend). Les grandes controverses sur la grâce, au XVIIe siècle, montreront que ce problème n'est pas propre au Moyen Âge.

D'autre part, quant aux contenus, la théologie ne s'empare pas du projet sapientiel en laissant derrière elle la philosophie comme simple spéculation, car cette spéculation même ne saurait qu'échouer si elle ne se hausse pas à la contemplation. C'est donc la philosophie dans son ensemble qui, selon le point de vue du théologien, doit entrer en synergie avec la théologie. Loin de devenir résiduellement un pur jeu conceptuel, elle est appelée, avec armes et bagages, théories et projet, à entrer en théologie (et lorsqu'à l'inverse elle revendique son autonomie théorique, comme c'est le cas chez les artiens, elle réactive aussi, ainsi que nous l'avons vu, son propre style de vie et son idéal de sagesse). Si nous essayons de dépasser la classification formelle et scolaire des disciplines et des genres littéraires ou intellectuels, et d'appréhender, selon la méthodologie magnifiquement mise en œuvre par P. Hadot quant à l'Antiquité, « l'horizon mental et matrice de culture »[207] dans lesquels les textes théologiques médiévaux ont été écrits, il apparaît que la philosophie n'en poursuit pas moins son existence en ces derniers. De leur point de vue, à tort ou à raison, les théologiens estiment que c'est à eux qu'il revient désormais de porter le projet philosophique intégral, comme spéculation et comme forme de vie, en se saisissant de ce qui en constitue l'essence et l'essentiel : la sagesse.

Ce n'est pas à dire que ces penseurs n'avaient pas une claire conscience des différence épistémologiques qui existent entre théologie et philosophie. Ni leurs principes ni leurs démarches respectives ne sont généralement par eux confondus. Mais la perspective sur la philosophie change du tout au tout selon que cette dernière est considérée telle qu'elle existait chez les Anciens (et telle encore

207. M. Merleau-Ponty, *Partout et nulle part*, *op. cit.*, p. 205.

qu'elle est reprise par certains *moderni*), ou bien telle qu'elle vit en régime chrétien. En fonction de cet éclairage, elle est dans le premier cas refrénée dans ses prétentions en même temps qu'exploitée, tels d'autres monuments antiques, comme une carrière de concepts et de thèses ; c'est alors peut-être qu'elle est réduite à un discours, un ensemble de doctrines purement instrumentales. Dans le second cas, on ne saurait dire ni qu'elle disparaît, ni qu'elle est laissée sur le seuil, ni non plus qu'elle reste inchangée. Pour comprendre ce devenir étrange, on ne peut en rester au point de vue uniquement statique de la division des sciences. Les médiévaux ont une vision profondément historique des choses : certes pas dans le sens que nous donnons aujourd'hui à l'attitude historiciste, mais au sens où pour eux tout discours sur la création est faussé s'il méconnaît l'histoire de la chute et du salut, c'est-à-dire les différents états par lesquels passe la raison. Les *philosophi*, comme le précisait remarquablement M.-D. Chenu, « ce ne sont pas des hommes qui, faisant méthodiquement abstraction de leur croyance, acquièrent et établissent des vérités rationnelles ; ce sont des hommes qui réellement n'ont pas la foi, des "païens", qui, privés (au sens fort du mot privation, en aristotélisme) de cette lumière gratuite, laissent hors de leur perspective des problèmes et des réalités sur lesquelles cependant la raison, en droit, pourrait avoir prise »[208]. À l'inverse, les *theologi* estiment que la raison en sa condition présente est bien un instrument de savoir, mais imparfait, qui ne peut ni ne doit se couper d'autres sources de connaissance. Comme nous l'avons noté plus haut, le débat a lieu moins entre des disciplines, *la* philosophie et *la* théologie, qu'entre des personnes, des figures, les *philosophi* et les *theologi*, qui incarnent deux attitudes, deux orientations opposées. D'où le fait qu'*à la fois* les théologiens maintiennent la philosophie et veulent la dépasser, se l'approprient et la limitent (ce qui par contrecoup délimite aussi la théologie[209]) : tension fructueuse, rapport critique fait d'allers-retours entre hommages et prises de distance. Dans le schéma idéal des théologiens, le dynamisme n'est pas celui d'une succession de moments, mais d'une relation permanente. La philosophie est conservée-dépassée, réélaborée, elle demeure ce qu'elle est en même temps qu'elle est relayée, par appel à un point de vue supérieur. Dans le langage de Bonaventure : toutes les connaissances « s'ordonnent à celles de l'Écriture Sainte, y sont incluses et y trouvent leur perfection, puis, à travers elle, s'ordonnent vers l'illumination éternelle »[210]. Réciproquement, selon l'ordre qui est celui de la création du monde, à partir de l'illumination première qui est la pro-

208. « Les "philosophes" dans la philosophie chrétienne médiévale », *Revue des Sciences Philosophiques et Théologiques* 26 (1937), p. 29.

209. *Cf.* O. Boulnois, « Le chiasme : La philosophie selon les théologiens et la théologie selon les artiens, de 1267 à 1300 », dans : *Was ist Philosophie im Mittelalter ?, op. cit.*, p. 595-607.

210. *De reductione artium ad theologiam*, § 7, *Opera omnia* t. V, p. 322a (trad. fr. P. Michaud-Quantin *et al.*, *Les Six Lumières de la connaissance humaine*, Paris, Éditions Franciscaines, 1971, p. 63).

duction même de la lumière, correspondant à la Révélation, procèdent les autres illuminations, à commencer par celles de la philosophie morale, de la philosophie naturelle et de la logique (suivies de la connaissance sensible et de l'habileté technique)[211]. Double mouvement perpétuel : « la sagesse divine dans ses multiples aspects, que l'Écriture sainte fait clairement connaître, est cachée dans toute connaissance et dans toute nature »[212], de sorte que l'on peut retrouver à chaque niveau les trois enseignements essentiels de la génération du Verbe et son incarnation, de la règle de vie, et de l'union de Dieu à l'âme. En sens inverse, « toutes les connaissances sont au service de la théologie ; celle-ci prend en conséquence des exemples et emprunte des termes qui relèvent de toutes les espèces de connaissance »[213], y compris bien sûr la philosophie.

D'un mot : les théologiens ne se veulent pas philosophes *(philosophi)* mais ils *font* de la philosophie. Comment nommer ce résultat de leur pensée ? L'expression de « philosophie chrétienne » a prêté à trop de malentendus et d'objections justifiées. Faute de mieux, mais aussi pour faire droit à la diversité des statuts de la philosophie au Moyen Âge, peut-être faut-il se contenter de parler de « philosophie(s) des théologiens » (elle-même plurielle puisqu'il n'existe pas de corps de doctrine homogène), par symétrie avec la « théologie des philosophes ». Cette désignation terre à terre a le mérite de ne signifier rien d'autre que ce qu'elle veut dire : la philosophie que *de fait* les théologiens réélaborent et produisent. De même qu'il existe dès l'Antiquité une théologie des philosophes : « théologie », parce qu'elle parle du divin, « des philosophes » parce qu'elle est l'expression de ce que la raison naturelle peut par elle-même connaître en ce domaine, il existe au Moyen Âge une philosophie des théologiens : « philosophie » parce qu'elle parle de ce qui est accessible à la raison et est conduite selon ses procédures démonstratives propres, « des théologiens » parce qu'elle est mise en œuvre par des esprits qui placent ce qu'ils énoncent dans une perspective plus large que les seules certitudes ainsi obtenues. C'est là que s'opère la différence cruciale : dans cet horizon mental, la philosophie ne peut plus donner le fin mot de toutes choses, et est une contribution parmi d'autres à la réalisation de la vocation humaine. C'est évidemment ce qui scandalise les *philosophi*, pour qui aucun savoir n'est supérieur à la philosophie, et c'est aussi pourquoi la philosophie ne peut plus avoir exactement la même signification que lorsqu'elle est pratiquée en dehors de toute révélation. Toute activité prend sens dans un certain monde (non pas cosmologique, mais existentiel comme nous l'avons vu chez Heidegger), qui en détermine la validité et la portée. Dans le monde antique, borné en bas par la matière, en haut par les sphères célestes et horizontalement par la cité, il n'y a rien qui ne soit accessible au moins partiellement à la philosophie, et rien qui soit mieux placé qu'elle pour dire tout le vrai qu'il est possible de dire. Dans le monde des théologiens, il y a plus que ce que la philosophie peut connaître, des

211. *Loc. cit.*

212. *Ibid.*, § 26, p. 325 b (trad. fr., p. 85).

213. *Loc. cit.*

vérités qu'elle ne pouvait découvrir et qui ne sont pas de son ressort ; elle est donc *ipso facto* limitée et subordonnée. S'ils lui dénient le droit à l'autosuffisance en ce qui concerne la destinée ultime de la nature humaine, c'est qu'ils estiment que celle-ci, dans sa condition actuelle, parce qu'elle est prise dans une histoire où elle n'est plus ce qu'elle a été et n'est pas encore ce qu'elle pourrait être, ne peut ni découvrir ni accéder à ses fins dernières. Encore faut-il s'entendre sur le sens du mot « philosophie ». Soit il désigne un ensemble de doctrines, un outillage conceptuel – et c'est en ce sens là que les théologiens lui assignent une place subordonnée. Soit il désigne l'intention de la vie philosophique même, non pas seulement dans sa dimension pratique, mais spéculative et pratique à la fois[214] – et c'est alors le christianisme qui prétend la faire vivre. Si nous voulions parler encore la langue du Moyen Âge, nous pourrions dire que la notion de philosophie n'est pas univoque (elle ne l'est aujourd'hui pas davantage), mais du moins analogique. L'historien soutiendrait sans doute que, selon une analogie d'attribution, la philosophie au sens premier (originel) et principal du terme est la pensée telle qu'on l'entendait dans l'Antiquité, mais qu'une multiplicité de significations secondaires en dérivent, selon des rapports de causalité différents, et qu'il y a donc place pour une philosophie des artiens comme pour une philosophie des théologiens. Pour leur part, ces derniers auraient sans doute plutôt dit que, selon une analogie de proportionnalité, la théologie est au Moyen Âge ce que la philosophie est à l'Antiquité: le savoir suprême qui a en vue la sagesse.

214. *Cf.* Clément d'Alexandrie, *Stromates,* VI.7.54 : « Ce qu'est la philosophie en réalité n'est pas, disons-nous, la méthode propre à chaque école, mais bien la sagesse véritablement pratique, que procure l'expérience des choses de la vie ; et cette sagesse est une connaissance solide des choses divines et humaines (...) » (cité par J. Follon, *'Ακολουθεῖν τῷ θεῷ [« Suivre la Divinité »]*, *op. cit.*, p. 200).

OLIVIER BOULNOIS

LE BESOIN DE MÉTAPHYSIQUE

THÉOLOGIE ET STRUCTURES DES MÉTAPHYSIQUES MÉDIÉVALES

La question n'est plus aujourd'hui de savoir si la philosophie a existé au Moyen Âge, mais sous quelle forme. Et la réponse à cette question passe par une réévaluation des rapports entre métaphysique et théologie au Moyen Âge.

Sur ce point, la position d'Étienne Gilson est éclairante. Le grand rénovateur des études sur la pensée au Moyen Âge voyait dans la philosophie médiévale une « philosophie chrétienne », couronnée par une « métaphysique de l'Exode » :

> Saint Thomas étant essentiellement un théologien, et précisément parce qu'il était un théologien, a constitué un système nouveau et original de philosophie. Ce qui l'a sauvé d'être un simple commentateur plus lucide et plus pénétrant que les autres, c'est précisément la nécessité, où il se trouvait de fonder la *doctrina fidei*, et de lui conférer le bénéfice de tous les appuis rationnels dont elle était susceptible [1].

Il n'est plus nécessaire de souligner l'importance des découvertes d'É. Gilson ni la justesse de ses analyses historiques. L'on peut toutefois s'interroger sur le cadre interprétatif dans lequel elles ont surgi : le concept de « philosophie chrétienne » (qu'il soit ou non aussi contradictoire que la notion de « cercle carré », comme le disait Heidegger), désigne-t-il de façon pertinente la philosophie médiévale ?

Sans pouvoir ici étudier le concept en lui-même, signalons d'emblée les trois obstacles auxquels se heurte cette interprétation de la philosophie médiévale :

1. Le *privilège accordé aux sources théologiques*. Si l'on examine la structure des ouvrages où Gilson entend vérifier cette hypothèse *(L'Esprit de la philosophie médiévale, Le Thomisme, Jean Duns Scot)*, il saute aux yeux qu'elle suit le plan d'ouvrages théologiques (les *Sentences* de Bonaventure, la *Summa Theologiae* de Thomas d'Aquin, l'*Ordinatio* de Duns Scot), tout en détachant de leur contexte la matière philosophique qui s'y trouve, alors même que ces auteurs ont

1. *Le Thomisme*, 1ère éd., 1919, p. 23. Ce texte se situe donc avant la controverse sur la « philosophie chrétienne ».

par ailleurs rédigé des ouvrages philosophiques importants (le commentaire de la *Métaphysique* de Thomas d'Aquin, ou celui de Duns Scot, par exemple).

2. La *confrontation des diverses rationalités religieuses*. Le cœur de la «métaphysique de l'Exode», la distinction entre l'essence et l'acte d'être (qui ne sont identiques qu'en Dieu), si elle constitue un point capital de la pensée médiévale, au point de constituer le sommet de la petite «histoire de la métaphysique» construite par Thomas d'Aquin[2], réactive les analyses de Porphyre, philosophe païen par excellence, et, tout en pouvant se réclamer de Boèce, s'inspire également d'un des plus grands philosophes persans et théologiens musulmans, Avicenne !

3. Les *institutions et les corpus*. La faculté des arts est au Moyen Âge rigoureusement distincte de celle de théologie, même si elle en est la propédeutique obligée. Or malgré plusieurs vagues de condamnations, la référence de base dans la formation des élites (artiens ou futurs théologiens), est la philosophie d'Aristote. La formation du maître en théologie ne prétend nullement s'en tenir à l'exégèse biblique ni aux outils rhétoriques et logiques forgés par la tradition chrétienne; elle s'appuie sur une tradition d'origine extérieure, la rationalité païenne[3]. Le projet intellectuel du monde latin repose donc sur un paradoxe: d'une part, il faut lire Aristote, et d'autre part, celui-ci, parce qu'il ignore la révélation chrétienne, a pour point de départ un certain nombre de thèses erronées ou imparfaites. Bref, si l'expression de «*philosophia christiana*» ou de «*philosophia vera*» a, depuis Origène et Augustin, ses lettres de noblesse en patristique[4], la philosophie chrétienne semble un concept problématique aux yeux du médiéviste, qui ne connaît qu'une faculté des arts et une faculté de théologie. De surcroît, *theologi* et *artistae* entendent sous le nom de *philosophi* les penseurs païens, qui n'ont compris le monde et l'homme que par la raison, n'ayant pas connu la révélation biblique (ce qui inclut d'habitude, pour les latins, les penseurs arabo-musulmans rejetant l'autorité de la Bible)[5].

Faut-il en déduire, par un retour à l'historiographie pré-gilsonienne, qu'il n'y a pas de philosophie au Moyen Âge? Il est pourtant difficile de prétendre que celui-ci a laissé les principaux concepts philosophiques de l'Antiquité dans l'état où il les avait trouvés. Les travaux récents sur les sources scolastiques de la pensée classique (Descartes, Leibniz, Bayle, par exemple), sur la *Schulmetaphysik*

2. *Summa theologiae* I, q. 44, a. 2 resp. ; parallèle dans *In octo libros Physicorum Aristotelis* VIII, lect. 2, § 975, éd. P. Maggiolo, Turin, Marietti, 1965, p. 506; *Quaestiones disputatae de potentia* q. 3, a. 5, éd. M. Pession, Turin, Marietti, 1965, p. 49.

3. *Cf.* O. Boulnois, «Scolastique et humanisme. Pétrarque et la croisée des ignorances», préface à: Pétrarque, *Sur mon ignorance et sur celle de tant d'autres,* éd. et trad. C. Carraud, Grenoble, J. Millon, 2000, p. 5-43.

4. *Cf.* G. Madec, «*Philosophia christiana* (Augustin, *Contra Iulianum* IV, 14, 72)», dans: *L'Art des confins, Mélanges offerts à M. de Gandillac*, Paris, 1985, p. 585-597.

5. *Cf.* M.-D. Chenu, «Les "philosophes" dans la philosophie chrétienne médiévale», *Revue des sciences philosophiques et théologiques* 26 (1937), p. 27-40.

allemande, comme sur la médiation de la scolastique baroque (Vázquez, Suárez et Molina), nous en empêcheraient. Une autre réponse consiste à dire que le Moyen Âge a bien conservé des philosophèmes (des concepts et des thèses philosophiques), mais qu'il les a dépouillés de leur caractère philosophique. Ainsi, l'idéal grec d'une *vie* philosophique, où la sagesse, l'éthique, les exercices spirituels et le souci de soi se conjuguent en une harmonieuse unité aurait été supplanté par le christianisme, qui serait alors responsable de la disparition de l'idéal de la philosophie comme forme de vie. Telle est l'hypothèse de P. Hadot[6].

Celle-ci appelle cependant plusieurs aménagements. Un Père de l'Église comme Augustin a le même idéal de sagesse que les néoplatoniciens[7]. Pour lui, le christianisme et la sagesse platonico-stoïcienne convergent vers les mêmes vérités. Ce n'est donc pas le christianisme comme tel qui est à l'origine du déplacement de la philosophie vers le théorétique. Cette évolution provient plutôt de la théologie scolastique que d'une christianisation supposée de la philosophie. Et l'on sait par ailleurs que durant tout le haut Moyen Âge, la «*philosophia christiana*» désigne la vie monastique – l'ascèse et la sagesse du chrétien combattant ses passions pour atteindre à la vie bienheureuse[8]. C'est alors la naissance de la théologie scolastique (à l'époque d'Abélard) qu'il faut interroger, si l'on veut comprendre comment la philosophie et la théologie sont devenues des exercices de spéculation scolaire. L'articulation des arts en *trivium* et *quadrivium*, la place centrale de la logique, le rôle de la sémantique, la méthode de la *disputatio*, la découverte des corpus aristotéliciens y ont certainement contribué; il reste pourtant impossible de discerner quelque chose comme une «méthode de la scolastique» neuve et radicalement distincte de celle de la philosophie antique, cette méthode étant une projection de la néo-

6. P. Hadot, *Exercices spirituels et philosophie antique,* Paris, Études augustiniennes, 3e éd., 1993. Il est beaucoup plus prudent dans *Qu'est-ce que la philosophie antique?*, Paris, Gallimard, 1995, surtout p. 387-390, admettant que c'est moins le christianisme que la naissance de la scolastique qui est la source de cet oubli («la représentation classique, scolaire, universitaire, de la philosophie») – elle-même exacerbée dans la néo-scolastique, dont la quintessence, au XXe s., est ... l'œuvre de Gilson («philosophe néo-scolastique», p. 388)! Dans *La Philosophie comme manière de vivre*, Paris, 2001, p. 176-180, le jugement est encore plus modéré; on n'y trouve plus de corrélation entre abandon de l'idéal philosophique et naissance de la scolastique. J. Domanski, *La Philosophie, théorie ou manière de vivre?, Les controverses de l'Antiquité à la Renaissance,* Paris-Fribourg, Cerf-Éditions universitaires de Fribourg («Vestigia», 18), 1996, surtout p. 48-54, s'appuie lui aussi sur Gilson pour démontrer «la réduction de la philosophie à son contenu théorique» (p. 49).

7. Le *De ordine* tout entier reprend le projet philosophique de formation de soi, pour montrer la concordance de la foi chrétienne et de la discipline philosophique dans une même libération; *cf.* II, V, 16 («Bibliothèque Augustinienne» [= BA] 4/2, p. 208): «Philosophia rationem promittit et vix paucissimos liberat, quos tamen non modo non contemnere illa mysteria, sed sola intellegere ut intellegenda sunt».

8. *Cf.* l'article de M.-D. Chenu cité plus haut.

scolastique, illustrée par l'ouvrage érudit de M. Grabmann qui porte ce titre[9]. C'est donc plutôt vers la naissance de l'institution universitaire, de son statut et de ses règles de fonctionnement, qu'il faut tourner nos regards[10].

L'on ne peut pas davantage se satisfaire d'une interprétation « post-moderne », consistant à dire que le statut des discours n'a pas d'importance[11] ; – tout simplement parce que la question des limites de la philosophie constitue l'un des principaux problèmes de la philosophie médiévale elle-même. Dire que le statut des discours importe peu, qu'aujourd'hui nul ne s'en soucie plus, c'est encore minimiser la question de la vérité, et ignorer la dimension critique d'une pensée qui se demande sans cesse si tel discours peut légitimement ou non être tenu par un philosophe. Se soucier de ce problème n'est pas revenir à « la vieille approche rationaliste »[12], en ne considérant la philosophie que du point de vue de ses propres prétentions ; car c'est aussi retourner aux principales difficultés de la théologie elle-même. Deux exemples suffiront, empruntés tous deux à Thomas d'Aquin :

1. Quand des raisons se prétendent démonstratives, mais qu'elles sont simplement probables ou persuasives, il vaut mieux, selon Thomas, les passer sous silence que les formuler ; en effet, « en raison de leur faiblesse elles semblent apporter de la probabilité à la partie adverse »[13]. (Nous voici aux antipodes d'un éloge de la « pensée faible », non-démonstrative).

2. Et lorsque Thomas affirme, dans la *Somme théologique*, que le commencement du monde est objet de foi, non de science ni de démonstration, il remarque :

> il est utile de considérer cela, pour éviter que quelqu'un, en prétendant démontrer ce qui est de foi, n'introduise des raisons non-nécessaires, qui donnent aux infidèles matière à rire, en

9. *Cf.* L. Oeing-Hanhoff, « Methode, scholastische », *Historisches Wörterbuch der Philosophie,* éd. J. Ritter *et al.*, Bâle-Stuttgart, 5 (1980), p. 1371.

10. *Cf.* P. Hadot, G. Schrimpf, « Philosophie, Institutionnelle Formen », *Historisches Wörterbuch der Philosophie,* éd. J. Ritter, *et al.*, Bâle-Stuttgart, 7 (1989), p. 799 *sq.*

11. C. Steel, « Medieval Philosophy : an Impossible Project ? Thomas Aquinas and the Averroistic Ideal of Happiness », dans : *Was ist Philosophie im Mittelalter ?* (Akten des X. Internationalen Kongresses für mittelalterliche Philosophie der S.I.E.P.M.), éd. J. A. Aertsen et A. Speer, Berlin, W. De Gruyter (« Miscellanea Mediaevalia », 26), 1998, p. 152-153 : « it seems that in this way the old rationalistic approach to philosophy reappears. This is surprising in this post-modern era which professes a much greater openness to the variety of styles of doing "philosophy". Who still cares when reading Eckhart whether he is a theologian, a philosopher, or a Christian philosopher ? Nobody of course would deny that he is deeply motivated by his Christian faith but that does not prevent him from being a most original thinker ».

12. C. Steel, *cf.* note précédente.

13. C'est la dernière phrase du *De aeternitate mundi contra murmurantes* (Rome, Commission Léonine, « S. Thomae de Aquino Opera omnia » t. XLIII, 1976, p. 89, l. 311-313).

leur faisant estimer que c'est pour des raisons de ce genre que nous croyons ce qui est de foi [14].

Bref, il est essentiel de distinguer les raisons nécessaires de la foi, et dangereux de fonder celle-ci sur des raisons probables, persuasives ou dialectiques, mais non assurées d'être rigoureusement vraies. Ainsi, l'on ne peut négliger la part de la philosophie médiévale dans la construction du grand rationalisme moderne.

Il est donc plus simple et plus efficace de rechercher la philosophie là où elle s'exerce : dans la faculté des arts. A. de Libera a montré comment l'idéal philosophique se déployait dans cette faculté, à partir des œuvres d'Aristote, et comment il culminait dans un idéal de sagesse et de félicité spéculative. Néanmoins, en centrant son analyse sur les condamnations de 1277, il voulait aussi mettre en valeur la contradiction institutionnelle constitutive de la philosophie médiévale. Les maîtres ès arts s'identifient à la « communauté disparue » des sages de l'Antiquité, et interprètent leur propre vie comme un état de perfection, couronné par la *felicitas* [15]. Outre cette identification projective, ils se plient au programme des études forgé par l'antiquité tardive, où l'étude du corpus aristotélicien sert de préambule à celui des dialogues platoniciens, et où se succèdent une introduction à la philosophie, une introduction à la logique (l'*Isagoge* de Porphyre), la logique, puis les autres disciplines (physique, éthique, métaphysique). Mais tout en proclamant la nécessité de la philosophie, au moins à titre de formation propédeutique, la théologie, *épistémè* dominante, lui interdisait d'empiéter sur son domaine propre [16].

Or pour le théologien, l'affirmation de la félicité terrestre, telle que la décrivent les artiens, empiète sur le domaine théologique, en promettant un salut que la foi seule est censée promettre. En 1277, deux-cent-dix-neuf thèses philosophiques qui débordent sur la théologie et la contredisent sont censurées par l'évêque de Paris, Étienne Tempier. La philosophie semble alors un projet impossible [17], les artiens se condamnant à reconnaître que leurs thèses reposent sur des hypothèses qu'eux-mêmes n'admettent pas, en tant que croyants, et qui ne sont pas la vérité au sens propre. Après 1277, ils devront même, pour avoir la

14. *Somme théologique* I, q. 46, a. 2, resp. Ce refus des arguments probables constitue une réminiscence d'Averroès.

15. A. de Libera, *Penser au Moyen Âge,* Paris, Seuil (« Chemins de pensée »), 1991, p. 152, *cf.* p. 429.

16. *Chartularium universitatis parisiensis*, éd. Denifle-Châtelain, I, n° 441, p. 499-500. Que l'initiative de cette censure provienne des artiens ou des théologiens, il s'agit bien d'une autocensure, s'expliquant par la position dominante de la théologie dans l'université médiévale.

17. *Cf.* J. A. Aertsen, « Mittelalterliche Philosophie : ein unmögliches Projekt ? Zur Wende des Philosophieverständnisses im 13. Jahrhundert », dans : *Geistesleben im 13. Jahrhundert*, éd. J. A. Aertsen et A. Speer, Berlin, W. De Gruyter (« Miscellanea Mediaevalia », 27), 2000, p. 12-28.

possibilité de les proférer, les déclarer explicitement fausses[18]. A. de Libera souligne alors le mouvement de «déprofessionnalisation» de la philosophie; n'ayant plus droit de cité à l'université, la philosophie se déploie au dehors, et se traduit en langue vernaculaire, ainsi que le rappellent les deux figures emblématiques de Dante et de maître Eckhart[19].

Sans nier la validité de cette interprétation, je voudrais ici attirer l'attention sur l'autre face du même phénomène. Je souhaite montrer que le rapport entre philosophie et théologie n'a pas toujours ni pour tout le monde été aussi dramatique, et mettre l'accent ici sur une tradition moins conflictuelle et une évolution moins apocalyptique: la reprise et le développement de la métaphysique, comme discipline philosophique dont la théologie a exprimé le besoin.

Mais il est imprudent de parler de théologie et de philosophie sans préciser à quelle théologie et à quelle philosophie nous faisons allusion. Car cette confrontation se déroule à son tour dans l'histoire, et selon plusieurs figures. Pour aller jusqu'au bout de l'analyse, il faudrait étudier synchroniquement quelles figures de la théologie et quelles figures de la métaphysique se répondent et s'appellent mutuellement, chacune étant affectée par sa relation à l'autre. Il n'est malheureusement pas possible, dans le cadre de cette étude, d'étudier précisément la pluralité des formes de la théologie. Si je parle désormais de «la» théologie en général, j'espère qu'on voudra bien me pardonner cette approximation, car je parle ici d'un universel recouvrant plusieurs sortes de théologies, qui ne sont pas nécessairement univoques. Je négligerai également la question de savoir comment le modèle aristotélicien de la «science théologique» a pu structurer l'idéal de la théologie comme science de la révélation, à partir de Guillaume d'Auxerre. Il faudra en tous cas se demander comment les théologies interagissent avec les différentes formes de métaphysique. Quelle est la place de la structure aristotélicienne dans le mouvement de scission de la *theologia* d'Aristote en métaphysique et théologie révélée? Dans quelle mesure chacune de ces deux figures est-elle le reflet de l'autre?

LA «THÉOLOGIQUE» ET LA THÉOLOGIE: UNE SUPERPOSITION CONFLICTUELLE

À partir des analyses d'Anselme de Canterbury, qui prétend établir, par des raisons nécessaires et sans recourir à l'Écriture sainte, l'évidence transcendante de Dieu et de son existence *(Monologion, Proslogion)*, puis par des raisons persuasives qu'il convenait qu'il s'incarnât *(Cur Deus homo?)*, le Moyen Âge a vu se développer une démonstration rationnelle appliquée aux articles de foi, et

18. *Cf.* O. Boulnois, «Le chiasme: la philosophie selon les théologiens et la théologie selon les artiens, de 1267 à 1300», dans: *Was ist Philosophie im Mittelalter?, op. cit.*, p. 595-607, notamment p. 597-600.

19. *Cf.* aussi R. Imbach, *Dante, la philosophie et les laïcs,* Paris-Fribourg, Cerf-Éditions universitaires de Fribourg («Vestigia»), 1996.

appuyée sur les arts du langage (grammaire, rhétorique et dialectique). On sait qu'Abélard, pour son ouvrage consacré à la nature divine, dans son unité et sa Trinité, a repris le mot grec de *theologia* en le transcrivant en latin[20]. Par là, Abélard accomplit un programme esquissé par Augustin et Boèce. Cette science était connue dans le monde latin, tantôt à partir de la tripartion aristotélicienne *(philosophia naturalis, mathematica, theologica)* transmise par Boèce – « la théologique, enfin, s'occupe de ce qui est sans mouvement et séparable [de la matière] »[21] : ainsi, la « *théologikè épistémè* » devient, après les sciences physique et mathématique, la (science) « théologique », science du divin immobile et séparé de la matière – tantôt à partir de la tripartition stoïcienne *(logica, ethica, physica)* où le dernier terme devient chez Augustin une « *theologia naturalis* » – une théologie naturelle au sens de théologie physique[22]. En effet, comme l'a souligné Augustin, l'entreprise d'intelligence de la foi chrétienne se situe au-delà des mythes et des règles de la cité, loin de la théologie fabuleuse et de la théologie politique. Elle se place sur le plan de la vérité et non du fondement politique ou de l'exégèse allégorique ; elle refuse de se mettre sur le même plan que les règles de vie et l'ordre mythologique qui régissent la cité, mais elle dialogue avec les philosophes sur le concept rationnel de divinité (« *ratio de divinitate* »)[23].

Au XIIIe siècle, les deux sources, aristotélicienne et augustinienne, se superposent : tandis que l'intelligence de la foi à partir de l'Écriture sainte prend le nom de « *sacra pagina* » ou « *sacra doctrina* », la discipline philosophique qui traite de Dieu porte le nom de « *theologia* ». Mais la redécouverte de la *Métaphysique* d'Aristote vient donner un contenu concret à cette *theologia*. La science la plus haute, celle qui couronne tout le désir humain de savoir, culmine alors dans la connaissance de Dieu. La « théologie » (naturelle) constitue ainsi le sommet et la fin de cette science énigmatique, la « métaphysique ». C'est donc bien avec la « théologique » (science philosophique) qui tire ses connaissances de la nature, que dialogue la théologie chrétienne.

Les introductions à la philosophie, les éloges de cette discipline, les manuels et les guides, loin d'effacer la dimension éthique et ascétique de l'étude de la philosophie (comme on l'attendrait d'ouvrages éminemment scolaires, selon

20. *Cf.* J. Jolivet, *La Théologie d'Abélard*, Paris, Cerf, 1997.

21. « sine motu abstracta atque separabilis », *De Trinitate*, chap. 2 (*The Theological Tractates*, éd. H.F. Stewart, E.K. Rand, S.J. Tester, Cambridge [Mass.]-Londres, Harvard University Press [« Loeb Classical Library »] 1973, p. 8 ; *Traités théologiques,* trad. fr. d'A. Tisserand avec texte latin en regard, Paris, Flammarion [« GF »], 2000, p. 144-145 – c'est à cette belle traduction que j'emprunte le concept de « théologique », pour désigner la science théologique ou théologie philosophique d'Aristote).

22. *De Civitate Dei* VIII, I (BA 34, p. 228).

23. *De Civitate Dei* VIII, I (BA 34, p. 230) : « Neque enim hoc opere omnes omnium philosophorum vanas opiniones refutare suscepi, sed eas tantum quae ad theologian pertinent, quo verbo Graeco significari intelligimus de divinitate rationem sive sermonem ».

l'interprétation de P. Hadot), sont au contraire les principaux textes qui mettent en scène la dimension de sagesse que comporte la vie philosophique – l'expression d'ouvrage «didascalique», employée par C. Lafleur pour les désigner, prend ici un relief particulier. Mais pour manifester la nécessaire cohérence de toute recherche de la sagesse, ces mêmes ouvrages «didascaliques» montrent l'articulation des diverses disciplines philosophiques. Selon le *Guide de l'étudiant* anonyme édité par C. Lafleur, la métaphysique désigne ce qui est absolument séparé du mouvement et de la matière, selon l'être comme selon la définition[24]. Cette analyse prend pour fil conducteur la considération du mouvement et de la séparation par Aristote (*Métaphysique* E, 1) : la physique porte sur l'être en mouvement, la mathématique sur les objets unis au mouvement et à la matière, mais séparés par l'intellect, et la métaphysique sur les objets immobiles et séparés de la matière en eux-mêmes[25]. Ainsi, l'objet de la métaphysique consiste dans les «choses de la nature», réalités séparées, absolument *(omnino)* détachées du mouvement et de la matière par essence[26]. Le guide anonyme explique ainsi la métaphysique par l'étymologie de son nom : *metha* voudrait dire *trans*, c'est-à-dire au-delà de la physique[27]. La métaphysique traite «*de maxime transcendentibus*», elle considère «les réalités qui transcendent au plus haut point *la nature* [en mouvement]» [28]. L'objet de cette science est donc le divin.

24. «Possunt enim res nature tripliciter considerari : uno modo prout sunt omnino separate a motu et a materia secundum esse et diffinitionem, et de talibus rebus est methaphisica. Et dicitur a *metha,* quod est 'trans', et *phisis*, quod est 'natura', quasi 'transcendens phisim', in eo quod maxime de transcendentibus naturam considerat, scilicet de divinis» (éd. dactylographiée C. Lafleur, § 9).

25. § 59 : «Methaphisica [...] agit de rebus omnino abstractis a motu et materia, [...] in quatuor mathematicis, quoniam de rebus coniunctis motui et materie secundum esse, separatis tamen secundum intellectum et diffinitionem, restat determinare de tertio membro, scilicet quod res nature considerantur prout sunt iuncte motui et materie omnino et secundum esse et diffinitionem» ; *cf. Métaphysique,* E, 1, 1026 a 10-22.

26. *Cf.* § 14 : «Methaphisica potest dici de rebus naturalibus prout omnino separate sunt a motu et a materia».

27. Même étymologie dans «Une introduction à l'étude de la philosophie : *Ut ait Tullius*», § [16], éd. G. Dahan, dans : *L'Enseignement de la philosophie au XIIIe siècle, Autour du «guide de l'étudiant» du ms. Ripoll 109,* Actes du colloque international édité, avec un complément d'études et de textes, par C. Lafleur avec la collaboration de J. Carrier, Brepols, Turnhout, 1997, p. 52. Autre attestation dans l'anonyme *De cursu et libris studii* (Vat. lat. 3022, f° 84va) : «Methaphysica dicitur a metha quod est trans et physis quod est natura, quasi transcendens naturam», cité dans Duns Scot, *Quaestiones super libros metaphysicorum Aristotelis,* Prologus, § 18, éd. R. Andrews, G. Etzkorn, G. Gál, etc., St Bonaventure (N. Y.), Franciscan Institute, 1997, p. 9.

28. Il ne s'agit pas d'une doctrine des transcendantaux, puisque le verbe transcender est ici transitif. Et réciproquement, le théoricien des transcendantaux, Philippe le Chancelier parle de «communissima» (*Summa de bono*, Prol., éd. Wicki, Berne, Francke, 1985, p. 4) ; son proche successeur, Alexandre de Halès, de «primae impressiones», «primae determinationes» (*Summa theologica* I, § 72-73, Quaracchi, Collegium S. Bonaventurae, 1924, t. I, p. 113-115).

La métaphysique consiste principalement en une théologie naturelle, ou plus exactement une « théiologie » (science humaine du divin plutôt que de la révélation opérée par Dieu). Son genre-sujet est « le premier étant, en tant qu'il est ce d'où tous les autres émanent dans l'être et ce par quoi ils sont conservés »[29]. Elle porte directement sur Dieu, source de l'être, sans détour, sans passer par l'être en général. Car si, dans cette science, il est bien question de l'être dans sa généralité, celle-ci s'identifie immédiatement à la généralité du principe : « on peut dire que son sujet est l'étant pris communément », mais communément « à tous les principes universels des choses » – entendons les causes premières les plus hautes.

L'Introduction à la philosophie de Nicolas de Paris défend la même interprétation, principalement théologique[30]. Cette science considère « les essences séparées – et cela, en tant que séparées » ; elle le fait « *principaliter* » en un double sens : *principalement*, parce que le divin est son objet principal, *principialement*, parce qu'elle considère toutes choses en vue du principe[31]. Nicolas en conclut logiquement que « cette science est divine »[32]. – Le prologue « *Triplex est principium* » d'Adénulfe d'Anagni résume fidèlement cette interprétation [33].

Faut-il s'en étonner ? En un sens non, car cette interprétation de la science suprême remonte à une lecture platonicienne d'Aristote, voire à un certain platonisme d'Aristote. Pourtant le corpus auquel elle correspond est remarquable et surprenant. Cette *theologia* latine se trouve maintenant liée au mot de « métaphysique », et donc au corpus nouvellement traduit qui porte ce nom. La compréhension du concept est ici déterminée par la structure du corpus qu'elle recouvre. S'agit-il de « la » *Métaphysique* d'Aristote ? Précisément pas. Dans la forme qu'on lui connaît à l'époque, l'ouvrage comporte trois livres en moins et un livre en plus. Et cette différence est significative. Car comme l'a montré A. de Libera récemment, la métaphysique de l'anonyme comporte trois parties :

1. La première partie est connue dans la traduction de la *Metaphysica vetus,* et elle comprend notre livre (petit) α (suivi peut-être de A, 5-8) : « Et in hoc libro

29. *Ibid.*, § 12 : « Subiectum vero methaphisice potest dici primum ens, eo quod est illud a quo omnia alia exeunt in esse et a quo conseruantur. Et potest dici subiectum eius ens communiter dictum ad omnia universalia principia rerum ».

30. Éd. C. Lafleur et J. Carrier, dans : *L'Enseignement de la philosophie au XIIIe siècle, op. cit.*, § 10, p. 456 : « Si de mobili, sic est metaphisica que considerat essentias separatas et immobiles : licet enim sit de toto ente, principaliter tamen est de essentiis separate ». L'ouvrage est daté des années 1230-1240 (p. 448). Il admet certes une légère concession, et donc une désarticulation possible de la métaphysique. Mais c'est par prétérition, et la parenthèse, aussitôt ouverte, est bientôt refermée.

31. *Ibid.*, § 18, p. 457 : « cum cetera omnia reducat ad primum principium, quod est verissimum et certissimum ».

32. *Ibid.*, § 18, p. 457 : « divina est scientia ».

33. « Methaphisicus, ut dictum est, considerat rerum essentias abstractas a motu et a materia. Et ideo reducit omnes alias scientias ad unum verum principium. Et propter hoc dicitur scientia divina » (éd. C. Lafleur et J. Carrier, *ibid.*, p. 438-439).

determinatur de rebus in ratione qua sunt entes et habent reduci ad primum ens»[34].

2. La seconde partie correspond à la traduction connue sous le nom de *Metaphysica nova,* qui contient nos livres B à Λ, exception faite du livre K : «*Et sic in tota Metaphisica sunt .XI. libri*»[35]. – Les commentaires de Roger Bacon l'attestent également, la *Métaphysique* que l'on lisait vers 1240 comprend trois livres de moins que la nôtre, car elle omet K, et ne contient, après Λ, ni M et N, (qui terminent le texte grec mais sont inconnus du monde arabe). De surcroît, elle commence par α.

L'ordre commande: dans cette perspective, la métaphysique commence, dès le second chapitre du premier livre, par la démonstration de l'existence d'un premier principe en *Métaphysique* α, 2 : «les causes des êtres ne forment pas une série verticale infinie»[36] dans l'ordre des causes matérielles, motrices, finales et formelles (ce qui constitue, conjoint au principe d'éminence d'α, 1, l'embryon des cinq voies thomistes!). Certains vont même jusqu'à purifier encore leur corpus, et à faire d'α, 1, qui porte sur la recherche de la vérité, un simple prologue; dans ce cas, la *Métaphysique* débuterait littéralement par le «coup de pistolet de l'absolu», par la preuve de Dieu[37]. D'autres voient dans l'ensemble

34. (Anonyme) *Guide de l'étudiant*, éd. C. Lafleur, J. Carrier, § 10. Vu le contenu de la *Métaphysique* α, il est peu probable que ce «premier étant» soit la substance (mais plutôt le degré d'être suprême, principe de tous les autres), quoi qu'en dise A. de Libera dans son commentaire («Structure du corpus scolaire de la métaphysique dans la première moitié du XIIIe siècle», *L'Enseignement de la philosophie au XIIIe siècle, op. cit.*, p. 74), qui le rapproche des analyses d'Adam de Bocfeld: «scientia prima [...] erit de primo scibili cum suis passionibus stabiliens in ipso principia sumpta in omni scientia particulari. Ergo ipsa est de ente et de passionibus, que insunt enti» (dans: M. Grabmann, «Die Aristoteleskommentatoren Adam von Bocfeld und Adam von Bouchermefort. Die Anfänge der Erklärung des "Neuen Aristoteles" in England», *Mittelalterliches Geistesleben, Abhandlungen zur Geschichte der Scholastik und Mystik,* Munich, 1936, II, p. 138-182, p. 151). Les analyses d'Adam paraissent plus proches de la pensée d'Avicenne (voir notre II). – L'interversion de l'ordre d'α et Λ est une caractéristique de la tradition arabe de la métaphysique d'Aristote, attestée par Averroès : *Grand Commentaire de la Métaphysique, livre Lam-Lambda,* trad. A. Martin, Paris, Les Belles Lettres, 1984, p. 29, n. 13 et 32.

35. *Guide de l'étudiant*, § 10.

36. *Métaphysique* α, 2, 994 a 1-2, trad. Tricot, Paris, Vrin, 1974 (nouvelle éd.), p. 110-111.

37. «*Consideratio autem,* etc. [= *incipit* de *Métaphysique* α, 1 (993 a 30)]. Supposito, ut vult Avicenna [*Liber de philosophia prima sive scientia divina* I, 2 ; éd. S. Van Riet, Louvain-Leyde, Peeters-Brill, 1977, p. 13, l. 36-38] et etiam Algazel [*Metaphysics* I, 1, éd. J. Muckle, Toronto, 1933, p. 4, l. 17-19], quod subjectum hujus philosophiae sit ens inquantum ens, ad divisionem huius scientiae attendamus ; quae primo dividitur in duas partes, scilicet in prooemium et tractatum. Et incipit tractatus ibi : *Et manifestum est quod res* [= *incipit* de α, 2, 994 a 1]. Et, ut volunt quidam, primus liber hujus metaphysicae novae non continet nisi istam partem prooemialem ; secundum tamen alios, dicitur vetus metaphysica primus liber, et quod in principio novae metaphysicae incipit secundus» (Adam of Buckfield [= de Bocfeld], *Sententia super secundum Metaphysicae,* éd. A. Maurer, dans : J. R. O'Donnell (éd.), *Nine Medieval Thinkers. A Collection of Hitherto Unedited Texts,* Toronto, Pontifical Institute of

du livre α une sorte de «doctrine de la science», de méthode préalable à son accomplissement[38]. En tous cas, la métaphysique comme science apparaît comme une ascension vers la transcendance, dont le livre Λ constitue le couronnement définitif. Or ce livre décrit le Premier Moteur immobile du monde dont la *Physique* avait établi la nécessité, et il l'appelle Dieu. La vie de celui-ci consiste dans l'acte pur de la pensée, une pensée qui n'a pas d'autre objet qu'elle-même, et qui coïncide avec sa propre perfection. La *Métaphysique* que l'on lisait alors s'achève donc par la science de Dieu, entendue selon un génitif à la fois objectif et subjectif: elle culmine dans la science que Dieu a de lui-même, dans la *noesis noeseôs*.

L'absence d'un livre est ici capitale: l'omission de K passe sous silence l'assimilation entre être en tant qu'être et être séparé, autorisée par un étrange et célèbre passage de K : «Il existe, d'autre part, une science de l'être en tant qu'être et séparé» (K, 7, 1064 a 28-29)[39]. Évitant cette identification probléma-

Medieval Studies, 1955, p. 101). Rappelons que la *Metaphysica vetus* (traduction latine faite sur le grec), qui constituait pour certains (*quidam*) le livre I de «cette métaphysique», s'arrêtait à notre livre IV (Γ), chap. 4. Il y a donc deux interprétations du rapport entre la *Metaphysica nova* et la *Metaphysica vetus*: selon Adam de Bocfeld et le *Guide de l'étudiant,* la première partie de la métaphysique constitue le livre I (α), selon d'autres, la première partie va jusqu'au concept d'une science de l'étant en tant qu'étant (Γ, 1). Tous s'accordent pour faire de α, 1 un prologue (*procemium*), mais le désaccord consiste à se demander si la première partie de la métaphysique se borne au traité (*tractatus*) α, 2, ou englobe les livres A, B, Γ. Certains manuscrits ont la structure indiquée par Bocfeld: le Ms Florence, Bibl. Laurenziana Pl. XIII sin 7 contient le livre I de la *Metaphysica vetus,* suivi de la *Metaphysica nova* (A. Maurer, *ibid.* p. 99, n. 5). Voir aussi le Cod. Vat. Lat. 2081 (probablement d'Oxford, milieu XIIIe s.), f° 140^r^, cité par F. Pelster, «Neuere Forschungen über die Aristotelesübersetzungen des 12. und 13. Jahrhunderts. Eine kritische Übersicht», *Gregorianum*, 30 (1949), p. 52: «Unde sciendum quod quidam incipiunt primum librum ibi: *Consideratio quidem de veritate*, et illi dicunt quod terminatur ibi: *maxime* etc., et quod ibi incipit liber secundus, et terminatur ibi: *necesse est nobis*, ubi incipit liber tertius. Melius tamen dicendum quod vetus metaphysica computatur pro primo libro et durat usque ibi: *Consideracio quidem*, ubi incipit liber secundus».

38. Jean de Dacie, *Divisio scientie,* in *Opera,* éd. A. Otto, Copenhague, Bagge-Gad («Corpus Philosophorum Danicorum Medii Aevi»), 1955, t. I, p. 25: «Nam in primo ut in veteri methaphysica determinatur modus habendi scientiam et de quidditate et qualitate scientie, que methaphysica est».

39. C'est donc une science «universelle par son antériorité même» (K, 7, 1064 b 13-14), expression qui a un parallèle en E, 1, 1026 a 31: «universelle parce que première». *Cf.* P. Aubenque, *Le Problème de l'être chez Aristote,* Paris, Presses Universitaires de France, 4e éd., Paris, 1977, p. 32 (à propos de E, 1): «Il n'y avait rien dans ces thèses qu'un esprit de formation platonicienne ne pût assimiler à sa propre doctrine: une interprétation platonisante était donc si peu arbitraire qu'elle trouvait sa justification dans certains textes d'Aristote lui-même; elle fournissait de surcroît un moyen de concilier le *méta* de *métaphysique* avec la primauté attribuée par Aristote à la science de l'être immobile et séparé»; et p. 41 (à propos de K, 7): «Cette assimilation de l'être en tant qu'être et de l'être séparé deviendra traditionnelle chez les commentateurs et, en permettant d'identifier science de l'être en tant qu'être et phiosophie première, autorisera une interprétation unitaire de la *Métaphysique,* qui s'est

tique, cette *Métaphysique*, qui va de la preuve du premier principe à la science divine, accomplit le projet scientifique d'une théologie sans prêter à aucune confusion avec la science de l'être en tant qu'être.

3. Mais autant que par ses soustractions, cette édition de la *Métaphysique* est remarquable par ses additions. Car la troisième partie de la *Métaphysique* est le *Liber de causis*[40]. Ainsi, le dernier livre de la science des choses séparées porte sur les «substances divines en tant qu'elles sont les principes de l'être ou de l'influence d'une substance sur une autre, selon ce qu'il est dit là [dans la première proposition du *Livre des Causes*]: "toute substance supérieure influe sur son effet"»[41]. La troisième partie de la métaphysique prolonge et parachève celle qui se clôt avec le livre Λ. Le *Liber de causis* devient ainsi le couronnement de la théologie philosophique d'Aristote, il permet de joindre à la théologie ascendante une théologie descendante, qui expose les moments de l'émanation du divin.

Comme l'a montré A. de Libera, cette conception de la métaphysique est étroitement liée au corpus des traductions gréco-arabes. Elle «propose ce que, précisément, Aristote lui-même ne donne pas: savoir, une théorie cosmologique de l'émanation (théorie dite des Intelligences) incluant une théorie du premier agent, qui elle-même prolonge la théorie du premier moteur formulée dans le livre Λ»[42]. On en trouve d'autres attestations chez Adam de Bocfeld et Jean de Dacie[43], mais surtout chez Roger Bacon[44] et Albert le Grand[45].

perpétuée jusqu'à nos jours. La fortune de cette interprétation ne doit cependant pas nous faire oublier qu'elle s'appuie sur un texte unique du *Corpus aristotelicum,* qui, difficilement conciliable avec la plupart des analyses aristotéliciennes, appartient à un passage par ailleurs douteux».

40. *Guide de l'étudiant*, § 10: «Tertius liber est *De causis*; et ibi agitur de substantiis divinis in quantum sunt principia essendi vel influendi unam in alteram secundum quod ibidem habetur quod omnis substantia superior influit in suum causatum».

41. *Cf.* le *Liber de Causis,* dans: O. Boulnois, P. Magnard, B. Pinchard, J.-L. Solère, *La Demeure de l'être, Étude et traduction du* Liber de causis*,* Paris, Vrin, 1990, chap. 1, § 1, p. 38-39: «Omnis causa primaria plus est influens super causatum suum quam causa universalis secunda» («Toute cause première influe plus sur son effet que la cause universelle seconde»).

42. A. de Libera, «Structure du corpus scolaire de la métaphysique dans la première moitié du XIIIe siècle», *op. cit.*, p. 75.

43. Adam de Bocfeld présente le *Liber de causis* comme le «liber quartus decimus metaphysice» (B.N. Florence, G. 4. 355, cité par C. Lohr, «Medieval Latin Aristotle Commentaries», *Traditio,* 23 (1967) p. 317-323). *Cf.* Jean de Dacie, *Divisio scientie,* in *Opera,* éd. A. Otto, Copenhague, Bagge-Gad («Corpus Philosophorum Danicorum Medii Aevi»), 1955, t. I, p. 26: «Quidam enim solent addere librum de causis, quamuis potest dici, quod distinguitur a methaphysica, nam liber de causis est de substantiis separatis, secundum quod una habet influentiam super aliam, unde etiam ex hoc nomen accepit. Nomen enim cause nomen influentie est».

44. Roger Bacon, *Questiones supra libros Prime Philosophie Aristotelis (Metaphysica* I, II, V-X), éd. R. Steele, M. Delorme, dans: *Id., Opera omnia hactenus inedita,* Oxford, 1930, vol.

Nous apercevons ainsi le projet total de cette science. Dans cette structure, la *réduction de l'ontologie à la théologie* est extrêmement frappante. La première partie de la métaphysique montre qu'il faut ramener (« *reduci habet* ») l'étant en tant qu'étant au premier étant ; la seconde, étudier les réalités divines et les principes des choses dans leur être propre (« *secundum quodlibet sui esse* ») ; la troisième, considérer ces réalités divines dans leur activité de principes donateurs d'être. Il est toujours question de l'être, mais au fond jamais pour lui-même, *en tant qu'être* : nous allons de l'être de l'effet à celui du principe, puis de l'être du principe à celui de l'effet ; à la réduction succède l'émanation ; à la théologie ascendante, la théologie descendante. Il n'y a pas d'« ontologie » comme telle, car l'analyse de l'essence est toujours réduite à la structure du divin – émanation et retour.

Que signifie ce projet dans sa totalité ? Il suppose une distinction entre deux sens de la cause, la cause motrice et le principe d'être (assimilé ensuite à la cause efficiente) : le premier *moteur* ne s'identifie pas avec le « premier agent » *(Primum agens)*. En effet, le premier moteur est atteint au terme d'une preuve qui reste physico-théologique ; à supposer qu'il soit Dieu, il est le Dieu moteur de la physique. Or la mise en mouvement n'est pas encore la création : en revanche, seul un premier *agent* peut donner l'être. Seul le Dieu créateur de l'être est véritablement Dieu, et c'est ainsi qu'il est véritablement l'objet de la métaphysique[46].

Cette interprétation latine de la métaphysique comme théologie est elle-même l'écho et la reprise d'un projet fondamental de la philosophie arabe : la constitution d'une *Théologie d'Aristote.* Entendons par là l'ouvrage apocryphe qui complète le projet de la science divine *précisément tel qu'il n'a pas pu être réa-*

10, p. 184 : « Aliae sunt partes quae propter sui nobilitatem in scientiis particularibus non habent determinari, ut intelligentiae et substantiae spirituales, et de talibus determinat ista scientia ad minus quantum ad XI et librum de causis ».

45. *Cf.* A. de Libera, « Albert le Grand et Thomas d'Aquin interprètes du *Liber de causis* », *Revue des Sciences philosophiques et théologiques*, 74 (1990), p. 347-478 : « iste liber [de causis] *Philosophiae primae* coniungendus est, ut finalem ex ipso recipiat perfectionem » (*De causis et processu universitatis* II, 1, 1, éd. W. Fauser, Münster / W., Aschendorff [« S. Alberti Magni Opera omnia », t. XVII.2], 1995, p. 60).

46. Sur la distinction entre cause motrice et cause efficiente, premier moteur et créateur, voir É. Gilson, « Notes pour l'histoire de la cause efficiente », *Archives d'Histoire doctrinale et littéraire du Moyen Âge*, 29 (1962), p. 7-31, repris dans *Études médiévales*, Paris, Vrin, 1986, p. 167-191 ; J. Jolivet, « Les répartitions des causes chez Aristote et Avicenne : le sens d'un déplacement », dans : J. Jolivet, Z. Kaluza, A. de Libera (éd.), *Lectionum varietates, Hommage à Paul Vignaux*, Paris, Vrin, 1991, p. 49-65 ; A. de Libera, « Ulrich de Strasbourg lecteur d'Albert le Grand », dans : R. Imbach, C. Flüeler (éd.), *Albert der Grosse und die deutsche Dominikanerschule, Philosophische Perspektiven, = Freiburger Zeitschrift für Philosophie und Theologie,* 32 (1985), p. 105-136 (surtout p. 127-136) ; O. Boulnois, *Être et représentation, Une généalogie de la métaphysique moderne à l'époque de Duns Scot,* Paris, Presses Universitaires de France (« Épiméthée »), 1999, chap. VII, 1 : « Physique ou métaphysique ? », p. 328-339.

lisé dans la Métaphysique *d'Aristote.* Rédigé dans le cercle d'al-Kindi, à Bagdad, au IXe siècle, cet ouvrage est un discours «sur la souveraineté divine», composé d'un centon de citations de Porphyre, Plotin, Proclus et Alexandre d'Aphrodise. D'une manière énigmatique et remarquable, la première métaphysique médiévale *latine* reproduit ce projet *alors même que le corpus correspondant lui reste pour l'essentiel inaccessible.* Précisément, le seul texte qui soit parvenu au monde latin, comme la lumière fossile de ce *big bang* originel et inatteignable (l'explosion et la fragmentation de la *Théologie d'Aristote)*, est le *Livre des causes.* L'une des caractéristiques les plus typiques de cet ouvrage est justement qu'il s'agit d'une hénologie néoplatonicienne écrêtée : tandis que chez Proclus et Plotin, l'Un et le Bien restaient au-delà de l'être, le premier principe s'identifie au degré suprême de l'être, donateur de l'être des étants. Ainsi identifiée à l'être, la cause première est la cause du monde (proposition 2 du *Livre des causes*). Signalons d'ailleurs que la promotion de la cause efficiente n'est pas propre au monothéisme des «religions du Livre». On en trouve la formulation dès le *Commentaire du Parménide* de Proclus[47]. Or précisément, les auteurs latins de la première moitié du XIIIe s. ont longtemps reçu le *Liber de causis* comme la théologie d'Aristote.

Al-Farabi analyse la métaphysique dans les mêmes termes. Si la physique traite de la nature, elle englobe la connaissance du ciel et des substances qui y figurent, les astres[48]. Mais la métaphysique commence quand on se demande «si cette substance [la nature] a un créateur»[49]. Cette recherche permet de «connaître Dieu et d'accéder à la connaissance du créateur de la substance et de l'accident»[50]. C'est pourquoi elle est appelée (conformément au sens du grec *meta*) «science après la nature, à savoir science divine»[51]. La théologie est la connaissance de l'être divin comme être du créateur. Il n'est pas jusqu'au statut de l'être séparé qui n'ait son équivalent dans la pensée d'al-Farabi : celui-ci n'est pas constitué par les formes abstraites de la matière, mais par les formes sépa-

47. *Commentaire du Parménide* III, éd. V. Cousin, dans : *Procli Opera inedita,* Paris, 1864, p. 788.

48. Alfarabi, *De ortu scientiarum,* éd. Cl. Baeumker, Münster / W., Aschendorff («Beiträge zur Geschichte der Philosophie des Mittelalters», XIX, 3), 1916, chap. 1, p. 21. Comme le signale S. Pinès, pour Alfarabi, la «science divine» a trois parties : les étants en tant qu'étants ; la logique et les principes de la démonstration scientifique ; les étants incorporels, sur lesquels la réflexion permet de connaître l'existence d'un étant premier, dont on croit qu'il est Dieu – cette partie enseignant également comment les autres étants proviennent de lui (*La Liberté de philosopher, De Maïmonide à Spinoza,* trad. R. Brague, Paris, Desclée de Brouwer («Midrash / Références»), 1997, p. 252).

49. Alfarabi, *De ortu scientiarum,* éd. Cl. Baeumker, chap. 1, p. 21 : «Deinde consideravimus an haec substantia haberet factorem, et an esset possibile eam non habere factorem».

50. *Loc. cit.* : «Inquisitio ergo de hoc fuit causa cognoscendi deum et accedendi ad cognoscendum creatorem substantiae et accidentis».

51. *Loc. cit.* : «Et scientia de hoc vocatur scientia post naturam sciliciet scientia divina».

rées, «qui ne sont pas et n'ont jamais été dans des matières»[52]. La métaphysique n'a pas deux objets, l'être en tant que tel, abstrait en général, puis l'être divin séparé, mais un seul : les formes intelligibles et intellectuelles pures.

On peut même situer dans un cadre encore plus vaste cette interprétation kindienne, puis latine de la métaphysique. Elle nous renvoie tout simplement à l'école d'Ammonius[53]. Pour celle-ci, ce qui est parfait est premier. C'est pourquoi nous commençons par ce qui nous est le plus accessible, la physique, pour remonter ensuite, après la physique, à la métaphysique. La métaphysique est la philosophie première mentionnée par Aristote, c'est-à-dire une «théologique»; elle traite des causes et des principes de l'étant, et doit dépasser tous les étants de la nature. Son objet est donc l'ensemble de ce qui est réellement *(hypostasei)* et non seulement en raison *(epinoia)* séparé de la matière : l'immatériel, non soumis au devenir, l'«étant premier» par excellence. Ainsi, la séparation de son objet ne désigne pas une abstraction du sensible, mais le statut des êtres immobiles et séparés. Cette interprétation, transmise par des sources arabes, conforte ce que les auteurs latins connaissaient déjà de cette école, qui interprète la métaphysique comme *theologia* ou science du divin, réellement séparé de la matière et du mouvement, par des sources latines (Boèce) autant que grecques (Denys). Cet idéal d'union au Souverain Bien fait ainsi converger la «théologique» (aristotélicienne) et la théologie (chrétienne) dans une unique sagesse. Ainsi, les introductions à la philosophie n'hésitent pas à puiser dans les *Sentences* de Pierre Lombard une citation du (Pseudo-) Augustin, en guise d'exhortation ou de *Protreptique* : on trouve cet hymne à la sagesse, où la métaphysique de la béatitude culmine dans une théologie des intelligences et de l'union à Dieu, dans la «*Phi-*

52. Alfarabi, *De intellectu et intellecto,* éd. É. Gilson dans : «Les sources gréco-arabes de l'Augustinisme avicennisant», *Archives d'Histoire doctrinale et littéraire du Moyen Âge*, 4 (1929-1930), réimprimé à part, Vrin, Paris, 1986, p. 120 : «Cum autem fuerunt hic aliqua que sunt forme non in materiis, nec fuerunt unquam forme in materiis profecto hec cum intelliguntur fiunt aliqua intellecta, sed talia qualia erant antequem intelligerentur». *Cf.* É. Gilson, *ibid.*, p. 31 : «il existe dans le monde des formes qui ne sont pas, n'ont jamais été et ne seront jamais dans des matières et que par conséquent notre intellect n'a pas besoin d'abstraire pour pouvoir les appréhender».

53. Sur cette figure de la philosophie – et notamment sur Asclepios, Ammonius et Simplicius, voir O. Boulnois, «Heidegger, l'ontothéologie et les structures médiévales de la métaphysique», *Quaestio* 1 (2001), «Heidegger e i medievali. Atti del colloquio internazionale, Cassino 10/13 maggio 2000», éd. par C. Esposito et P. Porro, Turnhout-Bari, Brepols-Pagina, p. 379-406.

losophia» de l'anonyme «*Ut ait Tullius*»[54], dans celle d'Aubry de Reims comme dans celle de l'anonyme «*Ut testatur Aristotiles*»[55].

Cette orientation théologique compose avec l'interprétation d'Averroès, pour qui on «affirme à bon droit» que le livre Λ «est le dernier de cette discipline [la métaphysique]», car la recherche des «principes de l'être en tant qu'être et des principes de la substance première» «constitue le but ultime de la Métaphysique»[56], interprétation qui s'enracine à son tour dans la définition du sujet de la métaphysique, comprenant les principes et les causes de l'être, «puisqu'il est prouvé que dans l'être il y a un premier, qui est la substance, et un second, il importe dès lors que celui qui se propose d'étudier les principes de l'être en tant qu'être étudie les principes de la substance»[57]. Cette théologie naturelle s'accomplit par excellence dans la science que Dieu a de lui-même: «le Premier, loué soit-Il, connaît la nature de l'être en tant qu'être absolu, à savoir Lui-même»[58]. Combinant ces différentes sources, les latins retrouvent le principe d'une procession de l'être hors de l'être premier. Mais la répétition est en même temps une différence: les auteurs latins reconstituent le geste néoplatonicien en ignorant le corpus où il s'est constitué. Ils réalisent donc à leur tour une *nouvelle synthèse* néoplatonicienne.

A. Zimmermann a consacré un grand ouvrage, *Ontologie oder Metaphysik?*, à l'élucidation des diverses formes de la métaphysique au XIIIe et au XIVe siècles. Si admirable soit la synthèse qu'il propose, celle-ci congédie pourtant très vite l'interprétation de la métaphysique que nous venons d'examiner, et la strate

54. «Hec enim perfectio est anime et speculum, qua mediante quilibet suum intelligit et intelligit creatorem, quo testatur Augustinus in libro suo *De anima*: "Ad hoc, inquit, fuit creata anima ut summum bonum intelligeret, intelligendo diligeret, et diligendo possideret, possidendo glorificaretur"», éd. G. Dahan, «Une introduction à l'étude de la philosophie: *Ut ait Tullius*», *op cit.*, §2, p. 36-37. La citation vient en fait de Pierre Lombard, *Sententiae* II, d. 1, c. 4, Grottaferrata (Romae), Collegium S. Bonaventurae («Spicilegium Bonaventurianum», IV), 1971, t. I, p. 332, l. 10-14, qui paraphrase à son tour la *Summa Sententiarum* II, 1 (PL 171, 1106 D-1107 A; 176, 79 C-80 C).

55. Aubry de Reims, dans sa *Philosophia* (éd. R.-A. Gauthier, «Notes sur Siger de Brabant, II. Siger en 1272-1275. Aubry de Reims et la scission des Normands», *Revue des Sciences philosophiques et théologiques*, 68 (1984), p. 30, l. 30-33), et l'Anonyme «*Ut testatur Aristotiles*» (éd. C. Lafleur, J. Carrier, «L'introduction à la philosophie *Ut testatur Aristotiles,* [vers 1265-1270]», *Laval théologique et philosophique,* 48/1 (1992), §3, p. 97), citent l'un et l'autre «*Augustinus, libro suo de anima et spiritu*» (allusion à l'ouvrage du Pseudo-Augustin = Alcher de Clairvaux, *De spiritu et anima* ?) et lisent *frueretur* au lieu de *glorificaretur,* ce qui laisse moins de place à l'éventualité d'une intervention de la grâce.

56. Averroès, *Grand Commentaire de la* Métaphysique *d'Aristote*, Livre Lam-Lambda, trad. cit., [Prologue], p. 27-29, trad. corrigée d'après la n. 7, p. 27. – Averroès ne commente pas les livres M et N, bien qu'il les connaisse (*cf. ibid.*, p. 34, n. 31), alors que le livre K ne lui est pas parvenu (*cf. ibid.*, p. 41, n. 65).

57. Averroès, *ibid.*, commentaire 2, p. 48.

58. Averroès, *Grand Commentaire de la* Métaphysique *d'Aristote*, Livre Lam-Lambda, Commentaire 51, p. 269 (trad. corrigée d'après la p. 269, n. 32).

correspondante de son histoire médiévale. Dès la première page, A. Zimmermann proclame en effet qu'il s'agit d'une position «sans fondement» et «sans connexion avec la question systématique du *subiectum metaphysicae*»[59]. Il est permis de regretter cette exclusion, car une telle dimension permettrait de donner à la métaphysique médiévale une autre profondeur historique. On ne peut d'ailleurs la biffer d'un trait de plume, en la limitant à d'obscurs et anonymes «livrets de l'étudiant», à des œuvres sans conséquence parce qu'elles émanent de la faculté des arts, ou proviennent d'un stade archaïque de la réception d'Aristote. En effet, c'est précisément la même doctrine que développe, au passage du XIIIe-XIVe siècle, l'un des grands maîtres de l'école dominicaine allemande, Dietrich de Freiberg. Celui-ci écrit en effet:

> la métaphysique considère d'emblée et principalement *(primo et principaliter)* l'étant divin, qui est divin par essence, puis, par voie de conséquence *(consequenter)*, les autres [étants][60].

Selon cette interprétation, la métaphysique est dotée d'une structure pour laquelle le problème de l'être, aussitôt posé, est absorbé par le divin, et cette science culmine dans la science divine du divin. Rappelons en effet la définition de son sujet; celui-ci est:

> l'étant *premier,* en tant qu'il est ce dont tout le reste *émane* et est conservé dans l'être. Et on peut dire que son sujet est l'étant dit de manière *commune* à tous les *principes universels* des choses[61].

Selon cette conception de la métaphysique, celle-ci porte directement sur tout ce qui est premier ou principe: soit elle considère le principe dans sa singularité, comme un étant d'où émanent toutes choses, et comme le principe unique de leur être, soit, si l'on veut absolument lui donner un objet universel, il faut entendre qu'elle vise tous les principes universels. Il y a bien une hiérarchie et une certaine pluralité dans la primauté, mais c'est par participation à la primauté originelle de Dieu. Je propose donc d'appeler cette doctrine une *protologie*, expression forgée par les historiens du néoplatonisme pour désigner une doctrine du principe.

59. A. Zimmermann, *Ontologie oder Metaphysik ? Die Diskussion über den Gegenstand der Metaphysik im 13. und 14. Jahrhundert* (1965), 2e éd. remaniée, Leuven, Peeters, 1998, p. 1: «Dietrich von Freiberg gibt für seine These [...] keine ausführliche Begründung an, und Meister Eckharts Explikationen grundlegender ontologischer Termini stehen gleichfalls nicht im Zusammenhang mit der systematischen Frage nach dem *subiectum metaphysicae*».

60. *Fragmentum de subiecto theologiae,* éd. L. Sturlese, Hambourg, F. Meiner («Dietrich von Freiberg. Opera omnia», t. III), p. 281: «metaphysica considerat enim primo et principaliter de ente divino, quod est divinum per essentiam, consequenter autem de aliis». Rappelons que Dietrich de Freiberg est souvent considéré comme l'un des plus remarquables porte-paroles des thèses artiennes au sein de la faculté de théologie.

61. § 12: «Subiectum vero methaphisice potest dici primum ens, eo quod est illud a quo omnia alia exeunt in esse et a quo conseruantur. Et potest dici subiectum eius ens communiter dictum ad omnia universalia principia rerum».

Ainsi comprise, la métaphysique entre en concurrence directe avec la théologie révélée : elle porte exactement sur le même objet, mais par la voie de la seule raison. Le recouvrement de l'objet conduit soit à une superposition, soit à un conflit sur le domaine de compétence, quand la métaphysique semble rendre inutile la connaissance de Dieu qu'assure la théologie fondée sur la foi. Son nom de *theologia* lui-même est ambigu et peut se comprendre de deux manières opposées : théologie naturelle (à la suite d'Aristote), discours sur Dieu dans la foi (dans l'optique d'Augustin).

Mais l'identification de la théologie à la science de Dieu a une autre conséquence. Certains maîtres ès arts reproduisent l'affirmation d'Aristote, selon laquelle Dieu n'est connu en acte que par lui-même, si bien que la science de Dieu a seulement Dieu pour objet comme pour sujet. Dieu seul possède la théologie :

> Mais cette science, peu la possèdent. Elle est la science qui dédaigne l'être vil et dont toutes les autres sont serves. "Et Dieu seul connaît ce privilège", comme le dit Aristote dans la *Vieille Métaphysique* ; et à cause de cela, que sa division soit omise[62].

Par une subversion discrète mais radicale, en conservant le rapport maître-serviteur, mais en l'inversant à son profit, cette remarque renverse la traditionnelle position ancillaire de la philosophie (« *philosophia ancilla theologiae* ») en domination sans partage de la métaphysique sur les autres sciences. Elle débouche sur une triple conséquence :

1. Le refus de transformer la métaphysique *en soi* en métaphysique *pour nous* (il reviendra à Duns Scot, au seuil du XIVe siècle, de distinguer ces deux dimensions) ;

2. La réduction de toute connaissance de Dieu et des noms divins à une théologie radicalement négative ;

3. À la limite, ce triomphe est aussi son propre échec : pour régner, la métaphysique doit rester muette. L'idéal de la métaphysique entendue comme science divine *inhibe* son propre développement en une (science) « théologique ».

Mais chez les philosophes qui ne s'en tiennent pas à ce silence radical et programmatique, la même orientation débouche sur un conflit de prétentions avec la théologie révélée. Rappelons d'abord qu'il ne peut y avoir de conflit que dans la mesure où les disciplines philosophiques et la théologie se situent sur le même plan, celui d'une science. Si l'une d'entre elles était sur le terrain de l'interprétation libre, de l'argumentation probable, ou de la sagesse ineffable, ou tout simplement, comme chez Averroès, de la seule règle de vie, il n'y aurait pas de terrain commun, et donc pas d'affrontement. – L'une des plus éclairantes

62. Olivier le Breton : « Set ista scientia est paucorum hominum. Hec est scientia que dedignatur esse uilis et cui omnes aliae famulantur. Et "solus Deus scit hoc senium", ut dicit Aristotiles in *Veteri metaphysica* » *(Philosophia*, § 42, éd. C. Lafleur, J. Carrier, dans : *Eid.*, *L'Enseignement de la philosophie au XIIIe siècle, op. cit.*, p. 485). – Allusion à *Métaphysique* Λ, 9, 1074 b 15-35. La science divine est donc la science de Dieu au double sens du génitif subjectif et objectif.

attestations de cet état de la question se trouve dans le *De aeternitate mundi* de Boèce de Dacie. Le maître ès arts établit d'abord que la philosophie procède de manière démonstrative, comme une science, et non de manière probable. Il ajoute que cette exigence d'enquêter sur la nature des choses est aussi inépuisable que sa matière :

il ne peut y avoir aucune question disputable par des arguments rationnels, que le philosophe ne doive disputer[63].

La position de Boèce s'accommode d'une sorte de positivisme épistémologique : la doctrine qui traite de l'étant n'est pas pour lui la métaphysique, mais la « philosophie » en général. Il ne prévoit précisément *pas de science universelle de l'être en tant qu'être*, mais seulement une série de sciences régionales qui étudient chacune de ses parties : la science de l'être s'épuise ainsi dans la connaissance positive de ses parties. La « philosophie », science de l'être, n'est donc qu'un ensemble composite, formé par l'application de la logique (la seule universelle) à des sciences particulières. Parmi celles-ci, celle qui traite de Dieu reçoit le nom de métaphysique. En effet, Boèce distingue trois sortes de réalités : naturelle, mathématique et divine, auxquelles correspondent trois parties de la philosophie, *c'est-à-dire trois sciences* : physique, mathématique et *métaphysique*[64] (on reconnaît ici la subdivision d'Aristote, notamment en *Métaphysique* E, mais non son vocabulaire). Pourtant, aucune de ces trois sciences ne peut prouver que le monde a un commencement (sa « nouveauté ») : la physique ne connaît que les changements naturels (elle ignore toute production d'être à partir du néant)[65] ; les mathématiques étudient les rapports stables entre les êtres (et les astres), mais non leur surgissement[66] ; la métaphysique (entendue comme une *théologique* et non comme science de l'étant en tant qu'étant) doit reconnaître qu'elle ne peut démontrer le commencement du monde, puisqu'elle étudie des

63. *De aeternitate mundi,* éd. N. G. Green-Pedersen, dans : Boèce de Dacie, *Topica-Opuscula*, Copenhague, Bagge-Gad (« Corpus Philosophorum Danicorum Medii Aevi », vol. VI, pars II), 1976, p. 347, l. 314-318 : « Primo hic diligenter considerandum est quod nulla quaestio potest esse, quae disputabilis est per rationes, quam philosophus non debet disputare et disputare quomodo se habeat veritas in illa, quantum per rationem humanam comprehendi potest ».

64. *Ibid.*, l. 320-326 : « Philosophus autem omnium rerum naturas docet ; sicut enim philosophia docet ens, sic partes philosophiae docent partes entis, ut scribitur IV. Metaphysicae, et de se patet. Ergo philosophus omnem quaestionem per rationem disputabilem habet determinare ; omnis enim quaestio disputabilis per rationes cadit in aliqua parte entis, philosophus autem omne ens speculatur, naturale, mathematicum et divinum » .

65. *Ibid.*, p. 349, l. 375-377 : « Naturalis non potest ponere aliquem motum novum, nisi ipsum praecedat aliquis motus qui sit causa eius ».

66. Poursuivant son analyse extensionnelle, Boèce étudie successivement l'astronomie (« astrologia », p. 353), la géométrie, l'arithmétique et la musique (p. 354).

relations ontologique nécessaires, alors que le monde dépend d'une cause libre qui le produit de manière contingente[67].

Boèce de Dacie fait alors allusion à un célèbre passage des *Topiques,* où Aristote mentionne que certains problèmes ne peuvent être tranchés par la démonstration, comme l'éternité du monde. L'artien insiste sur le principe : il faut suspendre son jugement sur le commencement du monde, proposition qu'on ne peut chercher à démontrer par la raison (ce qui serait présomptueux), mais qu'on ne peut pas non plus rejeter (ce qui serait hérétique)[68]. Le commencement du monde ne peut être l'objet que d'un acte de foi : son statut théorique n'est pas d'être un objet de science, pas plus qu'une opinion, objet d'argumentation dialectique. Seul le point de vue d'adversaires pour qui la foi se confondait avec la théologie a pu faire de Boèce de Dacie le théoricien d'une « double vérité »[69]. Car celui-ci ne cesse de soutenir que la foi et la philosophie sont compatibles, à condition de ne pas se chevaucher, de ne pas prétendre être deux attitudes épistémiques adéquates au même objet. Le commencement du monde n'est pas impossible, il n'est qu'indémontrable.

La difficulté naît du fait que Boèce de Dacie parle moins au nom de la métaphysique (entendue comme *théologique* et non comme science de l'étant), qu'au nom de la physique. Le terme *naturalis* (physicien) a d'ailleurs une ambivalence essentielle qui tient à sa place dans son curriculum des arts – il désigne à la fois celui qui s'occupe de la nature, par exclusion des réalités séparées de la matière et du mouvement, et celui qui s'occupe de la causalité naturelle, en excluant l'action surnaturelle d'un principe transcendant[70]. En effet :

67. *Ibid.*, p. 355, l. 531-356, l. 537 : « Quod autem nec metaphysicus possit ostendere mundum esse novum, patet sic : mundus dependet ex voluntate divina, sicut ex sua causa efficiente. Sed metaphysicus non potest demonstrare aliquem effectum in duratione posse sequi suam causam sufficientem, sive posse postponi suae causae sufficienti. Ergo metaphysicus non potest demonstrare quod mundus <non> sit coaeternus voluntati divinae ».

68. *Ibid.*, p. 355, l. 558- 356, l. 364 : « Ideo dicit Aristoteles in libro Topicorum, quod "aliquid est problema de quo neutro modo opinamur, ut utrum mundus sit aeternus vel non" [I *Topicorum* c. 11, 104 b 1-8]. Sunt enim multa in fide quae per rationem demonstrari non possunt, ut quod mortuum redit vivum idem numero, et quod res generabilis redit sine generatione. Et qui his non credit haereticum est, qui autem ea quaerit scire per rationem fatuus est ». L'argument avait maintes fois été cité lors de la première réception d'Aristote, alors qu'on ne croyait pas qu'il avait pu rejeter rationnellement le commencement du monde créé. Mais Boèce lui donne une autre portée, en insistant sur la suspension du jugement.

69. *Cf.* É. Gilson, « Boèce de Dacie et la double vérité », *Archives d'Histoire doctrinale et littéraire du Moyen Âge,* 22 (1955), p. 81-99 (réimprimé à part dans *Études médiévales,* Paris, Vrin, 1983, p. 147-166) ; A. de Libera, *Penser au Moyen Âge, op. cit.*, p. 122-128 ; L. Bianchi, *Censure et Liberté intellectuelle à l'université de Paris*, Paris, Les Belles Lettres (« L'âne d'or »), 1999.

70. Sur ce concept, *cf.* L. Bianchi, « *Loquens ut naturalis* », dans : L. Bianchi, E. Randi, *Vérités dissonnantes, Aristote à la fin du Moyen Âge*, Paris-Fribourg, Cerf-Éditions universitaires de Fribourg (« Vestigia », 11), 1993, p. 39-70.

le physicien *(naturalis)* ne peut considérer la création. Car la nature produit tout son effet à partir d'un sujet et d'une matière. [...] Comment en effet <le physicien> considérerait-il ce jusqu'à quoi ses propres principes ne s'étendent pas ? [...] Il en résulte qu'en aucune partie de la science naturelle on n'enseigne la création du monde ou sa production à l'être, parce que cette production n'est pas naturelle *(naturalis)*, et que pour cette raison, elle ne concerne pas le physicien *(naturalis)* [71].

Une telle exigence semble découler d'une judicieuse séparation des domaines et d'un juste pluralisme épistémologique, qui admet une pluralité de sciences ne se recouvrant pas :

Car n'importe quel savant [ou artien *(artifex)*] ne peut considérer n'importe quelle vérité [72].

Mais Boèce de Dacie distingue deux types de rapports de la physique à des sciences qui s'en distinguent :

1. Certaines vérités, comme les mathématiques, sont inaccessibles au physicien, mais il n'a pas de raison de les nier, dans la mesure où elles ne s'opposent pas à sa propre discipline [73] ;

2. Certaines vérités « détruisent sa science » – il s'agit évidemment des vérités révélées, par exemple la résurrection des corps – ; or :

la vérité qu'il ne peut ni causer, ni connaître par ses principes, mais qui est contraire à ses principes et détruit sa science, il doit la nier, parce que, de même qu'il doit concéder ce qui s'accorde avec ses principes, de même il doit refuser ce qui s'y oppose [74].

Cela signifie seulement qu'à partir de ses propres principes (et relativement à eux), le physicien ne peut que refuser la nouveauté du monde, indémontrable par des principes naturels ; ainsi « le chrétien dit vrai » (absolument) quand « le physicien dit vrai aussi » (relativement). Le physicien ne peut pas même établir la possibilité d'un monde créé. Par conséquent, selon les seuls principes de la phy-

71. *De aeternitate mundi*, *op. cit.*, p. 351, l. 400-409 : « naturalis creationem considerare non potest. Natura enim omnem suum effectum facit ex subiecto et materia. [...] Quomodo enim naturalis illud considerat ad quod sua principia non se extendunt ? Et cum factio mundi sive productio eius in esse non possit esse generatio, ut de se patet, sed est creatio, ex hoc contingit quod in nulla parte scientiae naturalis factio mundi sive productio eius in esse docetur, quia ista productio naturalis non est, et ideo ad naturalem non pertinet ».

72. *Ibid.*, l. 419-420 : « Non enim quilibet artifex considerare potest quamlibet veritatem ». *Cf.* p. 347, l. 335 -348, l. 336 : « nullus artifex potest aliquid causare, concedere vel negare nisi ex principiis suae scientiae ».

73. *Ibid.*, l. 438-441 : « Dicendum est ad hoc quod veritates, quas naturalis non potest causare ex suis principiis nec scire, quae tamen non contrariantur suis principiis nec destruunt suam scientiam, negare non debet » (suivi d'un exemple mathématique).

74. *Ibid.*, p. 351, l. 445-352, l. 448 : « Veritatem tamen illam, quam ex principiis suis causare non potest nec scire, quae tamen contrariatur suis principiis et destruit suam scientiam, negare debet, quia sicut consequens ex principiis est concedendum, sic repugnans est negandum ».

sique (c'est-à-dire les seuls principes naturels), il *doit* refuser le commencement du monde comme impossible – et tenir celui-ci pour faux [75].

Toutefois, Boèce de Dacie n'affirme pas non plus que la métaphysique serait en mesure d'établir la possibilité d'un commencement du monde. Ce silence s'explique si on le met en relation avec sa tripartition des sciences philosophiques. D'une part, Boèce ne s'interroge jamais sur la possibilité qu'un discours philosophique en général démontre le commencement du monde, car il rabat toujours la philosophie sur la physique, elle-même entendue comme naturelle ; de l'autre, il traite en extension le problème, en demandant à propos de chacune des grandes parties de la philosophie comment elle se rapporte à la création du monde. Il est ainsi tributaire de sa définition « archaïque » (c'est-à-dire aristotélicienne) de la métaphysique, comme science des substances séparées (une définition en vogue chez les artiens, et qu'il pouvait trouver chez un de ses auteurs de prédilection, Averroès) – et non comme étude de l'être et de ses propriétés relatives.

Ainsi, chez Boèce de Dacie, aucun privilège n'est accordé à la métaphysique. La physique conduit aussi à Dieu, en permettant d'établir son existence comme premier moteur immobile et éternel du monde, dans une analyse qui postule l'éternité du monde mû par lui, d'après Aristote, *Physique* VIII [76]. Le recouvrement de la physique et de la théologie en une *physico-théologie* conduit à un affrontement entre la *théologique* philosophique (de nature physico-théologique), qui exige par principe l'éternité du mouvement et donc du monde, et la théologie (révélée), qui pose par principe le commencement du monde. Mais dans le contexte de l'affrontement entre les facultés, la reprise du projet philosophique lui donne une signification différente : l'aristocratie des sages constitue

75. *Cf.* L. Bianchi, *Censure et Liberté intellectuelle à l'université de Paris*, *op. cit.*, troisième partie, chap. 1, qui critique F.-X. Putallaz et R. Imbach, *Profession philosophe* : *Siger de Brabant*, Paris, Cerf (« Initiations au Moyen Âge »), 1997. Alors que F.-X. Putallaz et R. Imbach « blanchissent » Boèce de l'accusation de double vérité, L. Bianchi montre que Boèce établit que la vérité est relative à chaque science (avec l'objet et les principes correspondants). Il préfère donc appeler cette doctrine un « relativisme épistémologique » plutôt qu'une « double vérité ». J'ai montré plus haut que ce relativisme reposait sur un positivisme, mais il me semble important de rappeler l'objectif de Boèce : montrer que la spéculation philosophique (et notamment physique) est compatible avec la foi, à condition d'en délimiter nettement les frontières. Le mouvement de la pensée de Boèce est précisément d'établir que la raison humaine *doit* disputer de l'éternité du monde selon la philosophie, alors même que la foi enseigne le contraire. *Cf. De aeternitate mundi*, *op. cit.*, p. 347, l. 314-318 : « Primo hic diligenter considerandum est quod nulla quaestio potest esse, quae disputabilis est per rationes, quam philosophus non debet disputare et disputare quomodo se habeat veritas in illa, quantum per rationem humanam comprehendi potest ».

76. Cité par Boèce de Dacie, *De aeternitate mundi*, *op. cit.*, p. 349, l. 382-385 : « Ideo Aristoteles VIII. Physicorum quaerens utrum motus aliquando factus sit, cum prius non esset, et utens his principiis, quae modo dicta sunt, et loquens ut naturalis ponit motum primum aeternum ex utraque parte ».

une communauté qui n'a pas de vocation exotérique, et qui ne peut donc pas entrer en conflit avec la théologie des croyants.

Dans cet affrontement, l'on voit se préciser la signification de la connaissance du Dieu créateur (objet de la théologie selon al-Farabi) : Dieu est connu philosophiquement comme créateur au sens où on le saisit comme cause et principe du monde, mais il n'est pas atteint comme principe libre, origine d'un monde contingent et « nouveau » (ayant commencé dans le temps).

Une telle situation conflictuelle débouche sur les condamnations de 1277, décrites par de nombreux historiens. Mais il ne faudrait pas céder à l'illusion de voir dans les condamnations un système, ou l'affrontement entre deux discours autonomes et cohérents, celui du censeur et celui du censuré. Ce n'est ni un ensemble systématique du côté des auteurs condamnés – le mythe des « averroïstes » a vécu[77] –, ni un ensemble systématique du côté des auteurs qui condamnent – le mythe des « augustiniens » mériterait d'être aboli[78]. Il ne faut y voir qu'un rassemblement circonstanciel de propositions dont le regroupement est contingent, par une équipe de personnalités divergentes, réunies en une unité accidentelle. Il est pourtant l'écho d'une crise profonde, dont les effets intellectuels – à commencer par l'effet de système donné aux propositions ainsi rassemblées – sont indéniables.

LA MÉTAPHYSIQUE DU PRINCIPIEL ET LA THÉOLOGIE : CHEVAUCHEMENT ET ARTICULATION

Une poussée en sens contraire travaille également la philosophie médiévale. Il se pourrait en effet que l'évolution de la réflexion sur l'objet et la structure de la métaphysique s'explique autant par des raisons internes à la philosophie (une meilleure connaissance du corpus de la *Métaphysique,* de meilleures traductions, des commentaires plus problématisés) que par une question institutionnelle : comment interpréter la métaphysique de telle manière que sa structure n'entre plus en conflit avec le discours théologique ?

Avicenne est ici une référence décisive. Chaque ligne de ses analyses a inspiré des centaines de pages dans la théologie du XIIIe siècle, notamment la structure de la preuve de Dieu chez Henri de Gand et Duns Scot. Appuyé sur la doctrine de la science telle qu'elle fut élaborée par Aristote, Avicenne réfute en effet l'identification du sujet de la métaphysique avec Dieu. Le sujet d'une

77. *Cf.* A. de Libera, « Introduction » à : Thomas d'Aquin, *L'Unité de l'intellect contre les averroïstes* [texte et trad. du *De unitate intellectus contra Averroistas*], Paris, Garnier-Flammarion, 1994, p. 4-45.

78. Deux exemples : la proposition 200 (sur le temps) atteint Averroès, mais aussi l'interprétation augustinienne du temps ; la proposition 194 (éd. D. Piché, *La Condamnation parisienne de 1277,* Paris, Vrin, 1999, p. 138), sur la liberté, prolonge Thomas d'Aquin (alors qu'Henri de Gand, qui pourtant siégeait dans la commission, sera contre!).

science étant ce dont elle présuppose l'existence[79], si Dieu était le sujet de la métaphysique, il faudrait que son existence soit démontrée ailleurs, et que la métaphysique le présuppose sans s'enquérir de son être[80]. Or les autres sciences sont incapables d'établir son existence. De toute évidence, cette interprétation se heurte à la démonstration du premier moteur dans la *Physique* d'Aristote. Avicenne répond pourtant que la question du premier moteur est bien explorée *dans* la *Physique*, mais qu'elle n'est pas du domaine *de la* physique, puisqu'elle implique « les réalités entièrement séparées de la matière » et du mouvement[81] : si le physicien la pose, c'est parce qu'il veut renforcer une opinion, accroître le désir de savoir par un plus grand savoir. Avicenne se démarque ici d'Aristote, pour qui la physique s'achève dans une étude des causes dernières du mouvement, et il le fait clairement au nom d'un concept monothéiste de Dieu comme premier agent, principe de l'être, plutôt que premier moteur, cause du mouvement.

L'objet de la métaphysique est-il les quatre « causes ultimes de ce qui est »[82], comme le dit Aristote, dans la *Métaphysique* A[83]? Non: la métaphysique ne considère pas seulement les causes d'un point de vue absolu, mais aussi les effets. Elle porte sur des couples de propriétés qui lui reviennent dans sa totalité, car ce sont des propriétés de l'étant en tant qu'étant: universel et particulier, cause et causé, substance et accident, etc.[84]. De surcroît, on ne peut saisir l'exis-

79. Avicenna, *Liber de philosophia prima, sive scientia divina*, l. I, chap. 1, éd. S. Van Riet, Louvain-Leyde, Peeters-Brill (« Avicenna latinus »), 1977, p. 5, l. 8 : « Nulla enim scientia debet stabilire esse suum subiectum ». Parallèle chez Gundissalinus (en réalité Gundisalvus, qu'on ne confondra plus avec le traducteur Dominicus Gundisalvi, depuis l'article d'A. Rucquoi, « Gundisalvus ou Dominicus Gundisalvi ? », *Bulletin de Philosophie médiévale*, Louvain-la-Neuve, SIEPM-Brepols, 41 [1999], p. 87-106), *De divisione philosophiae,* éd. C. Baur, Münster / W., Aschendorff (« Beiträge zur Geschichte der Philosophie des Mittelalters », 4/2), 1903, p. 36-37.

80. *Liber de philosophia prima*, I, 1, p. 4, l. 60-63 : « Dico igitur impossibile esse ut ipse Deus sit subiectum huius scientiae, quoniam subiectum omnis scientiae est res quae conceditur esse, et ipsa scientia non inquirit nisi dispositiones illius subiecti ».

81. *Ibid.*, p. 5, l. 88-91 : « Ipsa inquirit res separatas omnino a materia. Iam etiam tibi significavi in naturalibus quod Deus non est corpus nec virtus corporis, sed est unum separatum a materia et ab omni commixtione omnis motus ».

82. *Ibid.*, p. 6, l. 99-00 : « quaeramus an subiectum eius sint ultimae causae eorum quae sunt ».

83. A, 1, 981 b 27 : « Le but de notre présent discours, c'est de montrer que, sous la dénomination de sagesse, chacun entend communément ce qui traite des premières causes et des principes » – anticipation de tout le livre A.

84. *Liber de philosophia prima*, I, 1, p. 6, l. 12-15 : « haec scientia inquirit intentiones quae non sunt ex accidentibus propriis ipsarum causarum inquantum sunt causae. Inquirit enim universale et particulare, potentiam et effectum, possibile et necesse, et cetera ». Or ces couples de concepts lui viennent « du fait qu'il est être en tant qu'être et non pas du fait qu'il est quantité ou susceptible de mouvement » (Avicenne, *Le Livre de science,* trad. M. Achena et H. Massé, 2e éd., Paris, Les Belles Lettres / UNESCO, 1986, p. 135)

tence des causes qu'à partir de l'expérience du monde sensible: comme celle de Dieu, l'existence des causes n'est pas présupposée par la métaphysique, mais doit être établie par elle. Si la métaphysique étudie les causes, c'est donc au titre de propriétés de l'étant: le sujet de cette science est bien l'étant en tant qu'étant[85]. De ce fait, Avicenne se range sans réserve à l'affirmation de *Métaphysique* Γ: «le premier sujet de cette science est l'étant en tant qu'il est étant; et ce qu'elle étudie, ce sont les propriétés qui accompagnent *(consequentia)* l'étant en tant qu'étant sans restriction»[86]. Parmi ces propriétés consécutives à l'étant, l'on distinguera celles qui divisent l'étant comme ses espèces (les catégories, à commencer par la substance) de celles qui l'accompagnent par paires dans toute son extension (les couples de propriétés mentionnées plus haut)[87]. La métaphysique porte alors sur l'objet le plus général de notre pensée, l'étant, dont Avicenne dit:

> L'être [= l'étant], la raison le connaît par elle-même sans recourir à définition ni description, parce que l'être n'a pas de définition, parce qu'il n'a ni genre ni différence[88].

Outre l'étant comme tel, le sujet inclut des propriétés transcendantales (qu'on appellera plus tard disjonctives[89]) convertibles avec l'étant, et il permet de rendre raison des catégories (non-convertibles) qui le divisent.

Si l'étant est le sujet de cette science, peut-elle établir l'existence des principes de l'étant? Peut-elle porter sur les principes de son sujet? Il semble que non: l'objet d'une science est donné d'emblée, on ne recherche pas ses principes, mais les propriétés qui en découlent[90]. – Au contraire, répond subtilement Avicenne, «la considération des principes n'est autre que l'investigation des

85. *Liber de philosophia prima*, I, 1, p. 8, l. 49-52: «Si autem consideratio de causis fuerit inquantum habent esse et de omni eo quod accidit eis secundum hunc modum, oportebit tunc ut ens, inquantum est ens, sit subiectum».

86. *Ibid.*, I, 2, p. 13, l. 36-38: «Ideo primum subiectum huius scientiae est ens inquantum est ens; et ea quae inquirit sunt consequentia ens inquantum est ens sine conditione» – entendons: sans restriction.

87. *Ibid.*, l. 38-44: «Quorum quaedam sunt ei quasi species, ut substantia, quantitas et qualitas, quoniam esse non eget dividi in alia priusquam in ista [...]. Et ex his quaedam sunt ei quasi accidentalia propria, sicut unum et multum, potentia et effectus, universale et particulare, possibile et necesse».

88. *Le Livre de science, ed. cit.*, p. 136.

89. Cette série de paires a été notamment développée par Bonaventure, *Collationes in Hexaemeron* V, 29; X, 15-18 (Quaracchi, Collegium S. Bonaventurae [«S. Bonaventurae Opera omnia», t. V], 1891; tr. fr. M. Ozilou, *Les Six Jours de la Création,* Paris, 1991, p. 206-207, 271-272), et l'appellation de transcendantaux disjonctifs («passiones disiunctae») a été formulée par Duns Scot: *Ordinatio* I, d. 3, § 17 (Cité du Vatican, Typis polyglottis Vaticanis [«Ioannis Duns Scoti Opera omnia» < = Vat., suivi du tome et de la page>, t. III], 1954, p. 9; trad. O. Boulnois, *Sur la connaissance de Dieu et l'univocité de l'étant,* Paris, P.U.F. [«Épiméthée»], 1988, p. 88).

90. *Liber de philosophia prima* I, 2, p. 13, l. 48-50: «tunc non potest esse ut ipsa stabiliat esse principia essendi. Inquisitio enim omnis scientiae non est de principiis, sed de consequentibus principiorum».

conséquences *(consequentia)* de ce sujet»[91] : on ne recherche pas les principes de l'étant en tant que tel, mais seulement ses propriété consécutives *(consequentia),* les attributs connexes de l'étant, à partir desquels on remonte vers leur cause. C'est ici le nœud de la métaphysique avicennienne : tel étant singulier, «cet étant-ci ou celui-là, en tant qu'il est principe, n'est pas constitué [tel] par l'étant et n'en est pas plus exclu, mais, par rapport à la nature de l'étant pris absolument, il est pour lui quelque chose d'accidentel et il est au nombre des propriétés consécutives *(consequentibus)* qui lui sont propres»[92].

Avicenne utilise ici sa propre interprétation du problème des universaux : l'indifférence de l'essence. L'essence du cheval n'est que l'essence du cheval, et rien d'autre, elle n'est pas celle d'un cheval singulier et existant, ni le concept de cheval tel qu'il est reçu dans ma pensée, mais inversement, ces deux dimensions supposent une essence du cheval. De même, l'être comme tel est un universel, le plus universel de tous ; il n'implique ni n'exclut rien de ce qui est contenu sous son extension, mais il le tolère. Ainsi, le principe est bien un étant, inclus dans l'extension de ce concept, mais il n'est pas le principe de l'étant en général : «En effet, le principe n'est pas plus commun que l'étant»[93]. Il n'est pas davantage «principe de tous les étants, car dans ce cas il serait principe de soi-même ; or l'étant en soi, pris absolument, n'a pas de principe»[94]. Au sein de l'étant, le principe est donc un étant parmi d'autres, quoique principe d'autres étants. On ne recherchera pas les principes de l'étant pris absolument, mais ses propriétés relatives, coextensives avec la totalité de l'étant (l'étant-principe et l'étant-principié). Ainsi, dans l'analyse avicennienne, l'étant est le concept le plus commun, qui englobe dans son extension le principe, ce qui exclut toute *causa sui.*

La métaphysique a donc un seul sujet. Elle comprend pourtant quatre objets principaux[95]. Le point commun de ces quatre dimensions est d'étudier des objets

91. *Ibid.*, l. 50-51.

92. *Ibid.*, p. 13-14, l. 52-54.

93. *Ibid.*, p. 14, l. 55-56.

94. *Ibid.*, p. 14, l. 58-60.

95. Avicenne distingue quatre objets de la métaphysique : «Eorum autem quae inquiruntur in ea quattuor sunt : quorum quaedam sunt separata a materia et ab appendiciis materiae omnino, et quaedam sunt commixta materiae, sed ad modum quo commiscetur causa constituens et praecedens [...] et quaedam sunt quae inveniuntur in materia et non in materia, sicut causalitas et unitas. [...] Et quaedam sunt res materiales, sicut motus et quies, sed de eis non inquiritur in hac scientia secundum quod sunt in materia, sed secundum esse quod habent» (I, 2, p. 16-17, l. 2-13). Gundisalvus l'a compris ainsi (voir texte n. 99), *cf.* H. Hugonnard-Roche, «La classification des sciences de Gundissalinus et l'influence d'Avicenne», dans : J. Jolivet et R. Rashed (éd.), *Études sur Avicenne*, Paris, Les Belles Lettres, 1984, p. 41-75. Mais une page plus haut, Avicenne distingue *un nombre incertain* de parties de la métaphysique : «haec scientia dividatur in partes, quarum quaedam inquirunt causas ultimas, inquantum sunt causae omnis esse causati inquantum est esse ; et aliae inquirunt causam primam ex qua fluit omne esse causatum inquantum est esse causatum, non inquantum est esse mobile et quantitativum ;

comme abstraits ou séparés de la matière, leur différence provient des différents modes d'abstraction auxquels elles correspondent[96]. – La première partie de la science divine considère « les causes ultimes en tant qu'elles sont causes de tout l'être du causé ». – La seconde étudie « la cause première d'où émane *(fluit)* tout l'[acte d']être *(esse)* causé, en tant que c'est l'acte d'être causé, et non d'être mobile ou quantitatif ». Comment interpréter ces deux phrases ? Cette expression désigne clairement la science Dieu au-delà de la *Métaphysique* Λ, en tant que cause première, créatrice, donatrice de l'être ; par conséquent, si la première partie s'en distingue bien, elle désigne les quatre causes déjà mentionnées de *Métaphysique* A, 1, en tant que causes secondes qui sont découvertes les premières dans l'ordre de la recherche, mais qui reposent en dernière analyse sur le don de l'être par le principe divin. – La troisième partie examine « les autres dispositions qui sont les accidents de l'étant », les déterminations qui l'accompagnent toujours, annoncées par *Métaphysique* Γ, 1 (1003 a 21) : des concepts tels que l'identité, l'unité et la multiplicité, qui sont des propriétés coextensives à l'étant, et qu'on appellera plus tard les transcendantaux. – La quatrième partie, enfin, porte sur « les principes des sciences particulières »[97].

et quaedam aliae inquirunt dispositiones quae accidunt esse ; et quaedam aliae inquirunt principia scientiarum particularium » (p. 14-15, l. 68-74). Comme le signale G. Verbeke (« La notion de philosophie première », dans : Avicenna, *Liber de philosophia prima, sive scientia divina, op. cit.*, p. 21*-23*), la métaphysique recouvre plusieurs sciences : celle de la cause de l'être comme tel, celle de la cause de l'être fini (causé), celle des dispositions générales qui adviennent à l'étant, celle des premiers principes des sciences particulières. En l'absence de nombres, on peut se demander si [1] et [2] sont conceptuellement identiques (dans ce cas, cette science aura trois parties dans sa structure épistémique – c'est l'interprétation de G. Verbeke –, ce qui ne l'empêche pas nécessairement d'avoir quatre objets principaux), ou s'ils sont distincts (et la science de l'être sera alors distincte de celle de l'étant fini). D'une certaine manière, tout l'enjeu de la métaphysique médiévale est de lever cette ambiguïté syntaxique.

96. *Liber de philosophia prima*, I, 2, p. 17, l. 14-16 : « omnes communicant in hoc quod inquisitio de his non est nisi secundum modum quo esse eorum non est existens per materiam ». L'articulation des sciences selon Gundisalvus s'inspire de cette analyse : « Partes philosophie theorice tres sunt : scilicet aut speculatio de hiis, que non sunt separata a suis pateriis nec in esse nec in intellectu ; aut est speculatio de hiis, que sunt separata a materia in intellectu, non in esse ; aut speculatio de hiis, que sunt separata a materia in esse et in intellectu. Prima autem pars divisionis dicitur scientia phisica sive naturalis, que est prima et infima ; secunda dicitur scientia mathematica sive disciplinalis, que est media ; tertia dicitur theologia sive scientia prima, sive metaphysica. Et ob hoc dicit Boetius, quod phisica est inabstracta et cum motu, mathematica abstracta et cum motu, theologia vero abstracta et sine motu » (éd. C. Baur, p. 14-15 : en platonisant Boèce, Gundisalvus fait de la mathématique une science des objets séparés, ce qui renverse complètement la perspective d'Aristote et Boèce).

97. *Liber de philosophia prima*, I, 2, p. 14-15, l. 68-75 : « Sequitur ergo necessario ut haec scientia dividatur in partes, quarum quaedam inquirunt causas ultimas, inquantum sunt causae omnis esse causati inquantum est esse ; et aliae inquirunt causam primam ex qua fluit omne esse causatum inquantum est esse causatum, non inquantum est esse mobile vel quantitativum ; et quaedam aliae inquirunt dispositiones quae accidunt esse ; et quaedam inquirunt principia scientiarum particularium ».

Avicenne récapitule ces quatre objets par ordre de dignité : le divin, séparé de la matière ; les causes formelles engagées en elle, mais distinguées par l'analyse ; les transcendantaux ; les principes des autres sciences [98]. La même quadripartition se retrouve chez Gundisalvus [99]. Michel Scot († 1240) admet également que les déterminations de la métaphysique sont les déterminations de l'étant en tant qu'étant ; son objet portera donc sur les causes de l'être, les accidents de l'être, et les principes des sciences particulières. Il semble donc qu'il faille inclure Dieu dans l'étant [100].

Pourtant, le point difficile porte sur l'articulation entre l'essence de l'étant en général, pris dans sa neutralité, et l'être du fini, du contingent et du multiple, dont il faut alors montrer qu'il a un principe absolu, nécessaire et un. Autrement dit, Avicenne laisse flottant le rapport entre l'étant et Dieu. D'une part, il affirme clairement que le Principe est inclus dans l'étant. De l'autre, si Dieu n'est pas le principe de l'étant, qu'est-il ? Comme Avicenne affirme la transcendance de Dieu, principe de l'être de tout étant, on est en droit de s'interroger sur la place de Dieu par rapport au sujet de la métaphysique. Cet embarras initial excitera la sagacité des commentateurs, qui ne cesseront de le triturer jusqu'à ce que se dégage une solution qui leur paraisse acceptable.

Une considération de la pluralité des objets de la métaphysique commence à se faire jour dans le commentaire de Roger Bacon (1210 ?-1292 ?). Il a commenté à trois reprises la *Métaphysique,* d'abord le livre XI (Λ, dans la traduction arabo-latine dite *Metaphysica nova*), puis les livres I, II, V-X (qui complètent la *Metaphysica nova* par la *vetustissima),* puis les livres I-IV (uniquement à l'aide de la *Metaphysica vetustissima).* Dans ce dernier état de sa pensée, Roger Bacon estime que la métaphysique considère l'étant abstrait, mais selon deux sens de l'abstraction : tantôt l'étant pris dans son universalité, tantôt l'être divin, séparé de la matière – les intelligences et les substances spirituelles. Cela correspond à la répartition entre les six premiers livres et le livre XI (Λ) [101]. Cette analyse le

98. *Ibid.*, p. 16-17, l. 2-13 (cité en n. 95).

99. Gundissalinus <Gundisalvus>, *De divisione philosophiae, ed. cit.*, p. 37 : « Partes autem huius sciencie sunt quattuor : quoniam eorum quae inquiruntur in hac sciencia quedam sunt separata omnino a materia et ab appendiciis materie ; et quedam sunt commixta materie, sed ad modum quo commiscetur causa constituens et precedens, materia enim non est constituens illa ; et quedam, que inveniuntur in materia et in non-materia, ut causalitas et unitas ; et quedam sunt res materiales, ut motus et quies ».

100. Avicenna, *Liber de philosophia prima*, I, 6, p. 43, l. 8-13 : « Dicemus igitur quod ea quae cadunt sub esse possunt in intellectu dividi in duo. Quorum unum est quod, cum consideratum fuerit per se, eius esse non est necessarium [...]. Alterum est quod, cum consideratum fuerit per se, eius esse erit necesse ».

101. Roger Bacon, *Questiones altere supra libros Prime Philosophie Aristotelis (Metaphysica I-IV),* éd. R. Steele et M. Delorme, *Opera hactenus inedita,* Oxford, Clarendon Press, vol. 11, 1932, p. 89 : « De ente duplex est consideratio ; uno modo consideratur ens in sui universalitate, non contractum secundum separationem vel rem, nec secundum acceptionem vel abstractionem, et hoc modo in .6. primis libris *Methaphysice* consideratur ; alio modo conside-

conduit à une scission entre plusieurs sciences qui peuvent revendiquer le nom de métaphysique : il n'y a pas une, mais plusieurs sciences de ces réalités contractées [102]. Dès lors, Bacon reconnaît non plus deux, mais trois objets principaux à la métaphysique : l'étant, la substance et la cause première. Ces trois objets déterminent trois parties dans la *Métaphysique* d'Aristote ; ils coïncident avec un nouvel état de sa réception, en XII livres, grâce à la traduction de Guillaume de Moerbeke : les livres I à VI (c'est-à-dire ici, d'A à E, incluant α) traitent de l'étant comme prédicat commun à toutes choses ; les livres VII-IX (Z, H, Θ) forment une série traitant de la substance ; et les livres X-XII (I-Λ, incluant K) portent sur le divin, principe d'émanation et de retour de tous les étants [103]. Même si Roger Bacon admet bien plusieurs sujets de la métaphysique, et si Dieu apparaît d'abord comme un cas particulier parmi plusieurs autres, il est la fin dernière visée par la métaphysique, le principe d'où émanent les deux autres dimensions (être et substance) et auquel elles se ramènent [104].

Geoffrey d'Aspall est le témoin de la même hésitation caractéristique de l'interprétation avicennienne : d'une part, la cause première n'est pas une partie de l'étant pris absolument, puisque Dieu, qui n'est pas définissable, n'est pas une partie de quoi que ce soit ; de l'autre, la cause première est bien un étant, puisqu'on ne peut pas nier qu'elle soit. C'est ce deuxième trait qui va l'emporter chez lui :

ratur ens in quantum contractum. Et hoc dupliciter ; uno modo secundum separationem, et hoc modo de ipso determinatur in *undecimo* ; secundo modo consideratur secundum quod contractum secundum abstractionem, et hoc tripliciter quia triplex est abstractio. Quedam est abstractio rei a re, hoc modo de ipso in Mathematicis determinatur, <cum> abstrahantur res mathematice a sensibilibus, de quibus sunt scientie mathematice ; alia est abstractio intentionis a re, et sic de ipso ente determinatur in Physicis, unde hec intentio, "homo vel equus" ab [sic] particularibus abstrahitur, de quibus in Physicis determinatur ; tertia est abstractio intentionis de intentione, et hoc modo de ipso determinatur in Loyca, unde dicitur quod Loyca est de secundis intentionibus adjunctis primis ». Il est remarquable que Bacon articule les quatre sciences particulières en deux ensembles, selon qu'elles sont réellement séparées ou simplement abstraites. La science réellement séparée coïncide avec la « scientia divina » de *Métaphysique* Λ, les sciences de l'abstraction incluent à la fois la logique et les mathématiques.

102. *Ibid.* p. 90, l. 10-13 : « de ente contracto, et hoc modo verum est quod de ipso non est una scientia, sed de ipso communiter et universaliter sumpto ».

103. *Ibid.*, p. 121, l. 7-20 : « Ad tertiam rationem dicendum, quod subiectum in metaphysica tripliciter dicitur : Uno modo est subiectum in ipsa per participationem essentiae communis formalis, et hoc est hoc quod est ens, quod de omnibus praedicatur, de quo determinatur in sex primis libris ; secundo modo dicitur subiectum in metaphysica in ratione originis et radicis, et hoc modo substantia, quae est radix et origo omnium eorum quae sunt, et fundamentum, de qua in quatuor libris intermediis determinatur.[...] Tertio modo dicitur subiectum in metaphysica tamquam a quo omnia et ad quod omnia reducuntur et procedunt, et hoc modo causa prima, de qua determinatur in tribus libris ultimis ». *Cf.* A. Zimmermann, *Ontologie oder Metaphysik ?*, *op. cit.*, p. 159.

104. *Ibid.*, p. 121, l. 20-21 : « ista tamen tria ad unum reducuntur, scilicet ad causam primam ».

Quoique la cause première ne soit pas une partie de l'étant pris absolument, puisqu'elle n'est une partie de rien, elle est une quasi-partie de l'étant en tant que tel [en tant qu'étant] [105].

Pris dans cette oscillation fondamentale, Geoffrey d'Aspall affirme à la fois que l'étant est le sujet de la métaphysique, et que Dieu est son sujet principal [106]; sans dire explicitement que Dieu est le principe de l'étant, sujet de la métaphysique, il affirme successivement ces deux thèses [107]. Comment garantir alors l'unité de cette discipline écartelée entre deux objets? À l'aide, déjà, du concept d'*analogia entis,* qui a fait couler tant d'encre chez les historiens du thomisme [108]. L'être désigne à la fois le principe de l'étant et l'étant comme causé, et cette dualité ou cette ambivalence prend le nom d'analogie.

Cette position ambiguë appelait une solution plus tranchée. Elle est à l'origine d'une distinction entre les deux principales écoles répertoriées par Zimmermann dans son grand livre, *Ontologie oder Metaphysik?* Car la clé du problème réside dans l'interprétation de l'ordre de la connaissance. Certes, l'objet de la métaphysique est suprêmement intelligible. Mais en quel sens? Le premier intelligible est-il le plus noble connaissable, ou le premier dans l'ordre de la connaissance? La première solution, déjà envisagée chez Geoffrey d'Aspall, revient à considérer que Dieu est le principe du sujet de la métaphysique. C'est celle d'Albert le Grand, de Richard Rufus de Cornouailles, et de Thomas d'Aquin. Comme le dit Richard Rufus, le Premier n'est pas un principe interne, mais externe du sujet de la métaphysique [109]. Du coup, celle-ci porte sur la quiddité de l'étant causé, sur le fini, et Dieu en est le principe transcendant [110].

De même, Albert considère la métaphysique comme science de l'étant en tant que *commune praedicatum,* et non pas identifié à Dieu [111]. Mais, comme l'a montré Aristote, l'étant ne peut pas être pensé comme «commun» au sens géné-

105. «Licet prima causa non sit pars entis simpliciter, cum nullius sit pars, est quasi pars entis inquantum tale» (*Quaestiones super Metaphysicam,* I, q. 11, Cod. 509, Gonville and Caius, Cambridge, f° 55^{v}, éd. A. Zimmermann, *Ontologie oder Metaphysik ?*, *op. cit.*, p. 36).

106. «Haec autem dicitur divina, quia de Deo, ideo tamquam de potissimo et principali subjecto» (I, q. 12, f° 55vb, cité par A. Zimmermann, *ibid.*, p. 165, n. 30); «est de primo ente verissimo, ut de causa prima» (I, q. 11, éd. Zimmermann, *ibid.*, p. 36).

107. Dans la classification de Zimmermann, on peut donc à la fois le classer parmi les auteurs qui acceptent de placer Dieu dans une pluralité de sujets de la métaphysique (comme le fait A. Zimmermann) et parmi ceux qui affirment que Dieu est le principe de son sujet (auprès d'Albert et de Thomas d'Aquin).

108. «(...) analogia entis secundum quod per prius dicitur de causa prima et posterius de causato» (IV, q. 4, f° 81vb, cité par Zimmermann, *ibid.*, p. 164, n. 29).

109. «Primum non est principium subiecti intrinsecum, sed extrinsecum» (*Quaestiones in Metaphysicam* Cod. 285, 16 New College, Oxford, f° 195rb, éd. Zimmermann, *ibid.*, p. 114).

110. «Sufficienter declarat quidditatem cuiuslibet entis causati» (f° 195rb, éd. A. Zimmermann, *ibid.*, p. 115).

111. *In Metaphysicam,* I, tr. 1, chap. 2, éd. Cologne, XVI/1, p. 4. «partes de quibus multa demonstrantur in scientia hac non reducuntur ad deum sicut ad commune praedicatum de ipsis, sive communitas generis sive analogiae accipiatur».

rique. Sous le nom d'*analogia*, c'est donc la paronymie de l'étant qui permet d'interpréter les divers sens de l'étant à partir d'un sens premier, à savoir l'étant divin comme étant par excellence. Ceci n'est possible qu'en s'appuyant sur des thèses néoplatoniciennes, en particulier l'identification du premier étant, Dieu, avec l'être même [112]. La constitution des réalités physiques matérielles (composées de matière et de forme) doit à son tour s'expliquer à partir d'une composition d'être et d'essence [113]. Ainsi, la théorie platonicienne de la participation relaie et fonde l'analyse aristotélicienne de la substance.

En 1270, Thomas d'Aquin, parlant du problème de la production ordonnée des essences, regrette encore de ne pas posséder la partie théologique de la *Métaphysique* d'Aristote, alors qu'il la connaît déjà, grâce à la traduction de Guillaume de Moerbeke, dans la même structure que la nôtre (mais s'arrêtant au livre XII, notre livre Λ) :

> Comment Aristote résoudrait la question, nous ne pouvons le savoir, puisque nous n'avons pas la partie de la métaphysique qu'il a faite sur les substances séparées [114].

Il se contente, à titre de pis-aller, du livre XII de la *Métaphysique* :

> De ce qu'il dit au début du livre XII de la *Métaphysique,* on peut très certainement déduire qu'Aristote a résolu ce genre de questions dans les <livres> que, manifestement, il a écrits sur les substances séparées ; livres que j'ai aussi vus au nombre de dix, bien qu'ils ne fussent pas encore traduits dans notre langue [115].

Par la suite, Thomas abandonnera l'espoir de trouver chez Aristote un traité des substances séparées, et se contentera donc du livre XII.

Dans le prologue de son commentaire de la *Métaphysique*, Thomas paraphrase les analyses de Gundisalvus, lui-même inspiré par Avicenne. Comme le disait Gundisalvus :

> la sagesse est décrite par trois propriétés, qui sont : "la sagesse est la science la plus noble, par laquelle est su ce qui est le plus noble connu" ; "la sagesse est la connaissance la plus certaine et la plus noble" ; "la sagesse est la connaissance des premières causes de tout l'être". Or ces trois propriétés de la sagesse conviennent à cette science : elle est donc elle-même une sagesse, la science la plus noble, celle par laquelle est compris le plus noble connu. Elle est en effet la science la plus noble, parce qu'elle est la certitude de la vérité, elle est le connu le plus

112. *Cf.* P. Hadot, « Dieu comme acte d'être. À propos des théories d'Étienne Gilson sur la "métaphysique de l'*Exode*" », dans : *Étienne Gilson et nous : la philosophie et son histoire*, éd. M. Couratier, Paris, Vrin, 1980, p. 117-123.

113. *Cf.* Thomas d'Aquin, *De ente et essentia,* chap. 5 ; *Summa theologiae* q. 3, a. 4 ; *Quaestiones disputatae de potentia* q. 7, a. 2 ; *Summa contra Gentiles* II, 52 (Rome, Commission Léonine [« S. Thomae de Aquino Opera omnia », t. XIII], 1918, p. 387-391 ; trad. fr. C. Michon, Paris, Flammarion « GF », 1999, p. 213-216).

114. *De unitate intellectus contra Averroem* chap. 5 (Rome, Commission Léonine [« S. Thomae de Aquino Opera omnia », t. XLIII], 1976, p. 313 b ; trad. fr. A. de Libera, *L'Unité de l'intellect..., op. cit.*, § [113], p. 190-191).

115. *De unitate intellectus contra Averroem* chap. 1, *ed. cit.*, p. 299 ; trad. fr. A. de Libera, *op. cit.*, § [113], p. 116-117, et n. 168 p. 245-247. Le même espoir est exprimé dès le *De veritate* q. 18 a. 5 ad 8m.

noble, car celui-ci est Dieu et les causes qui le suivent, et même la connaissance des causes ultimes de tout l'être et la connaissance de Dieu [116].

De même, pour Thomas, la métaphysique est une science «régulatrice, parce qu'elle est au plus haut point intellectuelle» [117]. Or le souverainement intellectuel n'est pas pour lui le premier connu, mais le plus haut objet de science, l'intelligible suprême. Ainsi, cette détermination se dit en plusieurs sens :

1. «à partir de l'ordre d'intellection», les «plus intelligibles» sont les «causes premières» ;

2. «à partir de la comparaison de l'intellect envers le sens», les plus intelligibles sont «au plus haut point universels», l'étant et les autres transcendantaux (ce qui constitue une «science commune») ;

3. «à partir de la connaissance de l'intellect», le plus intelligible désigne ce qui est «séparé de la matière», non seulement de la *materia signata*, mais de toute matière sensible, non seulement selon la raison, mais aussi selon l'être-Dieu et les intelligences (ce qui constitue une «science principale ou maîtresse»).

Tout en mentionnant au passage que la métaphysique a deux dimensions, communauté et principialité [118], Thomas admet qu'elle se prend d'emblée en trois sens : les *causes premières*, les transcendantaux *universels* et les réalités les plus *séparées*.

La cohérence du projet vient du principe selon lequel «les substances séparées sont universelles et sont les premières causes de l'être» [119]. Ces trois dimen-

116. «Sapiencia describitur hiis tribus proprietatibus, quae sunt "sapiencia est nobilior scientia, qua scitur id quod est nobilius scitum" ; item : "sapiencia est cognicio que est certior et nobilior" ; item : "sapiencia et sciencia primarum causarum totius esse" – hec autem tres proprietates sapiencie conveniunt huic scientie : ergo ipsa est sapiencia, que est nobilior sciencia, qua comprehenditur nobilius scitum. Nobilior vero sciencia est, quia est certitudo veritatis, et nobilius scitum, quia est deus et cause que sunt post eum, et eciam cognicio causarum ultimarum omnis esse et cognicio dei» (*De divisione philosophiae*, *ed. cit.*, p. 35-36). Les trois citations renvoient à Avicenne : *Philosophia prima* I, 1, *ed. cit.*, p. 3, l. 47-48 : «sapientia est excellentior scientia ad sciendum id quod est excellentius scitum» ; l. 48-49 : «sapientia est cognitio quae est certior et convenientior» ; l. 49-50 : «ipsa est scientia primarum causarum totius».

117. *In duodecim libros Metaphysicorum Aristotelis expositio*, prologue, éd. M.-R. Cathala, F. Raymundi et M. Spiazzi, Turin, Marietti (1964), 3e éd. 1977, p. 1 : «Regulatrix, quae maxime intellectualis est». L'insistance de Thomas sur «l'ordre» comme voie vers la sagesse («*Sapientis est ordinare*», *cf.* Aristote, *Métaphysique* A, 1, 982 a 17-18) est déjà révélateur de sa manière de ramener le multiple (ontologique) à l'unité (théologique). Voir *ibid.*, I, lect. 2, § 51, p. 14-15 ; de même, le début de la *Somme contre les Gentils* I, chap. 1, § 2 (trad. C. Michon, *op. cit.*, p. 139-140).

118. «Unde oportet quod ad eamdem scientiam pertineat considerare substantias separatas, et ens commune, quod est genus, cuius sunt praedictae substantiae communes et universales causae» (*In duodecim libros Metaphysicorum Aristotelis expositio,* p. 2 a).

119. «Substantiae separatae sunt universales et primae causae essendi» (*ibid.*, p. 1 b).

sions, séparation, universalité et causalité se rejoignent dans leur foyer transcendant d'unité. Ainsi, le principe d'unification de la métaphysique est interne à cette science. Dieu est un universel concret, dépourvu de toute particularité sensible parce qu'il est le principe universel de l'être. Le divin polarise vers son unité la métaphysique : parce qu'il est premier, *séparé*, Dieu est la première de toutes les *causes*, il donne l'être à tous les étants dans leur *universalité*.

Ce qui donne son unité à la métaphysique est donc une *thèse sur l'être*, accessible à la fois par l'œuvre de Denys et par le *Liber de causis* : la *différence entre l'être et l'étant*. Chez Denys, l'étant procède du Principe antérieur à l'étant ; de lui vient l'être même, et ce n'est pas le principe qui provient de l'être[120]. Dieu ne relève pas de l'*esse*, même si l'être commun appartient à Dieu lui-même parce qu'il le précontient et le produit. Thomas commente : « L'être commun lui-même vient du premier étant, qui est Dieu »[121]. Même commentaire à propos du *Liber de causis* : tous les étants sont grâce à l'*esse commune*, mais l'*esse commune* provient de Dieu, qui donne l'être à toutes choses : « La cause première est au-dessus de l'étant, en tant qu'elle est l'être infini lui-même »[122]. Puisque notre intellect ne peut saisir que l'étant *(ens)*, qui participe de l'être, il ne peut saisir l'être lui-même *(ipsum esse)* dont il participe, Dieu[123]. Ainsi, il ne faut pas comprendre l'unité du sujet de la métaphysique, l'étant, comme englobant au sens strict l'être divin : l'objet premier de l'intellect est l'étant, mais au sens de *l'ens commune,* de la quiddité de la chose sensible. Il n'y a pas de concept d'être : celui-ci s'ouvre sur son propre dépassement dans le divin, principe qu'il requiert mais ne peut circonscrire. La position d'Avicenne doit être limitée, interprétée et éclaircie par le recours au *Liber de causis.*

La clé de voûte de la métaphysique, son unité structurelle, consiste donc dans la théologie de la création et de la transcendance divine. Le métaphysicien est celui qui considère l'origine radicale des choses, la donation de l'être à l'étant,

120. *Noms divins* V, 8 (PG 3, 824 A).

121. *In librum beati Dionysii De divinis nominibus expositio,* V, 2, § 660, éd. C. Pera, Turin-Rome, Marietti, 1950, p. 245 a : « *Ipsum esse* commune *est ex* primo ente, quod est Deus, et ex hoc sequitur quod esse commune aliter se habeat ad Deum quam alia existentia, quantum ad tria : primo quidem, quantum ad hoc quod alia existentia dependent ab esse communi, non autem Deus, sed magis esse commune dependet a Deo ; [...] Secundo, quantum ad hoc quod omnia existentia continentur sub ipso esse communi, non autem Deus, sed magis esse commune continetur sub eius virtute, quia virtus divina plus extenditur quam ipsum esse creatum ; [...] Tertio, quantum ad hoc quod omnia alia existentia participant eo quod est esse, non autem Deus, sed magis ipsum esse creatum est quaedam participatio Dei et similitudo ipsius ».

122. *In Librum de causis expositio*, prop. VI, § 175, éd. C. Pera, Turin, Marietti, 1955, p. 47 : « Causa prima est supra ens, inquantum est ipsum esse infinitum ».

123. *Loc. cit.* : « Ens autem dicitur id quod finite participat esse et hoc est proportionatum intellectui nostro, cuius obiectum est "quod quid est" ut dicitur in III *De anima* [4, 429 b 10 ss]. Unde illud solum est capibile ab intellectu nostro quod habet quidditatem participantem esse ; sed Dei quidditas est ipsum esse, unde est supra intellectum ».

que le physicien est incapable de soupçonner[124]. Dieu est la fin de la métaphysique parce qu'il n'est pas seulement l'être par excellence (comme le disait Boèce), mais la cause de l'être de l'étant. Cette détermination ajoute aux deux premières dimensions aristotéliciennes de la métaphysique (étant en tant qu'étant; étant séparé), une troisième, qui exprime la création des étants à partir du néant, et permet de penser Dieu comme au-delà de toute métaphysique même s'il est visé par elle. Parce qu'il crée l'étant *ex nihilo*, Dieu n'est pas atteint à l'intérieur du sujet de la métaphysique, l'étant commun, mais comme cause de ce sujet. La transcendance de Dieu interdit de l'inclure dans le sujet de la métaphysique.

Aux auteurs signalés par Zimmermann, il convient d'ajouter maître Eckhart. Chez Eckhart, la métaphysique porte sur les transcendantaux, mais ceux-ci sont immédiatement identifiés avec Dieu:

> Ces propriétés *(propria)* dans lesquelles Dieu vient, sont l'être ou l'étant, l'un, le vrai et le bien. Car ces quatre, Dieu les possède en propre *(propria)*, en tant qu'il est le Premier *(primum)* qui est riche par soi[125].

Dans la conception d'Eckhart, ce qui est transcendant est de ce fait transcendantal. La métaphysique se concentre sur les termes abstraits *esse, unitas, veritas* et *bonitas*, parce qu'ils ont une priorité théologique sur leurs sujets concrets, étant seulement atteints comme les propres de Dieu. L'être et les transcendantaux sont, conformément aux analyses de Denys, les manifestations par lesquelles Dieu «vient» à nous. Mais ils sont en Dieu plutôt causalement que formellement, ce qui revient à dire que Dieu est au-delà de l'être et n'est dit être qu'au sens où il en est la cause et où il le précontient par sa pensée[126].

124. C'est à ce propos que l'on trouve quasiment la seule occurrence de «métaphysique» dans la *Somme contre les Gentils* II, 37. Thomas retrace l'histoire de la philosophie: les premiers philosophes pensaient que chaque chose n'est produite qu'à partir de l'étant en acte; les suivants ont considéré la procession de tout l'étant créé à partir d'une substance unique: «C'est pourquoi il ne revient pas au philosophe de la nature [*ad naturalem philosophum*] d'étudier une telle origine des choses, mais cela revient au métaphysicien (*ad philosophum primum*), qui considère l'étant commun et ce qui est séparé du mouvement» (trad. C. Michon, *op. cit.*, § 1, p. 167).

125. *Commentaire sur le prologue de Jean* 1, 11, § 97, texte et trad. A. de Libera, É.-H. Wéber, É. Zum Brunn, Paris, Cerf («L'Œuvre latine de maître Eckhart», 6) 1989, p. 192-193 (trad. modifiée): «propria ista, in quae deus venit, sunt esse sive ens, unum, verum, bonum, haec enim quattuor deus habet propria, utpote "primum", quod est "dives per se"». Cette expression est précisément une citation du *Livre des causes,* chap. 20 (p. 70): «Primum est dives per se et non est dives majus», elle-même reprise de Proclus, *Éléments de théologie,* prop. 127!

126. Eckhart, *Quaestiones parisienses*, «Utrum in Deo sit idem esse et intelligere», éd. J. Koch, Stuttgart, Kohlhammer («Meister Eckhart [...] Die lateinische Werke», Bd. V), 1936, p. 45: «ostendo quod in Deo non est ens nec esse, quia nihil est formaliter in causa et causato, si causa sit vera causa. Deus autem est causa omnis esse. Ergo esse formaliter non est in Deo»; p. 47: «Deo non convenit esse nec est ens, sed est aliquid altius ente». Trad. fr. É. Zum Brunn, «Question parisienne n° 2: L'être et le connaître intellectif sont-ils identiques en

L'analyse thomasienne puis eckhartienne repose évidemment sur une théologie biblique (ou son équivalent islamique). Mais son armature conceptuelle est d'abord le résultat d'une spéculation théologique d'origine néoplatonicienne, et plus précisément proclienne, véhiculée par Denys et le *Liber de causis*. Thomas a lui-même établi l'équivalence entre la proposition IV du *Livre des causes,* « La première des choses créées est l'être », son parallèle dionysien, et sa source dans les *Éléments de théologie* de Proclus [127]. Thomas expose avec rigueur toutes les conséquences philosophiques de l'analyse proclienne. En particulier, l'être dit de Dieu n'est pas saisi à l'intérieur du concept d'étant, et ce n'est qu'un nom qui nous convient : il ne saisit en rien la déité de Dieu en soi [128]. Même lorsqu'elle n'accepte plus la définition que donnait d'elle l'école d'Ammonius, la métaphysique médiévale s'enracine dans la théologie platonicienne. La doctrine de la création appelle successivement à deux formes de métaphysique, mais toutes deux s'inspirent d'un héritage plotinien et proclien, pour lequel Dieu est au-delà de l'être.

Cette structure de la métaphysique correspond à la période qu'on a appelée la « lune de miel entre philosophie et théologie » (É. Gilson). En effet, elle permet d'articuler la métaphysique et la théologie l'une sur l'autre, comme des sciences portant sur deux sujets différents, l'étant et Dieu. La subalternation de la philosophie à la théologie repose sur l'admission structurelle du primat de la science divine chez Aristote. C'est parce que nous ne pouvons pas avoir accès à la forme la plus haute de la science de Dieu, la science absolue que Dieu a de lui-même, que nous avons besoin d'une révélation extérieure sur laquelle nous appuyer. C'est aussi pour cela que toute spéculation philosophique, remontant des créatures à Dieu, est moins parfaite que la science divine (que Dieu est), et que celle qui se tire de la révélation, car celle-ci en émane immédiatement [129]. Notre

Dieu ? », dans : *Maître Eckhart à Paris. Une critique médiévale de l'ontothéologie, Les* Questions parisiennes n°1 et n°2 *d'Eckhart,* études, textes et traductions par É. Zum Brunn, Z. Kaluza, A. de Libera, É. Wéber, Paris, Presses Universitaires de France (« Bibliothèque de l'École des Hautes Études, Section des sciences religieuses », vol. 86), 1984, § 8, p. 183 : « je montre qu'en Dieu il n'y a rien qui soit étant ni être, parce que rien n'est formellement dans la cause et dans l'effet causé, si la cause est véritablement cause. Or Dieu est la cause de tout l'être. Donc l'être n'est pas formellement en Dieu » ; § 12, p. 186-187 : « je dis aussi que l'être ne s'applique pas en propre à Dieu et qu'il n'est pas un étant, mais qu'il est quelque chose de plus élevé que l'étant ».

127. *In Librum de causis expositio* prop. IV, §§ 97-99 (*ed. cit.*, p. 28), se référant à la proposition 138, et prop. VI, §§ 174 et 176 (p. 46-47), se référant à la proposition 123.

128. *Cf.* É. Gilson, *L'Être et l'essence*, 2e éd., second tirage, Paris, Vrin, 1972, p. 113 : « situant au-delà de l'essence un acte de l'essence même, [l'ontologie thomiste] oblige à reconnaître l'actualité propre d'un *esse* qui, parce qu'il transcende l'essence, transcende aussi le concept ». « Dieu est un "est" libre de tout "ce qui" » : « un être qui ne se définit pas comme acte d'un étant » (p. 206). Il est « en lui-même infiniment plus que cause, et pour ce qu'il est en lui-même, nous n'avons pas de nom » (p. 208).

129. *Summa Theologiae* I, q. 1, a. 6 ad 1m ; *Expositio super librum Boethii de Trinitate,* q. 2, a. 2 ad 5m, éd. B. Decker, Leyde, Brill, 1955, p. 89 : « etiam in scientiis humanitus traditis sunt

connaissance philosophique de Dieu n'est au contraire atteinte que par quelques-uns, après de longs efforts, et entachée de nombreuses erreurs, comme toute science humaine[130]. La naissance de la *theologia* dépend certes de l'humble reconnaissance de l'écart qui en sépare la connaissance métaphysique de Dieu, mais aussi de l'admission du modèle aristotélicien de la science divine identique à Dieu même[131].

Réciproquement, la métaphysique conduit à la théologie par sa structure ouverte: celle-ci en est en quelque sorte le prolongement harmonieux. Mais dans cette seconde figure de la métaphysique, la théologie proclienne est plutôt ce qui empêche la métaphysique de s'achever comme science, en lui interdisant de circonscrire son objet et de se clore sur elle-même. Sa position repose sur une difficulté centrale, dont Thomas ne fait pas mystère: celui dont on démontre l'existence, Dieu, n'appartient pas au sujet de la métaphysique, puisqu'il en est la cause. Si le sujet de la métaphysique est bien *l'ens commune*, il ne faut pas oublier que celui-ci est obtenu par abstraction, puisque le premier objet de notre intellect est la quiddité de la substance sensible, et qu'il ne coïncide pas avec l'être séparé en soi, Dieu. Par conséquent, le sujet de la métaphysique transcende l'objet premier de notre intellect, et Dieu transcende à son tour le sujet de la métaphysique. Ainsi, si la fin de la métaphysique est la connaissance de Dieu, son achèvement est problématique: la métaphysique doit établir l'existence d'un être qui n'est pas inclus dans son sujet. La métaphysique reste une science à la fois béante, ouverte sur la théologie, car conduisant à l'altérité divine, et ambiguë, puisqu'elle conduit au divin dans la mesure où elle a une dimension théologique. En tous cas, elle est incapable de se refermer sur elle-même comme une science démonstrative, et suppose plutôt la remontée vers le principe à la manière du néoplatonisme.

J'ai proposé d'appeler cette forme de la science une théo-ontologie, car il s'agit précisément du contraire de ce que Kant appelle une onto-théologie[132]. Pour Thomas, il n'y a pas de science générale de l'être préalable à une science spéciale de Dieu. Dans cette interprétation, le sujet de la métaphysique est l'étant dit communément, mais il n'est dit communément que parce qu'on le dit d'abord du premier étant, principe universel de tout le reste. En raison de sa structure causale, et de son enracinement dans une théologie de la création, la métaphysique peut bien remplir le projet de *Métaphysique* E: elle est «universelle parce

quaedam principia in quibus earum quae non sunt omnibus nota, sed oportet ea supponere a superioribus scientiis [...]. Et hoc modo se habent articuli fidei, qui sunt principia huius scientiae, ad cognitionem divinam, quia ea quae sunt per se nota in scientia, quam deus habet de se ipso, supponuntur in scientia nostra et creduntur».

130. *Summa Theologiae* I, q. 1, a. 1 resp.

131. *Cf.* J.-F. Courtine, *Suarez et le système de la métaphysique,* Paris, Presses Universitaires de France («Épiméthée»), 1990, p. 70-71.

132. Sur ce concept de théo-ontologie, *cf.* O. Boulnois, *Être et représentation*, *op. cit.*, p. 462.

que première» ; en considérant l'étant premier, l'on considère uniment et simultanément le principe d'être de toutes les choses.

La dimension transcendantale de la métaphysique ainsi comprise dépend de la possibilité d'une abstraction à partir du sensible, donc, comme l'a vu Avicenne, d'une abstraction de même nature que l'abstraction mathématique (consistant à tenir pour séparé dans la pensée ce qui n'est pas séparé dans la réalité). L'abstraction de l'objet de la métaphysique hésite ainsi entre l'objet *abstrait* par l'intellect d'une matière à laquelle il est réellement unie, l'étant, et l'objet *séparé* par nature parce qu'il est immobile et supérieur à la matière, Dieu. Thomas le dit explicitement, dans son commentaire de *Métaphysique* E, 1, 1026 a 30[133]. Il peut alors s'appuyer sur le texte de *Métaphysique* K, 7, considérant comme juxtaposés et complémentaires les deux aspects de la science, l'étant en tant qu'étant, et l'étant séparé :

> il n'incombe *pas seulement* à cette science de traiter *(determinare)* de l'étant en commun, ce qui revient à traiter de l'étant en tant qu'étant, mais il lui incombe aussi de traiter des étants séparés de la matière selon l'être[134].

Le lien entre l'universalité (la catholicité) et la primauté (protologie) est donc assuré : la science des réalités immobiles et séparées est antérieure à la physique, qui traite des réalités mobiles et non-séparées. Mais «parce qu'elle est première, il faut qu'elle soit universelle»[135] : la même science est science des premiers étants et science universelle, puisque les premiers étants sont les principes de tous les autres, et qu'en connnaissant le principe, on connaît aussi les effets. La science du principiel est universelle, puisqu'elle est la connaissance du principe universel. Nous pouvons donner à cette métaphysique le nom de *katholou-protologique,* en raison de sa structure[136].

Quel rapport entretient alors cette métaphysique du principiel avec la théologie ? Le problème de l'éternité du monde joue pour l'historien un rôle de pierre

133. *In duodecim libros Metaphysicorum Aristotelis expositio,* VI, lect.1, *ed. cit.*, § 1165, p. 298 a : «Advertendum est autem, quod licet ad considerationem primae philosophiae pertineat ea quae sunt separata secundum esse et rationem a materia et morut, non tamen solum ea, sed etiam de sensibilibus, inquantum sunt entia, philosophus perscrutatur. Nisi forte dicamus, ut *Avicenna* dicit, quod huiusomdi communia de quibus haec scientia perscrutatur, dicuntur separata secundum esse, non quia semper sint sine materia ; sed quia non de necessitate habent esse in materia, sicut mathematica». – Sur l'importance de l'abstraction mathématique dans la tradition d'Alexandre et Avicenne, *cf.* Alain de Libera, *L'Art des généralités*, Paris, Aubier, 1999, p. 34-41, surtout p. 34-35.

134. A propos de *Métaphysique* K, 7, 1064 a 28 : «non enim pertinet ad hanc scientiam determinare de ente in communi, quod est determinare de ente inquantum est ens ; sed etiam pertinet determinare de entibus separatis a materia secundum esse» (§ 2259, p. 536 a).

135. Sur la *Métaphysique* K, 7, 1064 b 13 : «Et ex eo quod est prima, oportet quod sit universalis. Eadem enim est scientia quae est de primis entibus, et quae est universalis. Nam prima entia sunt principia aliorum» (§ 2267, p. 536 b).

136. Sur ce concept, voir R. Brague, *Aristote et la question du monde,* Paris, Presses Universitaires de France, 1988 ; O. Boulnois, *Être et représentation, op. cit.*, p. 514.

de touche. Selon Thomas, la question n'appartient pas à la physique. Certes, si le physicien se conforme aux principes de sa science et se limite à ses objets (les mouvements naturels), il lui est impossible d'établir que le monde aurait pu commencer. Mais Thomas se place au-delà du strict domaine de la physique, du point de vue de la raison, ou de la philosophie, qui est capable de reconnaître les limites de la science physique – d'admettre que les causes du mouvement ne s'étendent pas à toutes les dimensions de la raison. Celle-ci peut donc montrer que l'existence d'un monde ayant commencé n'est pas contradictoire, au même titre d'ailleurs que l'existence d'un monde éternel [137]. Par conséquent, l'éternité du monde ne peut être ni démontrée, ni réfutée par la raison. Ainsi, la raison, dans son extension universelle, appliquée à tout étant, au-delà des limites du sensible et du mouvement, ne peut pas démontrer une thèse contraire à la foi : l'éternité du monde est simplement une hypothèse dialectique, aussi invérifiable qu'infalsifiable. On pourrait se borner ici à remarquer que Thomas ne compare pas (comme Boèce de Dacie) la foi à une discipline philosophique particulière, mais à la raison philosophique en général. Il faut cependant se rappeler deux autres points. D'une part, l'application de la raison à des objets universels, coextensifs à l'étant en tant qu'étant, comme ses propriétés transcendantales, est précisément ce qui permet de définir l'objet propre de la métaphysique. D'autre part, c'est bien la métaphysique qui use de la causalité effficiente (et non simplement de la cause motrice), pour atteindre Dieu comme l'origine du monde et le principe de donation de l'être des étants [138]. Aux yeux de Thomas, il revient à la métaphysique d'établir à la fois que le monde a un principe et que son commencement dans le temps est une possibilité indémontrable mais non-contradictoire. C'est donc grâce à la métaphysique que l'on peut établir la non-contradiction de la foi chrétienne et de la philosophie. Or une telle démarche (dissiper rationnellement les contradictions et les obstacles apparents à la foi [139]) constitue précisément le versant apologétique de la tâche du théologien. La théologie a donc besoin de la métaphysique. Toutes deux traitent en quelque sorte des mêmes objets (Dieu et l'être), mais tandis que la métaphysique (appuyée sur la physique) démontre l'existence du sujet premier de la théologie comme cause du monde, et manifeste la non-contradiction du concept de création dans le temps, la théologie affirme la réalité effective de cette simple possibilité, et elle témoigne d'un Dieu libre et créateur d'un monde temporel. La métaphysique et la théologie sont distinctes et compatibles, elles s'articulent l'une à l'autre dans un espace logiquement non-contradictoire.

137. *De aeternitate mundi*, Rome, Commission Léonine (« S. Thomae de Aquino Opera omnia », t. XLIII), 1976, p. 87, l. 145-179.

138. *Summa contra Gentiles* I, 13, § 113, p. 20 b (trad. fr. cit., I, 13, § 34, p. 174-175).

139. *Summa theologiae* I, q. 1, a. 8 resp.

LA MÉTAPHYSIQUE TRANSCENDANTALE ET LA THÉOLOGIE : INDÉPENDANCE ET INTERDÉPENDANCE.

Mais la même aporie avicennienne (portant sur la difficulté de concilier la considération de l'étant commun et de l'étant divin par une même science), est également susceptible d'une autre solution, si l'on comprend la primauté du sujet de la métaphysique, non plus dans l'ordre de la perfection, mais dans celui de l'intellection. Le premier intelligible est alors le premier par l'ordre de sa conception plutôt que par son degré d'être. L'unité du concept d'étant prédomine alors sur la transcendance du principe divin. L'abstraction «mathématique» l'emporte sur la séparation réelle. C'est la position de Robert Kilwardby, Siger de Brabant, Pierre d'Auvergne, Henri de Gand, Augustin d'Ancône, de quatre auteurs franciscains (Duns Scot, Alexandre d'Alexandrie, François de la Marche et Antoine André), et de trois anonymes [140]. Il faudrait y ajouter tout simplement Guillaume d'Ockham, qui ne nous a pas laissé de commentaire de la *Métaphysique*, mais dont on peut synthétiser les remarques éparses de façon à apercevoir la même structure d'ensemble [141]. Cette troisième position se développe à partir de la position précédente, elle cherche à dépasser les difficultés que recèle celle-ci, et dirige particulièrement ses critiques contre Thomas d'Aquin. Selon cette nouvelle manière de concevoir la métaphysique, Dieu est inclus à l'intérieur du sujet de la métaphysique, l'étant en général. Mais celui-ci à son tour n'est accessible comme tel qu'à l'intérieur d'un concept qui l'abstrait de ses déterminations propres, car dans la réalité, il n'y a rien de commun entre Dieu et la créature, séparés par une distance infinie [142]. Le sujet de la métaphy-

140. J'utilise ici encore la classification d'A. Zimmermann, mais avec quelques corrections. J'inclus François de la Marche dans la troisième figure, car, s'il affirme bien que Dieu est «cause du sujet de la métaphysique» (Zimmermann, *op. cit.*, p. 348-371, ce qui semble le rattacher à la seconde figure), il déclare aussi que la théologie rationnelle est incluse et subalternée à la métaphysique de l'étant en général. Ainsi, François de la Marche représente une phase de transition entre Henri de Gand et Duns Scot. Ses analyses impliquent une dépendance étroite envers Henri de Gand (opposition entre une connaissance privative et positive de l'étant, p. 369, distinction entre *res* et *ens*, entre science universelle et science particulière) et une connaissance de Duns Scot (problème de l'univocité).

141. *Cf.* L.-M. De Rijk, «War Ockham ein Antimetaphysiker? Eine semantische Betrachtung», dans: *Philosophie im Mittelatler*, éd. J. P. Beckmann, Hambourg, 1996, p. 313-328; L. Honnefelder, «Wilhelm von Ockham, Die Möglichkeit der Metaphysik», dans: *Grosse Philosophen*, Darmstadt, Primus Verlag, 2001, p. 306-324; O. Boulnois, «Une métaphysique nominaliste est-elle possible ? Le cas d'Ockham», *Cahiers de philosophie de l'université de Caen,* à paraître.

142. *Cf.* Henri de Gand, *Summa quaestionum ordinariarum* a. 21, q. 2 resp., Paris, 1520, I, f°124 F: «Cum multo minus in aliquo uno reali conveniunt creator et creatura quam duae creaturae, substantia scilicet et accidens, immo multo plus distat ratio essendi creatoris a ratione essendi creaturae quam differat ratio essendi unius creaturae a ratione essendi alterius: nullo modo ens potest esse aliquid commune reale deo et creaturae»; «Et ideo, absolute dicendum quod esse non est aliquid commune *reale* in quo Deus communicet cum creaturis:

sique n'est donc plus l'étant créé, participant de sa cause, mais le *concept* d'étant pris d'une manière indistincte, si bien qu'il intègre aussi Dieu, le principe de l'étant créé.

Cette figure s'esquisse dans les analyses de Siger de Brabant. Pour celui-ci, il faut renoncer à toute dimension néoplatonicienne, et affirmer que le principe n'est pas au-delà de l'étant, mais inclus dans l'étant, le premier de tous les étants. « Il n'y a pas de principe de l'étant en tant qu'étant, car dans ce cas tout étant aurait un principe »[143] – même Dieu, ce qui est absurde. Il faut donc affirmer que la totalité de l'étant est sans cause, qu'elle inclut Dieu, cause incréée de l'étant créé :

> Si l'on demande à propos de toute l'universalité des étants pourquoi il y a quelque chose plutôt que rien, on ne peut en donner de cause, car demander cela, c'est demander la même chose que : pourquoi Dieu est-il plutôt que de n'être pas ? et cela n'a pas de cause. C'est pourquoi il n'est pas vrai que toute question a [=correspond à] une cause, ni non plus tout étant[144].

Thomas privilégiait la causalité, en soumettant l'*ens commune* à la création divine. Au contraire, Siger choisit de privilégier l'universalité, en soumettant la causalité créatrice du principe à la généralité de l'étant : la totalité de l'étant comprend Dieu, qui est sans cause – à moins de se lancer dans l'absurdité de la *causa sui* – ce qui implique que l'être lui-même est « sans raison ». Pour Siger, il n'y a pas d'origine à la totalité de l'étant, ou de ce qui englobe *l'ens communissime sumptum*, car l'étant inclut Dieu, et hors de l'étant il n'y a rien. L'universalité de l'étant, comme objet premier de l'intellect, l'emporte sur la transcendance du principe. La métaphysique se clôt lorsqu'elle inclut en soi Dieu.

À la suite de Siger, Henri de Gand estime que l'étant, compris comme une unité totale, incluant aussi Dieu, est le sujet de la métaphysique. Celle-ci porte donc sur l'étant « commun et analogue à Dieu et à la créature »[145]. L'analogie ne désigne donc plus un rapport de dépendance de l'être à Dieu, mais une distribution interne à l'étant. L'étant est atteint par indétermination, comme l'unité ainsi distribuée, en un concept commun à Dieu et à la créature, à la substance et aux

et ita, si ens aut esse praedicatur de Deo et creaturis, hoc est sola nominis communitate, nulla rei ».

143. *Quaestiones in Metaphysicam*, éd. A. Graiff, Louvain, Institut Supérieur de Philosophie (« Philosophes médiévaux », I), 1948, p. 5 ; *cf. Quaestiones in Metaphysicam*, l.IV, commentum, éd. W. Dunphy, Louvain-la-Neuve, Institut Supérieur de Philosophie (« Philosophes médiévaux », XXIV), 1981, p. 170, *cf.* p. 37). L'argument vient d'Avicenne, *Philosophia prima* I, 2 (*ed. cit.*, p. 14) : « Principium non est principium omnium entium. Si enim omnium entium esset principium, tunc esset principium sui ipsius ; ens autem in se absolute non habet principium ; sed habet principium unumquodque esse quod scitur. Principium igitur est principium aliquibus entibus ».

144. *Quaestiones in Metaphysicam*, éd. A. Graiff, p. 185.

145. « Ens commune analogum ad creatorem et creaturam » (*Summa quaestionum ordinariarum* a. 21, q. 3, *ed. cit.*, I, f° 126 E).

accidents[146]. Mais ce concept distributif correspond en réalité à deux concepts, à deux sortes de séparation : un concept abstrait par l'intellect, qui dépouille l'étant de ses déterminations, et le concept purement négatif, de l'étant divin, réellement séparé, car dépourvu de détermination en soi. Le concept d'étant les superpose par une simple confusion (une « erreur », dit Henri). Dès lors, la difficulté est reportée au cœur de la théorie de l'abstraction : comment distinguer le concept indéterminé d'étant commun, et le concept indéterminé de Dieu ? Une confusion essentielle fonde l'ambivalence de l'étant comme celle de la métaphysique.

Pour Duns Scot, ce fondement est d'une grande faiblesse. Car si l'on généralisait pareille théorie, toute science serait impossible : le concept d'homme et celui d'animal, qui constituent le même concept à divers degrés de détermination, devraient se confondre. Par conséquent, si l'on veut fonder une science quelconque, et notamment la métaphysique, il faut « détruire » l'analogie de l'être[147]. Scot soutiendra son univocité : le concept d'étant est unique, le plus simple de tous ; il se distingue rigoureusement du concept propre de Dieu par une différence déterminée. On ne connaîtra plus Dieu sous une forme négative (en reconnaissant sa transcendance insaisissable et en se sachant condamné à un concept confus), mais dans un concept positif, distingué par une détermination conceptuelle supplémentaire. Il suffit alors de combiner le concept commun d'étant avec une différence, l'infinité. La conjonction des deux déterminations implique que Dieu soit plus déterminé, décrit, c'est-à-dire quasi-défini, par son infinité[148].

Ce décorticage épistémologique fonde la distinction de la *metaphysica generalis* et de la *metaphysica specialis*. C'est d'ailleurs à la même époque que naît cette articulation, qui s'impose jusqu'à Suárez et Kant.

Certes, Roger Bacon avait déjà théorisé la distinction entre « *scientia generalis* » (traitant de l'étant en tant qu'étant) et « *scientia specialis* » (traitant d'un étant particulier) : il faut comparer la science spéciale à « la science commune à toutes choses que l'on appelle métaphysique »[149]. Mais cette science spéciale est considérée comme une autre science, et non comme un aspect de la métaphysique. Et Roger Bacon considère que la même discipline doit considérer, par analyse et réduction, le Premier (étant) comme un principe universel, parce qu'il

146. *Ibid.*, a. 24, q. 3 (I, f° 138 P).

147. *Lectura,* I, d. 3, §§ 105, 110 (Vat. XVI, p. 264, 265).

148. Je résume ici des analyses formulées dans : *Être et représentation, op. cit.*, notamment p. 265-291, et « Duns Scot : Métaphysique transcendantale et éthique normative », *Dionysius* 17 (1999), p. 129-148.

149. Roger Bacon, extraits des *Communia mathematica* donnés dans les *Opera hactenus inedita,* fasc. I, *Metaphysica fratris Rogeri Baconi Fratrum Minorum De Viciis contractis in studio theologiae,* éd. R. Steele, Oxford, Clarendon Press, s. d., p. 53 : « Necesse est omni tractanti de scientia quacumque speciali ut eam alias eque sepius comparet ad scientiam communem omnibus que methaphisica nominatur ».

est la cause de tous les autres étants qui en émanent[150]. De même, Thomas d'York, l'auteur du seul traité de métaphysique que le Moyen Âge nous ait légué (vers le milieu du XIIIe siècle), distinguait déjà dans une première partie la science de « l'étant en tant qu'étant » et dans sa quatrième partie la science de l'étant pris « dans sa spécificité », science de ce qui tombe sous l'étant[151]. Mais il serait anachronique d'y voir une articulation entre *scientia generalis* et *scientia specialis*. En effet, ce traité appartient plutôt à la seconde figure de la métaphysique : la science de l'étant en général est du même coup la science de la production des étants, car l'étant en général reconduit à ses causes[152] ; et la science spéciale ne porte pas sur Dieu, mais sur le monde et ses parties. Thomas d'Aquin remarque bien qu'il revient à la même science de considérer « les substances séparées et l'être commun », mais précisément, cela ne constitue pas encore deux parties de la métaphysique[153]. – Comme Roger Bacon, Henri de Gand distingue entre une « science universelle », qui considère « l'étant pris absolument », et « les sciences particulières, qui considèrent quelque étant particulier créé » et en recherchent le principe ; or « Dieu tombe sous la science philosophique comme une partie de son sujet »[154]. Même s'il n'emploie pas expressément la formule *metaphysica specialis*, Henri de Gand en donne la structure : une science métaphysique universelle considère l'étant en tant que tel, et une science particulière porte sur Dieu, qui est une partie du sujet de la métaphysique en général.

150. *Opera hactenus inedita Rogeri Baconi,* fasc. VII, *Quaestiones supra undecimum Prime Philosophie Aristotelis (Metaphysica XII)*, éd. R. Steele, F. Delorme, Oxford, Clarendon Press, 1926, p. 1 : « Queritur hic primo utrum de ente separato possit esse scientia ». P. 2 : « Sexto modo per resolutionem et reductionem, et sic cognoscuntur prima in quolibet genere per resolutionem et reductionem posteriorum ad ipsa, et materia prima, et prima causa. Septimo modo per operationes et effectus potest aliquid cognosci, et sic prima causa. Et nota quod substaantie separate tripliciter considerantur ; uno modo ratione substatnie absolute, et sic in hoc libro [XI = Λ] ; secundo modo ratione et virtutis, et sic in *Praedicamentis* ; tertio modo ratione influentie et operationis, et sic in *De causis* ». La duplication de l'objet de la métaphysique s'appuie sur le dédoublement de l'abstraction : « duplex est universale ; quoddam est per predicationem, et sic non est primum, aliud per causalitatem, et sic potest dici primum universale principium ».

151. *Scriptum Metaphysicae* (Vat. Lat. 4301, f° 70^r), cité par M. Grabmann, « Die Metaphysik des Thomas von York († ca. 1260) », dans : *Festgabe Clemens Baeumker*, Münster / W., Aschendroff (« Beiträge zur Geschichte der Philosophie des Mittelalters », Suppl. I), 1913, p. 181-193, p. 188, n. 4 : « nunc de ente secundum quod est ens et de hiis que sunt entis per se » ; « de ente in speciali », « de his que subsunt enti ».

152. *Ibid.*, f° 70^r, cité par M. Grabmann, p. 188, n. 4 : « De productione entium in communi loquar [...]. Hec autem consideratio nullius est scientie particularis, cuius est pertractare de aliqua parte entis [...] sed potius philosophie prime, que considerat principia et causas ultimas ».

153. « Unde oportet quod ad eamdem scientiam pertineat considerare substantias separatas, et ens commune » (*In duodecim libros Metaphysicorum Aristotelis expositio*, *ed. cit.*, p. 2 a).

154. *Summa quaestionum ordinariarum* a. 7, q. 6 ad 3m (*ed. cit.*, I, f° 56^v, T).

L'expression apparaît dans une nébuleuse d'auteurs franciscains contemporains, dont Duns Scot, et François de la Marche. Duns Scot reprend l'articulation entre disciplines formulée par Henri de Gand; il lui donne les noms de *metaphysica generalis* et *metaphysica specialis*. Si l'on part de la priorité conceptuelle de l'étant, les propriétés «spécifiques *(speciales)* que l'on doit conclure de l'étant premier découlent des propriétés de l'étant en tant qu'étant», et la métaphysique «considère seulement l'étant en commun»[155]. La métaphysique commune doit précéder la métaphysique de l'objet spécial (la théologie). Le divin n'est pas le sujet d'une science totalement autre, car elle considère les «parties principales du sujet» de la métaphysique[156]. En effet, contre la seconde école d'interprétation, Scot refuse de considérer Dieu comme «le principe du sujet» de la métaphysique[157]. Ce rejet d'une transcendance néoplatonisante de Dieu sur l'étant va de pair chez Scot avec le refus d'accorder la moindre autorité au *Liber de Causis*, puisque, depuis Thomas, celui-ci ne peut plus être attribué à Aristote.

Le renforcement de la métaphysique générale s'explique précisément par le rapport de Scot à Avicenne. Car le Docteur Subtil polémique contre Avicenne et son interprétation de la métaphysique comme une science *propter quid* (par la cause), procédant *more geometrico* à la déduction des vérités principales. La métaphysique est scindée en métaphysique en soi et pour nous: la première est une métaphysique descendante, la seconde une discipline ascendante. Toutes deux ont certes le même sujet, l'étant. Mais la métaphysique en soi suppose qu'en connaissant parfaitement le concept d'étant, on aperçoive en lui toutes les déterminations, les vérités immédiates et médiates[158]. Or pour nous, celui-ci reste un concept indéterminé; on ne peut déduire *a priori* toutes les vérités qui en découlent; on se limitera à une remontée à partir des effets (*quia* et non *propter quid*). Ainsi, s'il est vrai qu'en soi, on pourrait connaître immédiatement et par la cause, à partir du concept d'étant, l'existence d'un étant infini, dans l'état présent et pour nous, on ne peut connaître cette existence que par induction, en partant de l'étant fini.

Une difficulté surgit alors: dans ce cas, la métaphysique, qui porte sur l'étant en général, et qui démontre ses propriétés transcendantales, est antérieure à celle qui porte sur l'étant infini, «comme l'universel est antérieur au particulier»,

155. Duns Scot, *Quaestiones in Metaphysicam*, I, q. 1, § [43], 142, éd. G. Etzkorn, Saint Bonaventure (N. Y.), The Franciscan Institute, 1997, p. 65: «condiciones principales concludendae de primo ente sequuntur ex proprietatibus entis in quantum ens. Speciales enim condiciones entis non concludunt primo aliquid de ipso, ideo [metaphysica] tantum considerat de ente in communi».

156. *Ibid.*, I, q. 1, § [18], 59, p. 36: «haec scientia est «circa separabilia et immobilia», non tanquam circa subiecta, sed tamquam circa principales partes subiecti, quae non participant rationes subiecti alterius scientiae».

157. *Ibid.*, I, q. 1, § [37], 118, p. 56: «Deus non consideratur hic ut principium subiecti».

158. Duns Scot, *Quaestiones de cognitione Dei*, éd. C.R.S. Harris, *Duns Scotus*, vol. 2: *The Philosophical Doctrines of Duns Scotus, Appendix*, Oxford, 1927, p. 379, 384-385.

puisqu'elle doit passer par un moyen terme particulier. C'est le sens de l'objection :

> La métaphysique transcendantale sera donc tout entière antérieure à la science divine, et il y aura alors quatre sciences théorétiques : une science transcendantale et trois sciences spéciales [159].

Mais Scot y répond en montrant que c'est à la même science d'établir une conclusion universelle et une conclusion particulière qui portent sur le même sujet. Il faudra donc trouver un moyen terme, la propriété disjonctive par paire, à la fois transcendantale, puisque chaque paire recouvre dans son extension la totalité de l'étant, et particulière, puisqu'elle se singularise dans chacune des deux propriétés visées. La structure métaphysique de la preuve de Dieu fonde alors l'unité de la métaphysique comme science à la fois transcendantale et capable de se spécialiser :

> C'est à la même science de démontrer une propriété commune et simple convertible avec le sujet, une propriété disjonctive convertible avec ce sujet, et l'une des deux parties de cette propriété disjonctive à propos du même sujet, par une démonstration particulière [160].

La même science établit les propriétés transcendantales de l'étant (l'un, le vrai, etc.), la disjonction entre un premier et un second dans l'étant, et l'existence d'un premier à l'intérieur de l'étant. Pour éviter qu'il n'y ait quatre sciences théoriques, il faut admettre que c'est la même science qui se spécialise transcendantalement. Bref, la structure de la métaphysique explique qu'elle soit une seule science comportant deux aspects : ce qu'on appellera plus tard l'ontologie, science transcendantale de l'étant, et la théologie, science spéciale de Dieu.

Un théologien qui a sans doute été auditeur de Scot, Augustin d'Ancône, remarque : si « l'étant n'est pas considéré dans une science spéciale *(scientia specialis)* », c'est parce que la métaphysique est la science « au plus haut point commune » [161]. Mais il ajoute : « Dieu est le sujet de la théologie, qui est une science spéciale par rapport à la métaphysique » [162]. En effet : « Le sujet de la science [l'étant] n'est pas la même chose que ce qui est considéré dans cette

159. Duns Scot, *Quaestiones in Metaphysicam* I, q. 1, § [47], 155, *ed. cit.*, p. 69 : « Igitur demonstratio passionis transcendentis de ente prior est ista, sicut universalis particulari, sicut medium medio [...]. Igitur metaphysica transcendens erit tota prior scientia divina, et ita erunt quattuor scientiae speculativae : una transcendens, tres speciales »

160. *Ibid.*, I, q. 1, § [48], 159, p. 70 : « Eiusdem scientiae est demonstrare passionem communem et simplicem convertibilem cum subiecto, et alteram partem illius passionis disiunctae de subiecto, demonstratione particulari. Et ideo ipisus metaphysicae est demonstrare passiones entis, ut unum, verum, etc. de ente, si possunt demonstrari de eo, et primum vel secundum de ente, et esse primum de ente ».

161. « Ens inquantum ens non consideratur in aliqua speciali scientia », « Quod ista scientia sit maxime communis » (*Quaestiones in Metaphysicam*, IV, q. 1, Cod. 192 Universitäts-Bibliothek Innsbrück, f° 59vb ; éd. A. Zimmermann, *op. cit.*, p. 41).

162. « Deus est subiectum in theologia, quae est specialis scientia respectu metaphysicae » (*ibid.*, IV, q. 2, f° 59vb ; éd. A. Zimmermann, *op. cit.*, p. 42).

science [Dieu], mais ils se rapportent [l'un à l'autre] comme le supérieur à l'inférieur»[163], comme le général au spécifique.

François de la Marche, un disciple de Duns Scot, n'hésite pas à affirmer qu'il y a une «double métaphysique»: la première est «commune», la seconde est «propre ou particulière». Le sujet de la première est la «*res*», commune à toutes les *res* d'intention première, et «le sujet de la métaphysique particulière est la chose séparée de la matière selon son essence et selon sa raison»[164]. L'on retrouve ici les deux sortes d'abstraction; pourtant, de manière caractéristique, elles ne sont pas simplement juxtaposées, car la seconde est une forme spécifique incluse dans la première:

> Cette métaphysique particulière reçoit son sujet de la métaphysique commune, et cette métaphysique prouve le *premier* [je souligne] sujet de la métaphysique commune. Et pour cette raison, la métaphysique particulière est subalternée à la métaphysique commune. Et cette métaphysique particulière est appelée proprement science divine, car elle porte sur l'étant divin comme sujet premier[165].

François en conclut fort rigoureusement, sans doute en écho à Duns Scot, que l'unité englobante de l'objet de la métaphysique oblige à admettre l'univocité de l'étant. Ainsi, «la science de l'étant séparé reçoit ses principes de la science de l'étant [en général]»[166]. Mais arrivé à ce point, il recule devant les conséquences d'une univocité trop englobante: il admet bien une univocité de l'étant envers les dix catégories, mais non entre Dieu et la créature. Par conséquent, la *res* qui est le sujet de la métaphysique «ne contient pas formellement Dieu, mais seulement causalement»; Dieu n'est pas inclus dans le sujet de la métaphysique comme

163. «Subiectum ergo in scientia non est idem quod consideratur in scientia, sed habent se sicut superius ad inferius» (*ibid.*, f° 59vb ; éd. A. Zimmermann, *op. cit.*, p. 44).

164. «Duplex est metaphysica, quaedam communis, et quaedam propria sive particularis. [...] Subiectum vero metaphysicae particularis est res separata a materia secundum essentiam et secundum rationem» (*Quaestiones in Metaphysicam*, I, q. 1, Cod. 3490, Bibliothèque Mazarine, Paris, f° 2vb, éd. A. Zimmermann, p. 88).

165. «Illa metaphysica particularis accipit suum subiectum a metaphysica communi, et haec metaphysica probat primum subiectum metaphysicae particularis. Et ideo metaphysica particularis subalternatur metaphysicae communi. Et haec metaphysica particularis vocatur proprie scientia divina, quia ipsa est de ente divino sicut de primo subiecto» (*ibid.*, éd. A. Zimmermann, p. 89).

166. «Scientia quae est de ente separato accipit principia sua a scientia quae est de ente» (*ibid.*, VI, q. 16, f° 47ra; éd. A. Zimmermann, p. 99). François soutient d'ailleurs la thèse que Dieu est inclus dans le sujet de la métaphysique: «Aut igitur oportet dicere quod ens primum non sit vere ens, aut oportet dicere, quod ens secundum se non sit causatum» (*ibid.*, IV, q. 1, f° 21ra, éd. A. Zimmermann p. 363, n. 396). *Cf.* A. Zimmermann, «Analoge und univoke Bedeutung des Terminus "ens" nach einem anonymen Metaphysikkommentar des 14. Jahrhunderts», *Studia scholastico-scotistica* 5, Rome, 1972, p. 724-730. Cette hésitation le rapproche de Duns Scot, mais celui-ci fait le trajet inverse, car il part de ce qui sera le point d'arrivée de François de la Marche: admettant d'abord l'univocité du concept d'étant dit de la substance incréée et créée, il a longtemps hésité à soutenir l'univocité de l'étant dit de toutes les catégories (*cf.* O. Boulnois, *Être et représentation*, *op. cit.*, p. 255-259, 287-290).

une partie de ce sujet, mais il reste le principe de ce sujet, alors que les catégories le divisent comme des parties. Bref, tout en admettant l'articulation entre métaphysique générale et métaphysique spéciale, François de la Marche renâcle devant ses conséquences ultimes. Enfin, il prend soin d'annoncer que le rapport de la métaphysique commune à la «théologique» n'est pas le même que son rapport aux autres sciences théorétiques, la physique et la mathématique : ayant leurs propres principes, «la physique et la mathématique sont absolument distinctes de la métaphysique. Mais la science de l'étant séparé, qui nous est accessible, n'a pas de principes propres hors des principes de l'étant. C'est pourquoi elle n'est pas une science absolument distincte de la science de l'étant.»[167]. Pourtant, les deux sciences ne sont pas non plus absolument identiques, puisque François, qui utilise le vocabulaire de la «science commune» et de la «science spécifique», remarque : «La métaphysique commune et la métaphysique spéciale ne relèvent pas de la même science», «une science spéciale est requise, pour traiter des étants séparés»[168]. La théologie, science de Dieu, n'est accessible qu'à l'intérieur de la science de l'étant en général, par une connaissance des principes qui en constituent une partie.

Dans cette école, dont la personnalité la plus connue est Duns Scot, se construit l'articulation de la métaphysique entre «science générale» et «science spéciale» : en termes plus modernes, l'ontologie est une démarche préalable à la théologie dont l'objet, atteint par une démarche ascendante, est inclus dans celui de l'ontologie. Transmise par l'intermédiaire de Suárez, cette figure de la métaphysique mérite bien le nom d'onto-théologie qu'elle recevra chez Kant. Mais ce qui la caractérise prioritairement, c'est le fait que la communauté passe au premier plan. Le motif en est tout d'abord épistémologique (la doctrine du sujet d'une science) et noétique (la primauté de l'objet de l'intellect) : quelque chose n'y est considéré que dans la mesure où il est commun ; ce qui est commun englobe ce qui est principe, alors qu'il n'y a pas de principe de ce qui est commun. L'objet de l'intellect en général est l'*aliquid (ti)*, le représentable, plus vaste que le seul *ens*, et l'intellect n'atteint Dieu qu'à l'intérieur de cette universalité *(katholou)* : c'est pourquoi j'ai proposé d'appeler cette structure une *katholou-tinologie*[169].

167. *Quaestiones in Metaphysicam*, VI, q. 16, f° 47rb ; éd. A. Zimmermann, p. 100 : «Physica et mathematica sunt simpliciter distinctae scientiae a metaphysica. Scientia autem de ente separato possibilis haberi a nobis non habet propria principia praeter principia entis. Ideo non est scientia simpliciter distincta a scientia de ente».

168. «Metaphysica communis et metaphysica specialis non pertinent ad eamdem scientiam» (*ibid.*, prologue, 2ra ; éd. A. Zimmermann, p. 349, n. 345). Voir A. Zimmermann, «Allgemeine Metaphysik und Teilmetaphysik nach einem anonymen Kommentar zur aristotelischen Ersten Philosophie aus dem 14. Jahrhundert», *Archiv für Geschichte der Philosophie* 48 (1966), p. 190-266.

169. O. Boulnois, *Être et représentation*, *op. cit.*, p. 514.

J'ai tenté de montrer ailleurs comment cette discussion s'articulait à une controverse instruite par la censure de 1277, et fictivement reconstruite à la faculté de théologie, notamment par Duns Scot, comme une controverse entre philosophes et théologiens[170]:

> Les philosophes soutiennent la perfection de la nature et nient la perfection surnaturelle[171].

Même s'il reconstruit son statut en lui donnant le nom de «philosophe», Duns Scot vise précisément la pensée de Boèce de Dacie:

– Il cite pour la réfuter sa tripartition exhaustive de la «philosophie» en «physique, mathématique et métaphysique»[172].

– Il reconstitue sa définition de la félicité intellectuelle, entendue comme acquisition de la fin naturelle de l'homme[173].

– Enfin, en distinguant deux sens de «naturel», l'un se limitant à la physique, ayant pour corrélat le mouvement violent, l'autre étant couplé à la théologie du surnaturel[174], Scot interdit l'identification présupposée par Boèce de Dacie dans l'expression «*loquens ut naturalis*».

Le Docteur Subtil introduit alors une distinction critique. La béatitude de l'union à Dieu ne nous est pas naturellement, philosophiquement accessible:

> nous n'expérimentons pas d'actes, ni ne connaissons qu'ils sont inhérents à notre nature [...] par lesquels nous connaîtrions que la vision des substances séparées nous convient[175].

De surcroît, le rapport entre la théologie et la métaphysique est soumis à un triple écart:

– La théologie en soi, science doublement divine, parce que Dieu est à la fois son sujet et son objet, n'est pas la théologie pour nous (accessible au *viator*, à

170. *Duns Scot, la rigueur de la charité*, Paris, Cerf («Initiations au Moyen Âge»), 1998, notamment chapitre 1. Duns Scot donne aux condamnations d'Étienne Tempier une autorité doctrinale universelle, au-delà de sa portée canonique limitée au diocèse de Paris.

171. Duns Scot, *Ordinatio*, prologue, § 5 (Vat. I, p. 5).

172. *Ibid.*, § 8 (Vat. I, p. 6): «VI Metaphysicae distinguitur habitus speculativus in mathematicam, physicam et metaphysicam; et ex probatione eiusdem, ibidem, non videtur possibile esse plures habitus speculativos, quia in istis consideratur de toto ente, et in se et quoad omnes partes.» *Cf.* Boethii Daci, *De aeternitate mundi,* éd. N.G. Green-Pedersen, *op. cit.*, p. 347, l. 320-328. L'argument a été transmis par Henri de Gand, *Summa quaestionum ordinariarum* a. 2, q. 3 in corp., a. 3 q. 3 in corp. et arg. 2 (*ed. cit.*, I, f° 24 M et f° 29 L-K)

173. *Ibid.*, § 2 (Vat. I, p. 3): «ergo si non deficit in potentiis inferioribus quantum ad necessaria eorum propter actus suos habendos et finem earum consequendum, multo agis nec deficit in necessariis potentiae superiori ad actum suum et finem consequendum». *Cf. De summo bono*, éd. N.G. Green-Pedersen dans: Boèce de Dacie, *Topica-Opuscula*, Copenhague, Bagge-Gad («Corpus Philosophorum Danicorum Medii Aevi», vol. VI, pars II), 1976, p. 377, l. 240-242.

174. *Ibid.*, § 57 (Vat. I, p. 35).

175. *Ibid.*, § 15 (Vat. I, p. 11-12).

l'homme sur terre) : sa connaissance n'est pas totale, mais elle n'est pas non plus intuitive.

– Notre théologie repose donc sur la révélation, ses propositions ne recevant leur adhésion que dans la foi.

– Dès lors, il n'y a de science théologique que par abstraction, lorsque nous produisons un concept commun univoque des termes admis dans les propositions de la foi : notre connaissance du sujet de la théologie, Dieu, n'est atteinte que par l'abstraction de la métaphysique.

Ainsi, la fin de la métaphysique (la connaissance de Dieu) s'articule à la théologie, car elle en est le commencement. Mais elle reste triplement éloignée de sa fin : incapable de s'élever à l'intuition, incapable de nous faire accéder à l'adhésion de foi, incapable de nous procurer la charité d'où provient toute béatitude. Si le modèle aristotélicien de la « théologique » comme science divine reste un horizon indépassable, la rupture entre intuition béatifiante et abstraction cognitive implique que la métaphysique n'y soit plus subalternée et n'y soit plus suspendue comme à un modèle. La réduction de la métaphysique à un concept transcendantal s'accompagne d'une distinction radicale entre l'ordre métaphysique et l'ordre théologique.

En même temps qu'à l'université, la philosophie ne peut plus prétendre à une interprétation totalisante de la vérité, dans cette même institution, mais particulièrement dans les *studia* des ordres religieux, se déploie une interprétation critique de la philosophie, qui délimite sa place théorique et lui permet de jouir de son autonomie institutionnelle. Sa limitation institutionnelle auprès de la théologie, dont elle reste la propédeutique obligée, n'est pas nécessairement un signe de faiblesse, mais aussi la marque d'une exigence critique associée à une réflexion sur les limites de la démonstration rationnelle[176]. Les deux faces de ce phénomène aboutiront à l'opposition entre philosophes de cabinet et philosophes d'École, entre philosophie des philosophes (« *Philosophenphilosophie* »), le plus

176. Voir A. de Libera, « Faculté des arts ou faculté de philosophie ? Sur l'idée de philosophie et l'idéal philosophique au XIIIe siècle », dans : *L'Enseignement des disciplines à la faculté des arts (Paris et Oxford, XIIIe -XVe siècles)*, Actes du colloque international édités par Olga Weijers et Louis Holtz, Turnhout, Brepols, 1997, p. 429-444, surtout p. 433-438. Citons seulement la p. 437, qui marque une certaine distance par rapport aux thèses soutenues dans *Penser au Moyen-Âge* : « Ce paradoxe institutionnel n'est pas si vif qu'il y paraît. Il exprime une réalité où la contradiction des éléments facteurs de savoirs ne peut être que latente et interne à un même ensemble : le conflit des facultés est comme le mouvement selon Aristote – "l'acte de ce qui est en puissance en tant qu'il est en puissance". C'est en restant artistes que les artistes peuvent assurer la préproduction de la contradiction qui non pas mine, mais constitue l'université du XIIIe siècle. L'originalité de l'université médiévale latine, ce qui fait sa spécificité et assurera bientôt l'essor de la pensée occidentale au détriment des mondes musulmans et orthodoxes, est précisément qu'elle articule deux systèmes de référence incompatibles en instrumentalisant le premier au bénéfice du second, au lieu de les laisser extérieurs l'un à l'autre » (*cf.* p. 441).

souvent écrivains et polymathes, et philosophie universitaire (« *Schulphilosophie* »)[177].

Cette histoire complexe fait donc apparaître une relation réciproque entre la constitution de la théologie révélée et celle de la métaphysique. Elle montre aussi une évolution : l'existence même de la théologie révélée dépouille la métaphysique d'une structure directement théologique qui lui ferait concurrence. En effet, si la métaphysique est une « théologique », si elle permet de déduire l'existence et les principaux attributs de Dieu, voire, dans une perspective proclienne, son rapport au monde, l'on n'a pas besoin de la révélation pour connaître ce premier étant : la doctrine sacrée est inutile, et la métaphysique devient une théologie suffisante. C'est la difficulté suscitée par la première réception de la métaphysique d'Aristote dans le monde latin. C'est aussi le sens de la première question de la *Somme théologique* de Thomas d'Aquin[178], mais aussi des analyses de Duns Scot dans les *Questions sur la Métaphysique*[179]. La première version de la métaphysique menait à une crise totale de la rationalité théologique : la théologie philosophique et l'Écriture sainte devenaient deux systèmes d'explication du monde concurrents (dans toute l'ambiguïté du terme : ils pouvaient tantôt concourir aux mêmes résultats et se superposer, tantôt rivaliser pour éliminer l'autre). Ils devaient conduire tous deux l'homme à sa fin, à la connaissance de Dieu, et lui permettre de s'unir à lui ; mais l'un était accessible au plus grand nombre (la révélation), l'autre à l'élite (la philosophie). Bref, le monde latin aurait dû répéter à sa manière le « traité décisif » d'Averroès sur une « connexion de la sagesse et de la révélation »[180]. Mais les théologiens latins ont voulu affirmer la concordance entre la foi et la révélation sur une base rationnelle, donc par une analyse des limites et de la portée de la raison humaine – une « critique de la raison ». D'où la tentative de limiter le sujet de la métaphysique à l'étant (Avicenne), et de viser Dieu comme son principe (seconde figure de la métaphysique). Enfin, Dieu est atteint à l'intérieur du sujet de la métaphysique, de l'objet de notre intellect, de l'étant en général (troisième figure). Simultanément se produit un dépouillement critique de notre accès à la connaissance de Dieu. À tel point qu'au terme de cette histoire, Duns Scot ou Ockham auraient pu prendre à leur compte la formule de Kant : « j'ai dû limiter le savoir pour laisser une place à la croyance ». Même si elles n'ont pas la même signification, les deux démarches critiques sont structurellement homologues. La limitation de

177. Voir J. Domański, *La Philosophie, théorie ou manière de vivre ?*, *op. cit.*, et l'ouvrage de P. R. Blum, *Philosophenphilosophie und Schulphilosophie. Typen des Philosophierens in der Neuzeit*, Stuttgart, Franz Steiner Verlag, 1998.

178. *Summa theologiae* I, q. 1, arg. 2.

179. *Quaestiones super libros Metaphysicorum Aristotelis*, I, q. 1, éd. R. Andrews, G. Etzkorn, G. Gál, etc., St Bonaventure (N. Y.), The Franciscan Institute, 1997, t. I, p. 15-72.

180. Averroès, *Le Livre du discours décisif où l'on établit la connexion existant entre la sagesse et la révélation*, trad. M. Geoffroy, Paris, Flammarion « GF », 1996.

la métaphysique s'accompagne de la clôture de son objet et de son autonomisation comme science.

Cette évolution correspond aussi à des *corpus* différents de la *Métaphysique*. Alors qu'une théologisation radicale de la philosophie avait été accomplie par le néoplatonisme, et entraînait une concurrence conflictuelle entre métaphysique et doctrine sacrée (première réception d'Aristote, à partir de la *translatio vetus*), l'exploration des pouvoirs de la raison s'accompagne d'une « déthéologisation » et donc d'un recouvrement plus souple entre métaphysique et théologie (à partir de la *translatio nova*), tandis qu'une critique fondamentale débouche sur une délimitation précise et sans recouvrement, ainsi que sur une autonomie méthodologique radicale (à la fin du XIIIe siècle).

Il faut souligner que la scission entre science théologique et métaphysique, loin d'être une revendication des artiens, qui ont plutôt un modèle « maximaliste » de la sagesse philosophique, est appelée par la théologie elle-même. Si la métaphysique médiévale s'est d'abord orientée primordialement vers l'identification du divin et de l'être, il est frappant de constater que l'interprétation médiévale s'est ensuite développée contre l'école d'Ammonius, contre le concept d'un savoir absolu de l'absolu, corrélativement au développement de la théologie révélée. En d'autres termes, c'est la naissance et le développement de la théologie comme science qui a développé une instance critique et conduit à réduire celle-ci à une métaphysique minimaliste – la métaphysique nominaliste d'un Ockham n'étant qu'un cas extrême de cette involution vers le minimalisme. En se donnant un objet correspondant à la structure de notre intellect (l'étant accessible par notre premier concept), la métaphysique se dotait des moyens de le connaître, et de se développer comme une science finie. Et réciproquement, si la théologie développe son statut de science à partir du modèle aristotélicien, elle refuse consciemment d'épouser la structure de la métaphysique, et rejette toute subalternation : elle s'autonomise à son tour.

CHRISTIAN TROTTMANN

ROGER BACON DE LA PHILOSOPHIE À LA THÉOLOGIE ET RETOUR [1]

Comment Roger Bacon pensait-il les rapports entre philosophie et théologie? L'historiographie[2] a souvent retenu de cet auteur, outre un plaidoyer moderniste pour la science expérimentale[3], ses diatribes contre la théologie de son temps et la manière hermétique dont il mythifie la Révélation dans ses rapports aux sciences profanes[4]. Nous repartirons donc de là pour proposer un retour du

1. Tout en reprenant quelques éléments de notre livre *Théologie et Noétique au XIIIe siècle* (Paris, Vrin, 1999), nous avons voulu ici pousser plus loin la réflexion sur l'articulation entre philosophie et théologie selon Roger Bacon.

2. Trois articles permettent de reconstituer la bibliographie complète de Roger Bacon de 1848 à 1995: F. Alessio, «Un secolo di studi su Ruggero Bacone (1848-1957)», *Rivista critica di storia della filosofia* 14 (1959), p. 81-102; J.M.G. Hackett and Th.S. Maloney, «A Roger Bacon Bibliography (1957-1985)», *New Scholasticism* 61 (1987), p. 184-207; Th. S. Maloney, «A Roger Bacon Bibliography (1985-1995)», dans: *Roger Bacon and the Sciences, Commemorative Essays*, éd. par J. Hackett, Leyde, Brill, 1997, p. 395-403.

3. *Cf.* J. Hackett, «Roger Bacon on *scientia experimentalis*», dans: *Roger Bacon and the Sciences, op. cit.*, p. 277-315. L'auteur donne une revue très complète de l'historiographie sur ce sujet, il reprend aussi des hypothèses que nous partageons sur le rôle de l'optique d'Alhazen dans la conception baconienne de la science expérimentale et il en avance d'autres, moins convaincantes à nos yeux, sur les rapports entre science expérimentale et astrologie selon Bacon.

4. Au-delà de ces grandes tendances de l'historiographie, qui commencent avec Victor Cousin, quelques études font exception, percevant progressivement les enjeux de la conception de la théologie de Bacon et ses rapports à la philosophie. Parmi elles on peut relever en particulier: C. Pohl, *Das Verhältnis der Philosophie zur Theologie bei R. Bacon,* Neustrelitz, 1893; F. Picavet, «Deux directions de la théologie catholique au XIIIe siècle–saint Thomas et Roger Bacon», *Revue d'histoire des religions*, 1905, p. 172 *sq.*; R. Carton, *L'Expérience physique chez R. Bacon*; *L'Expérience mystique de l'illumination intérieure chez R. Bacon*; *La Synthèse doctrinale de Roger Bacon*, Paris, 1924; A.C. Crombie, *R. Grosseteste and the Origins of Experimental Science*, Oxford, The Clarendon Press, 1953; G. Wieland, «Ethik und Metaphysik. Bemerkungen zur Moral philosophie Roger Bacons», dans: *Virtus Politica,*

mythe à la réalité. Un tel retour exige en particulier la prise en compte des sciences indissociables du couple philosophie/théologie pour Bacon. Toutefois, lorsqu'on y regarde de plus près, on trouve dans les textes où il ne se contente plus du mythe ou de l'invective, mais où il tente effectivement de penser l'articulation entre philosophie et théologie, une conception fort originale de chacune de ces disciplines et de leur articulation. Nous l'analyserons dans un second temps. Pour l'annoncer d'un mot, disons que le sommet par lequel s'opère l'articulation n'est pas la métaphysique mais l'éthique. Or cette conception originale qui conduit de la philosophie à la théologie par l'éthique a un effet en retour. C'est ce «supplément d'âme» apporté selon Bacon par une révélation qu'il considère comme chrétienne à la philosophie que nous examinerons pour terminer.

THÉOLOGIE, PHILOSOPHIE, SCIENCES, DU MYTHE À LA RÉALITÉ

Bacon affirme le primat de la théologie en des textes fameux, en particulier au début de la deuxième partie de l'*Opus Majus*[5]. La vérité est une et elle est selon lui d'origine divine. Elle est avant tout sagesse et donc dirigée vers une fin unique. Elle se déploie par et dans les sciences, mais elle est contenue tout en-

Festgabe zum 75. Geburtstag von Alfons Hufnagel, éd. par J. Möller et H. Kohlenberger, Stuttgart, Fromann, 1974, p. 147-173; C. Bérubé, *De la philosophie à la sagesse chez saint Bonaventure et Roger Bacon*, Rome, Istituto Storico dei Capuccini («Bibliotheca seraphico-capuccina», 26), 1976; plus près de nous les travaux de première importance de J. Hackett, parmi lesquels on peut citer en particulier: «The attitude of Roger Bacon to the Scientia of Albertus Magnus», dans: *Albertus Magnus and the Sciences, Commemorative Essays*, éd. par J.A. Weisheipl, Toronto, Pontifical Institute of Medieval Studies («Studies and Texts», 49), 1980, p. 53-72; «Practical Wisdom and Happiness in the Moral Philosophy of Roger Bacon», *Medioevo* 12 (1986), p. 55-109; «Averroes and Roger Bacon on the Harmony of Religion and Philosophy», dans: *A Straight Path: Studies in Medieval Philosophy and Culture. Essays in Honor of Arthur Hyman*, éd. par R. Link-Saliger, Washington, The Catholic University of America Press, 1988, p. 98-112; «Philosophy and Theology in Roger Bacon's *Opus maius*», dans: *Philosophy and the God of Abraham: Essays in Memory of J.A. Weisheipl*, éd. par J. Long, Toronto, Pontifical Institute of Medieval Studies («Papers in Medieval Studies»), 1991, p. 55-69; enfin ses contributions variées dans: *Roger Bacon and the Sciences, op. cit.*, p. 50-65, 277-315, 405-409.

5. «Dico igitur quod vel est una scientia dominatrix aliarum, ut theologia cui reliquae penitus sunt necessariae, et sine quibus ad effectum perveniri non valet, quarum virtutem in suum jus vindicat, ad cujus nutum et imperium caeterae subjacent; aut melius una est tantum sapientia perfecta, quae in sacra Scriptura totaliter continetur, per jus canonicum et philosophiam explicanda. Expositio etenim veritatis divinae per illas scientias habetur. Nam ipsa cum eis velut in palmam explicatur, et tamen totam sapientiam in pugnum colligit per seipsam; quoniam ab uno Deo data est tota sapientia et uni mundo, et propter finem unum. Quapropter haec sapientia ex sua triplici comparatione unitatem sortietur. Caeterum via salutis una est, licet gradus multi; sed sapientia est via in salutem» (*Opus Majus*, II, 1, éd. J.H. Bridges, Londres, 1900, réimpr. anast., Frankfurt/Main, Minerva, 1964, t. I, p. 36).

tière dans l'Écriture, comme dans le poing fermé. Cet hermétisme de la Révélation pourra être dépassé, selon Bacon par le recours aux sciences. En particulier c'est à la philosophie et au droit canon qu'il appartient de déployer et d'expliquer (*explicare*) cette sagesse une et parfaite contenue dans l'Écriture.

La théologie domine les autres sciences dans la mesure où elles l'aident à parvenir à sa fin, mais elle est aussi dépendante d'elles sans qui elle ne pourrait l'atteindre. La subalternation baconienne est en fait de type pratique, comparable à celles décrites par Aristote au début de l'*Éthique à Nicomaque*. C'est une subalternation par les fins, comme l'art de la sellerie se subalterne à celui de l'équitation qui est lui-même au service de l'art de la guerre[6]. Il ne s'agit donc pas du type spéculatif d'une subalternation décrite dans les *Analytiques postérieurs*[7], et pour laquelle la science dominante fournit leurs principes aux sciences subalternées. Pourtant, cette conception finaliste de la domination de la théologie se double d'une affirmation qu'elle contient les autres sciences, non de manière déductive à partir de leurs principes, mais en tant que sagesse. C'est comme telle que son origine révélée lui assure une primauté unifiée et unifiante d'où toute vérité scientifique ne peut que se déployer par explication. C'est donc une seule et même chose selon Bacon pour la théologie d'être une science dominatrice par la finalité qui lui ordonne toutes les autres, et d'être première comme sagesse unifiée en Dieu et dans sa Révélation.

C'est que, selon ce mythe de l'unité des savoirs, la supériorité de l'Écriture lui vient de la Révélation divine contenant sagesse et science de manière inséparable. Or Dieu communiqua cette parfaite sagesse à quelques "grands initiés" au cours du temps. Elle relève donc en fait d'une révélation privée et non de la Révélation commune. Ce n'est donc pas la Bible et son interprétation par la Tradition guidée par le magistère qui contient pour le franciscain spirituel qu'est Bacon la parfaite sagesse. Elle est révélée à quelques "grands initiés" dans le cadre d'une illumination dont le fonctionnement demeure celui identifié par É. Gilson sous le terme d'augustinisme avicennisant[8].

6. Aristote, *Éthique à Nicomaque*, I, 1, 1094 a 11-13.

7. *Cf.* Aristote, *Analytiques postérieurs*, I, 7, 75 b 13-20.

8. «Et sic agens est in omni natura in quam operatur, et ita in anima. Et sic nullo modo sequitur quod intellectus agens sit pars animae, ut vulgus fingit. Et haec sententia est tota fidelis, et a sanctis confirmata; sciunt enim omnes theologi, quod Augustinus dicit in Soliloquiis et alibi, quod soli Deo est anima rationalis subjecta in illuminationibus et influentiis omnibus principalibus. Et quamvis angeli purgent mentes nostras et illuminent et excitent multis modis, et sint ad animas nostras sicut stellae respectu oculi corporalis, tamen Augustinus ascribit Deo influentiam principalem sicut soli influentia luminis cadentis per fenestram ascribitur, et angelus aperienti fenestram comparatur, secundum Augustinum in glossa super illud Psalmi: "Da mihi intellectum". Et quod plus est, vult pluribus locis quod non cognoscimus aliquam veritatem nisi in veritate increata et in regulis aeternis, et hoc saltem habet intelligi effective et per influentiam; licet Augustinus non solum hoc velit, sed aliud innuit in verbis suis, propter quod quidam posuerunt eum majora hic sentire, ut scitur communiter. Quae omnia attestantur in hoc quod agens principale illuminans et influens intellectum possibilem est substantia separata,

Caractérisons brièvement ici celui de Bacon. Toute connaissance est une illumination dont l'agent principal reste Dieu, assimilé à l'intellect agent, comparable au soleil dans la vision. La multiplication des espèces organise ensuite en termes néoplatoniciens la propagation de la lumière visible et intelligible. Les théophanies angéliques seront ainsi le mode de communication de la lumière incréée de l'intellect agent divin aux intellects possibles humains.

Mais une telle illumination divine n'atteint sa perfection que chez les patriarches de l'Ancien Testament, et peut-être aussi les prophètes qui avaient reçu une révélation originelle et plénière. Tous les philosophes qui ont approché quelques vérités les ont reçues d'eux ou de leurs successeurs. Relevons ici une influence de l'hermétisme et du millénarisme. Cette révélation à de "grands initiés" comporte plusieurs périodes[9] avec leur lot de progrès et de régression du savoir.

Les patriarches, Seth, Noé, Sem, Abraham, vrais philosophes et parfaits fidèles, reçurent la parfaite sagesse et la transmirent aux Chaldéens et aux premiers philosophes profanes. Ceux-ci avaient nom Nemroth[10], Zoroastre, Prométhée, Atlas, Hermès Trismégiste... Mais la sagesse régressa avec eux, à cause du péché originel. Voulant s'approprier ce qui venait de Dieu en en oubliant la provenance, ils sont devenus ces fous dont parle l'Apôtre (*Rm.* 1, 22).

Elle fut de nouveau révélée à Salomon qui la porta à son apogée avant qu'elle ne se perde à nouveau à cause des péchés des hommes chez des philosophes comme Thalès, Pythagore, Socrate, Platon et surtout Aristote. Elle connut alors un développement considérable mais imparfait car ce dernier était infidèle. Enfin Avicenne restaura la philosophie du Stagirite.

Pour Roger Bacon, toutes les vérités procèdent à l'origine de la même illumination divine[11]. Les philosophes n'ont fait qu'expliciter imparfaitement, à force de labeur une vérité qui était au départ donnée en plénitude aux saints, patriarches et prophètes. C'est d'eux que furent reçues les vérités scientifiques.

hoc est ipse Deus. Cum igitur Deus illuminaverit animas eorum in principiendis veritatibus philosophiae, manifestum est quod eorum labor non est alienus a sapientia divina» (*Opus Majus*, II, 5, *ed. cit.*, p. 48-49).

9. *Cf. Opus Majus,* III, *ed. cit.*, t. I, p. 73 ; II, *ibid.*, p. 373 ; *Opus Tertium*, éd. J. S. Brewer, dans : *Opera hactenus inedita Rogeri Bacon*, Londres, 1859, vol. I, I, p. 80-81 ; pour l'aspect négatif : *Opus Majus,* III, p. 31 ; *Opus Tertium*, p. 29.

10. Sur la figure de Nemroth comme prince des philosophes athées dont les derniers disciples seraient pour Bacon les artiens de son temps, *cf.* J. Hackett, «Philosophy and Theology in Roger Bacon's *Opus maius*», *art. cit.* ; *Id.*, «Epilogue : Roger Bacon's Moral science», dans : *Roger Bacon and the Sciences, op. cit.*, p. 405-409.

11. «manifestum est quod philosophiae perfectio fuit primo data sanctis patriarchis et prophetis... Et ideo philosophia non est nisi sapientiae divinae explicatio per doctrinam et opus. Et propter hoc una est sapientia perfecta quae sacris litteris continetur, et sanctis a Deo data ; per philosophiam tamen, sicut per jus canonicum, explicanda» (*Opus Majus*, II, 14, *ed. cit.*, t. I, p. 68).

La philosophie et le droit canon sont donc pour Bacon l'instrument privilégié d'une explication de la sagesse contenue dans l'Écriture, mais ses contemporains en font, selon lui, un bien piètre usage. Située au terme de la dernière phase avicennienne de restauration de la sagesse, la conjoncture n'est pas bonne. Le retour de l'idéal mythique du savoir qu'il dépeint, à la réalité de la sagesse et des sciences de son temps est plutôt douloureux. Le spirituel franciscain tire au début de l'*Opus minus*[12] un bilan apocalyptique bien connu du règne des sept péchés capitaux parmi les théologiens de son temps.

Le premier de ces péchés est l'invasion des sommes de théologie par la philosophie. Les questions vraiment théologiques sur la Trinité, l'Incarnation, les sacrements sont traitées trop brièvement et à l'aide des arts du *trivium*. L'essentiel des sommes est au contraire consacré à des questions philosophiques concernant la matière, l'être, l'union de l'âme et du corps...

Le second péché est l'ignorance des sciences qui seraient vraiment utiles à l'explication de l'Écriture. Pour Bacon, l'importance prise par la métaphysique et la psychologie sous l'influence de l'Aristote latin laisse oublier les langues de l'Écriture (hébreu, grec), ainsi que la philosophie, les mathématiques, l'optique, les sciences morales, expérimentales et l'alchimie. Les maîtres en théologie de son temps s'en tiennent quant à eux à la grammaire latine, accompagnée d'un peu de logique, d'une partie de la philosophie naturelle ou de la métaphysique. Autant de savoirs incapables de conduire au bien de l'âme ou du corps. Selon le franciscain, le premier pourrait être atteint grâce aux langues de l'Écriture et à la morale, le second à l'aide d'une alchimie pharmaceutique et des autres sciences expérimentales ou mathématiques.

Le troisième péché tient au "culte de la personnalité" de leurs maîtres en théologie, développé par les ordres mendiants. Le franciscain reproche à ses confrères d'avoir rédigé au nom du premier maître de leur ordre une somme qui fait le poids d'un cheval. Au-delà d'Alexandre de Hales ici facilement reconnaissable, l'accusation vise sans doute aussi Albert le Grand pour les dominicains. Non sans prudence, le maître ès arts s'indigne que l'on ait vite fait de traiter ces docteurs modernes à l'égal des Pères de l'Église.

Quatrième péché : les commentaires des *Sentences* et même les sommes par questions prennent plus d'importance dans l'enseignement théologique que la Sainte Écriture.

Cinquième et sixième péchés : l'ignorance des langues bibliques conduit les latins en croyant le corriger à corrompre le texte de l'Écriture. Son sens littéral et spirituel finit par leur échapper.

Le dernier péché est le plus grave aux yeux du franciscain britannique. L'ignorance des langues de l'Écriture se combine avec celle des propriétés des choses. Il faut d'abord les connaître d'une connaissance expérimentale avant de

12. *Cf.* R. Bacon, *Opus minus*, éd. J.S. Brewer, dans : *Opera hactenus inedita Rogeri Bacon*, Londres, 1859, vol. I, II.

pouvoir passer du sens littéral au sens spirituel à partir de similitudes qu'il faut déjà y avoir reconnues[13].

Mais ce tableau noir de la science, ou plutôt de l'ignorance de son temps ne suffit pas à décourager le spirituel franciscain formé à l'école de Robert Grosseteste. Il propose au contraire une réforme profonde de la science de son temps. Elle doit mettre au service des Écritures non seulement une connaissance approfondie des langues dans lesquelles elles furent rédigées, mais aussi une science expérimentale dispensant de l'étude trop scolaire des traités d'Aristote.

Mais qu'est-ce qui spécifie aux yeux de Bacon la science expérimentale? Dans le livre VI de l'*Opus Majus* qui lui est consacré, il commence par l'opposer à l'argumentation. Même en mathématiques, fait-il remarquer au premier chapitre, l'argumentation portant par exemple sur le triangle équilatéral, ne vaudra rien pour qui n'aura aucune expérience d'une telle figure[14]. En cela il est le disciple fidèle de Robert Grosseteste[15]. Mais il s'appuie aussi sur Aristote, notamment *Éthique à Nicomaque* VI. L'homme sage n'est pas seulement expérimenté, au sens où il posséderait une connaissance étendue des réalités singulières. Dans l'ordre pratique, son expérience lui permet d'apprécier intuitivement les principes d'où il raisonnera sur ce qui est à faire. Dans ce domaine comme en matière spéculative, l'homme sage est capable de saisir intuitivement les principes et d'en tirer logiquement les conséquences. Mais c'est sur le premier volet, intuitif que porte principalement la science expérimentale qui aux yeux du disciple de Robert Grosseteste manque si cruellement aux jeunes artiens de Paris.

Toutefois il s'empresse d'ajouter que cette science qui repose sur les sens externes n'est que la première étape d'une science expérimentale qui se creuse encore de sept autres degrés intérieurs. Et il précise bien qu'une telle science purement humaine et portant sur les réalités corporelles ne saurait suffire à l'homme[16]. Elle n'atteint pas une certitude suffisante en ce qui concerne les réa-

13. « Sed longe major causa erroris in sensu literali et spirituali accidit propter ignorantiam et proprietatem rerum in Scriptura. Nam sensus literalis consistit in rerum naturis et proprietatibus, ut per convenientes adaptationes et similitudines congruentes eliciantur sensus spirituales (...) Et primo contemnunt historiam naturalem ipsarum rerum in qua stat literalis sensus ; deinde eliciunt cum omni suavitate sapientiae sensus spirituales (...) Nam ubi dicitur : "Estote prudentes sicut serpentes, et simplices sicut columbae", voluit Dominus Apostolis insinuare ut intelligant naturam et proprietatem serpentis et columbae ; ut sicut serpens pro defensione capitis totum corpus involvit et exponit, sic et Christianus debet omnia quae sua sunt exponere pro capite suo Jesu Christo, nec unquam contra fidem faciat et amorem. Et cum columbina simplicitas non habeat asininum, nec vulpinae mentiatur simplicitatis figmentum, habeat tamen cautelam simplicem ei innatam » (*ibid.*, p. 357).

14. *Opus Majus*, VI, 1, éd. J.H. Bridges, Oxford, Clarendon Press, 1897, réimpr. anast., Frankfurt/Main, Minerva, 1964, t. II, p. 168.

15. *Cf. infra* n. 23.

16. « Sed duplex est experientia : una est per sensus exteriores et sic experimenta ea, quae in celo sunt per instrumenta ad haec facta, et haec inferiora per opera certificata ad visum experimur (...) Et haec experientia est humana et philosophica, quantum homo potest facere

lités corporelles. Quant aux spirituelles, elle ne saurait s'y élever. Une illumination intérieure doit donc l'accompagner, celle dont nous avons déjà parlé, celle reçue en plénitude par les patriarches et les prophètes, celle de la foi reçue par de nombreux fidèles après le Christ.

Cette expérience intérieure comporte sept degrés. Or les lumières reçues selon le mode de la seule science n'en constituent que le premier[17]. Le second ajoute à la science les vertus. Celles-ci clarifient l'âme et lui donnent accès à de nouvelles vérités inaccessibles sans elles. Le troisième degré correspond aux dons du Saint Esprit, le quatrième aux béatitudes, le cinquième aux sens spirituels, le sixième aux fruits, celui de la paix en particulier qui surpasse tous les sens, le septième enfin atteint l'extase.

Réduire le plaidoyer de Roger Bacon en faveur de la science expérimentale aux visées du positivisme moderne serait donc un grave anachronisme et un contresens patent. La connaissance expérimentale s'intériorise pour lui en une mystique très proche de celle de Bonaventure. Nous reconnaissons là un enseignement spirituel très répandu à l'époque. Il fait la richesse des couvents des ordres mendiants à ce siècle et aux suivants. Une de ses expressions picturales les plus admirables se trouve dans la chapelle des espagnols du cloître de Sainte Marie Nouvelle à Florence.

Mais cette expérience intérieure des réalités spirituelles n'a pour Bacon rien à attendre de la théologie, en particulier de celle des latins. Non sans misologie, Bacon évoque le cas de ces jeunes gens qui par la voie intérieure de cette expérience mystique parviennent à une perfection que bien peu de théologiens du monde latin purent atteindre faute d'une telle pureté d'âme.

Qui plus est, leur théologie s'avère inutile à la prédication. Nous reconnaissons ici encore une fronde propre à ce que M.-D. Chenu appelait le renouveau évangélique des ordres mendiants. Pourtant, dans la querelle qui va les opposer aux séculiers, Bacon ne leur semble pas très favorable[18]. C'est aux prélats qu'il

secundum gratiam ei datam ; sed haec experientia non sufficit homini, quia non plene certificat de corporalibus propter sui difficultatem, et de spiritualibus nihil attingit. Ergo opportet quod intellectus hominis aliter juvetur, et ideo sancti patriarchae et prophetae, qui primo dederunt scientias mundo, receperunt illuminationes interiores et non solum stabant in sensu. Et similiter multi post Christum fideles. Nam gratia fidei illuminat multum, et divinae inspirationes, non solum in spiritualibus, sed corporalibius et scientiis philosophiae» (*Opus Majus*, VI, 1, *ed. cit.*, t. II, p. 169).

17. «Et sunt septem gradus hujus scientiae interioris, unus per illuminationes pure scientiales. Alius gradus consistit in virtutibus. Nam malus est ignorans, ut dicit Aristoteles (...) Tertius gradus est in septem donis Spiritus Sancti, quae enumerat Isaïas. Quartus est in beatitudinibus, quas Dominus in evangeliis determinat. Quintus est in sensibus spiritualibus. Sextus in fructibus, de quibus est pax Domini quae exsuperat omnem sensum. Septimus consistit in raptibus» (*ibid.*, p. 170-171).

18. «Caeterum haec sunt de ecclesiastico officio ; praelatorum enim est exponere populo articulos fidei et morum ; et horum notitiam habet ecclesia sine studio theologiae, et habuit a principio per doctrinam Apostolorum. Nec habent theologi auctoritates praedicandi nisi dentur

attribue non seulement le pouvoir de confesser, mais aussi celui de prêcher. Aux prélats et à ceux qu'ils désignent pour cela, mais non aux théologiens, et pour lui, le fait d'avoir étudié la théologie ne saurait suffire à faire un bon prédicateur. Un jeune frère, explique-t-il, ayant suivi à peine une centaine d'heures de théologie, dont il n'a d'ailleurs cure pour cet office, pourra prêcher bien mieux que les plus grands maîtres en théologie. Car la connaissance requise pour cela, celle des vices et des vertus, des peines et des gloires est inscrite non dans les livres, mais dans les cœurs et dans le rituel de l'Église.

Or cette connaissance par expérience interne fait défaut selon Bacon aux théologiens de son temps, et c'est une preuve de plus de la corruption des études théologiques. Si le retour à une connaissance par expérience est nécessaire, c'est donc aux yeux du spirituel franciscain, pour des raisons morales et religieuses autant et plus qu'épistémologiques.

Ayant suffisamment prévenu contre l'écueil d'un anachronisme réducteur, nous pouvons revenir sur la spécificité de la science expérimentale que Bacon appelle de ses vœux. Il en distingue trois prérogatives sur les autres sciences dans le second chapitre du Livre VI de l'*Opus Majus*.

La première prérogative de la science expérimentale est qu'elle atteint ses conclusions par l'expérience et non comme les autres sciences au terme de raisonnements[19]. Elle est ainsi expérimentale "de A à Z", si l'on peut dire, à la différence des mathématiques déjà évoquées plus haut, et cela lui confère une plus grande certitude. L'homme de la science expérimentale est capable de tenir ensemble l'intuition des principes et la science des raisonnements qui conduisent aux conclusions «*quasi uno intuitu*» dira bientôt Descartes. Mais Bacon ignore la modalisation du *quasi*, car il a en tête comme modèle scientifique l'optique et non les mathématiques. Pour lui l'homme de la science expérimentale connaît

eis a praelatis; et ideo opus praedicationis non est officium theologorum, sed praelatorum, qui commitunt illud officium quibus placet. Scimus etiam pro certo et videmus ubique, quod unus simplex frater, qui nunquam audivit centum lectiones theologiae, quas si audivit non tamen curavit, qui melius sine comparatione praedicat quam maximi magistri theologiae. Et ideo manifestum est quod praedicatio non dependet a studio theologiae, sed a doctrina ecclesiae quae cuilibet nota est, et a notitia vitiorum et virtutum, poenae et gloriae, et hujusmodi salutiferorum, quorum notitia scripta est in cordibus ex usu ecclesiastici ritus. Et propter hoc praedicatio praecedit studium theologiae; licet certe non sit negandum quin bonus theologus multo melius debeat praedicare, cum tamen, ut dixi, videmus contrarium ubique. Et hoc est magnum argumentum quod studium theologorum corruptum est, cum illi, qui plus auctoritatis habent, minus bene praedicant, ut in pluribus et frequentius, sicut fide conspicimus oculata» (*Compendium studii Philosophiae*, éd. J.S. Brewer, dans: *Opera hactenus inedita Rogeri Bacon,* Londres, 1859, vol. I, III, p. 427-428).

19. «Et haec scientia habet tres magnas praerogativas respectu aliarum scientiarum. Una est quod omnium illarum conclusiones nobiles investigat per experientiam. Scientiae enim aliae sciunt sua principia invenire per experimenta sed conclusiones per argumenta facta ex principiis inventis» (*Opus Majus*, VI, 2, *ed. cit.*, t. II, p. 172).

ses conclusions intuitivement, comme l'homme d'expérience en éthique (songeons cette fois à l'*Éthique à Nicomaque* VI, 1143 b 12-13).

Mais c'est sans doute la seconde prérogative qui assure le primat de la science expérimentale sur les autres sciences[20]. Nous retrouvons ici un principe aristotélicien cité par Bacon dès le premier chapitre du livre VI[21]. Toute science exige de partir d'une opinion, et elle sera d'autant plus sûre qu'elle sera attestée par l'expérience. Plus exactement selon Bacon, il importe dans un premier temps de croire ceux qui savent, puis de faire soi-même l'expérience avant de parvenir à la compréhension rationnelle. Il l'illustre d'un exemple[22]. Qui aura entendu dire que l'aimant attire le fer, devra croire ceux qui le lui apprennent, avant de tenter lui-même l'expérience et de la comprendre. Notons au passage que le magnétisme restait à l'époque une propriété mystérieuse. Nous retrouvons ici un triangle cher à Robert Grosseteste. Entre la croyance et la science, il se plaît en effet à enfoncer le coin de l'expérience[23]. En donnant à ce dernier terme le sens d'expérimentation, comme dans l'exemple cité, Bacon ouvre indéniablement le champ d'une science expérimentale, avec toutefois les réserves déjà émises à cause de la richesse que revêt pour lui l'expérience tant externe qu'interne.

Ainsi, les vérités ultimes auxquelles parviennent les autres sciences doivent encore être vérifiées par l'expérience. Elle seule peut en fonder la certitude pour des sciences à qui elles n'appartiennent pas en propre, ni à titre de principes ni à titre de conclusions. Car portant sur les propriétés des choses, elle fournit aux autres sciences les principes mêmes sur lesquels elles vont pouvoir se construire. La troisième prérogative insiste au contraire sur l'autonomie de l'investigation expérimentale par rapport aux autres sciences, qui lui permet de pénétrer les secrets de la nature[24].

20. « Capitulum de secunda praerogativa scientiae experimentalis. Haec autem est quod veritates magnificas in terminis aliarum scientiarum, in quas per nullam viam possunt illae scientiae, haec sola scientiarum domina speculativarum potest dare ; unde hae veritates non sunt de primarum substantia, sed penitus extra eas, licet sint in terminis earum, quoniam nec sunt conclusiones ibi nec principia » (*ibid.*, VI, 12, VI, 2, *ed. cit.*, t. II, p. 202).

21. « Quod ergo dicit Aristoteles quod demonstratio syllogismus est faciens scire, intelligendum est si experientia comitetur, et non de nuda demonstratione » (*ibid.*, VI, 1, VI, 2, *ed. cit.*, t. II, p. 168).

22. « unde opportet primo credulitatem fieri, donec secundo sequitur experientia, ut tertio ratio comitetur. Si enim inexpertus magnetem trahere ferrum, nec audiens ab aliis quod trahat, quaerat rationem, ante experientiam nunquam inveniet » (*ibid.*, VI, 12, VI, 2, *ed. cit.*, t. II, p. 202).

23. « [P]onit enim Ieronimus tria verba greca equipollentia his tribus verbis : doctrinam, racionem et usum – didaskalia/dogma – peiran – logos » (Robert Grosseteste, *In Hexaemeron*, Prologue, éd. par R. C. Dales, Londres, British Academy « Auctores britanici Medii Aevi » 6, 1990, p. 33 ; *cf.* notre commentaire dans *Théologie et Noétique*, *op. cit.*, p. 103-104).

24. « Tertia autem dignitas hujus scientiae est. Et est ex propriis per quae non habet respectum ad alias scientias, sed sua potestate investigat secreta naturae » (*Opus Majus*, VI, 12, *ed. cit.*, t. II, p. 215).

La perspective épistémologique semble ici exactement inverse de celle d'Aristote. Selon lui, la métaphysique est la science subalternante parce que, portant sur les concepts les plus abstraits, elle fournit aux autres sciences leurs principes. Au contraire, la science expérimentale de Bacon est la moins abstraite qui soit. Pourtant, découvrant par l'expérience les propriétés mêmes des choses, elle fournira des connaissances nouvelles aux autres sciences.

Remarquons toutefois que dans cette mise en avant de la science expérimentale, c'est moins la philosophie d'Aristote qui est ici refusée par Bacon que sa version latine qu'il se déclare prêt à brûler[25]. Il vit, il est vrai, à une époque qui a la réputation d'avoir le bûcher facile, mais on mesure ici combien les positions de ce novateur partisan de la science expérimentale peuvent être réactionnaires face à l'accueil d'Aristote par les latins qui demeure un facteur majeur de progrès en son temps.

Ne nous y trompons pas pourtant. Ce n'est pas le contenu de la science d'Aristote qu'il refuse, ce sont ses traductions latines qu'il incrimine. Il est vrai qu'au passage par l'arabe, voire en amont ou en aval par le syriaque ou l'hébreu, le texte grec parfois difficile s'était chargé d'obscurités supplémentaires. Aussi vaudrait-il mieux selon Bacon pour les latins qu'Aristote n'eût jamais été traduit, et s'il ne tenait qu'à lui, il allumerait volontiers le bûcher qui pourrait en faire disparaître les versions latines frelatées.

Et il se réclame en cela de Robert Grosseteste, dont il dit qu'il sut négliger complètement l'Aristote latin pour se tourner vers d'autres auteurs ou revenir de la lettre de ces textes à leur esprit en menant ses propres investigations expérimentales. Et Bacon de citer en exemple de cela les traités de son maître sur l'arc-en-ciel et les comètes. Il est certain que dans le domaine de la physique et surtout de l'optique, Bacon est un novateur accueillant aux nouveautés de la science arabe qui ne passent pas par Aristote. Ce thème de l'arc-en-ciel occupe

25. « Certus igitur sum, quod melius esset Latinis, quod sapientia Aristotelis non esset translata, quam tali obscuritate et perversitate tradita, sicut eis qui ponuntur ibi triginta vel quadraginta annos ; et quanto plus laborant, tanto minus sciunt, sicut ego probavi in omnibus qui libris Aristotelis adhaeserunt. Unde dominus Robertus, quondam episcopus Lincolnensis sanctae memoriae, neglexit omnino libros Aristotelis et vias eorum, et per experientiam propriam, et auctores alios, et per alias scientias negotiatus est in sapientialibus Aristotelis ; et melius centies milesies scivit et scripsit illa de quibus libri Aristotelis loquuntur, quam in ipsius perversis translationibus capi possunt. Testes sunt tractatus domini episcopi De Iride, De Cometis, et de aliis quod scripsit. Et sic omnes qui aliquid sciunt, negligunt perversam translationem Aristotelis, et quaerunt remedia sicut possunt. Haec est veritas quam nolunt homines perditi in sapientia considerare, sed quaerunt solatium suae ignorantiae sicut bruta. Si enim haberem potestatem super libros Aristotelis ego facerem omnes cremari, quia non est nisi temporis amissio studere in illis, et causa erroris et multiplicatio ignorantiae, ultra id quod valeat explicari. Et quoniam labores Aristotelis sunt fundamenta totius sapientiae, ideo, nemo potest aestimare quantum dispendium accidit Latinis, quia malas translationes receperunt philosophi. Et ideo non est remedium plenum ubique » (*Compendium studii Philosophiae*, *ed. cit.*, p. 469).

une part considérable de la sixième partie de l'*Opus Majus* centrée sur la science expérimentale. Il a fait l'objet d'une littérature abondante et nous ne nous y étendrons pas ici[26].

Indéniablement, plus encore que la météorologie, la science optique est pour lui de première importance comme en témoigne le fragment de l'*Opus Tertium* édité par P. Duhem[27]. Il y a ainsi une utilité directe de cette science de la vision pour la théologie où ce thème joue un rôle prépondérant – nous n'y reviendrons pas ici. Bacon est sans doute un des premiers à intégrer l'apport d'Alhazen. Toutefois, en cela comme dans sa défiance à l'égard de l'Aristote latin, l'élève dépasse le maître. On sait en effet que l'évêque de Lincoln ne négligea pas de reprendre et de compléter la traduction latine de *l'Éthique à Nicomaque*.

Ce qui en tout état de cause échappe au maître ès arts, c'est l'apport de la métaphysique d'Aristote à la théologie de son temps. Comme l'a relevé C. Bérubé[28], il en reste à une théologie symbolique et non spéculative, ce qui limite d'autant l'apport de la philosophie. De plus ce partisan de la science expérimentale n'est pas un esprit métaphysique. Il a même tendance à réduire ce domaine à celui de la logique.

Bien avant Hegel, il relève un parallèle entre le contenu de la métaphysique et celui de la logique. Mais il le met en évidence dans le cadre des différents livres de la *Métaphysique* d'Aristote et de sa logique[29].

26. Voir J. Hackett, « Roger Bacon on *scientia experimentalis* », *art. cit.*, pour un point rapide sur la question.

27. « Sed postquam comparavi potestatem istius scientie prout est necessaria ad sapientiam philosophie absolute, tunc comparavi eam ad sapientiam divinam absolute et relate, et ostendi in exemplis quomodo necessaria est sapientie divine intelligende et exponende. Nam nihil plus multiplicatur in Scriptura sicut ea que pertinent ad visionem et lucem, et colores, et specula, et hujusmodi ; Scriptura enim pregnans est his. Dicit enim Apostolus : "Videmus eum nunc per speculum in enigmate, tunc autem facie ad faciem". Et beatus Jacobus comparat auditorem verbi, qui non est factor, homini consideranti vultus nativitatis sue in speculo. Et audivi hic magistrum in Theologia famosum dicere : quod istud simile attenditur in hoc, quod ymago videtur in speculo, et non res, et ideo statim obliviscitur qualis fuerit, sicut Jacobus dicit ; et omnes credunt hoc ; sed falsum est hoc. Nam ostendi in hac scientia, quod res ipsa sola videtur, et non ymago aliqua. Et ideo videmus facie ad faciem, sed non per rectas lineas, sed per reflexas, et reflexio multum debilitat speciem ; et ideo obscure et sub enigmate videmus. Non igitur intellexit Apostolus quod videns alium, vel seipsum, in speculo nullo modo videat facie ad faciem, sed quod non per visionem rectam, licet per reflexum videamus facie ad faciem ; et ideo sub enigmate et obscuritate. Enigma enim grece signat obscuritatem latine, et non est ymago, vel species. Sed talia sunt exempla pene innumerabilia in Scriptura, que indigent certa interpretatione per hanc scientiam, sicut ostendi in hac scientia » (*Opus Tertium*, Fragment, éd. P. Duhem, dans : *Étude sur un fragment inédit de L'Opus Tertium de Roger Bacon*, Quaracchi, 1909, c. 8, p. 96-97).

28. C. Bérubé, *De la philosophie à la sagesse chez saint Bonaventure et Roger Bacon*, *op. cit.*, p. 78.

29. « Aristoteles dicit : "de eisdem est metaphysica et dialectica, sed differunt in regimine vite". Hoc est <verum> secundum Avicennam primo *Metaphysicae* in modo non in re, quan-

En réduisant ainsi le contenu philosophique des premiers livres de la *Métaphysique* à ce qui lui correspond d'un point de vue critique dans les *Analytiques* ou les *Topiques*, n'en manque-t-il pas l'essentiel ? En tout cas l'intérêt de la métaphysique d'Aristote pour la théologie semble lui échapper. Mais cela ne signifie nullement qu'il s'en tient à la positivité des sciences expérimentales et à la lettre de l'Écriture en une dissociation résolument moderne. La philosophie a bien un rôle de médiation à jouer entre elles, mais son sommet n'est nullement spéculatif. Il ne se trouve pas dans la métaphysique, mais dans l'éthique, aux yeux du maître franciscain.

DE LA PHILOSOPHIE À LA THÉOLOGIE PAR LA MORALE

Car l'éthique constitue effectivement pour Bacon le sommet de la philosophie. Science de la finalité humaine par excellence qu'est la félicité, elle est aussi la finalité des autres sciences. Comprendre cela c'est porter sur l'ensemble de l'œuvre de Bacon un regard nouveau auquel invite J. Hackett[30]. Si le maître franciscain entend fonder la science expérimentale, c'est dans un but éthique, voire apologétique. C'est parce qu'elle recherche comme la théologie le salut de l'homme, mais dans la mesure de ses moyens, que l'éthique est à ses yeux la discipline la plus digne d'en être rapprochée. Notons d'ailleurs que la théologie est ici conçue, elle aussi, comme une science pratique, ce qui n'a rien d'étonnant car cette opinion était partagée par tous les maîtres jusqu'à ce que Thomas

tum ad substantiam considerationis utrobique. Nam qui bene scit metaphysicam videbit quod primus liber docet inventionem scientiarum via sensus, memorie et experientie ; quam logica in fine libri *Posteriorum* docet. Et in principio illius libri *Posteriorum* et in secundo multa tanguntur de origine sciencie, et in aliis libris logice haec metaphysicae consortia satis patent. Secundus liber *Metaphysicae* continet fundamenta magna logicae in diversis locis, de quibus postea fiet mentio. Tertius liber est totus logicus, sicut liber *Topicorum*, quia in illis disputat per argumenta dialectica positiones philosophorum. Quartus liber communicat valde cum logica propter divisionem entis et unius, et propter declarationem huiusmodi principiorum logicae "de quolibet affirmatio vel negatio et de nullo ambo". Et quintus liber totus est logicalis, quia ibi distinguuntur vocabula, ut de modis per se, et aliis quae sunt communia logicae et metaphysicae. Sextus liber est de vero et falso, et de veritate propositionum de futuro, et de ente per accidens, quae sunt logicalia. Septimus et octavus sunt principaliter de diffinitione, de qua docetur sexto *Topicorum* et libro *Posteriorum*. Nonus liber est de potencia passiva et activa, et de potentia rationali et irrationali, de quibus docetur fine libri *Perihermeneias*. Decimus explicat divisionem entis et unius, et quattuor genera oppositionum, de quibus in *Predicamentis* docetur. Hoc ideo dixi ut advertatur quod metaphysicus in decem libris eadem tractat secundum Aristotelem et Avicennam in substantia que logica, licet modo differat » (*Compendium Theologiae*, éd. Th. S. Maloney, Leyde, Brill, 1988, p. 51-52).

30. Voir en particulier « Practical wisdom and Happiness... » et « Philosophy and Theology... », *art. cit.*

d'Aquin fît passer la dimension et la finalité spéculative de la théologie avant sa finalité pratique[31].

Ordonner l'homme à Dieu, au prochain et à lui-même, telle est la fin de l'éthique, en quoi elle ne diffère guère de la quête théologique du salut. Simplement cette dernière peut mobiliser à cet effet des moyens plus efficaces : ceux de la foi au Christ.

L'articulation de la philosophie et de la théologie s'opère donc par le sommet. Or ce sommet est éthique et non métaphysique. Ce dernier domaine (que nous avons vu Bacon réduire à la logique) converge d'ailleurs vers l'éthique en tant qu'il en dispose les préambules[32]. L'éthique et la métaphysique ont le même champ d'investigation concernant Dieu, les anges, la vie éternelle. Mais la métaphysique opère sa remontée des choses corporelles vers les spirituelles, des créatures au Créateur, de la vie présente vers la vie éternelle, préparant ainsi le terrain de l'éthique.

Or ce caractère ultime de l'éthique en philosophie justifie pour Bacon qu'elle reçoive de toutes les autres sciences les principes qu'elle utilise. Nous avons déjà évoqué cette spécificité pratique de la conception baconienne de la subalternation. C'est parce qu'elle en est la fin que l'éthique reçoit comme ses principes propres les conclusions de toutes les autres sciences[33]. Leurs résultats ne leur

31. « Haec vero practica vocatur moralis et civilis scientia quae ordinat hominem ad Deum et ad proximum, et ad seipsum, et probat has ordinationes, et ad eas nos invitat et excitat efficaciter. Haec enim scientia est de salute hominis per virtutem et felicitatem complenda ; et aspirat haec scientia ad illam salutem, quantum potest philosophia. Ex quibus in universali patet quod haec scientia est nobilior omnibus partibus philosophiae. Nam cum sit sapientiae humanae finis internus, et finis est nobilissimum in re qualibet, oportet quod haec scientia sit nobilissima. Similiter de iisdem negotiatur haec sola scientia, vel maxime, de quibus Theologia : quia Theologia non considerat nisi quinque praedicta licet alio modo, scilicet in fide Christi. Et haec scientia multa praeclara testimonia de eadem fide continet ; et a longe articulos principales olfacit in magnum adjutorium fidei Christianae ut sequentia declarabunt. Sed Theologia est scientiarum nobilissima ; ergo illa quae maxime convenit cum ea est nobilior inter ceteras. » (*Opus Majus*, VII, 1, *ed. cit.*, t. II, p. 224 ; = *Moralis Philosophia*, éd. F. Delorme-E. Massa, Zurich, 1953 [désormais : Delorme-Massa], p. 4).

32. « Sciendum autem quod Metaphysica et Moralis Philosophia maxime conveniunt ; nam utraque de Deo negotiatur et angelis et vita aeterna et hujusmodi, licet diversimode. Nam Metaphysica per communia omnium scientiarum investigat propria Metaphysice, et per corporalia investigat spiritualia, et per creata reperit Creatorem, et per vitam praesentem negotiatur circa futuram, et multa praeambula ad Moralem Philosophiam praemittit » (*ibid.*, p. 226 ; Delorme-Massa, p. 7).

33. « Et quoniam Moralis Philosophia est finis omnium partium philosophiae, necesse est ut conclusiones aliarum scientiarum sint principia in ea secundum formam praecedentium scientiarum ad sequentes ; quia conclusiones praecedentium supponuntur in subsequentibus naturaliter. Et ideo conveniens est ut sint in praecedentibus bene probatae et certificatae, ut mereantur accipi in usu scientiarum sequentium, secundum quod ex metaphysicis patens est. Et ideo principia Moralis Philosophiae certificantur in scientiis praecedentibus : et propter hoc debent haec principia extrahi ex aliis scientiis, non quia sunt illarum sed quia ea suae domina-

appartiennent pas en propre mais doivent en être extraits, car ils ne prennent leur sens que dans la mesure où ils ont préparé le terrain de la science architectonique *(dominatrix)*. C'est d'ailleurs à elle qu'ils doivent être attribués, et les sciences subalternes où on les relève ne font que les «réciter». Le sens même des autres sciences dépend donc de leur finalisation à l'éthique, car, par elle, elles sont toutes ordonnées au bien de l'âme[34]. Cette dernière fin est la seule qui puisse assigner une valeur morale à notre action ou à toute spéculation menée par les sciences. Nous ne pouvons donc en user de manière juste qu'en les rapportant à la fin que leur assigne la science morale[35].

Toute science est ainsi finalisée à l'éthique et par ce sommet des sciences profanes, s'opère pour Roger Bacon la jonction avec la théologie. Car celle-ci va à son tour constituer l'horizon qui confère à la sagesse pratique profane sa finalité ultime. Toute sagesse garde en effet pour lui une finalité pratique. Il rappelle dès le début de *l'Opus Tertium* que la sagesse est au service de l'intelligence des vérités de foi, de leur mise en pratique, de leur prédication dans l'apostolat, de leur défense ainsi que de celle de la société religieuse, voire de la conversion des infidèles et de la répression militaire de ceux qui y résistent[36].

Mais nous l'avons vu, tant au plan spéculatif que pratique, la philosophie a conscience de son insuffisance. Elle aspire à une science supérieure capable de parvenir à la plénitude de la connaissance qu'elle vise. Or cette science ne saurait être pour Bacon que la théologie chrétienne[37]. La philosophie ne se satis-

trici praeparaverunt. Unde ubicumque inveniantur ascribenda sunt Morali Philosophiae, quoniam secundum substantiam sunt moralia. Et licet in aliis scientiis recitentur, hoc est propter gratiam philosophiae moralis. Quapropter omnia hujusmodi reputanda sunt de philosophia morali et ei ascribenda» (*Opus Majus*, VII, 2, *ibid*., p. 224-225 ; Delorme-Massa, p. 4-5).

34. « Et haec est scientia optima, et respectu cujus aliae non habent comparationem ; quia haec sola docet bonum animae. Caeterum isti omnes aliae sunt subjectae, et propter quam omnes aliae sunt inventae. Haec enim est finis omnium et domina et regina. Nec potest utilitas alicujus esse nisi respectu istius scientiae, quia ea quae sunt ad finem non habent utilitatem suam nisi a fine. In se enim vana sunt et inutilia. (...) Et dico quare secundum veritatem, non secundum aestimationem cujuslibet ; quia nisi bonum animae consideretur, in quolibet opere et in qualibet occupatione, ut omnia fiant et considerentur propter illud bonum, omnia sunt cassa et vana, et nihil sunt ; sicut non solum fides nostra docet, sed doctrina philosophorum quae in morali philosophia traditur» (*Opus Tertium*, *ed. cit.*, p. 53).

35. «Et ideo si volumus uti eis secundum jus suum, necesse est ut in scientia morali ab omnibus aliis colligantur» (*Opus Majus*, VII, 1, VI, 2, *ed. cit.*, t. II, p. 225 ; Delorme-Massa, p. 5).

36. *Cf. Opus Tertium*, *ed. cit.*, p. 3-4.

37. «Scit enim philosophia suam imperfectionem, et quod deficit a plena cognitione eorum quae maxime sunt cognoscenda, sicut Aristoteles dicit in Metaphysica pluries, et Avicenna similiter, ut tactum est superius et iterum suo loco tangetur. Et propter hoc devenit philosophia ad inveniendum scientiam altiorem, et probat quod debet esse, licet non in speciali valeat eam explicare, et haec scientia est tota divina, quam theologiam perfectam vocant philosophi, et ideo philosophia elevat se ad scientiam divinorum. Item soliciti fuerunt philosophi super omnia inquirere de certificatione sectae in qua esset salus hominis, et dant modos probandi

fait donc pas de sa théologie naturelle. Elle se met à chercher parmi les religions s'il en est une qui parle de manière pleinement satisfaisante du salut de l'homme et de la bonté divine. Or à la différence des autres, la religion chrétienne est porteuse d'un enseignement dont la valeur est universelle. C'est ainsi la philosophie qui découvre par elle-même la théologie catholique comme la doctrine de la religion la plus efficace. Mais cette découverte va s'accompagner d'un effet en retour. La doctrine de la religion chrétienne va ainsi faire parvenir la sagesse profane à un degré supérieur d'unification.

DE LA THÉOLOGIE CHRÉTIENNE À LA PERFECTION DE LA PHILOSOPHIE

Car si la jonction s'opère bien par la morale qui est la fin de toute philosophie, cette finalisation pratique de la philosophie n'efface pas la distinction entre sa partie spéculative et sa partie proprement morale[38]. Mais dans une perspective chrétienne, connaître Dieu et l'aimer ainsi que le prochain, c'est tout un. La sagesse chrétienne atteint la perfection de la morale dans la théologie et ajoute ainsi aux vérités découvertes par les païens, celles divines révélées aux Chrétiens.

La loi morale que Bacon considère comme celle des chrétiens ajoute en effet des articles à celle des philosophes. Elle doit donc être précédée par une spéculation doctrinale traitant essentiellement de Dieu et dépassant celle des païens. Le dépassement du dualisme entre éthique et métaphysique profanes par la théologie chrétienne induit ainsi un supplément à la métaphysique. Or ce supplément, issu de la foi, mais formulé en termes philosophiques sera commun à la philosophie ainsi dûment complétée et à la théologie, si bien qu'il prendra une valeur universelle, irréfutable pour qui sera instruit dans la philosophie des infidèles[39].

hoc praeclaros, sicut ex moralibus manifestum erit. Et inveniunt certitudinaliter quod aliqua debet esse secta fidelis et sufficiens mundo, cujus proprietates assignant, quae non possunt reperiri nisi in secta Christi, ut probatur suis locis, et ostenditur quod de bonitate Dei est et necessitate humana quod sciatur ab hominibus haec secta fidelis» (*Opus Majus*, II, 18, *ed. cit.*, t. II, p. 75).

38. «Praeterea tota philosophia speculativa ordinatur in finem suum qui est philosophia moralis. Et quia finis imponit necessitatem eis quae sunt ad finem, ut Aristoteles dicit secundo Physicorum, ideo speculativa scientia semper aspirat ad finem suum et erigit se ad eum, et quaerit vias utiles in ipsum, et propter hoc potest philosophia speculativa praeparare principiis moralis philosophiae. Sic igitur se habent duae partes sapientiae apud infideles philosophos; sed apud Christianos philosophantes scientia moralis propria et perfecta est theologia, quae super majorem philosophiam infidelium addit fidem Christi et veritates quae proprie sunt divinae» (*ibid.*, II, 19, p. 76-77).

39. «Et hic finis habet suam speculationem praecedentem, sicut moralis philosophia infidelium habet suam. Quae igitur est proportio finis ad finem est proportio speculationis ad speculationem; sed finis ut lex Christiana, super legem philosophorum addit articulos fidei expressos per quos complet legem moralis philosophiae, ut fiat una lex completa. Nam lex Christi leges et mores philosophiae sumit et assumit, ut certum est per sanctos et in usu theo-

Ceux-ci, parce qu'ils étaient privés de la foi, ne pouvaient découvrir les vérités apportées par les chrétiens. Ces derniers peuvent donc considérer que la philosophie est tout entière à réinventer pour être rendue adéquate à la fin nouvelle apportée par la Révélation chrétienne. Ce supplément d'âme apporté par le christianisme à la philosophie peut sembler paradoxal, puisque ce sont des vérités issues de la foi en la révélation qui sont censées prendre une valeur universelle même pour les incroyants. Mais c'est en quoi consiste pour Roger Bacon l'inventivité de la philosophie pratiquée en régime chrétien : elle devient capable de traduire en des termes de portée universelle le contenu d'abord privé d'une révélation initiale. Le projet de Roger Bacon n'est pas sans affinités avec celui qui avait vu le jour dans les *Conférences* d'Abélard, et qui mûrira chez un Raymond Lulle ou plus tard encore chez Nicolas de Cues : parvenir à une « paix de la foi » en traduisant en termes philosophiques le contenu de la religion la plus universelle. L'expression rationnelle de son contenu ne devrait-elle pas permettre de mettre d'accord toutes les religions et toutes les philosophies sur la base de cette doctrine la plus parfaite possible ?

Reste à formuler une telle plate-forme philosophique issue de la foi chrétienne et susceptible d'être accueillie favorablement par tout philosophe instruit. C'est dans la septième partie de l'*Opus Majus*, consacrée à la morale que l'on trouve une liste de dix-sept thèses comprenant des doctrines de théologie que Bacon considère comme chrétiennes, mais qui sont aussi pour certaines d'origine musulmane. En tout état de cause c'est par la seule métaphysique qu'il entend les prouver[40].

C'est ce que nous avons appelé par ailleurs les dix-sept thèses baconistes, en souvenir des vingt-quatre thèses thomistes du Père Garrigou-Lagrange[41]. Elles peuvent être ainsi résumées : (1) Dieu est. (2) Son existence peut être connue de tout homme naturellement. (3) Puissance, bonté, substance et essence infinies, Dieu doit être le meilleur, le plus sage et le plus puissant. (4) Il est un et non plusieurs en son essence. (5) Un en son essence, il est aussi trine selon un autre

logiae et ecclesiae. Ergo speculatio Christianorum praecedens legem suam debet super speculationem alterius legis addere ea quae valent ad legem Christi docendam et probandam, ut consurgat una speculatio completa, cujus initium erit philosophia speculativa philosophorum infidelium ; et complementum ejus erit superinductum theologiae et secundum proprietatem legis Chritianae. Et ideo philosophia completa apud Christianos debet sapere multum de divinis plus quam apud philosophos infideles ; et propter hoc Christiani debent considerare philosophiam ac si modo esset de novo inventa, ut scilicet eam facerent aptam suo fini ; et ideo debent multa addi in philosophia Christianorum, quae philosophi infideles scire non poterant. Et hujusmodi sunt rationes exsurgentes in nobis ex fide et auctoritatibus legis et sanctorum qui sapiunt philosophiam, et possunt esse communia philosophiae completae et theologiae. Et haec cognoscuntur per hoc quod debent esse communia fidelibus et infidelibus, ut sint ita nota cum proferuntur et probantur quod negari non possunt a sapientibus et instructis in philosophia infidelium » (*ibid.*, p. 77).

40. *Ibid.*, VII, 1, *ed. cit.*, p. 226-227.

41. *Cf. Théologie et Noétique*, *op. cit.*, p. 77-79.

mode qu'il appartient au métaphysicien de mettre en évidence. (6) Il a tout créé et gouverne toute chose selon son être de nature ; (7) non seulement les corps, mais aussi les intelligences angéliques, leur nombre et leurs opérations (pour autant qu'elles sont connaissables en métaphysique par la seule raison humaine) ; (8) non seulement les anges, mais aussi les âmes rationnelles des hommes, (9) qu'il a créées immortelles. (10) La félicité de l'autre monde est le souverain bien. (11) L'homme est capable d'une telle félicité. (12) Dieu gouverne le genre humain selon sa libre volonté *(in via moris)* comme il gouverne les autres réalités dans leur être naturel. (13) Ceux dont la vie morale est conforme à son gouvernement sont promis par Dieu à la félicité future, ceux qui vivent mal à un horrible malheur, comme l'affirme Avicenne dans sa *Métaphysique*. (14) On doit à Dieu un culte respectueux et dévot. (15) Comme l'homme doit par nature à Dieu le respect, il doit à autrui la justice et la paix, à soi-même l'honnêteté. (16) Toutefois, il ne peut connaître ces trois devoirs envers Dieu, le prochain et lui-même par sa propre recherche et a besoin que cette vérité lui soit révélée. (17) La révélation doit avoir lieu par un unique médiateur, entre Dieu dont il est le vicaire sur terre, et le genre humain qu'il gouverne au spirituel et au temporel comme législateur et grand prêtre. C'est encore l'autorité d'Avicenne qui est invoquée pour fonder cette doctrine d'un unique médiateur véritable, « Dieu humain », plus proche semble-t-il du Verbe incarné que du prophète.

Ces « dix-sept thèses baconistes » sont en fait fort hétéroclites[42], mais elles s'enchaînent logiquement. Les quatre premières nous semblent relever du domaine de la théologie naturelle. En fait la première : « Dieu est », est posée ici non comme une adhésion de foi, mais comme un principe métaphysique. De même, la seconde affirmant pour tout homme la possibilité d'une connaissance naturelle de l'existence de Dieu, entendons sans la grâce de la foi, est du registre de l'anthropologie dans la mesure où son fondement métaphysique n'est pas (encore) explicité. Car d'où vient à l'homme cette connaissance naturelle de Dieu ? Du fait qu'il en est la créature ? Il faut attendre la sixième proposition pour qu'une telle déduction devienne possible.

Notons que cette connaissance de Dieu ne porte que sur son existence et non sur son essence, ni sur ses attributs. Or c'est d'eux qu'il est question dans les troisième et quatrième thèses. On relèvera en particulier l'importance dans la troisième du thème de l'infinité divine[43]. Alors que certains de ses contemporains hésitent à accorder l'infinité à l'essence ou à la seule puissance divine, Bacon n'hésite pas à l'attribuer aussi à sa bonté.

42. Elles seront reprises en parties dans le traité *Testimonia gentilium de secta christiana*. À ce sujet, *cf.* Th. A. Orlando, « Roger Bacon and the *Testimonia gentilium de secta christiana* », *Recherches de Théologie ancienne et médiévale*, 43 (1976), p. 202-218.

43. Les travaux de L. Sweeney, B. G. Guyot, A. Côté et les miens montrent le lien de cette question avec les controverses et condamnations concernant la vision béatifique. Nous ne revenons pas ici en détail sur ces questions. *Cf.* Ch. Trottmann, *La Vision béatifique*, Rome, BEFAR 289, 1995, p. 187 *sq*.

Il en déduit d'ailleurs logiquement et par le simple passage de l'infini au superlatif, les attributs de Dieu connu comme souverain bien, souverainement sage et tout puissant. Notons que l'attribut de l'unité fait l'objet d'une quatrième thèse, immédiatement mise en relation avec la suivante concernant la Trinité. À ce sujet, relevons que Bacon se trouve aux côtés de Bonaventure parmi les maîtres qui considèrent possible une connaissance philosophique de la Trinité. On sait que dans le commentaire du *De Trinitate* de Boèce, Thomas d'Aquin affirmera au contraire que la connaissance de la Trinité atteinte par les philosophes platoniciens n'est pas une connaissance propre, mais repose seulement sur des similitudes appropriées. Pour lui donc, cette doctrine n'est accessible que dans la foi. Pour Bacon au contraire, il y a vers elle une voie mathématique et surtout éthique. On sait qu'après lui, Nicolas de Cues argumentera en faveur d'une démonstration philosophique de la Trinité de type néoplatonicien, susceptible d'emporter l'adhésion des non-chrétiens. L'enjeu apologétique est de taille.

Les propositions 6 à 9 concernent la Création et le gouvernement divin, doctrine qui pour Thomas requiert également la foi. Mais dans la perspective de Bacon, ce qui est d'abord révélé aux chrétiens est susceptible d'être traduit en termes métaphysiques, et c'est précisément à quoi il s'emploie dans ces quatre thèses concernant la Création. On relèvera que la création et le gouvernement se font *in esse naturae*, sans nécessitarisme toutefois, puisque la douzième thèse, sans s'étendre évidemment sur la grâce, évoque la différence du gouvernement divin exercé par Dieu sur les hommes *in via moris*.

La métaphysique baconienne de la Création concerne aussi naturellement les anges. Comme la plupart de ses contemporains, il n'a aucun mal à les identifier aux intelligences séparées aristotéliciennes. Il apporte même une précision terminologique : les substances spirituelles peuvent être désignées comme intelligences ou comme anges, selon qu'on considère leur nature ou leur fonction. En précisant que la connaissance des anges s'étend à leur nombre et à leurs opérations, Bacon a sans doute en vue le corpus aréopagitique. Mais ne relève-t-il pas de la théologie ? Il s'en réclame, il est vrai, mais s'inspire plus de l'héritage néoplatonicien que de la Révélation. Prudemment, Bacon introduit une modalisation : cette investigation métaphysique des quantités et opérations angéliques se tient dans les limites de ce qui est possible à la raison humaine.

On notera encore au passage que l'âme humaine est pensée avant tout comme substance spirituelle, sans aucune allusion à la théorie aristotélicienne qui en fait la forme du corps. Il est vrai que ces propositions sont inspirées largement d'Avicenne pour qui la définition de l'âme comme substance spirituelle ne contredit nullement la psychologie aristotélicienne. Du coup, l'immortalité de l'âme n'en est que plus facilement affirmée dans la thèse suivante. Il faudra le développement de l'averroïsme et l'intervention d'un pape pour qu'Albert le Grand donne quelques années plus tard toute son ampleur à cette question en des termes non moins métaphysiques.

Les propositions 10 et 11 et 13 concernent l'eschatologie. Nous ne revenons pas en détail sur ces questions que nous avons déjà étudiées par ailleurs. Notons seulement qu'en faisant de la félicité de l'autre monde le souverain bien, Bacon n'exclut nullement l'existence d'une autre félicité en ce monde. Au contraire, l'expression même la postule. Simplement, cette félicité atteinte par le philosophe ne saurait pour le maître ès arts franciscain constituer le bien ultime et souverain de l'homme[44]. Mais on pourrait lui objecter que cette finalité surnaturelle dépasse la puissance naturelle de l'homme. En répondant que l'homme est capable de la félicité de l'autre vie, Bacon ne prétend pas qu'il peut l'atteindre par ses seules forces naturelles. Il n'exclut pas la nécessité de la grâce mais omet prudemment de l'évoquer dans le cadre de ces thèses métaphysiques.

C'est d'ailleurs le sens de l'insertion de la douzième thèse (déjà évoquée plus haut) entre la onzième et la treizième concernant toutes deux les fins dernières. Il s'agit de rappeler la liberté de l'homme dans le cadre du gouvernement divin qui le conduit à la félicité céleste. La *via moris* s'oppose ici à la nécessité à l'œuvre dans le gouvernement des autres êtres naturels. Mais cette liberté préservée par le gouvernement de Dieu n'exclut nullement la nécessité de sa justice finale rétribuant les bons et les mauvais en fonction précisément de la conformité de leurs mœurs à sa volonté. L'eschatologie qui termine la métaphysique d'Avicenne est une aubaine pour la synthèse concordiste tentée par Bacon. Nous avons ici avant l'heure une «métaphysique des mœurs» inspirée par la convergence des monothéismes, mais aussi par l'exigence d'une rétribution eschatologique pour que l'obligation morale garde un sens.

De même les propositions 14 et 15 semblent une laïcisation du précepte évangélique: «Tu aimeras le Seigneur ton Dieu de tout ton cœur, de toute ton âme et de toutes tes forces et ton prochain comme toi-même». La présence même du terme de prochain indique la présence de la source chrétienne. Mais précisément l'effort métaphysique consiste à présenter le premier commandement de l'amour dû à Dieu comme une exigence de justice. Il s'agit moins d'un amour filial que d'un culte dû à Dieu en bonne piété et justice. Souvenons-nous en effet que la vertu de religion dépend de celle de justice dans la morale de Thomas, ce qui semble naturel à un esprit de son temps.

C'est d'ailleurs la même justice qui ordonne l'homme par rapport à Dieu, au prochain et à lui-même, précise la quinzième thèse. Simplement c'est à l'égard d'autrui qu'elle est explicitement mentionnée aux côtés de la paix, tandis qu'à l'égard de Dieu elle se traduit par la révérence qui lui est due et à l'égard de soi-même par une vie honnête.

Mais quelle est la mesure de cette justice? Est-elle simplement humaine? L'honnêteté personnelle suffira-t-elle à ordonner chacun au prochain et à Dieu? Si au contraire la mesure est divine, l'homme n'y suffira pas et aura besoin d'une révélation de Dieu qui ne pourra passer que par un médiateur unique. Ainsi, les

44. Voir à ce sujet J. Hackett, «Practical wisdom...», *art. cit.*

deux dernières thèses parviennent aux limites de cette ascension métaphysique et reconnaissent la nécessité d'une révélation religieuse pour fonder aussi bien la morale que le culte.

La seizième thèse nie donc la possibilité d'une morale naturelle: ce n'est pas seulement ce qu'il doit à Dieu que l'homme ne saurait déterminer par sa propre activité *(industria)*, mais même aussi ce qu'il doit au prochain et à lui-même. Il a besoin pour cela d'une révélation. Le maître franciscain, si persuadé de la primauté de la science éthique, ne compte pas comme le faisait Abélard sur la loi naturelle pour guider ceux qui n'ont pas la foi. Cela est cohérent avec sa conception de la révélation: en elle seule se trouve la perfection de toute science et de toute sagesse, qu'elle soit spéculative ou pratique. Ici, le refus de la morale naturelle ne concerne pas seulement la science éthique, mais la moralité des mœurs et le gouvernement moral de chacun.

Or si une révélation est nécessaire au gouvernement moral des hommes, il faudra bien quelque médiation pour qu'elle leur parvienne de Dieu. La plus efficace sera celle passant par un seul médiateur. Sans évoquer le mystère de l'Incarnation qui porterait effectivement, comme le relève Hegel, à sa perfection la médiation entre Dieu et les hommes, Bacon qui s'inspire d'Avicenne propose pourtant de ce médiateur des caractéristiques correspondant davantage au Christ qu'au prophète. Cependant, il entend encore les déduire au plan métaphysique. Le médiateur entre Dieu et les hommes devra du côté de Dieu être son vicaire sur terre, c'est à dire obéir à sa volonté, mais réciproquement l'ensemble du genre humain devra lui être soumis. La logique de la médiation exige cette perfection de l'ordre entre Dieu, son médiateur et l'ensemble du genre humain.

La grâce capitale, sans être explicitement mentionnée, trouve ici une traduction métaphysique. Cette soumission au médiateur est à la fois doctrinale et pratique pour Roger Bacon. Le genre humain lui doit la foi (*credere debet*), mais cela dans la mesure où il a été prouvé avec certitude qu'il est le médiateur parfait ainsi décrit. La foi métaphysique au médiateur baconien repose donc sur la raison et non sur une simple adhésion volontaire. Son pouvoir n'en est pas moins absolu puisqu'il est selon lui législateur et prêtre, doté de la plénitude du pouvoir temporel autant que spirituel. Ce «Dieu humain» inspiré par Avicenne à Bacon lui semble digne d'une adoration immédiatement inférieure à celle due à Dieu. Ici encore pas de mention de l'Incarnation, ce qui donne un concordisme étrange, fruit cependant d'un authentique effort métaphysique. Celui-ci ne vise pas seulement l'unité des savoirs scientifique, philosophique et théologique, spéculatif et pratique, mais aussi celle des différentes religions en une même sagesse pratique.

Roger Bacon espère que bien des vérités chrétiennes, dûment expliquées en termes philosophiques, pourraient être comprises des infidèles[45]. Il ne prétend

45. «Nam philosophi infideles multa ignorant in praesenti de divinis, quae si convenienter proponerentur eis et probarentur per principia philosophiae completae, hoc est per vivacitatem

pas qu'ils atteindraient ainsi rationnellement le contenu des articles de foi. Mais la compréhension des vérités qui en découlent leur serait fort utile, ainsi qu'à l'entente mutuelle. Préférant cette voie du dialogue à la guerre sainte, Bacon ouvre une autre tradition franciscaine suivie aussi par Raymond Lulle. Pour Bacon donc, tout érudit devrait pouvoir avoir un accès rationnel à des vérités issues de la foi chrétienne sans y adhérer nécessairement. Le débat philosophique, sans entraîner nécessairement des conversions spectaculaires pourrait être l'occasion d'un progrès spirituel pour tout homme sage (et non simplement rationnel au sens logique), en permettant de traduire en un langage universel des vérités d'origine révélée.

CONCLUSION

Car les domaines de la philosophie et de la théologie ne sont pas séparés par une frontière hermétique. Ils se recoupent au contraire. Cela impose d'ailleurs des devoirs à ceux qui philosophent. Ils ne peuvent rejeter les écrits des Pères de l'Église sous prétexte qu'ils puisent une partie de leur inspiration aux sources de la foi. Ils doivent donc lire les Pères qui souvent philosophent. Mieux, dans cette lecture, ils ne peuvent s'arrêter aux arguments que leurs auteurs tirent des livres de philosophie. Les philosophes lecteurs des Pères doivent s'abreuver de tous ceux employés par ces philosophes chrétiens[46]. Il y a pour Bacon un domaine de vérités communes à la philosophie et à la théologie et qui sont recevables tant par les incroyants que par les croyants. Les deux sciences ne sont donc pas hermétiques. Leur communication doit au contraire faciliter le dialogue entre les religions. Et cette communication devra avoir lieu dans les deux sens. Si la philosophie a le devoir de recourir à la théologie celle-ci devra aussi faire sienne toutes les richesses philosophiques.

rationis, quae sumit originem a philosophia infidelium, licet complementum a fide Christi, reciperent sine contradictione et gauderent de proposita sibi veritate, quia avidi sunt sapientiae et magis studiosi quam Christiani. Non tamen dico quod aliquid de specialibus articulis fidei Christianae reciperetur in probatione, sed multae sunt veritates communes rationales quas omnis sapiens de facili reciperet ab alio, quamvis secundum se ignoraret, sicut omnis homo studiosus et desiderans scientiam multa addiscit ab alio et recipit per rationales persuasiones, licet prius ignoravit eadem » (*Opus Majus*, II, 19, *ed. cit.*, t. I, p. 77-78).

46. « Non igitur mirentur philosophantes si habeant elevare philosophiam ad divina et ad theologicas veritates et sanctorum auctoritates, et uti eis abundanter cum fuerit opportunum, et probare eas cum necesse est, et per illas alia probare ; quoniam proculdubio philosophia et theologia communicant in multis. Et sancti non solum loquuntur theologice, sed philosophice, et philosophica multipliciter introducunt. Et ideo Christiani philosophiam volentes complere debent in suis tractatibus non solum dicta philosophorum de divinis veritatibus colligere, sed longe ulterius progredi usquequo totius philosophiae potestas compleatur. Et propter hoc complens philosophiam per hujusmodi veritates non debet ideo dici theologicus, nec transcendere metas philosophiae ; quoniam illa quae sunt communia philosophiae et theologiae potest secure tractare, et ea quae communiter habent recipi a fidelibus et infidelibus » (*ibid.*, p. 78).

Non seulement le recours aux raisonnements philosophiques en théologie est légitime, en vertu de l'unité de la révélation divine, mais il est encore un devoir[47]. Il s'agit d'assumer en théologie les vérités atteintes par les philosophes chéris de Dieu, attestant ainsi leur source commune. Mais il en va même du salut des philosophes. Car reprenant saint Paul (*Rm.* 1, 21), Bacon rappelle que ceux-ci se damnent s'ils en restent aux limites de leur science. Ainsi la dépendance de la philosophie et de la théologie apparaît mutuelle et réciproque, au prix sans doute d'un concordisme justifié par les meilleures intentions irénistes.

Ce qui fait la grandeur de la théorie baconienne de la subalternation, c'est que selon lui, la domination de la théologie et de l'éthique leur donne des devoirs mutuels. Bacon découvre ainsi, avons-nous écrit, une « démocratie des savoirs » où les services sont mutuels entre la reine et ses suivantes. La théologie chrétienne va plus loin que la philosophie. Si elle en reçoit des principes, elle les dépasse par la Révélation. Mais en retour, elle fournit à la philosophie en son sommet éthique un supplément d'âme métaphysique que nous avons décrit et commenté sous la forme des « dix-sept thèses baconistes ». La philosophie ainsi régénérée devient le terrain d'une conciliation entre les religions. Voilà qui donne à la réflexion baconienne sur les rapports entre philosophie et théologie une actualité qui ne saurait échapper au lecteur mesurant l'ampleur de sa réflexion au tournant du troisième millénaire. On notera que c'est ainsi à la philosophie que revient la mise en œuvre des finalités pratiques de toute sagesse.

47. « Ex his sequitur necessario quod nos Christiani debemus uti philosophia in divinis, et in philosophicis multa assumere theologica, ut appareat quod una sit sapientia in utraque relucens. Quam necessitatem volo certificare non solum propter unitatem sapientiae, sed propter hoc quod inferius oportet nos in philosophia revolvere sententias fidei et philosophiae magnificas, quas reperimus in libris philosophorum et in partibus philosophiae ; ut non sit mirum quod in philosophia tangam sacratissimas veritates, quoniam philosophis Deus multas concessit sapientiae suae veritates. Oportet igitur ut trahatur philosophiae potestas ad sacram veritatem quantum possumus, nam valor philosophiae aliter non lucescit, quoniam philosophia secundum se considerata nullius utilitatis est. Philosophi vero infideles damnati sunt, et "cognoverunt Deum, nec sicut Deum glorificaverunt, et ideo stulti facti sunt, et evanuerunt a cogitationibus suis", et ideo philosophia non potest aliquid dignitatis habere nisi quantum de ea requirit Dei sapientia » (*ibid.*, II, 15, p. 69).

GÉRARD SONDAG

MÉTAPHYSIQUE ET THÉOLOGIE DANS LES PROLOGUES DE LA *LECTURA* ET DE L'*ORDINATIO* (1ère PARTIE) DE JEAN DUNS SCOT

Les rapports entre métaphysique et théologie dans l'œuvre de Scot représentent un vaste sujet, ayant de multiples aspects. Aussi vais-je devoir le délimiter. Mais il faut auparavant tenter de dire comment ces rapports se présentent chez lui d'une façon générale.

Étienne Gilson a dit que pour Jean Duns Scot, la métaphysique ou la philosophie, c'est ce que le Philosophe, c'est-à-dire Aristote, a dit. Plutôt, c'est ce qu'Aristote et Avicenne ont dit. En effet, l'admiration de Scot pour Aristote et Avicenne n'est pas douteuse, ni feinte. Mais Scot est avant tout un théologien catholique. Il voit, certes, de bonnes choses à reprendre d'Aristote, mais il suspecte que les philosophes, qui prétendent procéder toujours par la simple raison, ont affirmé certaines choses non pas parce qu'elles étaient prouvées démonstrativement mais parce qu'elles étaient « consonantes avec [leur secte][1] », c'est-à-dire avec leur religion, et ceci est tout particulièrement vrai, à ses yeux, du mahométan Avicenne. Il trouve aussi chez les philosophes des idées qui ne concordent pas avec les enseignements de la Révélation, notamment les plus importants pour l'homme, à savoir ceux qui sont relatifs au salut. Et quand il met en balance les enseignements des philosophes et ceux de la Révélation, il est normal que le théologien incline en faveur des derniers.

En effet, si l'on suit sur certains points les philosophes, il faudrait conclure que Dieu se serait contredit. En voici un exemple. Selon la foi catholique, la fin de l'homme est de voir Dieu face à face, dans l'autre vie. Or, considérons ce que dit Aristote sur la connaissance des choses. Selon lui, l'existence d'une chose est proprement connaissable par les sens. Les sens, et notamment la vue, connais-

1. Jean Duns Scot, *Prologue de l'Ordinatio*, présentation et trad. annotée de G. Sondag, Paris, P.U.F. (« Épiméthée »), 1999, p. 59.

sent l'existence des choses, ils jugent si elles existent ou non. L'intellect, quant à lui, ne connaît pas l'existence des choses, mais leur essence. Il appréhende et conçoit leur nature en faisant abstraction de leur existence actuelle. Dans ces conditions, comment la vision bienheureuse sera-t-elle possible ? Elle ne le sera pas si l'existence est connue des sens uniquement. À moins donc que Dieu se soit contredit, il faut poser que l'existence d'un être peut être connue non seulement des sens, mais aussi de l'intellect, ceci grâce à un acte de connaissance appelé « intuitif », par lequel cet existant est connu comme existant et présent. Bien entendu, on peut toujours supposer, avec d'autres théologiens, que l'intellect de l'homme sera transformé pour avoir accès à la vision bienheureuse. L'inconvénient de cette thèse, c'est qu'elle entraîne en conséquence que ce ne sera pas nous, mais un être transformé, transfiguré, dont nous n'avons aucune idée, qui sera admis, s'il y est admis, à contempler Dieu face à face. Si nous voulons éviter cette inconséquence, nous devons poser dans l'intellect de l'homme la possibilité réelle d'une connaissance intuitive intellectuelle d'un existant comme existant[2]. Cependant, est-ce la foi seule qui nous conduit à cette conclusion ? Il ne le semble pas, car l'expérience nous l'apprend aussi. Ainsi, comme l'observe déjà Augustin, l'âme humaine est capable, dans l'expérience interne, de connaître sa propre existence par un acte qui, nécessairement, ne sera pas sensoriel mais intellectuel ou cognitif, ne sera pas discursif mais intuitif, c'est-à-dire comparable à une « vue ». Sans doute l'âme ne sait-elle pas exactement ce qu'elle est. Du moins, dit Augustin, elle ne peut s'ignorer. Elle peut errer sur bien des choses, mais non point sur le fait qu'elle est[3]. *Si fallor, sum*, dit la formule fameuse. Ainsi, en affirmant la possibilité réelle d'une connaissance intellectuelle intuitive d'un existant comme existant, Scot a corrigé Aristote, et ceci de telle façon que sur ce point il semble impossible pour nous de revenir au philosophe grec, parce qu'il ne correspond plus ni à notre attente, ni à notre expérience.

À partir de cet exemple, on voit comment, de façon générale, Scot conçoit les rapports entre philosophie et théologie. Pour lui, la règle des règles, c'est que Dieu agit toujours de façon rationnelle et parfaitement ordonnée[4] *(rationaliter et ordinatissime)*. Si donc il y a chez les philosophes des choses rationnelles, il faut les reprendre. S'il en est qui impliquent contradiction par rapport aux enseignements révélées, il faut les rejeter, et les remplacer par d'autres meilleures, en

2. Sur la notion de connaissance intuitive intellectuelle d'un existant en tant qu'existant et présent, *cf.* Jean Duns Scot, *Le Principe d'individuation*, trad. G. Sondag, Paris, Vrin, 1992, p. 78-79; *L'Image*, trad. G. Sondag, Paris, Vrin, 1993, p. 106.

3. Augustin, *La Trinité*, L. XV, 21, Paris, Institut d'études augustiniennes (« Bibliothèque augustinienne. Les œuvres de S. Augustin », t.16), 1997, p. 479.

4. « Quidquid Deus fecit, hoc scias, Deum fecisse recte» (*Reportata parisiensia* [= *Rep.*] I, d. 44, q. 2 ; in *Opera omnia*, éd. Wadding, réimpr. Paris, Vivès, 1891 *sq.* [= WV suivi du tome et de la page], XXIII, 498). « Dei perfecta sunt opera» (*Ordinatio* [= *Ord.*] IV, d. 4, q. 2, n. 3 ; WV XVI, 390).

accord avec ces enseignements. L'esprit de l'entreprise scotiste est donc fondamentalement conciliateur et unificateur, comme celui de l'entreprise thomiste, ou plus tard celle d'un Leibniz. Elle donne de grands résultats. Cependant, si la philosophie grecque et la Révélation judaïque puis chrétienne peuvent se concilier dans une large mesure, l'osmose n'est pas parfaite, comme le montre l'expérience historique. En effet, après les grands conciliateurs du XIIIe siècle scolastique, viendront les grands séparateurs, d'Ockham à Luther.

Après ce liminaire, je cernerai plus précisément mon sujet, mais de façon telle que ce sujet, après délimitation, sera tout de même placé sous les considérations générales qui précèdent. Je me propose d'examiner ici, de façon très sommaire, les relations entre métaphysique et théologie dans le Prologue de la *Lectura* et celui de l'*Ordinatio*, me limitant à la *pars prima* de ces deux textes parallèles.

La *Lectura* et l'*Ordinatio* sont des commentaires sur les *Sentences* de Pierre Lombard. La première est une version antérieure et moins développée de ces commentaires, la seconde une version ultérieure plus développée[5]. Elles commencent l'une et l'autre par un prologue.

La première question posée dans l'un et l'autre prologues est la suivante : est-il nécessaire qu'un enseignement soit surnaturellement révélé à l'homme en l'état présent, c'est-à-dire un enseignement tel qu'il ne peut le découvrir par les seules forces naturelles de son esprit ?

Il faut bien comprendre les termes de la question. Qu'est-ce d'abord que cet enseignement ? C'est celui qui nous apprend quelle est la fin de l'homme, et les moyens en vue de cette fin. Ce sont les enseignements de l'Écriture. Qu'est-ce ensuite que l'homme en l'état présent ? C'est l'homme tel qu'il est en l'état de la nature déchue, *status naturae lapsae*, appelé également *status iste*. En effet, selon une ancienne tradition qui a pris corps chez Saint Paul, notamment dans l'Épître aux Romains et l'Épître aux Galates, pour être ensuite mise en forme par Augustin, la nature humaine traverse trois états : l'état de la nature instituée, telle qu'elle est sortie des mains du Créateur, l'état de la nature déchue, qui résulte du péché originel (à moins qu'elle n'ait une autre cause – je reviendrai sur ce point), enfin l'état de la nature restaurée. L'homme se trouve présentement dans l'état intermédiaire. Dès lors, la question se présente comme suit : l'homme, tel qu'il est dans l'état présent, a-t-il besoin ou non qu'un enseignement lui soit communiqué, par quoi il apprend quelle est sa fin, c'est-à-dire la fin de son existence, et les moyens en vue de cette fin ?

Sur cette question s'opposent les *philosophi* et les *theologi*. Qui sont les *philosophi* ? Ce sont des partisans d'Aristote, mais d'un Aristote vu au travers des commentateurs musulmans, Avicenne et Averroès (il n'est d'ailleurs pas impos-

5. Concernant la signification des termes *sententia, lectura, ordinatio, cf.* Jean Duns Scot, *La Théologie comme science pratique (Prologue de la Lectura)*, introd., trad. et notes par G. Sondag, Paris, Vrin (« Bibliothèque des textes philosophiques »), 1996, p. 25-27.

sible que ce nom de *philosophi*, sous lequel Scot les désigne curieusement, comme s'ils représentaient à eux seuls toute la philosophie, soit une translitération latine du terme arabe par lequel les orthodoxes musulmans désignaient les partisans de la théologie naturelle, disciples des philosophes grecs). Qui sont les *theologi*? C'est Scot lui-même, mais c'est aussi Henri de Gand, dont il partage certaines conceptions[6]. Ce qu'il faut remarquer, c'est que l'opposition n'est pas ici entre philosophie et théologie, mais entre des personnages nommés les uns *philosophi*, les autres *theologi*. Les *philosophi*, dit le texte, tiennent pour la perfection de la nature. Les *theologi* savent l'insuffisance de la nature et la nécessité de la grâce. Pourtant, un dialogue peut s'engager entre eux. C'est que les uns et les autres partagent une certaine conception de l'esprit humain, bien qu'ils ne l'entendent pas exactement de la même manière.

Selon Aristote, toute faculté cognitive a un objet qui lui correspond, un *antikheimenon*. Cet objet est son objet naturel et adéquat. Par exemple, la vue a pour objet naturel et adéquat la couleur, plus généralement le visible. Cela signifie que toutes les couleurs particulières qu'il nous est possible de voir sont comprises sous cet objet premier qu'est la couleur. Il est dit naturel parce qu'il est procuré par la nature. Il est dit aussi adéquat, ce qui signifie que tout ce qui ne tombe pas sous cet objet excède la portée de la vue. Quel est maintenant l'objet naturel adéquat de l'intellect? Ici, la réponse n'est plus chez Aristote, mais chez Avicenne. Cet objet est l'être, dans son indifférence totale au sensible et à l'insensible, c'est-à-dire: ce qui est, qu'il soit sensible comme une chose matérielle, ou intelligible, comme une essence ou une quiddité, est l'objet naturel et adéquat de l'intellect en tant que tel. L'être est appelé aussi objet premier, car il ne peut être connu par rien d'antérieur et plus simple que lui.

De cette thèse, les *philosophi* tirent deux conclusions. Premièrement: puisque l'être est l'objet premier de l'intelligence, il contient en lui-même tous les objets particuliers, qui sont contenus en lui à l'état virtuellement connu et naturellement connaissable. La fin de l'homme peut donc être connue naturellement de l'homme. Deuxièmement: tout ce qui excède cet objet premier, c'est-à-dire tout ce qui n'est pas naturel mais surnaturel, est inconnaissable de nous.

Considérons la première conclusion. C'est manifestement la plus faible des deux. De ce que nous concevons l'être, il ne suit pas, évidemment, que nous puissions en déduire la connaissance de toutes choses. Ainsi, l'homme est un être, mais de la connaissance que nous avons de l'être, il ne suit pas que nous connaissions distinctement ce qu'est l'homme. De même, la géométrie, en tant qu'objet premier du géomètre, contient à l'état virtuellement connu toutes les vérités géométriques. Mais ce qui engendre la connaissance du triangle, c'est le triangle et non la géométrie. On montre la même chose d'une autre façon. C'est un principe évident que le tout est plus grand que la partie. De ce principe, nous

6. Pour un exposé récent sur les rapports entre Duns Scot et Henri de Gand, *cf.* Stephen D. Dumont, « Henry of Gent and Duns Scotus », dans: *Routledge History of Philosophy*, vol. III, Medieval Philosophy, London and New York, 1998.

pouvons déduire que le double est plus grand que la moitié. Mais nous ne pouvons pas en déduire que le quadruple est le double du double, car nous avons besoin pour cela d'un moyen terme particulier[7].

Considérons la seconde conclusion. Elle paraît plus redoutable. Comment l'esprit humain, demandent les *philosophi*, pourrait-il concevoir quelque chose de surnaturel? C'est impossible, puisque l'esprit humain, étant une nature, conçoit naturellement tout ce qu'il peut concevoir. En réponse à cela, Scot fait une distinction. Une connaissance, quelle qu'elle soit, peut être considérée doublement. Il faut distinguer l'agent qui la cause et le patient qui la reçoit. En effet, comme l'enseigne Augustin, *ab utroque notitia paritur, a cognoscente et cognito*: la connaissance est engendrée par l'un et l'autre, le connaissant et le connu[8]. Pour comprendre la suite, notons qu'il faut considérer en réalité trois éléments distincts, et non pas deux seulement[9]: premièrement l'objet; deuxièmement l'espèce intellectuelle (ou concept) qu'il engendre en concourant avec l'intellect, et par laquelle il devient connaissable de ce dernier; troisièmement cet intellect lui-même. Dans la connaissance naturelle des choses du monde, la distinction entre l'objet et son espèce subsiste évidemment et, par suite, l'extériorité de l'objet par rapport à l'intellect. Dans le cas d'une révélation surnaturelle, la différence essentielle est que ce qui la cause est un «objet volontaire», c'est-à-dire agissant librement. Cependant, comme dans le cas précédent, la structure triadique interdit toute confusion entre l'«agent surnaturel» (Dieu inspirant les rédacteurs de la Bible) et le «patient» (les hommes, auxquels est destinée la *doctrina,* ou enseignement révélé), ce qui est évident, mais aussi empêche toute confusion entre l'agent qui l'inspire, et l'enseignement inspiré. Cette précision est utile pour désarmer des objections auxquelles pourraient donner lieu certaines formules concises du texte de l'*Ordinatio*, s'agissant de la seconde confusion.

Si un intellect créé apprend la géométrie, la connaissance de la géométrie est doublement naturelle, par l'objet qui la cause, d'une part, pour l'esprit qui la reçoit, de l'autre. Supposons maintenant que la connaissance de la géométrie soit infusée chez un homme par l'agent surnaturel, Dieu en l'unique occurrence. Bien que la cause engendrant cette connaissance soit surnaturelle, c'est cependant grâce aux moyens de son intelligence naturelle que cet homme connaîtra la géo-

7. Jean Duns Scot, *Prologue de l'Ordinatio*, *op. cit.*, p. 113.

8. «On doit donc tenir avec certitude que toute chose que nous connaissons co-engendre en nous la connaissance que nous avons d'elle. C'est à la fois le connaissant et le connu qui engendrent en effet la connaissance» (Augustin, *La Trinité*, L. IX, 18, *op. cit.*, p. 109; voir également L. XI, 3, p. 167: «Quocirca ex visibili et vidente gignitur visio»).

9. Lorsqu'il distingue trois éléments (le connaissant, l'objet connu, l'espèce intelligible par laquelle l'objet est connaissable du connaissant), Duns Scot se démarque d'Augustin. Bien qu'en réponse à diverses objections il s'efforce de mettre Augustin de son côté (*cf. L'Image*, *op. cit.*, p. 118-119 et p. 144-145), il n'est pas douteux que sa gnoséologie est sur ce point différente de celle d'Augustin.

métrie. Par analogie, il est réellement possible qu'un intellect naturel reçoive et comprenne un enseignement surnaturel, c'est-à-dire révélé, d'autant que par cette révélation il faut entendre ici la «Révélation commune» ou «de loi commune», consignée dans la Bible, et non pas une révélation «spéciale», comme celle que Paul reçut, selon son témoignage. Cependant, le contenu de cette révélation commune, pour ce qui est du moins des vérités théologiques (par opposition aux règles pratiques, c'est-à-dire morales, qui en découlent, mais ne semblent pas constituer un obstacle insurmontable pour la compréhension, la difficulté étant ici d'application), ne sera pas conçu distinctement par l'intellect créé. Ainsi, l'infini est simple, il est même plus simple que le fini. Pourtant, nous ne concevons pas distinctement l'infini. De même, c'est une vérité théologique en soi que Dieu est trine. Or, concevant cela, que faisons-nous? Nous appliquons à un être que nous appelons Dieu la notion de la trinité, qui est extraite par nous des nombres ou autres choses. Or la trinité ne convient pas à Dieu de cette façon. La trinité des nombres est impaire, mais la Trinité divine n'est pas impaire, ni paire, puisqu'elle est une. S'ensuit-il que notre discours sur Dieu soit nul et non avenu? Non, il s'ensuit seulement que lorsque nous disons que Dieu est trine nous signifions plus que nous ne concevons. Certes, il est vrai que tout ce qui est signifié est d'abord conçu. Mais il est possible de signifier plus que ce qu'on peut concevoir. Si je dis, par exemple, que Dieu a fait le monde à partir de rien, c'est-à-dire non à partir de quelque chose, je signifie quelque chose qui est distinct, mais ce que je signifie distinctement, je le conçois confusément. La raison en est qu'il nous est difficile de comprendre comment une chose *incipit esse a nihilo*[10].

Bien que cet exemple ne soit pas de Scot lui-même, il peut servir à expliquer comment, pour ce qui est des plus hautes vérités théologiques, qui nous sont communiquées par l'Écriture, nous pouvons les concevoir, mais non pas les comprendre parfaitement. La Parole s'exprime dans un langage qui, nécessairement, est à notre portée, et ne diffère pas, en tant que langage, de celui que nous utilisons pour parler du monde[11]. Non seulement les mots sont les mêmes, mais les concepts exprimés par ces mots le sont aussi, nécessairement. Cette remarque pourrait, du reste, fournir une introduction élémentaire à l'une des thèses réputées les plus difficiles du scotisme, qui veut que les concepts transcendantaux, tels que l'être ou le bien, conservent une signification identique qu'on les applique à Dieu ou à la créature, en dépit de tout ce qui peut les séparer. C'est qu'il ne peut pas en être autrement. D'ailleurs, comme l'observe Scot, ceux qui rejettent en théorie l'univocité des concepts transcendantaux, comme s'il existait un concept de l'être (ou du bien), propre à Dieu, un autre différent, propre à la

10. *Cf. Ord.* II, d. 1, q. 2: «Utrum Deus possit aliquid creare» (Cité du Vatican, Typis polyglottis Vaticanis, «Ioannis Duns Scoti Opera omnia» [= Vat. suivi du tome et de la page], t. VII, p. 32-50).

11. Sur les rapports entre langage et théologie, *cf.* Gilbert Ostdieck, «Faith, Language and Theology», dans: *Deus et Homo ad mentem I. Duns Scoti*, Rome, 1972, p. 579-606.

créature, agissent en pratique comme si ces concepts étaient identiques. Ainsi font-ils, dirons-nous, quand ils enseignent que Dieu est bon. En effet, on chercherait en vain comment il se peut que le concept de bonté change de sens et reçoive un contenu différent, suivant le sujet dont il se prédique. Je laisse cependant ce point de côté, d'abord parce qu'il n'apparaît pas dans le texte des Prologues auxquels je me limite, ensuite parce qu'il faudrait montrer aussitôt après comment, en raison de l'infinité, mode intrinsèque de l'essence divine, l'univocité des concepts transcendantaux est compatible avec la singularité de cette essence.

À partir de ce qui a été dit avant cette digression, s'explique l'attitude de Scot envers les *philosophi*. Selon lui, ils mettent la barre trop haut. Ils croient savoir ce qu'est l'homme, et en déduisent que l'homme peut connaître naturellement la fin de l'homme. Mais c'est aller trop vite. En effet, la fin d'un être n'est connaissable de nous qu'à partir d'actes de cet être qui sont manifestes pour nous. Ainsi, nous savons qu'une pierre tend vers le bas, parce que nous expérimentons son acte, qui est la chute. Mais à partir de nos actes, quels qu'ils soient, nous ne pouvons pas conclure la fin de notre existence. C'est pourquoi un enseignement surnaturellement révélé est nécessaire à l'homme. Il lui est nécessaire non seulement pour connaître cette fin, mais aussi et surtout les moyens qu'il faut mettre en œuvre en vue de cette fin, puisque la théologie est avant tout une science pratique.

Dès lors, nous voyons ce que Scot concède à la connaissance naturelle de l'homme. L'homme se connaît-il? À-t-il une connaissance de son âme? Oui, mais ce n'est pas une connaissance distincte. Plus précisément, l'homme connaît son âme «sous des raisons générales, communes aux choses sensibles et aux choses non-sensibles». De même: l'intellect humain peut-il former, par ses seules forces naturelles, un concept de Dieu? Oui, et ce concept est positif. C'est le concept d'un *ens infinitum,* c'est-à-dire un être infini, à la fois intensivement et extensivement infini. Extensivement par l'immensité, intensivement par la perfection. Comment y parvient-t-il? Par la méthode dite des «perfections pures», déjà utilisée par Anselme de Canterbury [12]. Une perfection pure est une qualité qui peut être conçue sans aucun degré intrinsèque de limitation. Si nous prenons l'humanité, par exemple, pouvons-nous concevoir une humanité infinie? Non, et ceci prouve que si l'humanité est une perfection, elle n'est pas une perfection pure. Par contre, si nous prenons la qualité de la sagesse, nous pouvons la concevoir à son plus haut point de perfection, c'est-à-dire concevoir une sagesse infinie. Cela est possible parce que l'infini ne détruit pas la notion à laquelle il est conjoint, quand nous parlons d'une sagesse infinie. Une sagesse infinie n'est pas autre chose qu'une sagesse. C'est une sagesse portée à un degré

12. *Monologion*, c. 15. Sur l'utilisation par Duns Scot de ce concept anselmien, voir John Duns Scotus, *God and Creatures, The Quodlibetal Questions*, transl. with an Introduction, Notes and Glossary by F. Alluntis et A. B. Wolter, Princeton University Press, 1975, t. III, p. 530.

infini. Concevant une sagesse infinie, nous l'attribuons à Dieu. Et de même pour les autres perfections. Dieu étant Dieu, il est en effet impossible qu'une perfection qui se rencontre à un moindre degré chez la créature n'appartienne pas au Créateur. Et comme Dieu surpasse infiniment l'homme, il faut nécessairement que cette perfection existe en lui à un degré infini.

De cette façon, nous parvenons à une connaissance positive de Dieu, mais cette connaissance ne saisit pas Dieu ou la nature divine en tant qu'elle est «celle-ci», en tant qu'elle est *haec essentia*[13]. En tant qu'elle est «celle-ci», ou en tant qu'elle est celle qu'elle est, l'essence divine est une, mais Dieu, comme les Saints l'ont expliqué, c'est-à-dire comme l'ont expliqué les Pères de l'Église, est un en trois personnes. Or cela, nous ne pouvons pas le savoir naturellement. Une preuve *a contrario* est donnée par les Philosophes. Considérant le monde, ils ont pensé à juste titre qu'il y a à son origine un principe premier. Seulement, ils n'ont pu savoir que ce principe est le Dieu trine. Pourquoi? C'est parce que Dieu crée le monde en tant qu'il est un. Il faut donc que la Trinité nous soit enseignée. C'est la théologie, et non la métaphysique qui peut le faire. Du reste, lorsqu'elle analyse la Trinité, la théologie peine terriblement. De l'aveu de Scot lui-même, l'analyse du mystère trinitaire n'est pas autre chose qu'un exercice ou une exercitation théologique.

Toujours l'esprit humain peine à saisir la singularité des choses. Non seulement il peine à saisir la singularité suprême, qui est la singularité divine, mais encore l'homme peine à saisir sa propre singularité. Qui, en effet, peut dire qui il est exactement? Pour que l'homme puisse se connaître intégralement, il faudrait qu'il puisse se voir. Il faudrait qu'il soit doué du don d'autoscopie. Or nul ne se voit de cette façon. Il y a là quelque chose de déroutant, à jamais déroutant. Puisque Dieu nous dépasse infiniment, nous sommes prêts à admettre que nous ne pourrons jamais parvenir à saisir son essence en tant qu'elle est *haec essentia.* Mais dans le cas de la connaissance de l'homme par lui-même, cette distance n'existe pas. En effet, dans l'expérience interne, le connaissant est au plus proche du connaissable. Quand elle se connaît, l'âme est en même temps ce qui connaît et ce qui est connu. Pourtant, même dans l'expérience interne, il existe comme une barrière entre le connaissant et le connaissable, de sorte que, *pro statu isto*, c'est-à-dire en l'état présent, l'âme n'a pas une connaissance parfaite et intégrale de soi.

Apparaît ici la notion du *status iste*, *status naturae lapsae,* que j'ai évoquée plus haut, en reportant l'analyse à plus tard. Quelle est la cause de cet état? Scot avance deux explications possibles, sans choisir entre l'une ou l'autre. La première explication est par le péché originel. Le *status iste* est le résultat d'un châtiment. En se préférant à Dieu, Adam a attiré sur lui-même et sa descendance une punition, laquelle, du reste, est moins un châtiment qu'une privation: c'est la

13. Pour un exposé plus précis sur la signification de l'expression «haec essentia», voir Jean Duns Scot, *Prologue de l'Ordinatio*, *op. cit.*, p. 177-179.

privation de la justice promise. C'est pourquoi l'homme doit être justifié, c'est-à-dire reconnu juste à proportion de ses actes, que Dieu accepte librement comme méritoires. La seconde explication est moins harmatiologique, c'est-à-dire centrée sur le péché.

Quelle est, demande-t-on, la raison de cet état? Je réponds ceci: un "état" n'est pas autre chose qu'une "situation stable et permanente" *(stabilis permanentia)* établie par les lois de la sagesse [divine]. Or il a été établi par ces lois que notre intellect ne pourrait connaître dans l'état présent que les choses dont les espèces brillent dans une image, ceci soit en punition du péché originel, soit en raison de la concordance naturelle *(naturalem concordantiam)* des facultés de l'âme dans leurs opérations, qui fait que, comme nous le constatons, une faculté supérieure opère sur le même objet qu'une faculté inférieure, afin que chacune puisse exercer son opération. Ainsi en est-il de nous *de facto*, car lorsque nous concevons un universel, quel qu'il soit, nous imaginons en acte un singulier qui s'y rapporte. Cependant, cette concordance, qui existe *de facto* dans l'état présent, n'appartient pas à la nature de l'intellect en tant qu'intellect, et ne provient pas non plus du fait qu'il est dans un corps, car sinon il aurait nécessairement une concordance similaire dans le corps glorieux [le corps de la résurrection], ce qui est faux [14].

Le *status iste* est donc *de facto*, et non pas *de jure*. Il est de fait et non de droit. En second lieu, il impose une limite à notre intelligence. Il impose aussi des limites à l'union de nos facultés, intelligence, volonté et mémoire. En troisième lieu, il se définit comme une situation stable et permanente, qui aura été établie par les lois de la sagesse. Si telle est l'explication, nous devons reconnaître que le *status iste* est bon en quelque manière, puisqu'il provient d'une sagesse qui agit toujours *rationaliter* et *ordinatissime*. En disant cela, j'ai le sentiment d'outrepasser peut-être la pensée de Scot. Sans doute est-il téméraire de juger que l'état présent est en quelque manière bon. En réalité, il est mauvais, non pas intrinsèquement mauvais, mais mauvais par la privation du bien. Mais l'interprète doit se garder de tout jugement. Sa tâche est de tenter de saisir la cohérence de la pensée qu'il étudie. À cet égard, il me semble que le *status iste*, tel qu'il a été décrit par Scot lui-même dans les lignes que j'ai citées, est la clé véritable qui nous permet de comprendre ce qu'est pour lui la métaphysique [15]. Ce sera le dernier point de mon analyse.

Premièrement, la métaphysique est une science. Comme toute autre science, la science métaphysique est contenue dans son objet premier, qui est l'être. Mais, outre l'objet connu, il y a le sujet connaissant. Quel que soit le sujet connaissant, l'objet connu est ici le même. Il est donc «par soi connu». Mais le sujet connaissant peut être soit parfaitement proportionné à l'objet connaissable, soit imparfaitement proportionné. Prenons l'homme et l'ange. La science métaphysique de l'homme est inductive, remontant de l'effet à la cause. Au contraire, un intellect

14. *Ord.* I, d. 3, p. 1, q. 3, n. 187 (Vat. III, 113-114).

15. Pour un développement plus complet au sujet de l'interprétation scotiste du *status iste*, voir G. Sondag, «Duns Scot et Pascal sur les états de la nature», dans *Jean Duns Scot et la métaphysique classique*, Paris, Vrin, 1999, p. 103-115. *Cf.* également K. Pichl, «Die Philosophie des "pro statu isto" und die gegenwärtige Anthropologie», dans: *Deus et Homo ad mentem I. Duns Scoti*, Rome, 1972, p. 259-268.

jouissant de la présence et de l'évidence de l'objet premier pourra en déduire toutes les vérités par voie de conséquence. Dès lors, nous devons dire qu'il y a une métaphysique par soi connue par l'ange, et une métaphysique par soi connue par l'homme. Ce qui revient à dire qu'il existe une seule et unique métaphysique, connue par soi, mais considérée ou bien en tant qu'elle est dans l'intellect humain, ou bien en tant qu'elle est dans l'intellect angélique. L'ange et l'homme pensent la même chose, mais selon des modes différents.

Il en va de même en théologie. Il faut évidemment distinguer la théologie divine, c'est-à-dire la théologie telle qu'elle est connue de Dieu, et notre théologie, c'est-à-dire la théologie telle qu'elle est connue de nous. Pourtant, c'est le même objet, à savoir la nature divine, qui est conçu de nous imparfaitement, et de Dieu parfaitement. Ce qui diffère, ce n'est pas l'objet mais le mode de concevoir, qui est fondamentalement différent dans l'un et l'autre cas : discursif pour nous, intuitif pour Dieu. Si l'on y réfléchit un instant, on voit que cette idée de Scot est à la fois simple et frappante : Dieu et nous pensons la même chose. Non seulement quand nous nous appliquons à concevoir, autant qu'il est en nous, l'essence ou la nature divine, mais aussi quand nous appliquons notre pensée au choses du monde[16]. Car il y a dans le monde une trace de Dieu, puisque toutes choses sont conçues en fonction d'une idée exemplaire qui est en Dieu. C'est la *causa exemplaris*, héritée de Bonaventure, et que Scot ajoutera aux quatre causes aristotéliciennes.

Si nous revenons à la métaphysique, science par soi connue, nous devons poser que l'intellect humain est « ordonné à l'être tout entier ». Ceci de droit. Mais notre métaphysique est imparfaite. À quoi est-ce dû ? C'est dû au *status iste*, qui impose à notre entendement une limite qu'il ne peut franchir. Jamais nous ne parvenons à une conception pure des choses. Toujours des *phantasmata obnubilantia* s'interposent. L'imagination nous joue en permanence de mauvais tours, parce que nous ne sommes pas de purs esprits. Mais cette connexion entre l'intellect et l'imagination est seulement contingente. Elle n'est pas de droit mais de fait.

En second lieu, l'on voit que les limites imposées à notre entendement *pro statu isto* en restreignent les pouvoirs, non pas extensivement mais intensivement. Elles ne peuvent pas les borner extensivement. En effet, tout ce qui est est de soi connaissable, puisque l'intelligibilité suit l'entité. Il ne faut donc pas croire que nous pourrions connaître certaines choses, d'autres non, mais seulement que nous ne parvenons à rien connaître parfaitement. La limite est donc intensive. Elle tient à ceci que le concept de l'être que forme notre intellect est un concept commun et indifférencié. Cela ne veut pas dire qu'il est vide, loin de là. Cela signifie que l'être est général, tellement général d'ailleurs qu'il n'entre pas dans un genre. Qu'est-ce qu'un être en effet ? C'est tout ce à quoi il ne

16. Sur la distinction entre « la théologie divine » et « notre théologie », ainsi que sur leurs rapports, *cf.* Jean Duns Scot, *La Théologie comme science pratique (Prologue de la Lectura)*, *op. cit.*, p. 62-66.

répugne pas d'exister : «*ens, cui non repugnat in effectu esse*»[17]. C'est tout être réel ou possible. Seul est exclu de l'être ce qui est contradictoire.

Pour bien réaliser ce que Scot veut dire, adoptons une voie indirecte. Prenons le cas d'un homme qui conçoit un cercle carré ou un animal éternel. Que dirons-nous de cet homme ? Dirons-nous qu'il se trompe ? Non, il ne se trompe pas. En réalité, il ne pense rien. Il n'y a rien qui corresponde, ni dans sa pensée, ni dans la réalité, à ce qu'il pense quand il conçoit un cercle carré ou un animal éternel. De même, les *philosophi* veulent que, dans les œuvres *ad extra*, c'est-à-dire en tant que, par exemple, il crée le monde, Dieu agisse nécessairement. On peut juger qu'ils se sont trompés, puisque Dieu agit librement. En réalité, il faut dire que, pensant cela, ils n'ont rien pensé du tout, car l'idée d'un Dieu soumis à la nécessité dans ses œuvres n'est pas moins contradictoire qu'un cercle carré. Ils ne se sont pas trompés, en ce sens qu'ils n'ont pas connu la vérité. Simplement, pensant ce qu'ils pensaient, ils ne pensaient rien qui soit.

Concluons ces remarques. Pour Scot, métaphysique et théologie sont des sciences distinctes, qui ne sont pas subalternées, c'est-à-dire subordonnées l'une à l'autre, puisque chacune a un objet propre – l'être pour la métaphysique, Dieu pour la théologie – et que nulle ne tient son objet de l'autre. Ainsi, ce n'est pas de la théologie que nous tenons le concept de l'être. C'est là un point sur lequel notre auteur s'accorde avec les *philosophi*. Où il s'écarte d'eux, c'est quand il montre que, réciproquement, la métaphysique ne peut englober la théologie, ni s'y substituer. Au moyen de la science de l'être, nous pouvons certes parvenir à un concept de Dieu, lequel cependant ne sera connu que «sous des raisons communes» aux choses sensibles et aux choses insensibles, et ceci est tout à fait normal et inévitable, puisque l'objet de la métaphysique est l'être commun ou indifférencié. C'est pourquoi la métaphysique ne peut atteindre à un concept qui serait propre à Dieu et à lui seul, c'est-à-dire en tant qu'il est «cette essence-ci, singulière». Cela, la théologie ne le peut pas non plus, si l'on entend par théologie la *theologia tradita*, c'est-à-dire transmise et communiquée par l'Écriture. Cependant, elle contient, reçus d'en haut, des enseignements auxquels le métaphysicien ne peut parvenir, comme le montre l'expérience, et qui conduisent à rectifier certaines conceptions héritées d'Aristote et de ses commentateurs musulmans, ceci non seulement en métaphysique, mais aussi dans bien d'autres domaines. Parce qu'elles diffèrent par leur objet formel, métaphysique et théologie sont sans doute plus distinctes l'une de l'autre que ne le sont la *theologia tradita* et la *theologia divina*. Ici en effet l'objet est le même, bien qu'il soit conçu de l'homme et de Dieu selon des modes formellement différents. Si l'on en prend la mesure, cette identité de l'objet théologique au regard de l'intellect

17. *Ord.* IV d. 1, q. 2 n. 8 (VW, XVI, 108). Sur le sens précis de cette expression, voir L. Honnefelder, *Ens inquantum ens. Der Begriff des Seienden als solchen als Gegenstand der Metaphysik nach der Lehre des Johannes Duns Scotus*, Münster / W., Aschendorff, 1989, p. 142-143.

humain et divin est peut-être l'une des conceptions les plus surprenantes de Scot. Elle est pourtant logique, car si notre théologie n'avait pas Dieu pour objet, elle n'existerait pas, puisqu'une science est contenue dans son objet formel. Elle n'est pas non plus téméraire, si l'on se rappelle le Psaume VIII, verset 5 et début du verset 6, que je citerai d'après le texte latin de la Vulgate, qui est celui utilisé par Scot et ses contemporains :

> Quid est homo, quod memor es ejus ? Aut filius hominis, quoniam visitas eum ? Minuisti eum paulo minus ab angelis.

Ce texte, qu'il avait médité, a sans doute pu conduire Scot à penser que les limites aussi bien de la métaphysique que de la théologie, en tant qu'elles sont connues de nous, ont une seule et même cause ou raison, le *status iste*, *status naturae lapsae.*

THOMAS RICKLIN

THÉOLOGIE ET PHILOSOPHIE DU *CONVIVIO* DE DANTE ALIGHIERI

Écrit pendant les premières années d'exil de Dante Alighieri, probablement entre 1304 et 1308 [1], le *Convivio* témoigne tout d'abord des mésaventures personnelles de son auteur. Privé pour des raisons politiques du public de sa ville natale [2], Dante se retrouve face à un nouvel auditoire devant lequel il redéfinit sa personnalité d'auteur. Se fondant dès lors sur une identification de la *donna gentile* avec la *Filosofia*, ces poèmes amoureux, écrits autrefois sous le nom de Dante, ne chantent plus son amour pour des filles florentines plus ou moins réelles, mais célèbrent dorénavant la passion de l'auteur exilé pour la philosophie. C'est à travers le récit de son propre enchantement pour le savoir universitaire que Dante entraîne son public laïc de langue vulgaire [3] vers un monde où toutes les choses et tous les comportements, touchés par le rayon charmant de la philosophie, brillent de la lumière des nouvelles significations. La force de cette nouvelle clarté touche même les sphères de la théologie. Le véritable rôle de la théologie dans le *Convivio* ne peut, par conséquent, être délimité qu'en essayant de reconstituer sa fonction dans la dynamique de ce texte, qui transforme, par la métamorphose d'une femme en philosophie, un auteur et son public.

LA THÉOLOGIE IMPUISSANTE DU CIEL EMPYRÉE : *CONV.*, II

À première vue la théologie semble marquée dans le *Convivio* par l'impuissance. Ce jugement se dégage d'une des scènes-clés de la biographie inventée

1. Voir les précisions dans : Dante Alighieri, *Das Gastmahl*, Erstes Buch, italienisch-deutsch, übersetzt von Th. Ricklin, eingeleitet und kommentiert von F. Cheneval, Hambourg, Meiner (« Dante Alighieri, Philosophische Werke », 4 / I) 1996, dans l'introduction de F. Cheneval, p. III, note 4.

2. *Cf.* G. Petrocchi, *Vita di Dante*, Bari, Laterza, 1989, p. 77-90.

3. *Cf.* R. Imbach, *Dante, la philosophie et les laïcs*, Paris-Fribourg, Éditions du Cerf-Éditions universitaires de Fribourg (« Vestigia »), 1996, notamment p. 129-148.

par l'auteur de cette œuvre. Dante raconte, dès le début de la première explication allégorique du premier poème dans le *Convivio*, dans un paragraphe trop souvent cité, comment il était resté après la mort de Béatrice «di tanta tristizia punto, che conforto non mi valeva alcuno»[4]. À la recherche de réconfort, il s'était après quelque temps tourné vers la *Consolatio Philosophiae* de Boèce et le *De amicitia* de Cicéron, deux livres qu'il qualifie de modèles en matière de consolation. Nous aurons à revenir sur le rôle important assigné à ces deux textes dans le *Convivio*, mais auparavant mettons en évidence une implication souvent négligée de cette scène: le constat «qu'aucun réconfort n'avait d'effet». La découverte successive de Boèce et de Cicéron dénote la théologie en tant que pratique religieuse comme une consolatrice impuissante. Dante rejette, en soulignant qu'il n'y avait dans cette situation de deuil aucun moyen «traditionnel» de réconfort pour sa personne, toute une pratique quotidienne organisée par l'Église et structurée par les réflexions correspondantes des théologiens.

L'importance du constat implicite de l'échec des pratiques religieuses traditionnelles se dégage davantage si nous tenons compte du fait que la scène paraphrasée marque, dans la biographie de l'auteur du *Convivio*, le point zéro de toute la dramaturgie. Dès que l'intérêt pour les textes de Boèce et Cicéron est légitimé, la voie est libre pour transformer la *donna gentile* en *Filosofia*[5]. C'est en lisant les textes de ces deux auteurs que Dante comprend que la philosophie «era donna di questi autori»[6]. Nous n'avons aucune peine à entrevoir dans cette remarque la découverte importante par Dante de la façon dont Boèce s'est forgé sa consolatrice[7]. Sans cette découverte capitale le projet d'une réinterprétation des poèmes d'amour dans une perspective philosophique n'aurait probablement jamais vu le jour. Il est peut-être un peu plus difficile de s'imaginer comment une lecture du *De amicitia* de Cicéron peut amener à investir la notion d'amitié, concept dominant la poésie dantesque précédente – de même que la *donna* –, d'une nouvelle signification. La solution nous est cependant fournie par le seul autre passage du *Convivio* où Dante mentionne explicitement le même texte de Cicéron. C'est à la fin du premier livre que Dante explique:

4. *Cf. Conv.*, II, xii, 1. Nous citons l'édition critique par F. Brambilla Ageno, Florence, Le Lettere, 1995.

5. Voir aussi: Dante Alighieri, *Das Gastmahl*, Zweites Buch, italienisch-deutsch, übersetzt und kommentiert von Th. Ricklin, Hambourg, Meiner («Dante Alighieri, Philosophische Werke», 4 / II), 1996, le commentaire au chap. xii, p. 220–237, et Th. Ricklin, «"... Quello non conosciuto da molti libro di Boezio", Hinweise zur *Consolatio Philosophiae* in Norditalien», dans: *Boethius in the Middle Ages. Latin and Vernacular Traditions of the Consolatio Philosophiae*, éd. par M. Hoenen et L. Nauta, Leyde, Brill, 1997, p. 267-286.

6. *Conv.*, II, xii, 5.

7. Pour les antécédents littéraires de l'apparition de la dame philosophie dans la *Consolatio*, I, 1 *cf.* les pages correspondantes de J. Gruber, *Kommentar zu Boethius De consolatione Philosophiae*, Berlin-New York, De Gruyter, 1978, et P. Courcelle, «Le personnage de Philosophie», *Journal des savants*, 1970, p. 209-252.

Dico che, sì come vedere si può che scrive Tullio in quello De Amicitia, non discordando dalla sentenza del Filosofo aperta nell'ottavo e nel nono dell'Etica, naturalmente la prossimitade e la bontade sono cagioni d'amore generative; lo beneficio, lo studio e la consuetudine sono cagioni d'amore acrescitive[8].

Cicéron lui-même avait expliqué dans *De amicitia*, ix, 29 :

Quamquam confirmatur amor et beneficio accepto et studio perspecto et consuetudine adiuncta. Quibus rebus ad illum primum motum animi et amoris adhibitis, admirabilis quaedam exardescit benevolentiae magnitudo.

Vu le contexte narratif dans lequel la découverte du *De amicitia* est racontée, c'est-à-dire la mention des visites des « scuole de li religiosi » et des « disputazioni de li filosofanti »[9] et la remarque selon laquelle toute idée autre que philosophique s'était dissipée de sa pensée après une période de trente mois de fréquentation des dites institutions[10], il semble fort probable que le texte cicéronien évoqué dans *Conv.*, II, xii désigne la prise de conscience de Dante qu'après le premier *beneficium* de la consolation par des auteurs philosophiques, il faudrait le *studium* et la *consuetudo* pour renforcer la relation avec ce nouvel objet d'admiration.

L'importance attribuée par Dante à l'occasion de la mort de Béatrice aux deux auteurs, Boèce et Cicéron, est confirmée par le rôle assigné à ces mêmes auteurs dans la *divisio scientiae* présentée dans les chapitres xiii et xiv du deuxième livre du *Convivio*. Dans cette division des sciences[11] – qui est le véritable point culminant du deuxième livre du *Convivio* –, chaque science est mise en relation avec une sphère céleste. Représentée de manière schématique, cette division prend la forme suivante :

8. *Conv.*, I, xii, 3.

9. *Cf. Conv.*, II, xii, 7.

10. Voir à ce propos aussi le commentaire de Th. Ricklin dans Dante Alighieri, *Das Gastmahl*, Zweites Buch, *ed. cit.*, p. 220-241.

11. *Cf.* T. Suarez-Nani, « Dante Alighieri ou la convergence des arts et de la science », dans : *Scientia und Ars im Hoch- und Spätmittelalter*, éd. par I. Craemer-Ruegenberg et A. Speer, Berlin-New York, De Gruyter (« Miscellanea Mediaevalia », 22), 1994, p. 126-142, notamment p. 132-136, et R. Imbach, « Dante und die Naturphilosophie », dans : *Literatur, Artes und Philosophie*, éd. par W. Haug et B. Wachinger, Tübingen, Niemeyer, 1992, p. 44-62, notamment p. 49-56.

Conv. II	*Sphère céleste*	*Science*	*Autorité*
xiii, 9-10	Lune	Grammaire	Horace
xiii, 11-12	Mercure	Dialectique	al-Farghânî / Aristote
xiii, 13-14	Vénus	Rhétorique	
xiii, 15-19	Soleil	Arithmétique	Pythagore / Aristote
xiii, 20-24	Mars	Musique	Aristote / Abû Ma'shar / Sénèque
xiii, 25-27	Jupiter	Géométrie	Ptolémée / Euclide
xiii, 28-30	Saturne	Astrologie	Aristote / Ptolémée
xiv, 2-4; 10		Physique	Aristote
xiv, 1-13	Ciel étoilé		
xiv, 5-8; 11-13		Métaphysique	Ovide / Anaxagore / Aristote / Avicenne / Ptolémée
xiv, 14-18	Ciel cristallin	Philosophie morale	Thomas d'Aquin / Aristote
xiv, 19-20	Ciel empyrée	Théologie	(Saint Jean) / Salomon

Ce schéma de correspondances entre les cieux et les sciences – qui est probablement inspiré par le schéma semblable d'Érigène associant à chacune des neuf muses une région du cosmos[12] –, se trouve, au moins en ce qui concerne la relation entre le système planétaire et les sept arts libéraux, également chez Alexandre Neckham[13], Michel Scot[14], Restoro d'Arezzo[15] et Francesco de Barberino[16]. Néanmoins l'innovation de Dante ne se limite pas à l'intégration des quatre sciences: physique, métaphysique, philosophie morale et théologie, et des trois cieux relatifs. Dante est, selon nos connaissances actuelles, le seul auteur qui n'énumère pas seulement les cieux et les sciences correspondantes, mais qui nomme, suivant une vieille coutume des auteurs de divisions des sciences, des personnages qui font autorité dans le domaine scientifique correspondant. Dans cette perspective, l'absence d'autorité dans la description de la

12. *Cf.* Johannes Scotus Eriugena, *Annotationes in Marcianum*, 19, 17 - 20, 5, éd. C. Lutz, Cambridge (Mass.), The Mediaeval Academy of America, 1939, p. 30 *sq*.

13. *Cf. De naturis rerum*, c. 173, éd. Th. Wright, réimpr. Nendeln / Liechtenstein, Kraus Reprint, 1967.

14. *Cf. Liber introductorius*, Munich, Bayerische Staatsbibliothek, Clm 10268, f° 29va.

15. *Cf. La composizione del mondo*, II, 8, 6, éd. A. Morino, Parme, Fondazione Pietro Bembo-Ugo Guanda Editore, 1997, p. 319 *sq*.

16. *Cf. Documenti d'Amore*, VIIIa pars, éd. F. Egidi, Rome, 1924, vol. III, p. 280 *sq*.

rhétorique saute aux yeux. Cette lacune est cependant comblée au début du dernier chapitre du deuxième livre du *Convivio*, où Boèce et Cicéron sont mentionnés pour faire comprendre que ces deux auteurs sont les moteurs intellectuels de la rhétorique[17]. À la fin de la lecture allégorique du poème *Voi che 'ntendendo il terzo ciel movete*, le vers initial de la chanson commentée au cours du deuxième livre du *Convivio* a pris une nouvelle signification. Les moteurs du troisième ciel sont dès maintenant Boèce et Cicéron en tant qu'autorités du domaine de la rhétorique. Dante ne chante plus, par conséquent, l'éloge de la planète qui est, du point de vue astronomique, «qua giuso cagione d'amore»[18], mais il rend honneur à cette rhétorique qui lui a fait découvrir la *Filosofia*.

L'analyse de la *divisio scientiae* de *Conv*., II, xiii-xiv confirme donc le rôle tout à fait central de la rhétorique et de ses deux auteurs, Boèce et Cicéron, dans le travail de transformation auquel Dante soumet sa propre personne et son œuvre littéraire. De la même manière, les remarques relatives à la théologie, lors de la présentation du système des sciences, semblent fournir quelques explications supplémentaires à propos de l'impuissance déjà constatée de la théologie en tant que pratique sociale. La *scienza divina*, que Dante désigne en *Conv*., II, xiii, 8 comme *theologia*, terme autrement absent du *Convivio*, est identifiée avec le ciel empyrée. Dante avait décrit la fonction cosmique de ce ciel, accepté uniquement par les catholiques, à l'occasion de l'explication du système planétaire et cosmique en *Conv*., II, iii[19]. L'Empyrée, immobile «per avere in sé, secondo ciascuna sua parte, ciò che la sua materia vuole», influence les neuf autres sphères, c'est-à-dire la sphère cristalline, la sphère des étoiles et les sept

17. *Conv*., II, xv, 1 : «Per le ragionate similitudini si può vedere chi sono questi movitori a cu' io parlo. Ché sono di quello movitori, sì come Boezio e Tullio, li quali colla dolcezza di loro sermone inviarono me, come detto è di sopra, nello amore, cioè nello studio, di questa donna gentilissima Filosofia, colli raggi della stella loro, la quale è la scrittura di quella : onde in ciascuna scienza la scrittura è stella piena di luce, la quale quella scienza dimostra».

18. *Conv*., II, v, 15.

19. *Conv*., II, iii, 8-11 : «Veramente, fuori di tutti questi, li catolici pongono lo cielo Empireo, che è a dire cielo di fiamma o vero luminoso ; e pongono esso essere immobile per avere in sé, secondo ciascuna sua parte, ciò che la sua materia vuole. E questo è cagione al Primo Mobile per avere velocissimo movimento ; ché per lo ferventissimo appetito ch'è 'n ciascuna parte di quello nono cielo, che è immediato a quello, d'essere congiunta con ciascuna parte di quello divinissimo ciel quieto, in quello si rivolve con tanto desiderio, che la sua velocitade è quasi incomprensibile. E quieto e pacifico è lo luogo di quella somma Deitate che sola sé compiutamente vede. Questo loco è di spiriti beati, secondo che la Santa Chiesa vuole, che non può dire menzogna ; e Aristotile pare ciò sentire, a chi bene lo 'ntende, nel primo Di Cielo e Mondo. Questo è lo soprano edificio del mondo, nel quale tutto lo mondo s'inchiude, e di fuori dal quale nulla è ; ed esso non è in luogo ma formato fu solo nella Prima Mente, la quale li Greci dicono Protonoè. Questa è quella magnificenza della quale parlò il Salmista quando dice a Dio : Levata è la magnificenza tua sopra li cieli». À propos de l'Empyrée, *cf.* aussi *Ep. XIII*, 68-74 et le commentaire correspondant dans : *Das Schreiben an Cangrande*, lateinisch-deutsch, übersetzt, eingeleitet und kommentiert von Th. Ricklin, Hambourg, Meiner («Dante Alighieri, Philosophische Schriften», 1), 1993.

sphères planétaires, de manière strictement passive. Toute action vient de la sphère cristalline identique au *Primo Mobile* qui veut s'unir « con ciascuna parte di quello divinissimo ciel quieto ». Le mouvement du *Primo Mobile*, qui est le premier mouvement cosmique, n'est rien d'autre que l'expression de ce désir. Le rôle attribué par Dante à la théologie correspond exactement à l'indépendance, pour ne pas dire l'autosuffisance, de son ciel. Contrairement à la philosophie morale du ciel cristallin, qui est la condition nécessaire pour l'exercice des autres sciences[20], la théologie de l'Empyrée n'a aucun rapport actif avec les autres domaines du savoir humain. La théologie de la *divisio scientiae* du *Convivio* est aussi présentée, il est vrai, comme un domaine des sciences ; mais à la différence des autres sciences, elle ne détermine aucun champ d'activité. Au contraire, la théologie indique l'absence de toute activité « perché perfettamente ne fa il vero vedere nel quale si cheta l'anima nostra »[21]. Cette théologie ne désigne pas une activité intellectuelle, elle en est la fin ultime.

ET DELECTABAR PER SINGULOS DIES LUDENS CORAM EO : *CONV.*, III

Dans le deuxième livre du *Convivio*, Dante déplace l'objet de son amour : de la femme à la philosophie. En vue de cette fin, il reconstruit le système cosmique qui, par la planète Vénus, était originairement responsable de son amour pour la *donna gentile*, sous la forme d'un système des sciences. Dans le cadre de ce nouveau système, la responsabilité de l'affection est attribuée à la rhétorique qui ne tarde pas à provoquer chez Dante l'amour pour la *Filosofia*. Le deuxième livre du *Convivio* a donc vu naître un amour, le troisième livre en célèbre la relation. Ce troisième livre est, comme Francis Cheneval l'a souligné à juste titre, une véritable *commendatio philosophiae*[22]. Mais cet éloge de la philosophie ne sort pas de la plume d'un maître universitaire contraint par la tradition d'un genre littéraire. C'est la louange d'un poète habitué à chanter les femmes ; elle se déroule par conséquent dans une atmosphère d'étrange vivacité.

Dante a choisi la chanson *Amor che ne la mente mi ragiona* comme point de départ de son éloge. Parmi les vers de ce poème il y en a quelques-uns qui suscitent, après une lecture du deuxième livre du *Convivio* où la *Filosofia* remplace la *donna gentile*, quelque curiosité. Que fera le philosophe des mots du poète : « Non vede il sol, che tutto'l mondo gira, / cosa tanto gentil, quanto in quell'ora / che luce nella parte ove dimora / la donna di cui dire Amor mi face » (v. 19-22) ?

20. *Cf. Conv.*, II, xiv, 14 : « Lo Cielo cristallino, che per Primo Mobile dinanzi è contato, ha comparazione assai manifesta alla Morale Filosofia : ché la Morale Filosofia, secondo che dice Tommaso sopra lo secondo dell'Etica, ordina noi all'altre scienze ».

21. *Conv.*, II, xiv, 20.

22. *Cf.* Dante Alighieri, *Das Gastmahl*, Erstes Buch, *ed. cit.*, Introduction, p. lvii-xcix, et F. Cheneval, « Dante Alighieri, Convivio », dans : *Interpretationen. Hauptwerke der Philosophie. Mittelalter*, éd. par K. Flasch, Stuttgart, Reclam, 1998, p. 352-379, notamment p. 359-362.

Que dira-t-il de la remarque: «Quivi dov'ella parla, si dichina / un spirito da ciel, che reca fede» (v. 41-42)? Quel sera son comportement face à la louange presque blasphématoire de la femme aimée: «E puossi dir che'l suo aspetto giova / a consentir ciò che par maraviglia? / onde la nostra fede è aiutata» (v. 51-53)? Et comment expliquera-t-il enfin l'apogée du poème: «costei pensò chi mosse l'universo» (v. 72)?

Dante entreprend l'interprétation de son poème dans une perspective déjà évoquée dans le livre précédant lorsqu'il qualifia la *donna* de «figlia di Dio, regina di tutto, nobilissima e bellissima Filosofia»[23] et de «bellissima e onestissima figlia dello Imperadore dell'universo»[24] en se référant aux célèbres versets de la louange de la Sagesse des *Proverbes*. Au cours de *Convivio* III, Dante ra explicitement *Proverbes* 8 à trois reprises[25] en se servant ainsi d'un champ d'images qui a laissé des traces dans quelques *commendationes philosophiae* bolognaises[26], et qui se retrouve de manière plutôt allusive dans la *Philosophia* d'Aubry de Reims[27] et sur lequel, enfin, s'ouvre la *Summa contra Gentiles* de Thomas d'Aquin[28] à laquelle Dante se réfère explicitement à la fin du quatrième livre du *Convivio*[29]. Tous ces lieux «parallèles» ne peuvent cependant cacher le fait que nous ne connaissons pour l'instant aucun autre auteur qui se soit permis de piller l'hymne à la Sagesse de Salomon avec la même insouciance que Dante. Ce manque d'égard envers la fille jouant devant Dieu témoigne tout d'abord de la fierté de Dante quant à ses multiples vers chantant les filles et les femmes. La

23. *Conv.*, II, xii, 9.

24. *Ibid.*, II, xv, 12.

25. *Cf. Conv.*, III, xi, 12: «Onde essa Sapienza dice nelli Proverbi di Salomone: Io amo coloro che amano me» (*Prov.*, 8, 17). *Conv.*, III, xiv, 6: «(...) e nelli Proverbi di Salomone essa Sapienza dice: Etternalmente ordinata sono» (*Prov.*, 8, 23). *Conv.*, III, xv, 16: «E però disse Salomone in quello de' Proverbi in persona della Sapienza: Quando Dio apparecchiava li cieli, io era presente; quando con certa legge e con certo giro vallava li abissi, quando suso fermava l'etera e suspendeva le fonti dell'acque, quando circuiva lo suo termine al mare e poneva legge all'acque che non passassero li suoi confini, quando elli appendeva li fondamenti della terra, con lui e io era, disponente tutte le cose, e dilettavami per ciascuno die» (*Prov.*, 8, 27-30).

26. *Cf.* les indications de F. Cheneval, Dante Alighieri, *Das Gastmahl*, Erstes Buch, *ed. cit.*, Introduction, p. xcvii, et G. Fioravanti, «Sermones in lode della filosofia e della logica a Bologna nella prima metà del XIV secolo», dans: D. Buzzetti *et al.*, *L'insegnamento della logica a Bologna nel XIV secolo*, Bologne, Istituto per la storia dell'Università («Studi e memorie per la storia dell'università di Bologna», n. s. 8), 1992, p. 165-185, notamment p. 180b.

27. *Cf.* «Philosophia», éd. R.-A. Gauthier, «Notes sur Siger de Brabant», *Revue des sciences philosophiques et théologiques* 68 (1984), p. 29-48, notamment p. 33, l. 96 et p. 40, l. 232.

28. *Cf.* la toute première citation de la *Summa contra gentiles*, I, c. 1, 1 où *Sapientia* est citée avec la devise de *Prov.* 8, 7: «Veritatem meditabitur guttur meum, et labia mea detestabuntur impium».

29. Voir *infra*.

naissance du *Convivio* est essentiellement fondée sur la conviction de l'auteur que ses poèmes d'amour sont d'une telle qualité qu'ils gardent leur expressivité même s'ils sont chargés d'une signification supplémentaire qui n'est pas forcément évidente. Mais en même temps, le *Convivio* est aussi la preuve que son auteur a vraiment osé penser la relation entre la philosophie et son adepte, dans un monde présidé par Dieu, selon une terminologie fondamentalement amoureuse.

Le troisième livre du *Convivio* définit la philosophie comme l'amitié amoureuse entre l'âme et le savoir[30]. Le champ d'application de cette définition, sous le patronage de Pythagore[31], est illimité. La définition citée s'applique bien sûr aux hommes et aux intelligences, mais elle est tout aussi valide pour Dieu :

> (...) filosofia è uno amoroso uso di sapienza, lo quale massimamente è in Dio, però che in lui è somma sapienza e sommo amore e sommo atto ; che non può essere altrove, se non in quanto da esso procede[32].

Quel que soit le lieu où l'on trouve l'amour du savoir, il est – à condition cependant qu'il soit à but non-lucratif[33] –, toujours le reflet de cette philosophie divine qui est en acte premièrement en Dieu, et secondairement dans les intelligences séparées, mais présente seulement de manière interrompue dans les intellects humains[34]. C'est justement par le fait que les hommes sont loin d'être sans cesse « nell'ultimo atto di filosofia »[35] que la philosophie de Dante ne court jamais le risque de la gratuité. Il est vrai que Dante n'hésite pas à identifier le Soleil « che tutto 'l mondo gira » avec Dieu[36], mais cela ne signifie pas qu'il suffise de s'exposer à son rayonnement pour actualiser la philosophie. Dante décrit la relation positive entre l'âme et la philosophie comme amitié, et il définit cette amitié à l'aide d'Aristote[37], comme une relation entre deux personnes qui s'ai-

30. *Conv.*, III, xi, 6 : « (...) che Filosofia non è altro che amistanza a sapienza o vero a sapere ».

31. *Cf. ibid.*, 5-6.

32. *Ibid.*, III, xii, 12.

33. *Ibid.*, xi, 10 : « Né si dee chiamare vero filosofo colui che è amico di sapienza per utilitade, sì come sono li legisti, medici e quasi tutti religiosi, che non per sapere studiano ma per acquistare moneta o dignitade ; e chi desse loro quello che acquistare intendono, non sovrastarebbero allo studio. E sì come intra le spezie dell'amistà quella che per utilitade è meno amistà si può dicere, così questi cotali meno participano del nome del filosofo che alcuna altra gente ».

34. *Ibid.*, xiii, 7 : « E così si vede come questa è donna primieramente di Dio e secondariamente dell'altre intelligenze separate per continuo sguardare ; e appresso dell'umana intelligenza per riguardare discontinuato ».

35. *Ibid.*, III, xiii, 8.

36. *Cf. ibid.*, xii, 6.

37. *Ibid.*, xi, 8 : « Nella'ntenzione d'Aristotile nell'ottavo dell'Etica, quelli si dice amico la cui amistà non è celata alla persona amata e a cui la persona amata è anche amica, sì che la benivolenza sia da ogni parte ». Pour la conception dantesque de l'amitié, *cf. Ep. XIII*, 4-10 et le commentaire correspondant dans Dante Alighieri, *Das Schreiben an Cangrande*, *ed. cit.*

ment réciproquement, «sì che la benivolenza sia da ogni parte»[38]. Mais la condition nécessaire de cette bienveillance réciproque, qui désigne la reconnaissance de son adepte par la philosophie, est encore une fois ce *studio*[39], omniprésent dès le début du *Convivio*[40], et légitimé, comme on l'a vu, par l'autorité de Cicéron.

La notion de *studio* chez Dante se dégage assez facilement de sa propre manière de faire de la philosophie. Si nous nous limitons à un examen du troisième livre du *Convivio*, être un adepte fervent de la philosophie implique, entre autres, de savoir expliquer scientifiquement ce qu'est l'amour[41] et la *mens*[42], ou discuter sur la base des données physiques la manière dont le Soleil tourne autour du monde[43]. La discussion de ces questions nécessite la consultation et l'appropriation de toute une bibliothèque scientifique qui est largement dominée par les œuvres du Philosophe. Dans le cadre du *Conv.*, III, Aristote est cité explicitement au moins vingt-trois fois[44]. Considérée en soi, cette fréquence des citations peut paraître modeste, mais rappelons-nous que Dante ne s'adresse guère à un public universitaire, mais à des laïcs auxquels il expose le savoir du Stagirite. À examiner la manière dont Dante se réfère à Aristote, il semble que l'auteur du *Convivio* n'entend néanmoins pas que son public suive aveuglement les doctrines du Philosophe ou qu'il les accepte seulement à cause de son autorité. Des vingt-trois renvois à Aristote, un seul ne spécifie pas le titre du livre auquel il fait référence[45]. Les vingt-deux autres références aux livres aristotéliciens concernent des titres qui désignent des œuvres composées de plusieurs livres. Sur seize de ces vingt-deux cas, Dante ne donne pas seulement le titre de l'œuvre mais spécifie de même le livre dans lequel se trouve le passage évoqué[46]. De cette petite statistique, on ne peut pas seulement relever la précision des connaissances que Dante avait de l'œuvre d'Aristote. Il me semble que dans sa manière de renvoyer aux écrits du Philosophe, se fait sentir en même temps le souci de l'auteur de confronter son public avec des autorités contrôlables. Ne pas seule-

38. *Conv.*, III, xi, 8.

39. *Ibid.*: «E così, acciò che sia filosofo, conviene essere l'amore alla sapienza che fa l'una delle parti benivolente; conviene essere lo studio e la sollicitudine che fa l'altra parte anche benivolente; sì che familiaritade e manifestamento di benivolenza nasce tra loro».

40. *Cf.* I, i, 4.

41. *Cf.* III, ii, 3.

42. *Cf. ibid.*, 10.

43. *Cf. ibid.*, v, 3.

44. *Cf.* i, 7; ii, 11, 15; iii, 11; iv, 6; v, 7; vi, 11; vii, 7; viii, 10, 17; ix, 6 (deux fois), 10, 11; x, 2; xi, 1 (deux fois), 8, 9, 14; xiv, 10; xv, 5, 12.

45. *Cf.* xv, 5.

46. *Cf.* i, 7: *Ethica* IX; ii, 11: *De anima* II; ii, 15: *Ethica* VI; iii, 11: *Ethica* VIII; iv, 6: *Ethica* III; v, 7: *De caelo* II; vi, 11: *De anima* II; vii, 7: *Ethica* VII; viii, 17: *Ethica* II; ix, 6: *De anima* II; xi, 1: *Ethica* I et *Metaphysica* IV; xi, 8: *Ethica* VIII; xi, 14: *Ethica* IX; xiv, 10: *Metaphysica* II; xv, 12: *Ethica* II.

ment écrire «(...) si come dice Aristotile (...)» mais préciser «(...) si come dice lo Filosofo nel nono de l'Etica (...)» – pour citer le premier renvoi de *Conv.*, III –, n'accroît pas seulement la fiabilité de celui qui écrit: la référence précise confronte de plus le lecteur avec des possibilités supplémentaires. Soit il s'approprie directement l'exactitude du renvoi en discussion et renforce de cette façon sa propre crédibilité dans un discours éventuel, soit le thème de la citation provoque la volonté d'approfondir le problème en question, et dans ce cas le lecteur dispose déjà de toutes les informations nécessaires pour des investigations ultérieures.

Par ces remarques, nous sommes loin de prétendre que tous les lecteurs du *Convivio* se soient comportés ainsi. Nous aimerions uniquement mettre en évidence que le troisième livre de cette œuvre ne se borne pas à établir le *studio* et la *sollicitudine* comme conditions nécessaires de cette amitié entre l'âme et le savoir qui est la philosophie, mais que ce texte lui-même est déjà la mise en pratique de ces deux conditions. C'est seulement à travers cette pratique, réalisée dans le texte lui-même et réalisable par bien d'autres textes auxquels le discours de l'auteur renvoie sans cesse, que l'ami de la philosophie peut comprendre une multitude de choses sinon incompréhensibles. Avoir compris quelque chose ne signifie cependant pas, du moins pour Dante, la mettre de côté en tant que problème résolu. Grâce à la philosophie, le philosophe sait scientifiquement expliquer des choses et des événements «che sanza lei [la filosofia] pare maraviglia»[47]. Mais prenons garde, car les miracles ne perdent rien de leur force par le simple fait d'être explicables philosophiquement. Ils renvoient au contraire à la *ragione*, la *ratio* d'une intelligence supérieure. Philosopher c'est comprendre les raisons par lesquelles toutes les merveilles qui nous entourent, et pas seulement une *donna gentile*, existent[48]. À la suite du constat que, par la philosophie, chaque miracle devient compréhensible dans la mesure où il est pensé par un intellect plus élevé, Dante conclut:

> Onde la nostra buona fede ha sua origine; dalla quale viene la speranza ch'è 'l proveduto desiderare; e per quella nasce l'operazione della caritade. Per le quali tre virtudi si sale a filosofare a quelle Atene celestiali dove li Stoici e Peripatetici e Epicurî, per la luce della veritade etterna, in uno volere concordevolemente concorrono[49].

C'est une conclusion hautement paradoxale. La foi, qualifiée de *nostra buona fede* et accompagnée par les deux autres vertus théologiques *speranza* et *caritade*, ne peut être que la foi chrétienne. Néanmoins cette foi n'a pas justement son origine dans la révélation mais dans le savoir philosophique. Ce n'est pas

47. *Conv.*, III, xiv, 14.

48. *Cf. Conv.*, III, xiv, 13-14: «(...) dove è da sapere che lo sguardo di questa donna fu a noi così largamente ordinato, non pur per la faccia che ella ne dimostra, vedere, ma per le cose che ne tiene celate desiderare ad acquistare. Onde, sì come per lei molto di quello si vede per ragione, e per consequente si vede poter essere, che sanza lei par maraviglia, così per lei si crede ogni miracolo in più alto intelletto poter avere ragione, e per consequente poter essere».

49. *Ibid.*, 14-15, *cf.* aussi M. Corti, *La felicità mentale. Nuove prospettive per Cavalcanti e Dante*, Turin, Einaudi, 1983, p. 128, n. 3.

seulement une façon de parler, ce n'est pas non plus un des ces essais, actuellement à la mode, de parler aux gens dans leur propre langage. C'est tout juste le contraire. C'est le choc d'une philosophie qui se passe consciemment de la révélation en s'appuyant uniquement sur le désir naturel de savoir et sur son accomplissement voulu par une nature qui ne fait rien en vain. Cette foi fondée dans la philosophie ne mène pas par conséquent à la paix de la *communio sanctorum* de la Jérusalem céleste[50], mais à la ville par excellence des philosophes, tout aussi céleste et jouissant de la paix du concours cordial des trois écoles philosophiques les plus importantes de l'Antiquité non-chrétienne.

UN LIBRO A CONFUSIONE DI TUTTI CHE DISVIANO : *CONV.*, IV

Conv. II a vu naître, à partir d'une situation de deuil, l'amour entre Dante et la *Filosofia*; *Conv.* III a célébré la relation intime entre la philosophie et son adepte, relation qui lui fait découvrir la rationalité des choses considérées auparavant comme miraculeuses. *Conv.* IV enfin peut être lu comme la mise en pratique du savoir philosophique dans l'espace social où Dante se met en scène en tant que prédicateur d'une morale philosophique. Selon cette vision d'ensemble, on constate donc un développement, qui a débuté avec la naissance de l'attention portée à la philosophie dans *Conv.* II. Dans *Conv.* III, cette première attention et fascination cède sa place à une véritable appropriation de la philosophie théorique qui trouve, dans *Conv.* IV, sa réalisation pratique. Les livres II à IV du *Convivio* forment donc, malgré l'état inachevé de cette œuvre projetée originairement en quinze livres, un ensemble absolument cohérent. Néanmoins *Conv.* IV se distingue des deux livres précédents par deux aspects formels. À la différence des livres deux et trois, Dante renonce, pour le poème commenté dans ce quatrième livre, à un commentaire allégorique. De plus, le quatrième livre est, en comparaison avec les deux livres précédents, de longueur double. Ces aspects distinctifs ont donné naissance à toute une discussion quant à savoir si Dante avait changé, entre la rédaction du troisième et du quatrième livre, non seulement ses attitudes littéraires mais aussi ses convictions philosophiques. Notamment, Maria Corti a constaté une rupture entre *Conv.* III et *Conv.* IV qui, selon elle, est due à l'abandon des conceptions aristotelico-albertistes et à leur remplacement par des conceptions thomistes[51].

50. Les interprétations traditionnelles de Jérusalem se trouvent énumérées par exemple chez Albert le Grand, *Summa theologiae sive de mirabili scientia Dei*, L. I, p. I, t. I, q. v., c. 4, éd. D. Siedler *et al.*, Münster / W., Aschendorff (« Alberti Magni Opera omnia », t. XXXIV-I), 1978, p. 20, l. 31-34) : « Ierusalem secundum historiam civitas est Iudaeae, secundum allegoriam ecclesiam significat, secundum tropologiam fidelem animam, secundum anagogiam caelestium omnium vitam ».

51. *Cf. La felicità mentale*, *op. cit.*, p. 127, et aussi Cesare Vasoli dans l'introduction à son commentaire dans : Dante Alighieri, *Convivio*, Milan-Naples, Riccardo Ricciardi Editore (« Opere minori », t. I, p. ii), 1988, p. xv-xvii.

Sans vouloir nier les différences formelles qui séparent le quatrième livre des deux livres précédents, il est tout aussi significatif que Dante lui-même ait souligné clairement avoir conçu le quatrième livre du *Convivio* comme la continuation logique du troisième livre. Sans insister trop sur les petits renvois circonstanciels[52], c'est avant tout la remarque méthodologique de *Conv.*, III, viii 15 («(...) che tutte quelle cose che lo 'ntelletto nostro vincono, sì che non può vedere quello che sono, convenevolissimo trattare è per li loro effetti : onde di Dio, e delle sustanze separate, e de la prima materia, così trattando, potemo avere alcuna conoscenza»[53]) qui établit une continuité véritable entre les deux traités. Dante revient à la même thématique tout au début de *Conv.* IV, mais non, cette fois, pour expliquer les différents modes de connaissance. Maintenant, l'impossibilité de décider «(...) se la prima materia delli elementi era da Dio intesa»[54] marque le moment de la découverte d'un nouveau sujet. Après s'être perdu dans la problématique citée, Dante découvre son nouveau thème auquel il consacrera ce quatrième livre du *Convivio* : la noblesse. C'est donc à la suite de l'expérience faite de l'impossibilité de résoudre un problème dans le domaine représenté, dans le cosmos des sciences, par le ciel empyrée, que Dante redescend au prochain ciel, ciel cristallin de la *morale filosofia* défini, en *Conv.*, II, xiv déjà, à l'aide de Thomas d'Aquin, comme la science qui «ordina noi a l'altre scienze»[55] afin d'aborder une question de première importance dans le champ de l'éthique.

Le quatrième livre du *Convivio* est divisé en deux de façon très marquée. Dans les quinze premiers chapitres, Dante discute les fausses opinions à propos de la *nobilitade*. Dans cette partie du discours, il introduit, avec la monarchie et la figure du Stagirite, deux thèmes qui sont d'une importance capitale pour la compréhension de son raisonnement ultérieur à propos de la noblesse. Déjà dans les premières années de son exil, la monarchie est pour Dante la seule organisation sociale qui puisse garantir que «l'uomo viva felicemente : che è quello per che esso è nato»[56]. L'importance attribuée à Aristote est en correspondance totale avec cette conviction politique. Le Stagirite est le philosophe par excel-

52. *Cf.* notamment IV, i, 3 («questa donna di sopra nella verace esposizione nominata») et 11 («Per mia donna intendo sempre quella che nella precedente ragione è ragionata, cioè quella luce virtuosissima, Filosofia ...»), qui affirment la validité de l'interprétation précédente, alors que III, vii, 13 («La quale natural semenza si fa come nel seguente trattato si mostrerà») et III, xiii, 4 («nel seguente trattato per intenzione si ragionerà») annoncent pour le quatrième livre des explications qui s'y trouvent vraiment.

53. *Cf.* aussi le commentaire détaillé de F. Cheneval à propos de ce paragraphe dans : Dante Alighieri, *Das Gastmahl,* Drittes Buch, italienisch-deutsch, übersetzt von Th. Ricklin, kommentiert von F. Cheneval, Hambourg, Meiner («Dante Alighieri, Philosophische Werke», 4 / III), 1998.

54. *Conv.*, IV, i, 8.

55. *Ibid..*, II, xiv, 14 : «(...) ché la Morale Filosofia, secondo che dice Tommaso sopra lo secondo dell'Etica ordina noi all'altre scienze».

56. *Ibid.*, IV, iv, 4.

lence puisqu'il a considéré de manière tout à fait parfaite « l'ultimo fine di tutti li altri fini »[57], c'est-à-dire cette *filosofia morale* qui est, pour Dante, le seul discours significatif en vue de la vie heureuse. C'est seulement après que le refus des fausses opinions relatives à la noblesse a donné lieu à la présentation de ces deux aspects fondamentaux de sa pensée, que Dante présente dans la deuxième partie du quatrième livre du *Convivio*, qui embrasse à son tour quinze chapitres, sa propre conception de la *nobilitade*.

La première description positive de la *nobilitade* se trouve au début de la deuxième partie de *Conv.*, IV. En xvi, 5, Dante explique que « (...) per questo vocabulo "nobilitade" s'intende perfezione di propria natura in ciascuna cosa »[58]. Ce n'est cependant pas encore la véritable définition de la *nobilitade*, qui ne peut être formulée – à cause de la raison formelle disant qu'on ne peut définir la perfection ultime d'un genre par ses principes essentiels[59] – que par une étude des effets de la *nobilitade*, effets qui sont pour Dante explicitement identiques aux vertus morales dont Aristote a dressé la liste[60]. De ces vertus, Dante affirme « che fanno l'uomo beato o vero felice nella loro operazione, sì come dice lo Filosofo nel primo dell'Etica quando diffinisce la Felicitade, dicendo che "Felicitade è operazione secondo virtude in vita perfetta" »[61]. En démontrant respectivement dans le dix-huitième chapitre que chaque vertu est un effet causé par la *nobilitade* et dans le dix-neuvième chapitre que le terme *nobilitade* désigne une chose plus générale que celle dénommée par les vertus, Dante peut, dans le vingtième chapitre, enfin présenter la définition recherchée de la *nobilitade*, laquelle n'est rien d'autre que la semence de félicité, *semente di felicitade*[62] (xx, 9), qui nous provient, comme Dante l'expliquera dans le chapitre suivant, de la bonté divine.

Après avoir prouvé que la monarchie est la seule organisation politique qui rende possible une vie heureuse, et avoir donné la justification du statut exceptionnel du Philosophe ayant formulé la doctrine de la vie heureuse, Dante poursuit en expliquant les conditions qui déterminent jusqu'à quel point l'individu peut participer à cette félicité. Dante pense cette félicité sous le primat exclusif de la philosophie morale sans tenir compte des luttes politiques de son époque

57. *Ibid.*, vi, 6.

58. *Cf.* aussi *ibid.*, xvi, 8 : « E così manifestamente vedere si può che generalmente questo vocabulo, cioè "nobilitade", dice in tutte cose perfezione di loro natura ».

59. *Cf. ibid.*, xvi, 9.

60. *Cf. ibid.*, xvii, 4-9.

61. *Ibid.*, xvii, 8.

62. *Cf. ibid.* xx, 9 : « (...) a quelli che hanno intelletto, che son pochi, è manifesto che nobilitade umana non sia altro che seme di felicitade, messo da Dio nell'anima ben posta, cioè lo cui corpo è d'ogni parte disposto perfettamente. Ché se le vertudi sono frutto di nobilitade, e felicitade è dolcezza per quelle comparata, manifesto è essa nobilitade essere semente de felicitade, come detto è ».

autour de la conception «juridique» de la noblesse[63]. Tout à fait conscient de la tradition tantôt philosophique tantôt théologique qui affirme pour la vie active et la vie contemplative deux formes de félicité distinctes et de valeur inégale[64], il se limite volontairement à prouver les valeurs et les enjeux de la forme la plus commune de ces deux félicités. Ce choix bien réfléchi qui fixe davantage l'attention sur la fin de la vie active, est défendu par un raisonnement tout autre que traditionnel. Dante s'oppose en toute conscience à ces adversaires potentiels, à savoir tous ceux qui demandent que la félicité ultime soit principalement conçue comme but de la vie contemplative :

> A ciò si può brevemente rispondere che in ciascuna dottrina si dee avere rispetto alla facultà del discente, e per quella via menarlo che più a lui sia lieve. Onde, perciò che le virtù morali paiano essere e siano più comuni e più sapute e più richieste che l'altre e imitate nello aspetto di fuori, utile e convenevole fu più per quello cammino procedere che per l'altro ; ché così bene [non] si verrebbe a la conoscenza delle api per lo frutto della cera ragionando come per lo frutto del mele, tutto che l'uno e l'altro da loro procede[65].

En cohérence totale avec la décision prise au début du *Conv.*, I, dans le premier chapitre, de ne pas s'adresser au petit cercle des élus, mais à la masse de ceux qui sont privés du pain des anges[66], Dante légitime l'exclusion des vertus intellectuelles et de la vie contemplative par les compétences et besoins de son public. La félicité de la vie contemplative est bien sûr plus excellente, la félicité de la vie active correspond cependant mieux aux besoins du public envisagé par le *Convivio*. Les vertus morales de la vie active sont plus communes, plus connues et enfin, plus demandées. Ce n'est peut-être pas la loi du marché, mais

63. À propos des discussions récentes sur la noblesse en Italie, voir au moins G. Tabacco, «Nobili e cavalieri a Bologna e a Firenze fra XII e XIII secolo», *Studi Medievali*, 3ª ser., 17 (1976), p. 41-79, Ph. Jones, *Economia e società nell'Italia medievale*, Turin, Einaudi, 1980, p. 47-75, et H. Keller, «Adel, Rittertum und Ritterstand nach italienischen Zeugnissen des 11.-14. Jahrhunderts», dans : *Institutionen, Kultur und Gesellschaft im Mittelalter*, Festschrift für J. Fleckenstein, éd. par L. Fenske *et al.*, Sigmaringen, J. Thorbecke, 1984, p. 581-608.

64. *Conv.*, IV, xvii, 9-11 : «Veramente è da sapere che noi potemo avere in questa vita due felicitadi, secondo due diversi cammini, buono e ottimo, che a ciò ne menano : l'uno è la vita attiva, e l'altro la contemplativa ; la quale, avegna che per l'attiva si pervegna, come detto è, a buona felicitade, ne mena ad ottima felicitade e beatitudine, secondo che pruova lo Filosofo nel decimo dell'Etica. E Cristo l'afferma con la sua bocca nel Vangelio di Luca, parlando a Marta, e rispondendo a quella : "Marta, Marta, sollicita se' e turbiti intorno a molte cose : certamente una cosa è necessaria", cioè "quello che fai". E soggiunge : "Maria ottima parte ha eletta, la quale non le sarà tolta". E Maria, secondo che dinanzi è scritto a queste parole del Vangelio, a' piedi di Cristo sedendo, nulla cura del ministerio della casa mostrava, ma solamente le parole del Salvatore ascoltava. Che se moralmente ciò volemo esponere, volse lo nostro Segnore in ciò mostrare che la contemplativa vita fosse ottima, tutto che buona fosse l'attiva : ciò è manifesto a chi ben vuole porre mente alle evangeliche parole. Potrebbe alcuno però dire, contra me argomentando : poi che la felicitade della vita contemplativa è più eccellente che quella dell'attiva, e l'una e l'altra possa essere e sia frutto e fine di nobilitade, perché non anzi si procedette per la via delle virtù intellettuali che delle morali ?»

65. *Ibid.*, 12.

66. *Cf. ibid.*, I, i, 6-11.

c'est sûrement, et cela n'est pas moins étonnant, la loi du besoin social, et par conséquent, la négation de cette conception élitiste du *summum bonum* défendue par cette antique philosophie de l'*otium* dont les maîtres médiévaux se sont déclarés les héritiers légitimes[67].

En opposition marquée à cette pensée, dont un des points culminants est le *De summo bono* de Boèce de Dacie, Dante aborde dans le chapitre xxi la question de savoir comment la *nobilitade* responsable en tant que *semente di felicitade* pour les vertus morales descend en nous. Ce *spiziale capitolo* (xxi, 1) destiné à expliquer « come questa bontade discende in noi » (ibid.) est un des passages les plus denses dans l'œuvre de Dante et, selon les paroles d'Alain de Libera, peut-être même « un des coups de force théoriques les plus fascinants du Moyen Âge »[68]. Je n'ai pas l'intention d'affronter toutes les difficultés de cette digression[69]. Il suffit à notre propos de relever quelques aspects généraux. Retenons d'abord l'annonce que le problème sera expliqué premièrement *per modo naturale* et deuxièmement *per modo teologico*. Cette annonce méthodologique et sa mise en œuvre consécutive est bien singulière dans le *Convivio*. Dès qu'on examine d'un peu plus près la structure du chapitre, l'annonce perd cependant beaucoup de sa pertinence. L'argumentation tient compte de l'annonce méthodologique en proposant une argumentation *per modo naturale* dans les paragraphes 2-10 et une argumentation *per modo teologico* dans les paragraphes 11-14. Mais cette division n'empêche pas que le thème central du propos, à savoir l'origine et la fonction du *seme di felicitade*, soit, dans la partie réservée à la voie théologique, objet de clarifications concernant « la première et plus noble pousse qui germe de cette semence » (13) et qui sont en relation étroite avec des constats philosophiques de l'argumentation précédente *per modo naturale*.

Considérée en soi, l'argumentation *per modo naturale* est structurée de manière tout à fait claire. À la suite du constat initial que la semence, dont il s'agit d'expliquer comment elle descend en nous, se trouve dans l'âme, Dante évoque au cours des paragraphes 2 et 3 une série de théories philosophiques prétendant expliquer le procès responsable de la « differenza delle nostre anime » (2). À la fin de ce catalogue de théories qui ne sont pas explicitement considérées comme fausses, suit l'annonce que les explications ultérieures se fonde-

67. *Cf.* les pages importantes de F. Cheneval dans Dante Alighieri, *Das Gastmahl*, Erstes Buch, *ed. cit.*, Introduction, p. li-lvi.

68. *Penser au Moyen Âge*, Paris, Seuil, 1991, p. 279.

69. À part le commentaire correspondant de C. Vasoli dans Dante Alighieri, *Convivio*, *ed. cit.*, voir aussi les importantes remarques dans le commentaire de G. Busnelli / G. Vandelli dans leur édition Dante Alighieri, *Il Convivio*, vol. II, Firenze, 1937, les articles de B. Nardi, « L'origine dell'anima umana secondo Dante », dans : *Id.*, *Studi di filosofia medievale*, Rome, Storia e letteratura, 1960, p. 9-68, « Sull'origine dell'anima umana », dans : *Id.*, *Dante e la cultura medievale*, Rome-Bari, Laterza, 1985, p. 207-224, et plus récemment St. Bemrose, « "Come d'animal divenga fante" : The Animation of the Human Embryo in Dante », dans : *The Human Embryo. Aristote and the Arabic and European Traditions*, ed. by G. R. Dunstan, Exeter, University of Exeter Press, 1990, p. 123-135.

ront sur l'opinion d'Aristote et des péripatéticiens. Ensuite les paragraphes 4 et 5 donnent lieu à la présentation dense d'une théorie de la procréation qui explique de manière générale le procès de la génération humaine. Ce dernier embrasse deux étapes clairement distinctes. L'âme en vie est tout d'abord le produit du concours de la complexion élémentaire du sperme, de la constellation virtuelle céleste et de la vertu formative provenant de l'âme du générateur[70]. Une fois que l'âme en vie est produite, elle reçoit du moteur du ciel l'intellect possible, à savoir la capacité humaine de penser. Le sixième paragraphe sert d'entracte. L'auteur s'adresse directement au public en lui expliquant que ses arguments sont difficiles à comprendre parce qu'ils portent sur un processus où l'intelligence semble être un miracle et qui ne peut être expliqué de manière convenable en langue vulgaire[71]. Dante reprend ensuit l'argumentation en présentant encore une fois, dans les paragraphes 7 et 8, la théorie développée auparavant, mais en soulignant cette fois comment il se fait que les trois forces impliquées dans la production de l'âme en vie peuvent produire des âmes plus ou moins pures. De même que le paragraphe 7 concrétise les explications du paragraphe 4 à propos de l'âme en vie, le paragraphe 8 reprend l'exposé du paragraphe 5 où Dante avait déclaré que l'intellect possible était attribué par la vertu du moteur du ciel à l'âme en vie :

70. Voir à ce propos de manière générale D. Jacquart et C. Thomasset, *Sexualité et savoir médical au Moyen Âge*, Paris, PUF, 1985, p. 79-98, et aussi M. A. Hewson, *Giles of Rome and the Medieval Theory of Conception, A Study on the De formatione corporis humani in utero*, London, University of London Press, 1975. Pour la doctrine correspondante de Thomas d'Aquin, voir G. Durand, *Anthropologie sexuelle et mariage chez Thomas d'Aquin*, Lyon, thèse de doctrorat présentée à la faculté de théologie, 1966/67, p. 82-99. Pour Albert le Grand, voir L. E. Demaitre et A. A. Travill : « Human Embryology and Development in the Works of Albertus Magnus », dans : J. A. Weisheipl, *Albertus Magnus and the Sciences*, Toronto, Pontifical Institute of Mediaeval Studies, 1980, p. 405-440.

71. *Cf.* B. Nardi, « Sull'origine dell'anima umana », *op cit.*, p. 222 *sq.*

5 : La quale (anima in vita), incontanente produtta, riceve dalla vertù del motore del cielo lo intelletto possibile ;
lo quale potenzialmente in sé adduce tutte le forme universali, secondo che sono nel suo produttore, e tanto meno quanto più dilungato della prima Intelligenza è.

8 : E s'elli avviene che, per la puritade dell'anima ricevente, la intellettuale vertude sia bene astratta e assoluta da ogni ombra corporea, la divina bontade in lei multiplica sì come in cosa sufficiente a ricevere quella, e quindi si multiplica nell' anima di questa intelligenza secondo che ricevere puote[72].

Le procès décrit est dans les deux cas le même. L'intellect possible est attribué à l'âme en vie. Selon le paragraphe 5, cet intellect possible contient des formes universelles potentielles en fonction de sa distance à l'intelligence première. Dans le paragraphe 8, Dante se borne à remplacer l'expression un peu figurative « tanto meno quanto più dilungato » du paragraphe 5, par un exposé plus technique qui fait comprendre que la soi-disant « distance » entre la première intelligence et l'intellect possible n'est rien d'autre que l'expression de la qualité de ce dernier. La qualité de l'intellect possible de tel individu dépend de la qualité de son âme en vie, et la multitude des formes universelles potentielles que l'intellect possible de tel individu reçoit, est à son tour déterminée par sa propre qualité. C'est cela, cet ensemble des formes universelles potentielles déterminé par un processus bio-cosmologique, est « quel seme di felicitade, del quale al presente si parla » (8).

Dans les deux paragraphes suivants, Dante souligne à quel point cette semence de la félicité peut diverger selon les données bio-cosmologiques. Même s'il s'agit de la part divine de l'être humaine (9), les conditions bio-cosmologiques déterminant la qualité de l'âme en vie ont une telle puissance qu'elles pourraient, dans le cas où elles « s'accordassero sovra la produzione d'un'anima nella loro ottima disposizione » (10), faire descendre une partie telle de la déité que le résultat « quasi sarebbe un altro Dio incarnato ». Cette formulation provient fort probablement du *De somno et vigilia* d'Albert le Grand : elle se trouve dans un paragraphe réservé à la présentation des doctrines d'Avicenne et d'Algazel[73], dont le dominicain a jugé les théories comme n'étant philosophi-

72. Nous suivons la suggestion de M. Simonelli dans son édition critique de Dante Alighieri, *Il Convivio*, Bologne, Casa Editrice Prof. Riccardo Pàtron, 1966, p. 191, note 11, qui propose de lire le *si multiplica* en tant que verbe réflexif en sauvant de cette manière le *di* de la formule *nell'anima di questa intelligenza* sans être forcée à des conjectures ultérieures.

73. *Cf. De somno et vigilia*, l. III, t. I, c. vi, éd. A. Borgnet (« Opera omnia », t. IX), Paris, 1890, p. 185a : « Addunt etiam gradus esse in huiusmodi anima intellectuali : quia quidam sortiuntur animas altiores et quidam inferiores (...) Hi autem qui superiores animas sortiuntur, aliquando ita separati sunt intellectus eorum, quod per conformitatem superioribus intelligen-

quement pas vérifiables[74]. Mais Dante ne se limite pas à l'évocation d'une formule retrouvée dans le cadre de l'exposé d'une doctrine problématique. Dans le *De somno et vigilia* d'Albert nous lisons seulement : « quasi Deus incarnatus ». C'est donc Dante lui-même qui précise qu'il s'agirait d'un *autre* Dieu incarné en indiquant, de cette façon, qu'il y en avait déjà un premier, à savoir Celui qui descendit d'en haut au moment précisément où « poi che esso cielo cominciò a girare, in migliore disposizione non fu »[75].

Il faut peut-être le rappeler : avec ces paragraphes au langage très technique, nous sommes toujours dans l'explication, *per modo naturale*, de la manière dont « cette bonté descend en nous ». Cette explication philosophique ne semble plus laisser – l'allusion à l'autre Dieu incarné le prouve de façon aussi discrète qu'efficace – de place à un discours théologique. Dante est donc tout à fait fidèle à sa propre conception de la philosophie, qui doit savoir expliquer, comme nous l'avons vu, des choses qui passeraient sinon pour des miracles. Il fait pourtant suivre son exposé philosophique d'une explication annoncée comme théologique. Exprimé par des concepts théologiques, le processus décrit tout à l'heure se révèle presque banal. Il signifie que Dieu laisse parvenir son bienfait, c'est-à-dire les dons du Saint-Esprit, à la créature disposée à recevoir ce don[76]. En comparaison avec l'explication théologique, l'explication *per modo naturale* contribue donc davantage à une valorisation nouvelle d'une conception largement diffusée de la relation entre Dieu et la créature. Pourtant ces concepts théologiques ne semblent pas trop intéresser l'auteur du *Convivio*. Les remarques du paragraphe argumenté *per modo teologico* ne sont sans doute pas circonstancielles, mais elles sont évidemment loin de la pertinence et de l'exactitude des arguments philosophiques précédents. Le manque d'intérêt à approfondir le discours théologique portant sur la nature de la semence de félicité se fait brusquement remarquer au paragraphe 13, dans lequel Dante interrompt le discours théologique pour déclarer :

> Ove è da sapere che'l primo e lo più nobile rampollo che germogli di questo seme, per essere fruttifero, si è l'appetito dell'animo, lo quale in greco è chiamato "hormén". E se questo non é bene culto e sostenuto diritto per buona consuetudine, poco vale la sementa, e meglio sarebbe non essere seminato[77].

tiis congruunt : et ex illa congruentia imprimunt in eis lumen suum, per quod illuminantur ad sciendum ea quae disposita sunt fieri in universo, et sine medio corpore fit, et in tantum exaltant nobilitatem huius intellectus, quod invenitur anima quae omnia scit per seipsam, ut dicunt : et est quoad intellectum quasi Deus incarnatus, qui perfectionem habet ad omnia scienda ex seipso ».

74. *Cf. ibid.*, 185b : « Sed mirabile videtur si ratione philosophica probari potest quod dicunt ».

75. *Conv.*, IV, v, 7.

76. *Cf. ibid.*, xxi, 11 *sq.*

77. *Ibid.*, 13.

C'est là le thème du chapitre xxii qui décrit à partir du *hormen* [78] le procès évolutif de l'être humain grandissant. Au long de ce processus, l'homme n'apprend pas seulement à s'aimer soi-même, mais à aimer et à utiliser de plus en plus sa meilleure part pour atteindre, par l'utilisation précisément de cette part qui est l'âme, pour autant qu'elle soit raison, volonté et intellect [79], «nostra felicitade e nostra beatitudine» [80]. Pour tous ceux qui ont peut-être déjà oublié que l'auteur s'était engagé volontairement dans un discours de philosophie morale et non pas dans un traité expliquant l'union intellectuelle avec le principe de tout ce qui est, il est encore une fois souligné que nous avons une double possibilité d'utilisation de nos facultés intellectuelles. Ce sont – il n'y a là rien d'étonnant – l'utilisation pratique et l'utilisation spéculative. Mais Dante évite, en cohérence avec la préférence précédemment donnée aux vertus morales par rapport aux vertus intellectuelles, et en correspondance avec l'argumentation antérieure en faveur de la vie active et au détriment de la vie contemplative, de construire son discours autour de celle des deux utilisations des facultés intellectuelles qu'il sait la plus excellente. La raison en est, encore une fois, comme dans le huitième chapitre du troisième livre [81], que la spéculation ne peut pas atteindre sa perfection dans cette vie d'ici-bas:

> E questa parte in questa vita perfettamente lo suo uso avere non puote – lo quale averà in Dio che è sommo intelligibile –, se non in quanto considera lui e mira lui per li suoi effetti [82].

Ce constat, qui accepte la spéculation comme l'utilisation la plus parfaite de notre partie la plus noble, tout en niant en même temps la possibilité de réaliser cette utilisation dans cette vie terrestre, demande un éclaircissement, que Dante fournit à travers une exégèse de la scène biblique des trois Maries au tombeau du Seigneur:

> Per queste tre donne si possono intendere le tre sette della vita attiva, cioè li Epicurî, li Stoici e li Parepatetici, che vanno al monimento, cioè al mondo presente che è recettaculo di corruttibili cose, e domandano lo Salvatore, cioè la beatitudine, e non la truovano; ma uno giovane truovano in bianchi vestimenti, lo quale, secondo la testimonianza di Mateo e anche delli altri [Evangelisti], era angelo di Dio. (...) Questo angelo è questa nostra nobilitade che da Dio viene, come detto è, che nella nostra ragione parla, e dice a ciascuna di queste sette, cioè a qualunque va cercando beatitudine nella vita attiva, che non è qui: ma vada, e dicalo alli discepoli e a Piero, cioè a coloro che 'l vanno cercando, e a coloro che sono sviati, sì come Piero che l'avea negato, che in Galilea li precederàe: cioè che la beatitudine precederà noi in Galilea, cioè ne la speculazione [83].

78. *Cf.* à ce propos le commentaire de C. Vasoli dans: Dante Alighieri, *Convivio*, *ed. cit.*, p. 772 *sq.*

79. *Cf. Conv.*, IV, xxii, 10.

80. *Ibid.*, 9.

81. *Cf. supra.*

82. *Conv.* IV, xxii, 13.

83. *Ibid.*, 15 *sq.*

On a cherché en vain les sources exactes de ce passage[84]. Contrairement à Maria Corti nous ne jugeons pas très probable la possibilité de trouver un jour le modèle exact de l'interprétation dantesque[85]. Il nous semble plutôt que l'interprétation allégorique du passage est «neuve et personnelle» pour reprendre le jugement que Cesare Vasoli[86] a emprunté à Giorgio Busnelli et Giorgio Vandelli[87]. Peut-être peut-on même aller plus loin en affirmant que le sens donné par Dante à la scène biblique contient une partie essentielle de la philosophie du *Convivio*. La figure centrale de cette refonte de la scène biblique est le jeune homme vêtu de blanc. Dante identifie cet ange avec «nostra nobilitade che da Dio viene», à savoir cet intellect possible qui est attribué par le moteur du ciel à l'âme en vie, à la mesure de ses qualités déterminées par un procès bio-cosmologique. Le jeune homme, allégorie de la capacité humaine de penser, s'adresse aux trois femmes représentant les trois écoles philosophiques qui, dans le troisième livre déjà, étaient dignes d'être placées dans les Athènes célestes[88]. Cependant ses paroles concernent en plus deux autres groupes: le groupe des disciples qui cherchent la béatitude spéculative dans cette vie, et le groupe des *sviati*, les dévoyés représentés par saint Pierre. Le message du jeune homme est le même pour les philosophes, les disciples et les dévoyés: il est impossible d'atteindre la béatitude de la spéculation ici-bas. Il reste néanmoins une différence fondamentale qui sépare les trois écoles philosophiques des deux autres groupes. Les philosophes représentent le groupe auquel le messager de Dieu s'adresse directement, c'est à eux qu'il parle. Serait donc une lecture superficielle celle qui se limiterait à constater que même les philosophes cherchent la béatitude spéculative sans la trouver. Leurs trois représentantes ont le privilège de la *nobilitade* venant de Dieu; c'est-à-dire, après la lecture du chapitre XXI, que leur propre capacité à penser les rend conscientes du fait que la béatitude spéculative est inaccessible dans cette vie. Les deux autres groupes, et cela nous semble très important, n'accèdent pas au tombeau: la *nobilitade* ne s'adresse pas aux disciples et aux dévoyés. L'ange ne parle qu'aux philosophes et il les prie de communiquer son message aux autres. Ce sont donc exclusivement les philosophes qui ont une conception adéquate des possibilités intellectuelles des êtres de chair et d'os. Elles seules, ces écoles de la vie active, mettent en pratique leurs possibilités intellectuelles, en conformité avec les possibilités de cette vie.

84. Signalons néanmoins que G. Busnelli et G. Vandelli ont repéré chez Hugues de St-Cher une interprétation du paragraphe en question qui est, surtout par l'identification des trois femmes avec les *scholares*, très proche de l'exégèse dantesque; *cf.* Dante Alighieri, *Il Convivio, ed. cit.*, p. 284.

85. *Cf. La felicità mentale, op. cit.*, p. 128.

86. Dante Alighieri, *Convivio, op. cit.*, p. 773

87. *Cf.* Dante Aligieri, *Il Convivio, op. cit.*, p. 284, où les deux commentateurs jugent, en relativisant à juste titre la dépendance de Dante vis-à-vis de Hugues de St. Cher, que l'interprétation de Dante «nell'insieme è sua».

88. *Cf. supra.*

Si les deux autres groupes sont privés de la communication immédiate avec l'ange de Dieu, c'est parce qu'ils n'ont pas encore compris la loi élémentaire, formulée dans le troisième livre déjà, que « l'umano desiderio è misurato in questa vita a quella scienza che qui avere si può, e quello punto non passa se non per errore, lo quale è di fuori di naturale intenzione »[89]. Ce sont les écoles de cette vie active, dont Dante s'est fait le prédicateur à travers le quatrième livre du *Convivio*, qui enseignent l'axiome philosophique par excellence – à savoir comment le savoir peut rendre l'homme bienheureux « non potendo a lui perfettamente certe cose mostrare »[90] – aux disciples qui veulent apprendre, comme le Dante du troisième livre, et aux dévoyés qui se sont perdus, comme Dante lui-même s'était perdu au début du quatrième livre. Dante, en constatant que le désir humain de savoir est mesuré dans cette vie par le savoir qu'on peut avoir ici-bas, a donné une réponse irréductible en tant que telle aux grands courants d'écoles de l'époque, qui ont résolu le dilemme du désir naturel de la spéculation soit en postulant en tant que théologiens la nécessité de la révélation, soit en réclamant pour la philosophie, en tant qu'aristotéliciens radicaux, la possibilité de parvenir à la connaissance de la première cause[91].

Les chapitres xxiv à xxviii prouvent une dernière fois à quel point Dante prend lui-même au sérieux ses propres propos. Contrairement à ce que veulent faire croire les analyses isolées de ces paragraphes chargés de notions hautement philosophiques, ces digressions se trouvent inscrites dans un discours qui ramène toujours les théories les plus abstraites au niveau de la vie pratique de la philosophie morale. Ce n'est pas pour faire l'éloge du penseur professionnel, qu'il soit philosophe ou théologien, que Dante présente sa théorie de la noblesse. Au contraire, c'est pour s'adresser à tout le monde en formulant des règles de comportement convenant aux quatre âges – *adolescenza* (chap. xxv), *gioventute* (chap. xxvi), *senettute* (chap. xxvii) et *senio* (chap. xxviii) – dont se compose une vie humaine[92] qui ne devrait pas s'interrompre trop tôt, que l'auteur du *Convivio* élabore une théorie de la noblesse et des possibilités intellectuelles humaines. C'est le public de langue vulgaire de la commune, non pas le philosophe solitaire ou l'auditoire d'un cours universitaire, qui est ennobli par le discours du Florentin.

Cette attitude bien singulière, qui évite la morale banalisante des prêcheurs et les conceptions élitistes des théoriciens, apparaît à la fin du *Convivio* presque comme une provocation. Dans le chapitre xxx, qui est le dernier chapitre du *Convivio* dans sa forme actuelle, Dante rebaptise la chanson commentée dans le quatrième livre (poème qui aurait dû s'appeler selon l'usage courant par son vers

89. *Conv.*, III, xv, 9.

90. *Ibid.*, 7.

91. *Cf.* le commentaire important de F. Cheneval à ces paragraphes dans : Dante Alighieri, *Das Gastmahl*, Drittes Buch, *ed. cit.*

92. Voir E. Sears, *The Ages of Man. Medieval Interpretations of the Live Cycle*, Princeton, Princeton University Press, 1986, p. 103 *sq*.

initial *Le dolci rime d'amor ch'i' solia*), par le titre : *Contra-li-erranti*. Pour justifier ce nouveau titre qui correspond au vers 141 de la chanson, il explique :

> Dico adunque : Contra-li-erranti mia. Questo Contra-li-erranti è tutto una parola, ed è nome d'esta canzone, tolto per essemplo del buono frate Tommaso d'Aquino, che a un suo libro, che fece a confusione di tutti quelli che disviano da nostra Fede, puose nome Contra li Gentili[93].

À première vue ce passage semble seulement légitimer l'attribution d'un titre nouveau à la chanson commentée[94]. À la lumière de la lecture du *Convivio* que nous venons de proposer, l'argument change cependant de portée. Après toutes les remarques et les digressions à propos des possibilités cognitives, de la valeur de la vie active et du rapport entre la béatitude de la vie active et la béatitude de la vie contemplative, le passage cité semble plutôt exprimer un geste de remplacement qu'un geste d'imitation. Au moins pour la grande masse, pour tous ceux qui sont loin d'être « un altro Iddio incarnato », le véritable accès à cette vie heureuse qui est la fin ultime de l'homme ne se fait pas à travers un discours théologique aussi argumenté qu'il puisse être. Au moins dans le *Convivio*, Dante reste convaincu jusqu'au bout qu'il y a une vie heureuse avant la spéculation. Le chemin qui y mène est l'*amoroso uso di sapienza* dont le *Convivio* a dressé un plan qui est entièrement philosophique, dans la mesure où cette philosophie est pratique.

93. *Conv.*, IV, xxx, 3.

94. *Cf.* aussi Th. Ricklin, « L'image d'Albert le Grand et de Thomas d'Aquin chez Dante », *Revue thomiste* 97 (1997), p. 129-142, notamment p. 135 *sq.*

ALFONSO MAIERÙ

UNIVERSAUX ET TRINITÉ DU XIIe AU XIVe SIÈCLE

Le renouveau d'intérêt pour le problème, ou la question, des universaux [1] semble offrir l'occasion d'analyser un aspect du débat médiéval, à savoir celui qui concerne le rapport entre les universaux et la Trinité, et qui, à mon avis, mérite quelque attention. Il s'agit en particulier d'approfondir la question de savoir comment se pose ce rapport : puisque la doctrine chrétienne de Dieu un et trine est incompréhensible pour l'intellect humain, on a recours aux discussions sur les universaux pour y chercher des structures conceptuelles qui aident d'une part à comprendre d'une certaine façon, par contraste ou par voisinage, la doctrine théologique, d'autre part à la formuler d'une façon moins inadéquate. En ce sens, on a une utilisation précise de doctrines et de perspectives philosophiques par la théologie. Mais comme on ne peut exclure que la finalité théologique ait conditionné les formulations philosophiques elles-mêmes, on peut envisager le thème proposé comme un cas de collaboration entre philosophie et théologie.

Cet exposé m'amènera, après avoir rappelé les faits qui ont conduit à la formulation du dogme trinitaire en 1215, à illustrer le thème à partir de quelques positions prises au quatorzième siècle, et à reprendre ensuite les sujets de discussion présents dans la littérature théologique des siècles précédents.

1. *Cf.* B. Maioli, *Gli universali : alle origini del problema*, Rome, Bulzoni Editore, 1973 ; *Id.*, *Gli universali : storia antologica del problema da Socrate al XII secolo*, Rome, Bulzoni Editore, 1974 ; M. M. Tweedale, *Abailard on Universals*, Amsterdam-New York-Oxford, North-Holland, 1976 ; P. O. King, *Peter Abailard and the Problem of Universals, A Dissertation Presented to the Faculty of Princeton University in Candidacy for the Degree of Doctor of Philosophy*, 1982, 2 vol. ; A. D. Conti, « Studio storico-critico » dans : *Johannes Sharpe, Quaestio super universalia*, a cura di A. D. Conti, Florence, Leo S. Olschki Editore, 1990, p. 209-336 ; « Les Universaux », *Revue de Métaphysique et de Morale*, 97 (1992), fasc. 1 (articles d'O. Boulnois, L. M. de Rijk, C. Panaccio, A. de Libera, J. Jolivet) ; A. de Libera, *La Querelle des universaux de Platon à la fin du Moyen Âge*, Paris, Seuil, 1996.

1.– La doctrine trinitaire prétend qu'il y a un seul Dieu en trois personnes. Une importante intervention du quatrième concile du Latran a concerné cette doctrine, en particulier sur le point qui nous intéresse. La discussion entre les théologiens portait sur le principe de la génération en Dieu, à savoir si la génération devait être attribuée à l'essence ou au Père. La polémique avait impliqué des personnages célèbres. Pierre Lombard dans les *Sentences* (lib. I, dist. V, chap. 1)[2] avait nié que le principe de la génération fût l'essence. À son tour Joachim de Flore avait combattu Pierre Lombard en l'accusant d'admettre en Dieu non une trinité, mais une quaternité constituée par les trois personnes et une quatrième entité, l'essence commune.

Le concile prit la défense de Pierre Lombard et condamna le traité écrit par Joachim contre le Lombard. Le texte de Joachim ne nous est pas parvenu ; ce que l'on sait de ce texte du célèbre abbé calabrais est contenu dans le document conciliaire. D'après le concile, Joachim soutenait qu'il n'y a aucune *res* qui soit Père, Fils et Saint Esprit, c'est-à-dire aucune essence, ni substance, ni nature, tout en admettant que les trois personnes sont une essence, une substance et une nature : l'unité des trois personnes, selon Joachim, n'est pas une véritable unité ; il faut l'entendre *quasi collectiva et similitudinaria*, c'est-à-dire dans le sens que beaucoup d'hommes font un seul peuple et beaucoup de fidèles une seule Église[3] ; les fidèles du Christ sont un *(sunt unum)* non parce qu'ils sont *una res,*

2. *Magistri Petri Lombardi Sententiae in IV libris distinctae*, t. I, pars II, liber I et II, Grottaferrata, Editiones Collegii S. Bonaventurae Ad Claras Aquas, 1971, p. 80-87.

3. *Cf. Enchiridion Symbolorum, Definitionum et Declarationum de rebus fidei et morum*, éd. H. Denzinger-A. Schönmetzer, Barcinone-Friburgi Brisgoviae-Romae, Herder, 1976, p. 261, n° 803 : « Damnamus ergo et reprobamus libellum seu tractatum, quem Abbas Ioachim edidit contra Magistrum Petrum Lombardum, de unitate seu essentia Trinitatis, appellans ipsum haereticum et insanum pro eo, quod in suis dixit Sententiis : "*Quoniam quaedam summa res est Pater, et Filius, et Spiritus Sanctus, et illa non est generans, neque genita, neque procedens* ". Unde asserit, quod ille non tam Trinitatem, quam quaternitatem astruebat in Deo, videlicet tres personas, et illam communem essentiam quasi quartam ; manifeste protestans, quod nulla res est, quae sit Pater et Filius et Spiritus Sanctus ; nec est essentia, nec substantia, nec natura : quamvis concedat, quod Pater et Filius et Spiritus Sanctus sunt una essentia, una substantia unaque natura. Verum unitatem huiusmodi non veram et propriam, sed quasi collectivam et similitudinariam esse fatetur, quemadmodum dicuntur multi homines unus populus, et multi fideles una Ecclesia ». Le passage en italique n'est pas à la lettre dans Pierre Lombard, mais est dans la tradition des textes attribués à Joachim : *cf.* L. Tondelli, *Il libro delle figure dell' abate Gioacchino da Fiore*, I, Turin, Società Editrice Internazionale, 1953 (2ème éd.), p. 175-180 (*cf.* en particulier p. 177, la référence à la tab. XXVI, fig. 1 : « Essentia est quedam summa res communis tribus personis : nec ingenita nec genita nec procedens ») ; H. Grundmann, *Neue Forschungen über Joachim von Fiore*, Marburg, 1950, p. 72-76 (tr. ital. dans *Id., Gioacchino da Fiore. Vita e opere*, a cura di G. L. Potestà, Rome, Viella, 1997, p. 57-60) ; G. Di Napoli, « Gioacchino da Fiore e Pietro Lombardo », *Rivista di filosofia neo-scolastica*, 71 (1979), p. 621-685 (p. 630 n. 40, Di Napoli renvoie au Lombard, *Sententiae*, I, p. 82 : « cum enim una et summa quaedam res sit divina essentia, si divina essentia essentiam genuit, eadem res se ipsam genuit, quod omnino esse non potest »).

quae communis sit omnibus, mais ils sont un parce qu'ils constituent une seule Église par l'unité de la foi et un seul royaume par l'union de la charité[4].

Le concile, en suivant Pierre Lombard, affirma par contre qu'il y a une *summa res* qui est véritablement le Père, le Fils et le Saint Esprit, qui est en même temps *(simul)* les trois personnes et chacune d'entre elles prise individuellement *(singillatim)* : en effet chacune des trois personnes est cette *res* qui est la substance, l'essence ou la nature divine ; cette *res* n'est pas ce qui génère, ni ce qui est généré, ni ce qui procède ; mais c'est le Père qui génère, c'est le Fils qui est généré et c'est le Saint Esprit qui procède du Père et du Fils *(ab utroque)*, de sorte que la distinction est posée entre les personnes, tandis que l'unité est posée dans la nature[5] (ou encore : l'*identitatis unitas* est posée *in natura*)[6].

Le concile réaffirme que la *summa res* est incompréhensible et ineffable[7]. Mais en faisant référence au thème de l'identité et de la distinction, il met en cause le nœud conceptuel avec lequel certaines formulations philosophiques dites « réalistes » se sont confrontées pour saisir les rapports entre universaux et individus.

4. *Enchiridion Symbolorum*, p. 261, n° 803 : « Non enim (ut ait) fideles Christi sunt unum, i. e. quaedam una res, quae communis sit omnibus, sed hoc modo sunt unum, id est una Ecclesia, propter catholicae fidei unitatem, et tandem unum regnum, propter unionem indissolubilis caritatis ». Pour des passages proches dans les œuvres de Joachim, *cf.* les travaux de Tondelli et Di Napoli cit. ; voir Joachim, *De articulis fidei*, éd. E. Bonaiuti, Rome, Istituto Storico Italiano per il Medio Evo, 1936, p. 4-5 : « Ante omnia intellige Deum tuum esse tres Personas plenas, integras atque perfectas, ita ut credas singulam esse plenum atque perfectum Deum, et simul tres unum Deum totum simplicem, totum eternum, totum vivum, totum invisibilem et impalpabilem. spiritus est enim Deus, non corpus et iccirco mirari non debes si tres sunt unum et unum tres. unum tamen dicimus non singularem, non utique, sicut dicimus unum sydus, unum iaspidem, unum smaragdum ; set unum ab unitate utpote cum dicimus unum gregem, unum populum, unam turbam. unde et bene dicunt gramatici : populus currunt et turba ruunt, ut id quod taliter unum dicitur, pluralis numeri esse intelligatur. loquimur ad intellectum non ad simplicem aut perfectam similitudinem, ut videlicet per visibilia invisibilia intelligamus ».

5. *Enchiridion Symbolorum*, p. 261-262, n° 804 : « Nos autem, sacro approbante Concilio, credimus et confitemur cum Petro Lombardo, quod una quaedam summa res est, incomprehensibilis quidem et ineffabilis, quae veraciter est Pater, et Filius, et Spiritus Sanctus ; tres simul personae, ac singillatim quaelibet earum : et ideo in Deo solummodo Trinitas est, non quaternitas ; quia quaelibet trium personarum est illa res, videlicet substantia, essentia seu natura divina : quae sola est universorum principium, praeter quod aliud inveniri non potest : et illa res non est generans, neque genita, nec procedens, sed est Pater, qui generat, et Filius, qui gignitur, et Spiritus Sanctus, qui procedit : ut distinctiones sint in personis, et unitas in natura ». *Cf.* aussi p. 262, n° 805 : « et sic eadem res est Pater et Filius, nec non et Spiritus Sanctus ab utroque procedens ».

6. *Ibid.*, p. 262, n° 806 : « hoc nomen "unum" pro fidelibus quidem accipitur, ut intelligatur unio caritatis in gratia, pro personis vero divinis, ut attendatur identitatis unitas in natura ».

7. *Cf.* le premier texte donné *supra*, n. 5.

Mais avant d'approfondir cette confrontation, il convient de considérer les témoignages d'auteurs qui, en débattant de thématiques trinitaires, firent intervenir une conception réaliste du problème des universaux.

2. – J'ai rencontré la première référence explicite à une conception réaliste des universaux en théologie dans les *Questions sur les Sentences* de Henri Totting d'Oyta, qui trouvent leurs origines à Paris et qui datent des années 1378-80. J'en ai parlé en une autre occasion et j'ai également fourni l'édition d'une partie de la question 8, article 2 [8]. Aussi me limiterai-je ici à un rappel succint des idées présentant un intérêt pour notre sujet.

Le contexte est celui de la discussion des paralogismes en matière de Trinité : pour distinguer les paralogismes des syllogismes, les chrétiens se servent de ce qu'on appelle la « règle d'Anselme », d'après laquelle on ne peut, à partir de l'unité divine, rien inférer qui aille contre la pluralité des personnes et, à partir de la pluralité des personnes, rien inférer qui s'oppose à l'unité de l'essence. Cette règle toutefois ne vaut que pour les fidèles qui acceptent la doctrine trinitaire [9]. Pour trouver un critère qui soit acceptable aussi pour les infidèles et qui montre en même temps la cause des erreurs, l'auteur a recours à la doctrine platonicienne qu'il considère fausse (c'est une pure *imaginatio*) mais qu'il estime pensable et donc non contradictoire (le mot *imaginabilis* est utilisé aussi dans le sens de « pensable »). Selon Henri la conception attribuée à Platon prétend qu'existent les idées éternelles des choses, dont les individus de ce monde participent [10]. Donc existe (premier corollaire) l'homme universel, qui appartient à la quiddité intrinsèque des êtres humains, mais sans être ni la forme de ces individus, ni leur matière, ni la substance composée de matière et de forme : tous ces aspects sont contingents et n'appartiennent donc pas à la quiddité des individus, tandis que l'idée d'homme constitue l'espèce des individus humains [11].

8. *Cf.* A. Maierù, « Logica aristotelica e teologia trinitaria : Enrico Totting da Oyta », dans : *Studi sul XIV secolo in memoria di Anneliese Maier,* a cura di A. Maierù e A. Paravicini Bagliani, Rome, Edizioni di storia e letteratura, 1981, p. 481-512, en particulier p. 496-512 (texte).

9. *Ibid.*, p. 496-498 (l. 8-67).

10. *Ibid.*, p. 498, l. 68-80 : « Quantum ad secundum, scilicet ad habendum de hoc regulam quae sufficiat apud omnes generaliter, et per quam cognosci possunt defectus paralogismorum specialiter, suppono primo, iuxta opinionem quae Platoni imponitur, esse ponendum hominem universalem realiter ab individuis participari, de quorum est intrinseca quidditate : hoc videtur patere ex multis dictis Aristotelis ipsum ad illam intentionem improbantis in materia de ideis, ac si ipse Plato posuisset respectu cuiuslibet speciei unam ideam abstractam ab omnibus individuis suae speciei realiter participatam, sic quod est de eorum quidditate, et illam dixit esse aeternam et priorem individuis quae sunt corruptibilia ; et in hoc specialiter Aristoteles eum reprobavit, quamvis tenens opinionem Platonis forsitan illas rationes evaderet et a contradictione defenderet ». Pour *imaginatio*, *cf. ibid.*, p. 499-500, l. 118, 130 et 143, et p. 486 n. 15.

11. *Ibid*, p. 499, l. 98-105 : « Ex quo sequitur corollarie quod secundum dictam opinionem, idea hominis esset homo communis de quidditate singularium existens, non sicut materia vel

Notre auteur continue (deuxième corollaire) en rappelant que les péripatéticiens pensent que les concepts spécifiques signifient tous les individus en faisant abstraction de leurs caractéristiques accidentelles ; mais si l'on admet une espèce réelle (l'idée d'homme), il faut aussi admettre que les concepts signifient en premier lieu cette espèce et qu'ils sont obtenus à partir d'elle[12].

En partant de ces prémisses, l'auteur précise (troisième corollaire) le type d'unité avec lequel une telle idée ou espèce s'unirait à la substance composée de matière et de forme : elle s'unirait au composé non comme élément constitutif et informant, mais *identice,* c'est-à-dire par une sorte d'union en vertu de laquelle il serait communiqué à la substance composée de matière et de forme d'être homme, et en vertu de laquelle seraient vraies les propositions « Socrates est homo », « Plato est homo », dans lesquelles le terme *homo* aurait supposition pour l'idée de l'homme, c'est-à-dire l'homme commun, tandis que les noms *Socrates* et *Plato* auraient supposition pour la même chose, connotant la substance composée de matière et de forme. S'il n'en était pas ainsi et si l'union était de type informatif ou constitutif, l'homme commun ne serait pas le *suppositum* (*homo* est le nom du *suppositum*), mais plutôt une de ses parties[13].

Développant cette *imaginatio*, il faudra admettre (quatrième corollaire) que Platon a généré un fils lui étant consubtantiel, mais réellement distinct de lui, de façon que l'essence, commune à tous les deux, ne soit pas le principe de la génération ni ne soit générée. La substance commune est éternelle, tandis que chaque individu est généré : avec la génération commence à exister l'homme individuel,

forma individui, vel substantia composita ex utroque : patet, quia nullum tale est perpetuum, nec aliquod tale est de quidditate individuorum omnium. Item, talis esset species individuorum humanorum, ut patet ex positione quae imponitur Platoni ; sed nec materia est talis species nec forma nec substantia composita ; igitur ».

12. *Ibid.*, p. 499, l. 106-114 : « Secundum corollarium : conceptus de praedicamento substantiae correspondens huic termino "homo" secundum hanc opinionem principaliter sumeretur a tali specie humana reali, pro ipsa in huiusmodi propositionibus "Sortes est homo", "homo est animal" supponendo. Probatur, quia ex quo secundum Peripateticos conceptus specifici significant indifferenter omnia individua abstractive a proprietatibus accidentalibus et individualibus, igitur si ponitur talis realis species, illi conceptus primarie et per se illam significant et ab illa abstrahuntur ».

13. *Ibid.*, p. 499, l. 115-129 : « Tertio sequitur quod secundum hoc talis species vel idea esset unita substantiae compositae ex materia prima et anima rationali identice et non informative nec constitutive. Prima pars probatur, quia iuxta dictam imaginationem talis species seu idea esset unita seu communicata substantiae compositae ex materia et forma Sortis quadam specie unionis, vi cuius illi substantiae compositae communicaretur esse substantialiter singularis homo, scilicet Sor homo vel Plato homo, et vi cuius verum esset dicere : "Sortes est homo" vel "Plato est homo", prout ly homo supponeret pro tali homine in communi, et ly Sortes vel Plato pro eodem, licet substantiam compositam ex materia et forma connotaret. Secunda pars patet, quia alias talis communis homo non esset suppositum, scilicet "Sortes" etc., sed potius pars essentialis eius, scilicet compositi ex universali homine et substantia materiali, et per consequens non esset homo, cum "homo" sit nomen suppositi ».

l'homme Socrate ou l'homme Platon, mais ne commence pas à exister l'homme universel ou l'humanité [14].

Par conséquent (cinquième corollaire), d'après cette *imaginatio* un simple homme universel (éternel) serait réellement trois hommes distincts (contingents), sans que cela apparaisse contradictoire, et donc *inopinabile*: le disciple de Platon, en effet, pourrait se défendre de l'accusation de contradiction [15].

On pourrait donc envisager (sixième corollaire) qu'il y a dans la réalité une façon d'être particulière, à partir de laquelle il faut reconsidérer l'universalité de la proposition pour donner une interprétation plus adéquate du *dici de omni et de nullo* (c'est-à-dire de la règle générale du syllogisme) quand cette façon particulière d'être est en jeu [16].

Comme on peut le voir, Henri a développé l'hypothèse platonicienne, en ayant à l'esprit l'application du syllogisme au discours sur la réalité supposée. C'est pourquoi il ne développe pas ici le thème de l'identité qui, dans l'hypothèse faite, subsiste entre l'idée d'homme et les différents individus. Mais il fournit quand même quelques éléments qui aident à orienter la recherche de cette identité. À savoir:

(a) Pour le troisième corollaire, l'idée, ou homme universel, est liée à l'individu *identice* et non comme forme ou élément constitutif de celui-ci; l'idée est «communiquée» à la substance composée de matière et de forme par une «espèce d'union»; cette union ou identité entre universel et particulier n'est donc pas totale.

14. *Ibid.*, p. 499-500, l. 130-142: «Quartum corollarium: secundum istum modum imaginandi concedendum esset quod Plato sic generet filium sibi naturaliter consubstantialem et a se realiter distinctum, quod essentia communis quae est uterque nec generat nec generatur: patet hoc, quia Aristoteles, loquens more platonico primo Metaphysicae dicebat: "Actus autem et omnes generationes circa singularia sunt; non enim hominem medicans sanat, sed aut Calliam aut Socratem"; et per consequens generans non generat hominem seu naturam humanam universalem, sed Sortem; et patet hoc, quia talis natura seu subsistentia hominis universalis secundum hoc poneretur esse aeterna. Ideo, licet per unionem eius seu communicationem ad naturam compositam inciperet esse Sortes homo vel Plato homo, non tamen inciperet esse universalis homo vel humanitas».

15. *Ibid.*, p. 500, l. 143-147: «Quinto: sequitur quod secundum dictam imaginationem unum simplicem hominem universalem esse realiter tres homines singulares, scilicet Sortem, Platonem et Ciceronem, non esset penitus inopinabile: patet ex dictis, et etiam quia Platonicus, si hoc poneret, a contradictione ut videtur se defenderet; igitur».

16. *Ibid.*, p. 500, l. 148-150: «Sexto: sequitur quod ratione specialis modi essendi quem dicta positio ponit in rebus, tres modi universalizandi propositiones specifice distincti a sustinentibus eam rationabiliter sunt ponendi», et p. 502, l. 218-220: «Secundo suppono quod tantum propositio universalizata tertio modo praeexpresso, et non omnis universalizata quovis modo, enuntiat aliquid dici de omni vel de nullo».

(b) Pour le quatrième corollaire, un individu (le fils) est naturellement «consubstantiel»[17] à un autre individu (le père), mais est réellement *(realiter)* distinct de lui.

(c) Pour le cinquième corollaire, l'homme universel est *realiter* trois hommes distincts. Selon (b) et (c), donc, il y a une identité réelle entre universel et particulier, et une distinction réelle entre particulier et particulier.

(d) Enfin, l'identité dont on a parlé dans (a) est exprimée par une proposition dans laquelle sujet et prédicat renvoient au même *suppositum*, connotant autre chose (le sujet, Socrate ou Platon, indique l'homme universel, connotant la substance composée de matière et de forme).

Les critères sur la base desquels doivent être définies identité et distinction sont formulés par l'auteur dans une question précédente et seulement en fonction de la théologie trinitaire. Je me limite ici à en rappeler les données fondamentales. En Dieu, il n'y a pas de distinction essentielle et tout est identique du point de vue de l'essence, tandis qu'il y a une distinction réelle entre les personnes et une distinction formelle entre essence et personne. Pour employer la terminologie de l'auteur, on dira qu'en Dieu il n'y a pas de distinction réelle essentielle; il y a cependant une distinction réelle personnelle (les personnes ont l'essence en commun, ou mieux elles sont l'essence commune) et il y a une distinction non réelle mais modale ou formelle entre l'essence et les personnes (parce que la propriété n'est pas commune). Pour exprimer les différents types d'identité, les propositions peuvent être formulées soit en prédication identique soit en prédication formelle. Tandis que la prédication formelle exprime l'identité personnelle, la prédication identique exprime l'identité essentielle, celle que l'on a entre nature et personne. En ce qui concerne l'aspect sémantique, dans la prédication formelle le rapport entre sujet et prédicat existe en fonction de la totalité de la portée significative des termes (signification et connotation), tandis que dans le cas de la prédication identique signification et connotation se comportent d'une façon différente[18].

Si l'on considère maintenant les données fournies par Henri dans la présentation de l'hypothèse platonicienne à la lumière de ces éléments de doctrine trinitaire, on constate que: (a') le type d'identité que l'on a entre universel et particulier est de nature essentielle, tandis que l'adverbe *identice* semble se référer au type de proposition qui exprime l'identité essentielle; (b') entre des individus humains il y a une distinction réelle personnelle, tandis que (c') il y a une identité essentielle [cf. le *realiter* dans (c)] et une distinction formelle entre universel

17. Pour *consubstantialis*, *cf.* Denzinger-Schönmetzer, *Enchiridion*, p. 262, n° 805: «(...) sed id, quod est Pater, est Filius, et Spiritus Sanctus idem omnino; ut secundum orthodoxam et catholicam fidem consubstantiales esse credantur».

18. *Cf.* A. Maierù, «Logique et théologie trinitaire dans le moyen-âge tardif: deux solutions en présence», dans: *The Editing of Theological and Philosophical Texts from the Middle Ages*, ed. by M. Asztalos, Stockholm, Almqvist & Wiksell International, 1986, p. 187-190.

et particulier; (d') enfin, dans la proposition «Socrates est homo» le sujet a comme *suppositum* l'universel tout en connotant autre chose.

Certes, Dieu est très simple tandis que, dans l'hypothèse platonicienne, la réalité semble admettre la composition (par exemple, celle entre matière et forme); de toute façon, l'auteur ne dit pas que la réalité supposée est simple. Pour le reste, tout semble aller dans le sens de la formulation d'une hypothèse de réalité pour laquelle valent les conditions d'identité et de distinction adoptées par la théologie trinitaire.

3. – La position de Totting d'Oyta n'est pas restée sans suite: à l'université de Vienne, plusieurs générations de théologiens l'ont transcrite dans leurs commentaires sur les *Sentences* et l'ont discutée en la confrontant à la position d'Henri de Langenstein[19]. Le succès de la position d'Henri d'Oyta montre que celle-ci répondait à des exigences réelles du débat théologique: du reste, même s'il la refuse de façon explicite dans son commentaire sur Porphyre[20], son approche de la conception platonicienne de la réalité se retrouve chez quelques théologiens du quatorzième siècle.

Il convient de rappeler au moins deux autres théologiens, eux aussi de formation parisienne et, qui plus est, contemporains de notre auteur. Il s'agit de Pierre d'Ailly et de Marsile d'Inghen. Le premier a lu les *Sentences* à Paris en 1376-77: tout en n'acceptant pas la doctrine platonicienne, il pense qu'elle n'est pas réfutable avec évidence et la considère comparable à la doctrine trinitaire, que l'on ne peut pas non plus réfuter avec évidence. D'autre part, la position qu'il confère aux «aliqui philosophi antiqui, sicut Plato ponens ideas» et pour laquelle la chose universelle même *(eadem res universalis)* serait plusieurs choses singulières *(plures res singulares)*, selon Pierre d'Ailly, ne pose pas moins de problèmes à ses défenseurs que n'en pose la défense de la Trinité aux chrétiens. Dans ce contexte Pierre d'Ailly rappelle la position de Duns Scot, qui avait admis que l'humanité même était plusieurs hommes[21]. Dans les textes de Scot justement, on retrouve du reste un lointain précédent du troisième corollaire de Totting que l'on a déjà examiné: selon Scot, en effet, une chose est dite communicable à quelque chose d'autre de deux façons: soit *per identitatem*, comme l'universel se communique à l'individu avec lequel il est *idem*, soit *per informationem*, comme la forme se communique à la matière dont elle constitue l'acte[22].

19. M. H. Shank, *«Unless You Believe, You Shall Not Understand». Logic, University, and Society in Late Medieval Vienna*, Princeton, Princeton University Press, 1988.

20. *Cf.* Maierù, «Logica aristotelica ...», *op. cit.*, p. 491.

21. *Ibid.*, p. 491 et n. 24 (Petrus de Ailliaco, *Quaestiones super libros Sententiarum cum quibusdam in fine adjunctis*, Strassburg 1490; réimpr. Frankfurt, Minerva, 1968: I *Sent.*, q. 5, a. 2, f° k1^{va} et f° k3^{ra}).

22. *Cf.* Maierù, «Logica aristotelica ...», p. 492 (Scot, *Ordinatio*, I, dans *Opera omnia... studio et cura Commissionis Scotisticae ad fidem codicum edita*, t. II, Civitas Vaticana, 1950, p. 345-346).

Quant à Marsile d'Inghen, il lit les *Sentences* à Heidelberg en 1392-94 après avoir quitté Paris. Il réfléchit sur des thèmes analogues à ceux que l'on retrouve chez Pierre d'Ailly et Henri Totting d'Oyta, et finit par affirmer que, si l'on admettait que l'homme universel pût être prédicat de tout homme individuel (d'après la doctrine qu'Aristote attribue à Platon), il serait vrai de dire que l'homme commun est ce qui est guéri *(homo communis est res quae sanatur)*, à condition d'entendre cette proposition en prédication identique : en réalité, ce qui est guéri est l'individu ou singulier, lequel toutefois est identique *(idem)* à l'homme commun ; on peut donc dire, et seulement dans ce sens, que « l'homme commun est ce qui est guéri » ; mais la même proposition n'est pas vraie si on l'entend en prédication formelle, puisque l'homme commun est incorruptible et, en soi, ne tombe pas malade et n'est pas guéri, ce qui entraîne que le verbe « guérir » ne peut être prédicat de l'homme commun ni adéquatement ni formellement. Marsile rend ainsi explicite sur le continent l'extension à la créature de la double prédication réservée à la Trinité[23].

Pendant qu'à Paris mûrissaient ces positions qui trouvent ensuite un écho dans les universités germaniques, à Oxford Jean Wyclif élaborait une forme de réalisme complexe dans le traitement des universaux : celle-ci prévoit l'identification de l'universel avec ses individus, dont il se distingue formellement[24], et l'adoption d'une triple prédication : la prédication formelle, la prédication *secundum essentiam* et la prédication *secundum habitudinem*[25]. On ne peut projeter immédiatement ce schéma de prédication sur celui à deux types de prédication (identique et formelle) propre à la tradition théologique. Mais la thématique du réalisme de Wyclif et de ses disciples anglais, pour ce que j'ai pu constater, se développe parallèlement aux réflexions théologiques et ne montre pas une compénétration explicite des deux courants, malgré les renvois de Wyclif aux rapports entre universaux et doctrine sacrée (parmi les thèmes indiqués se trouvent l'Incarnation et la Trinité[26]).

Du reste, l'analyse des universaux et des opinions exprimées amène à reconnaître différents types de solutions réalistes et à faire la différence entre la position attribuée à Platon et d'autres formes de réalisme. Ainsi Paul de Venise, dans

23. *Cf.* Maierù, « Logica aristotelica ... », p. 493 (Marsile d'Inghen, *Quaestiones super quattuor libros Sententiarum*, I : « Super Primum, Quaestiones 1-7 », éd. M. Santos Noya, Leyde-Boston-Cologne, Brill, p. 236-237 [q. 6, a. 2]).

24. *Cf.* John Wyclif, *Tractatus de universalibus*, ed. by I. J. Mueller, Oxford, Clarendon Press, 1985, chap. 4, p. 87. Sur le réalisme de Wyclif et de ses disciples, *cf.* Conti, « Studio storico-critico », *op. cit.*, p. 298-317.

25. Wyclif, *Tractatus*, chap. 1, p. 27.

26. *Ibid.*, chap. 15, p. 357 : « Ideo, notitia de universalibus de tanto proderit, de quanto disposuerit ad intelligendum Scripturam sacram, materiam de Incarnatione, de Trinitate et de ordine creandi effectus cum sanctis doctoribus. Unde noscentes illam materiam loquuntur securius, imbrigabilius et brevius, ubi negantes illam materiam imbrigantur frustrati ab istis fructibus ».

sa *Quaestio de universalibus*, énumère-t-il huit opinions sur les universaux avant d'en formuler une neuvième qu'il partage, l'estimant «vraie». Ces opinions, anonymes dans le texte de Paul (à l'exception de la huitième), sont en grande partie attribuées à leurs défenseurs respectifs dans les marges du manuscrit de Munich (Clm. 8403) : daté de 1468, il fut écrit par un frère augustin, ce qui est peut-être la trace d'une tradition interne à l'ordre auquel Paul appartenait[27]. Les cinq premières sont celles d'Ockham[28], de Thomas d'Aquin et de Gilles de Rome[29], de Pierre d'Auriole[30], de Burley[31], et l'*opinio quorundam Parisiensium* (qui a été identifiée avec l'opinion de Jean Buridan)[32]. Les trois dernières sont l'*opinio quorundam Ytalicorum* (d'après laquelle les universaux existent en dehors de l'âme et sont réellement la même chose que leurs propres particuliers pris dans leur ensemble et que chacun d'eux pris séparément)[33], l'opinion de Wyclif (semblable à la précédente)[34] et enfin l'opinion de Platon. Cette dernière est caractérisée par le fait qu'elle postule que les universaux existent en dehors de notre esprit, comme des entités séparées et éternelles, dont les essences sont en dehors des individus, voire totalement indépendantes d'eux, tout en étant leurs causes exemplaires[35].

Sans aller au fond des différentes opinions et des critiques qui leur sont adressées par Paul de Venise, je remarque que dans l'argumentation de la neuvième opinion, identifiée dans la marge du manuscrit comme «opinio Pauli»,

27. Munich, Bayerische Staatsbibliothek, Clm 8403, f° 91ᵛ : «Expliciunt vniversalia eximii doctoris magistri Pauli de Venetiis ordinis fratrum heremitarum sancti Augustini per me fratrem Augustinum Truxssas eiusdem ordinis... anno 1°4°68°...».

28. *Ibid.*, f° 83ᵛ.

29. *Ibid.*, f° 84ᵛ.

30. *Ibid.*, f° 85 r.

31. *Loc. cit.*

32. *Ibid.*, f° 85ᵛ. Pour l'identification, *cf.* A. D. Conti, *Esistenza e verità. Forme e strutture del reale in Paolo Veneto e nel pensiero filosofico del tardo medioevo*, Rome, Istituto Storico Italiano per il Medio Evo, 1996, p. 97 et 99-105.

33. Ms. Munich, Clm 8403, f° 86ʳ : «‹S›exta opinio ponit quod vniuersalia sunt extra animam et sunt eadem realiter cum suis singularibus simul sumptis et cum quolibet illorum diuisim, ita quod humanitas est vera res vna (?) vniuersalis communicata singularibus hominibus non generabilis nec corruptibilis, et eadem cum quolibet homine, ita quod quilibet homo est homo communis seu humanitas, dato quod humanitas se habet per modum forme principalis non aduenientis ab extrinseco» ; dans la marge : «Opinio quorundam Ytalicorum».

34. *Loc. cit.* : «‹S›eptima opinio ponit conformiter priori quod vniuersalia sunt extra naturam rei et sunt realiter eadem cum quolibet suo supposito» ; opinion non identifiée dans la marge ; pour l'identification, *cf.* Conti, *Esistenza e verità*, p. 111 et n. 88.

35. Ms. Munich, Clm 8403, f° 86ᵛ (dans la marge : «Opinio Platonis») : «‹O›ctaua opinio ponit vniuersalia extra animam perpetua et eterna, quorum quiditates asserit extra esse singularia sua, nec de natura suorum singularium, sed omnino abstracta ab omni esse singulari seu indiuiduali. Et huius opinionis fuit Plato, qui predicta vniuersalia declarat esse ydeas et formas exemplares ... Item posuit vnum hominem communem omnino a suis singularibus separatum et eternum formatiuum et exemplatiuum omnium hominum singularium».

l'auteur rappelle que les arguments examinés ne concernent pas seulement la discussion sur les universaux, mais aussi la matière théologique «a qua hec opinio originem habuit»[36].

À un auteur bien informé du début du quinzième siècle, comme justement Paul de Venise, la situation du réalisme apparaît complexe. La position indiquée dans le manuscrit comme platonicienne, selon laquelle l'universel est abstrait et séparé, ne peut être identifiée avec celle qui pose l'universel identique à ses particuliers par participation et que les théologiens qui s'occupent de la théologie trinitaire présentent cependant comme platonicienne. Il existe donc plusieurs «opinions platoniciennes». Parmi les autres positions réalistes, celle de Burley soutient que les universaux sont seulement *extra mentem,* mais qu'ils ne s'identifient pas aux particuliers; ils sont plutôt des parties de ceux-ci et en représentent la forme totale[37]. Restent les positions attribuées aux Italiens et à Wyclif: les deux admettent que les universaux sont *extra mentem* et qu'ils s'identifient *realiter* avec les particuliers pris tous ensemble et avec chacun d'entre eux séparément; mais ces deux opinions se différencient l'une de l'autre parce que dans la sixième (attribuée aux Italiens), les universaux accueillent toutes les prédications (essentielles et accidentelles) de leurs propres individus[38], tandis que la septième (celle attribuable à Wyclif) n'accepte pas que les universaux reçoivent les prédications accidentelles des individus respectifs[39]. Ces deux dernières opinions sont, avec l'«opinio Pauli»[40], plus proches de l'hypothèse platonicienne des théologiens.

4. – Pour comprendre la position de ces derniers, il est utile de faire allusion aux formes de réalisme plus anciennes, à celles qui sont plus proches de la définition conciliaire de 1215 et de la condamnation de l'œuvre que Joachim de Flore écrivit contre Pierre Lombard. Une indication de Wyclif dans le *Tractatus de trinitate* va dans cette direction: à partir de ce que l'on a dit des universaux, soutient-il, aucune nature commune *(nullum commune)* ne peut être comptée

36. *Ibid.*, f° 86^{v} (dans la marge: «Opinio Pauli»), et f° 87^{r}: «Pro solutione horum et infinitorum argumentorum que possunt fieri non solum in hac materia, sed etiam in facultate diuina a qua hec opinio originem habuit ...».

37. *Ibid.*, f° 85^{r-v}: «Vvlt ergo in summa hec opinio quod in mente non sunt vniuersalia sed solummodo extra mentem et quod vniuersalia non sunt singularia sed sunt in suis singularibus et sicut partes illorum se habentes ut forme totales illorum indiuiduorum».

38. *Ibid.*, f° 86^{r}: «Vlterius dicit hec opinio quod vniuersalia recipiunt omnes predicationes tam essentiales quam accidentales suorum indiuiduorum propter ydemptitatem realem. Ideo si aliquis homo particularis currat uel disputat uel legit, homo communis similiter facit illa, non quidem per se sed per accidens, iuxta sententiam Aristotelis primo Metaphisice dicentis quod sanans hunc hominem per se sanat hominem per accidens».

39. *Loc. cit.* (suite du texte cité *supra*, n. 34): «non tamen recipiunt omnes predicationes accidentales suorum suppositorum, sed solum intrinsecas et essentiales et necessarias ...».

40. On peut lire des *excerpta* de la neuvième opinion dans Sharpe, *Quaestio super universalia*, App. V, p. 199-207 (d'après le ms. Paris, Bibliothèque Nationale, lat. 6433B).

avec ses inférieurs, du moment que chaque *inferius* est son *commune*, et il est clair que celui-ci ne s'ajoute pas aux inférieurs dans le nombre des entités[41]. Wyclif continue en soutenant que l'essence (divine) n'est donc pas une quatrième chose, mais qu'elle est chacune des trois (personnes) : on ne peut pas inférer que, si elle se distingue des personnes, l'essence doit être comptée comme quatrième entité et y être ajoutée. Il conclut :

> Et propter ignoranciam huius logice credo Abbatem Ioachim latinum et Abbatem Barlaam grecum musicasse contra determinacionem ecclesie et conclusisse quod si essencia communis non gignit nec gignitur, tunc est dare quartam rem in divinis... Sed altercacio sanatur per logicam[42].

Je ne parlerai pas de Barlaam de Seminara (ou de Calabre)[43], mais me référerai à Joachim, pour ce qu'en dit le texte de condamnation du concile, que nous avons déjà examiné. Joachim ne s'exprimait pas contre la détermination de l'Église, qui fut adoptée par le concile après sa mort (survenue en 1202), mais prit position contre Pierre Lombard, dont l'opinion fut au contraire défendue et adoptée par le concile.

Pour ce que j'ai pu voir, le texte conciliaire peut aussi être lu à la lumière de positions réalistes bien connues au douzième siècle. Certes, entre le Créateur et la créature, la dissemblance est plus grande que la ressemblance : c'est ce qu'affirme le texte de 1215, et c'est là une idée bien claire pour tous les auteurs du douzième siècle. Mais un auteur comme Guillaume de Champeaux, dans les

41. *Johannis Wyclif Tractatus de trinitate*, Now first edited from the manuscripts with critical introduction and notes by A. D. Breck, Denver, University of Colorado Press, 1962, chap. 15, p. 148-149 : « Pro isto patet ex dictis superius de universalibus quod nullum commune ponit in numerum proprie cum suo per se inferiori, quia quantumlibet extendendo numeraliter differenciam, oportet quod unum eorum sit reliquum. Cum ergo quodlibet per se inferius sit essencialiter suum commune patet quod non ponit in numerum cum illo. ... Essencia igitur non est quarta res sed quelibet harum trium, nec sequitur si distinguitur ad illis quod tunc ponit in numerum cum illis ».

42. *Ibid.*, p. 149.

43. Wyclif connaît la *Summa* de Richard Fitzralph (qu'il cite dans le *Tractatus de universalibus*, chap. 14, p. 350), où Fitzralph examine une objection de Barlaam dans laquelle le docteur grec parle aussi de la *quaternitas*, mais avec une autre intention : *cf. Summa Domini Armacani in questionibus Armenorum* noviter impressa et correcta a magistro nostro Johanne Sudoris..., [Parisiis,] Jehan Petit, 1511, lib. VI, chap. 12, f° XLIII[va] : « Obicit doctor ille grecus abbas Balaam quod nos ponimus in deo quaternitatem personarum, et etiam trinitatem et dualitatem personarum restringimus. De primo dicit : sicut omnis actio vna numero est alicuius vnius suppositi siue ypostasis numero, aliter enim actio non esset vna numero, spiratio ergo, cum sit actio vna numero, est alicuius vnius suppositi numero duntaxat ; non patris, non filii, nec spiritus sancti secundum nos, igitur est esse alterius ypostasis. Item ex eo medio quod omnis actio vna numero est alicuius suppositi siue ypostasis vnius numero duntaxat, cum hoc quod spiratio est communiter patris et filii, sequitur quod de patre et filio sit vna ypostasis in numero, et sic in deo non sunt nisi due ypostates », etc. (je remercie M. Zénon Kaluza de m'avoir signalé le texte de Fitzralph). Sur la position de Barlaam à propos des universaux, *cf.* R. E. Sinkewicz, « The Solutions addressed to George Lapithes by Barlaam the Calabrian and their Philosophical Context », *Mediaeval Studies*, 43 (1981), p. 166-176.

Sentences qu'on lui attribue, fait collaborer et interagir la position trinitaire et les réponses à la question sur les universaux. Comme l'on sait, dans l'*Historia calamitatum* de Pierre Abélard, deux positions réalistes lui sont attribuées. La première est celle *de communitate universalium*, selon laquelle la même *res* est toute entière essentiellement et *simul* dans ses individus qui seraient caractérisés par la variété des accidents. La seconde position attribuée à Guillaume est celle de la non-différence *(indifferenter)*[44] qu'Abélard expose longuement dans la *Logica « Ingredientibus »*, en la divisant en deux types, puisque, selon certains, une chose universelle n'est autre chose qu'une classe *(collectio plurium)*, tandis que, selon d'autres, l'espèce humaine est aussi chaque homme en tant qu'homme: tous les hommes sont *multi* par distinction personnelle, mais sont *unum* sur la base d'une identité par rencontre *(convenire)* fondée sur la ressemblance[45]. Dans les *Sentences*, parlant de l'essence divine et des trois personnes, Guillaume remarque que partout où il y a plusieurs personnes, il y a plusieurs substances, excepté dans la *summa essentia*. Afin de lever toute équivoque dans ces discours, Guillaume explique que les termes *unum* et *idem* peuvent être interprétés de deux façons: *secundum indifferentiam* et *secundum identitatem eiusdem prorsus essentie*. Dans le premier cas, deux hommes sont la même chose dans la mesure où l'humanité leur revient, mais en réalité l'humanité des deux n'est pas la même, mais est seulement semblable. L'interprétation suivant la non-différence ne doit pas être appliquée à la divinité parce qu'elle contraindrait à poser trois dieux ou trois substances divines. Dans le second cas, suivant l'interprétation par identité, on peut dire que chaque homme a lui-même une substance qui lui est propre, même s'il a des noms différents (Pierre et Simon, Paul et Saul, Jacob et Israel), et l'on dit de cette manière *(hoc modo)* que le Père et le Fils sont *idem* dans la substance; mais il y a une différence entre Dieu et les créatures, parce que, en Dieu, Père et Fils sont deux personnes[46]. L'interpré-

44. *Cf.* Abélard, *Historia calamitatum*, texte critique avec une introduction publié par J. Monfrin, Paris, Vrin, 1967, p. 65, l. 85-91 : « Erat autem in ea sententia de communitate universalium, ut eamdem essentialiter rem totam simul singulis suis inesse astrueret individuis, quorum quidem nulla esset in essentia diversitas sed sola multitudine accidentium varietas. Sic autem istam tunc suam correxit sententiam, ut deinceps rem eamdem non essentialiter sed indifferenter diceret». *Cf.* J. Jolivet, «Données sur Guillaume de Champeaux dialecticien et théologien», dans: *L'Abbaye parisienne de Saint-Victor au moyen âge*, éd. par J. Longère, Paris-Turnhout, Brepols, 1991, p. 235-251.

45. *Cf.* B. Geyer, *Peter Abaelards philosophische Schriften*, I, Münster W., Aschendorff («Beiträge zur Geschichte der Philosophie des Mittelalters», XXI, 1), 1919, p. 10-14. Pour les formules utilisées, *cf.* Jolivet, «Données sur Guillaume de Champeaux... », p. 237-238 ; sur les formes de la théorie de la non-différence, *cf.* J. Dijs, «Two Anonymous 12th-Century Tracts on Universals», *Vivarium*, 28 (1990), p. 85-117, en particulier p. 92, et Iwakuma Yukio, «"Vocales" or early Nominalists», *Traditio*, 47 (1992), p. 37-111, en particulier p. 38-39.

46. *Cf.* O. Lottin, *Psychologie et Morale aux XIIe et XIIIe siècles*, t. V, Gembloux, Duculot, 1959, chap. II : «Les "Sentences" de Guillaume de Champeaux», n° 236, p. 192-193, l. 109-127: «ubicumque sunt persone plures, plures sunt et substantie, uel ubicumque una est substantia, una tantum inuenitur et persona; nisi in illa summa essentia que, cum in rerum

tation réaliste des universaux suivant l'identité me semble ici reprise et adaptée à la doctrine trinitaire. La position de Pierre Lombard, acceptée par l'Église, semble évoquer une interprétation de ce genre.

Quant à Joachim, les termes utilisés dans le texte conciliaire («unitas quasi collectiva et similitudinaria»; «multi homines unus populus») semblent renvoyer à la théorie de la non-différence dans la version dite de la *collectio*, telle qu'elle est exposée par exemple dans le *De generibus et speciebus*. L'espèce n'est pas l'essence de l'homme, qui est seulement dans Socrate ou dans un autre individu, mais elle est tout l'ensemble composé par les individus de la même nature[47], et le texte continue avec l'exemple du nom collectif *populus*:

> Quae tota collectio (quamvis essentialiter multa sit) ab auctoritatibus tamen una species, unum universale, una natura appellatur, sicut populus (quamvis ex multis personis collectus sit) unus dicitur[48].

Je sais bien que ces rapprochements ne sont pas décisifs. Si l'on parvient à reconstruire les raisons du lien établi par Wyclif entre Joachim et Barlaam, peut-être aura-t-on quelque élément supplémentaire pour comprendre Joachim.

En tenant compte de ce que l'on a vu jusqu'ici à propos de Pierre Lombard et Joachim de Flore[49], on peut affirmer qu'au douzième siècle s'est établie une âpre confrontation entre théologie et universaux, au cours de laquelle les diffé-

creatione mirabilis appareat, in sua mirabilior cogitatur natura. Et ut omne ambiguitatis genus excludamus, vides has duas voces «unum» scilicet et «idem» duobus accipi modis, secundum indifferentiam et secundum identitatem eiusdem prorsus essentie. Secundum indifferentiam, ut Petrum et Paulum idem dicimus esse in hoc quod sunt homines, quantum enim ad humanitatem pertinet, sicut iste est rationalis et ille; et sicut iste est mortalis et ille. Sed si ueritatem confiteri uolumus, non est eadem utriusque humanitas, sed similis, cum sint duo homines. Sed hic modus unius ad naturam diuinitatis non est referendus ne, quod fidei contrarium est, hac acceptione tres Deos uel tres substantias cogamur confiteri. Secundum identitatem uero, prorsus unum et idem dicimus Petrum et Simonem, Paulum et Saulum, Iacob et Israël qui, cum singuli singulas habeant substantias, singuli non plus quam singulas habent personas. Et nos quidem Patrem et Filium hoc modo dicimus idem prorsus in substantia; sed differt quod due sunt persone». *Cf.* Jolivet, «Données sur Guillaume de Champeaux ...», *op. cit.*, p. 249.

47. Pseudo-Joscelin, *De generibus et speciebus*, éd. par King, *Peter Abailard*, II, p. 162*: «Speciem igitur dico esse non illam essentiam hominis solum quae est in Socrate vel quae est in aliquo alio individuorum sed totam illam collectionem ex illis materiis factam, id est unum quasi gregem de essentia hominis quae Socrates sustinet, aliis singulis huius naturae coniunctum» (je remercie M. Stefano Caroti qui m'a donné la possibilité de consulter la dissertation de King); *cf.* l'éd. de V. Cousin, *Ouvrages inédits d'Abélard pour servir à l'histoire de la philosophie scolastique en France*, Paris, Imprimerie Royale, 1836, p. 524-525.

48. Pseudo-Joscelin, *De generibus*, p. 162*; éd. Cousin, p. 525.

49. Je laisse de côté les positions de Roscelin et d'Anselme. À leur propos, voir J. Jolivet, «Trois variations médiévales sur l'universel et l'individu: Roscelin, Abélard, Gilbert de la Porrée», *Revue de Métaphysique et de Morale*, 97 (1992), p. 111-155, en particulier p. 113-128, et Y. Iwakuma, «The Realism of Anselm and his Contemporaries», dans: *Anselm: Aosta, Bec and Canterbury*, ed. by D. E. Luscombe & G. R. Evans, Sheffield, Academic Press, 1996, p. 120-135. *Cf.* aussi H. de Lubac, *La Postérité spirituelle de Joachim de Flore*, I: «De Joachim à Schelling», Paris-Namur, Éd. Lethielleux-Culture et Vérité, 1979, p. 70-73.

rences entre les deux domaines disciplinaires ont été plus marquées que les ressemblances.

5. – Cette insistance sur les diversités, qui se justifie sur la base de la diversité radicale entre réalité divine et monde créé, aide aussi à mettre en relief le fait qu'un même terme, celui de la non-différence *(indifferentia)*, est employé dans deux contextes différents. Le premier est celui de la discussion sur les universaux (où la théorie de la non-différence admet la diversité essentielle chez les individus dont l'unité est assurée par l'appartenance à une même classe ou par la ressemblance dans la nature des individus mêmes). L'autre est celui du discours sur la trinité divine : selon la tradition du *De Trinitate* de Boèce, l'*indifferentia* ou absence de différence porte à la conséquence que les trois personnes divines sont un seul Dieu et non trois dieux[50].

Ce deuxième cas est bien illustré dans les œuvres attribuées à Thierry de Chartres, où sont maintes fois rappelées aussi bien les raisons de la non-différence divine que les raisons de la différence que l'on observe dans les choses créées[51]. Mais dans ces textes on souligne aussi le fait que l'homme ne dispose pas d'un langage approprié pour parler de Dieu. En effet, puisque Dieu ne peut pas être compris par l'intellect humain et ne peut pas être défini[52], selon l'enseignement de Thierry tous les noms attribués à Dieu le sont de manière impropre et figurée, et ne le signifient pas, mais permettent uniquement de faire allusion à lui sur la base d'une quelconque ressemblance ou d'une quelconque privation[53] (selon les modalités de la théologie positive et de la théologie négative)[54]. Le nom même « Dieu » est impropre et transféré des créatures au Créateur : pris à l'origine pour signifier les créatures immortelles, comme les anges, il a été par la suite transféré – sur la base de la ressemblance – pour parler de la nature di-

50. *De Trinitate*, chap. I, dans Boethius, *The Theological Tractates, The Consolation of Philosophy*, with and English Transl. by H. F. Stewart, E. K. Rand, S. J. Tester, Cambridge (Mass.), Harvard University Press, 1978, p. 6, l. 9-10 : « Igitur pater filius spiritus sanctus unus non tres dii. Cuius coniunctionis ratio est indifferentia ». *Cf.* J. Jolivet, « Le jeu des sciences théorétiques selon Gilbert de Poitiers », dans : *Knowledge and the Sciences in Medieval Philosophy*, II, ed. by S. Knuuttila, R. Työrinoja, S. Ebbesen, Helsinki, Publications of Luther-Agricola Society B 19, 1990, p. 71-88, en particulier p. 77-78.

51. *Cf.* N. M. Häring (éd.), *Commentaries on Boethius by Thierry of Chartres and his School*, Toronto, Pontifical Institute of Mediaeval Studies, 1971 : *Commentum super Boethii librum de Trinitate*, I, § 8-13, p. 64-66 ; *Lectiones in Boethii librum de Trinitate*, I, § 27 et 30, p. 140-141, et V, § 4-5, p. 214-215 ; *Glosa super Boethii librum de Trinitate*, I , § 28 *sq.*, p. 265 *sq.* ; *Abbreuiatio Monacensis* : *Commentum super de Trinitate Boethii*, I, § 27 et 30, p. 325-326, et V, § 5, p. 389 (*cf.* les passages des *Lectiones* cités).

52. *Ibid.* : passages parallèles dans les commentaires sur *Contra Eutychen et Nestorium*, III, § 44-45, p. 243 (*Fragmentum Londinense*), et p. 463 (*Abbreviatio Monacensis*).

53. *Ibid.*, § 47-48, p. 244 (*Frag.*) et p. 463 (*Abbr.*).

54. *Ibid.*, § 62-63, p. 246 (*Frag.*) et p. 465 (*Abbr.*).

vine[55]. Il en est de même pour les noms «père», «fils» et «esprit», eux aussi pris initialement pour désigner les choses créées, puis transférés – sur la base de la ressemblance – pour parler des trois personnes divines[56]. En outre, le nom «Dieu» a une ressemblance avec les noms d'espèce: en effet, comme l'espèce («homme» par exemple) se prédique de ses individus (on dit, en effet, que Socrate est homme, que Platon est homme, que Cicéron est homme), ainsi Dieu se prédique de chacune des personnes divines: non pas parce que les personnes sont des individus de l'espèce «Dieu», mais parce que, du moins dans le langage, chacune des trois personnes est «sujet» de prédication (on dit, en effet, que le Père est Dieu, que le Fils est Dieu, que le Saint Esprit est Dieu)[57]. En réalité, en Dieu il n'y a ni universel ni singulier; mais, à cause de la ressemblance dans la prédication que nous venons d'indiquer, on peut dire que Dieu, s'il n'est pas le nom d'une espèce, se comporte comme un nom d'espèce: il est une *quasi-species*; de la même manière, les personnes divines (Père, Fils, Saint Esprit) ne sont pas des individus d'une certaine espèce, mais sont des *quasi-singularia*[58].

Si ces dernières sont les raisons de la ressemblance, celles de la dissemblance entre Dieu et les créatures consistent dans le fait qu'en Dieu il n'y a pas de différence, tandis que chez les créatures il y a pluralité et différence. Ainsi, tandis que Socrate, Platon et Cicéron sont trois hommes parce que leur nature humaine commune se distingue chez eux par l'ensemble des accidents de chacun d'entre eux, la non-différence fait en sorte que les trois personnes soient un seul Dieu, et non trois dieux[59].

55. *Ibid.*, § 49, p. 244 (*Frag.*) et p. 463 (*Abbr.*).

56. *Ibid.*, § 50, p. 244 (*Frag.*) et p. 463 (*Abbr.*).

57. *Ibid.*, § 52-53, p. 244-245 (*Frag.*: «In deo nichil prius est alio nec posterius. Unde nec uniuersale nec singulare in ipso. Sicut autem species quelibet de singularibus i. e. de suis indiuiduis predicatur sic deus predicatur de Patre et Filio et Spiritu sancto. Et Pater et Filius et Spiritus sanctus subiciuntur in loquendo: non in re. Predicatio enim et subiectio in deo in sola similitudine est: non in re. In eo enim nec suppositum nec prepositum aliquid alii esse potest»), et p. 464 (*Abbr.*).

58. *Ibid.*, § 51, p. 244 (*Frag.*: «Nec deus superius est ad hec [sc. nomina: Pater Filius Spiritus sanctus] ut stulti putant nec ista singularia. Sed hec nomina translatiue deo conueniunt. Et deus hoc nomen quasi-species est: non species sed habens similitudinem speciei. Hec uero nomina Pater Filius Spiritus sanctus quasi-singularia sunt: non singularia»), et p. 464 (*Abbr.*); § 54 et 56, p. 245 (*Frag.*), et p. 464 (*Abbr.*). *Cf.* S. Ebbesen, «The Semantics of the Trinity according to Stephen Langton and Andrew Sunesen», dans: *Gilbert de Poitiers et ses contemporains. Aux origines de la «Logica modernorum»*, éd. par J. Jolivet et A. de Libera, Naples, Bibliopolis, 1987, p. 401-435, en particulier p. 405-410.

59. Häring, *Commentaries*, *Contra Eutychen*, III, § 57-58, p. 245 (*Frag.*: «Tamen non sicut Plato Socrates Cicero sunt tres homines sic Pater et Filius et Spiritus sanctus sunt tres dii sed sunt unus deus. Socrates autem et Plato et Cicero sunt tres homines: non unus homo. Quod autem Pater et Filius et Spiritus sanctus cum sint tres persone non sint tres dii sed unus deus facit indifferentia. Nulla enim in deo potest esse differentia. Unde Boetius in Libro de Trinitate ubi dicit quod tres persone sint unus deus dicit: cuius coniunctionis ratio est indiffe-

Comme l'on voit, la référence à la terminologie propre à la querelle des universaux *(universale / singulare)* est rappelée dans ce contexte pour exclure qu'elle soit appropriée pour parler de manière adéquate de la divinité. Mais c'est, selon Thierry de Chartres, le destin commun au langage humain et aux catégories humaines qui, lorsqu'elles sont «transférées», s'adaptent pour parler de Dieu. Le recours à la terminologie des universaux dans ce contexte advient sans que soient indiquées explicitement les sources patristiques auxquelles il est fait référence. En revanche, Pierre Lombard fournit d'amples informations sur les autorités qu'il examine.

6. – Entre le douzième siècle (qui, en ce qui nous concerne, se conclut avec le concile de 1215) et le quatorzième siècle, il reste, en effet, à prendre en considération toute une bibliothèque, représentée par les grands théologiens du treizième siècle, qui semblent n'avoir établi aucun rapport entre universaux et Trinité. Il y a, à vrai dire, un passage des *Sentences* (lib. I, dist. XIX, chap. 9) où Pierre Lombard établit ce rapport. Tout d'abord, il illustre la position de saint Augustin, selon laquelle les trois personnes sont l'essence divine d'une autre manière que trois statues réalisées avec le même or (suivant la cause matérielle), ou bien que trois hommes d'une même nature (selon la ressemblance de la complexion), et aussi d'une autre manière que le genre qui se dit de l'espèce, ou de l'espèce qui se dit de l'individu[60]. Ensuite Pierre rappelle la position de Jean Damascène, le grand docteur grec, qui prétend que tout ce qui est commun et universel se prédique de ses propres particuliers : en Dieu la substance est universelle, l'hypostase est particulière. Dieu est l'espèce comme l'est l'homme, les trois personnes sont des individus comme le sont Pierre et Paul, qui diffèrent entre eux par le nombre. Puisque la position de Jean Damascène semble contredire celle d'Augustin[61], Pierre Lombard propose une interprétation de la première de façon à ce

rentia. In personis namque Trinitatis nequaquam potest esse discretio et differentia que ex accidentium contingit collectione que a philosophis forma dicitur»), et p. 464-465 (*Abbr.*).

60. *Magistri Petri Lombardi Sententiae*, p. 167 (nn° 1-2). *Cf.* Augustin, *De Trinitate*, VII, VI, 11, et Pierre Lombard au chap. 7 de la même distinction, p. 165-166.

61. *Magistri Petri Lombardi Sententiae*, chap. 9, n° 3, p. 167-168 : «Unde Ioannes Damascenus, inter Graecorum doctores magnus, in libro quem de Trinitate scripsit, quem et papa Eugenius transferri fecit : "Communia et universalia praedicantur de subiectis sibi ipsis particularibus. Commune igitur substantia est, particulare vero hypostasis, id est persona. Particulare autem dicitur non quoniam partem naturae habet, sed particulare numero, ut atomum, id est individuum. (Diligenter attende!*) Numero enim, et non natura, differre dicuntur hypostases". – Item in eodem : "Substantia significat communem et circumplectivam speciem homoideon, id est similium specie, hypostaseon, id est personarum, ut puta Deus, homo ; hypostasis autem individuum demonstrat, scilicet Patrem, Filium, Spiritum Sanctum, Petrum, Paulum" et huiusmodi. – Ecce aperte dicit substantiam esse universale, hypostasim vero particulare ; et quod Deus est species ut homo, et quod Pater et Filius et Spiritus Sanctus sunt individua sicut Petrus, Paulus, et quod numero differunt. Quae praemissae sententiae Augustini penitus contradicere videntur. Quid ergo dicendum ad haec ?». *Cf. Saint John Damascene, De Fide*

qu'elle n'apparaisse finalement pas trop éloignée de la seconde. Jean, selon Pierre Lombard, a parlé à la manière des philosophes, poussé par la ressemblance qu'il a perçue entre la divinité et les choses temporelles, et il a transféré à Dieu les catégories philosophiques (universel, commun ; particulier, individuel), propres aux choses temporelles. Augustin, en revanche, attentif à la dissemblance plus qu'à la ressemblance entre Dieu et les créatures, a évité d'employer ces termes[62].

L'interprétation proposée par Pierre Lombard semble influencer toute la tradition des commentaires aux *Sentences* du treizième siècle, à commencer par les gloses d'Alexandre de Halès. Celui-ci toutefois met aussi en lumière le contexte dans lequel les affirmations de Jean Damascène sont formulées : elles sont une réponse à ceux qui prétendaient qu'une personne divine ne peut s'être incarnée sans que s'incarnent les trois personnes[63]. Alexandre reformule ainsi le discours de Jean :

> Sicut in naturis est accipere commune et particulare, ita quodammodo in divinis est commune, scilicet essentia, et particulare, scilicet persona ; sed in creaturis, patiente una hypostasi, non patitur alia ; ergo a simili in divinis una persona incarnari potest sine alia[64].

En outre, puisant dans d'autres passages de Jean Damascène, Alexandre discute les différentes acceptions d'« espèce » et de « nombre », mettant en relief la différence entre la réalité divine et celle des créatures[65]. Une position analo-

Orthodoxa, versio Burgundionis, chap. 50, n° 1 et chap. 48, n° 1, éd. E. M. Buytaert, St. Bonaventure (N. Y.)-Louvain-Paderborn, The Franciscan Institute-Nauwelaerts-F. Schöningh, 1955, p. 186 et 180 (*cf. versio Cerbani*, *ibid.*, p. 399 et 396).

62. *Magistri Petri Lombardi Sententiae*, chap. 9, n° 6, p. 168-169 : « Videtur tamen mihi ita posse accipi : Cum ait "substantia est commune et hypostasis est particulare", non ita haec accepit, cum de Deo dicantur, ut accipiuntur in philosophica disciplina ; sed per similitudinem eorum quae a philosophis dicuntur locutus est : ut sicut ibi commune vel universale dicitur, quod praedicatur de pluribus, particulare vero vel individuum, quod de uno solo, ita hic essentia divina dicta est universale quia de omnibus personis simul et de singulis separatim dicitur, particulare vero singula quaelibet personarum quia nec de aliis communiter, nec de aliqua aliarum singulariter praedicatur. Propter similitudinem ergo praedicationis substantiam dixit universale, et personas particularia vel individua. – Propter hoc idem etiam eandem divinam essentiam dixit esse "speciem communem et circumplectivam similium specie personarum" : quia sicut haec species "homo" de suis praedicatur individuis, velut de Petro et Paulo et aliis, nec ista specie differunt sed conveniunt, ita Deus de tribus praedicatur personis, quae in divinitate non differunt, sed per omnia conveniunt. Hanc ergo similitudinem inter res sempiternas et res temporales perpendens Ioannes, universalitatis et particularitatis nomina, quae rebus temporalibus proprie conveniunt, ad res aeternas transtulit. Augustinus vero, maiorem videns dissimilitudinem quam similitudinem inter res praedictas, ab excellentia Trinitatis praedicta nomina removit ».

63. *Magistri Alexandri de Hales Glossa in quatuor libros Sententiarum Petri Lombardi*, nunc demum reperta atque primum edita studio et cura P. Collegii S. Bonaventurae, I, Quaracchi, Florentiae, Ex typographia Collegii S. Bonaventurae, 1951, p. 201-202, n° 23.

64. *Ibid.*, p. 202 (*cf.* J. Damascène, *De Fide*, chap. 50, nn° 1-2, p. 186-188).

65. *Magistri Alexandri de Hales Glossa*, p. 204-205, nn° 25-26 (*cf.* J. Damascène, *De Fide*, chap. 8, nn°16-17, p. 42-45).

gue apparaît dans la *Summa Halensis*: notons en particulier le passage où Jean Damascène dit que l'essence divine est une espèce «secundum rationem dicendi, quia praedicatur de pluribus, non secundum rationem rei». Et en ce qui concerne le nombre, la *Summa* interprète «differre numero» de deux façons: par rapport à la substance et par rapport à l'opération de décompte. Dans le premier sens, les personnes divines ne sont pas numériquement différentes parce que la substance divine est une; dans la seconde interprétation, elles diffèrent numériquement parce qu'elles ont des propriétés différentes[66].

La position d'Eudes Rigaud va dans la même direction. En discutant la question «utrum in diuinis sit ponere uniuersale et particulare quantum ad essentiam siue in ipsa essentia», il propose une série de dix arguments en faveur d'une réponse affirmative, avec des références à l'autorité de Boèce (arguments 1 et 6), d'Aristote (argument 4), de Jean Damascène (argument 7), d'Hilaire de Poitiers (arguments 8-10)[67]. Cette importante série d'arguments semble indiquer que même indépendamment de la traduction récente de Jean Damascène, les éléments de réflexion sur le sujet qui nous intéresse étaient nombreux. Eudes met en relief que Jean Damascène lui-même exclut qu'en Dieu le terme «particulier» puisse comporter l'idée de «partie»[68], et souligne qu'en Dieu les trois personnes ne sont pas «multa», mais sont la même essence[69].

66. *Alexandri de Hales Summa theologica*, edita studio et cura P. Collegii S. Bonaventurae, I, Ad Claras Aquas, Ex typographia Collegii S. Bonaventurae, 1924, p. 500-501 (pars II, inq. I, tract. un., q. II, ad 4.): «Ad illud quod obicitur secundum Damascenum: dicendum quod non intendit Damascenus dicere quod divina essentia sit universale et persona particulare, sed similitudine locutionis de divina essentia loquitur ut de communi quod praedicatur de pluribus, et ita per modum universalis; de persona vero ut de singulari quod dicitur de uno solo, et ita per modum individui. Divina ergo essentia dicitur species a Damasceno secundum rationem dicendi, quia praedicatur de pluribus, non secundum rationem rei, quia etsi praedicetur de pluribus, non praedicatur de pluribus differentibus numero proprie loquendo. –Unde illud, quod dicitur secundo «numero, non natura differunt hypostases» intelligendum quod «differre numero» dicitur duobus modis. Uno modo quantum ad discretionem, quae est quantum ad substantiam seu substantiae significationem, quando scilicet aliqua ita differunt ut hoc non sit illud, et hoc modo Sortes et Plato differunt numero; hoc modo personae divinae non differunt numero (...) Alio modo «differre numero» dicitur differre numeratione, ut cum de aliquibus rebus loquentes dicimus "una, duae, tres"; et hoc modo personae divinae differunt numero. Ad hanc enim differentiam sufficit differentia proprietatum secundum ordinem naturae sive originis (...)».

67. Eudes Rigaud, I *Sent.*, dist. XIX, secunda divisio textus, q. 3, ms. Paris, Bibliothèque Nationale, lat. 14910, f° 50vb (je remercie le R. P. Leonardo Sileo, O. F. M., qui m'a fourni des photos de ce manuscrit).

68. *Ibid.*, ad 7m, f° 51rb: «Ad aliud potest dici sicut dicit Magister in littera quod Damascenus non accipit ibi uniuersale et particulare sicut philosophi, sed quasi per quandam similitudinem, sicut ostendit Magister in littera; et quod ipse non accipiat uniuersale et particulare eo modo quo accipiuntur a philosophis patet per hoc quod ipse addit: "Particulare dicitur non quod partem nature accipiat" etc; eo enim modo dicebatur particulare in inferioribus».

69. *Ibid.*, f° 50vb-51ra: «Ad hoc dicendum quod in diuinis non est uniuersale nec particulare. Particulare non, quia particulare dicit particulationem essentie. Una enim essentia numero

Quant à Bonaventure, il admet que la foi dans l'unité et la trinité pose nécessairement en Dieu convenance (à savoir l'être commun et communicable) et distinction (à savoir l'être propre et incommunicable)[70]. À l'objection qui repropose la position de Jean Damascène, il répond en disant que l'auteur a utilisé de façon impropre le terme « particulier » dans le sens de « incommunicable »[71].

Hugues de Saint-Cher, quant à lui présente l'opposition entre les deux autorités et en formalise le contraste : Augustin dit que l'essence n'est pas universelle et que les personnes ne sont pas des particuliers ; Jean Damascène, par contre, dit que l'essence ou substance est l'espèce commune et que les personnes ou hypostases sont les particuliers ou les individus. Une fois établi ce contraste entre autorités, Pierre Lombard le résout en affirmant qu'Augustin parle *secundum veritatem*, tandis que Jean Damascène parle *secundum similitudinem* :

> idest, dixit hoc non quod esset universale secundum veritatem, sed simile universali[72].

Enfin, Thomas d'Aquin expose les raisons pour lesquelles, en parlant de la divinité, on ne peut utiliser les termes « universel » et « particulier » : ceux-ci, en effet, impliquent des quiddités différentes et la distinction numérale de l'universel dans les *inferiora* ; en outre, l'universel exige une pluralité numérique, c'est-à-dire une différence de substance entre ses *inferiora* ; enfin, ce qui est particulier résulte toujours d'un ajout à l'universel. Thomas réaffirme que Dieu est très simple[73], et souligne en outre que, dans les créatures, il n'y a aucune chose

non est in multis particularibus, sed partitur et particulatur in eis. Hoc autem fit dupliciter : uel ex aduentu materie, sicut particulatur essentia speciei in diuinis (! *pro* indiuiduis) ; uel ex aduentu differentiarum, sicut particulatur essentia / generis in diuersis suis speciebus. Neutrum autem horum reperitur in diuinis, immo essentia una et eadem numero sine sui particulatione tota est in qualibet trium personarum ; et sic ratio particularis non cadit ibi. Item ratio uniuersalis non est ibi, quia licet esse in multis dignitatis sit, tamen esse de multis indignitatis est, quia dicit rationem partiationis. Item « esse de » dicit rationem constituentis. Sicut ergo detur (?) esse speciei quia ex genere et differentiis constituitur, huius<modi> autem particularitatem et constitutionem non est reperire in diuinis, et ideo nec rationem uniuersalis ».

70. Bonaventure, I *Sent.*, dist. XIX, pars II, art. un., q. 2 c.

71. *Ibid.*, ad 1m.

72. Hugues de Saint-Cher, I *Sent.*, dist. XIX, ms. Vat. lat. 1098, f° 20va-b : « "Huic autem uidentur aduersari etc." [Pierre Lombard, chap. 9, § 3]. Probauit prius Magister quod essentia non est vniuersale neque persone particularia, sed quia sancti uidentur dissentire circa hec, ideo hic ponit contrarietates sanctorum et soluit eas. Augustinus enim ut prehabitum est dicit quod essentia non est vniuersale, neque persone particularia ; Ioannes Damascenus dicit quod essentia siue substantia est species communis et persone siue yposteses (!) particularia siue indiuidua et numero differentia. Et Magister soluit, et bene, dicens quod Augustinus dicit hoc secundum / veritatem, Ioannes Damascenus secundum similitudinem, id est dixit hoc non quod esset vniuersale secundum ueritatem, sed simile vniuersali : sicut enim illud est commune pluribus personis, uel sicut particularia neque coniunctim neque diuisim de se predicantur, sic nec persone. Exponit etiam quomodo persona dicatur particulare et differre numero ab alia, quia hec aliter hic sumitur et aliter in philosophia. Et hec omnia patent in littera. Possemus etiam aliter soluere, scilicet per equiuocationem (...) ».

73. Thomas d'Aquin, I *Sent.*, dist. XIX, q. 4, a. 2 c.

semblable à Dieu et sa totalité d'essence dans les trois personnes. La ressemblance entre Dieu et les créatures est seulement *secundum aliquid*[74].

Ce sondage sur les réactions de certains théologiens du treizième siècle à la provocation de Damascène montre qu'ils s'alignent complètement sur l'interprétation de Pierre Lombard et soulignent avec lui que l'usage de la terminologie relative aux universaux est sujet aux règles de la *translatio* du langage des créatures au Créateur.

Ce n'est pas en suivant les éléments offerts par la distinction XIX du premier livre des *Sentences* que l'on peut trouver des nouveautés. Celles-ci naissent plutôt de l'approfondissement d'un autre thème, celui de la nature divine et des trois personnes, traité dans les distinctions II (unité et trinité de Dieu) et V (génération divine) du même livre. Cette différence de développement doctrinal se retrouve surtout dans l'œuvre de certains maîtres franciscains. Limitons-nous à Duns Scot : tandis que, dans le commentaire à la distinction XIX, et seulement dans les *Reportata Parisiensia*, il aborde le thème de l'universel communicable et illimité et du *suppositum* incommunicable et limité[75], dans les commentaires sur les distinctions II et V, il élabore la distinction formelle et propose la double prédication (identique et formelle), reprenant ainsi Bonaventure sur la distinction V. Ce sont précisément ces apports doctrinaux approfondis ensuite par ses disciples (en particulier Petrus Thomae et François de Meyronnes)[76], qui ont fourni l'armature conceptuelle grâce à laquelle les théologiens sont parvenus, en traitant les universaux, à parler de manière platonicienne, même s'ils n'étaient pas réalistes.

74. *Ibid.*, ad 1m.

75. *Reportata Parisiensia*, I, dist. XIX, q. V, n°10, dans : Joannis Duns Scoti *Opera omnia*, XXII, Parisiis, Apud Ludovicum Vivès, 1894, p. 248 : « Quantum ad tertium articulum, dico quod in divinis non est totum universale, quia quod est commune realiter, non est universale. Sed Deus est communis realiter tribus personis, quia idem realiter cum illis ; igitur etc. Major probatur, additur enim primo ibi « commune realiter » pro natura, quae si sit communis secundum rationem, vel non, habet locum distinctione 23. Universale enim habet duas conditiones perfectionis, et alias duas imperfectionis, quia universale importat esse communicabile et esse illimitatum, sicut per oppositum, suppositum est incommunicabile et limitatum. Alias conditiones imperfectionis importat, scilicet quod sit divisibile et potentiale, sive determinabile, quia in isto supposito determinatur ad hoc, et utrumque est de per se de ratione universalis ».

76. *Cf.* Maierù, « Logic and Trinitarian Theology : "De modo predicandi ac sylogizandi in divinis" », dans : *Meaning and Inference in Medieval Philosophy. Studies in Memory of Jan Pinborg*, ed. by N. Kretzmann, Dordrecht, Kluwer Academic Publishers, 1988, p. 247-295, en particulier p. 248-253 ; *Id.*, « Logica e teologia trinitaria nel commento alle Sentenze attribuito a Petrus Thomae », dans : *Lectionum varietates. Hommage à Paul Vignaux (1904-1987)*, éd. par J. Jolivet, Z. Kaluza, A. de Libera, Paris, Vrin, 1991, p. 177-198.

MAARTEN J. F. M. HOENEN

JEAN WYCLIF ET LES *UNIVERSALIA REALIA*

LE DÉBAT SUR LA NOTION DE *VIRTUS SERMONIS* AU MOYEN ÂGE TARDIF ET LES RAPPORTS ENTRE LA THÉOLOGIE ET LA PHILOSOPHIE

INTRODUCTION

L'un des traits caractéristiques de la théologie du Moyen Âge tardif consiste en l'introduction progressive d'une méthode scientifique. Ce développement commença au XIIe siècle, lorsque des notions de logique, de grammaire et de rhétorique ainsi que des méthodes empruntées à la géométrie et à la grammaire furent transférées en théologie. Au XIIIe siècle, l'idéal scientifique des *Seconds Analytiques* suscita l'intérêt des théologiens. Lorsque la théologie obtint sa place au sein de l'Université, les méthodes d'enseignement influencèrent le caractère de la théologie : dès le milieu du XIIIe siècle, les commentaires des *Sentences* devinrent les voies principales pour transmettre la tradition théologique[1].

Les réflexions sur le langage scientifique de la théologie constituent le fil conducteur dans ce développement. La question se pose, en effet, de savoir si la théologie peut se servir du même langage que les autres disciplines et quelles sont les conditions de la transposition des notions et des connaissances des sciences à la théologie.

1. L'étude classique de ce développement est celle de M.-D. Chenu, *La Théologie comme science au XIIIe siècle*, 3e éd., Paris, Vrin (« Bibliothèque thomiste », 33), 1957. Pour l'état actuel des recherches sur l'influence de la grammaire et de la logique dans la théologie, voir *Sprachtheorien in Spätantike und Mittelalter*, éd. par S. Ebbesen, Tübingen, Narr, 1995, part. p. 3-75, et *Vestigia, Imagines, Verba. Semiotics and Logic in Medieval Theological Texts (XIIth-XIVth Century)*, éd. par C. Marmo, Turnhout, Brepols, 1997. Pour le développement des commentaires des *Sentences*, voir *Mediaeval Commentaries on the* Sentences *of Peter Lombard*, vol. 1 : *Current Research*, éd. par G. R. Evans, Leyde, Brill, 2002.

Au XIVe siècle, l'époque dont nous nous occupons à présent, ces réflexions sur le langage de la théologie se concentrèrent notamment autour de deux problèmes : premièrement, celui de la démontrabilité des vérités théologiques, deuxièmement, celui de la signification propre des paroles de l'Écriture et des autorités théologiques.

Dans ces deux cas, une tendance apparaît, à savoir celle d'une conscience progressive de la distinction entre théologie et philosophie. Chacune de ces disciplines a son propre objet et ses propres méthodes. Cette tendance, cependant, ne fut pas sans exceptions : d'autres auteurs accentuent davantage l'unité de la théologie et de la philosophie, en s'appuyant souvent sur une métaphysique néoplatonicienne[2].

L'opposition entre ces deux attitudes se manifesta pendant la seconde moitié du XIVe siècle, notamment dans les ouvrages de Pierre d'Ailly, Marsile d'Inghen et Jean Gerson[3]. C'était l'ouverture du débat sur le rapport entre théologie et philosophie tel qu'il se déroulerait au XVIe siècle, à l'époque de l'humanisme et de la Réforme, avec des conséquences capitales pour l'histoire de la théologie.

Le problème de la démontrabilité des vérités théologiques

À l'origine, le problème de la démontrabilité des vérités théologiques fut discuté en premier lieu par des auteurs anglais. Il ne s'agissait pas d'une mise en doute de la foi, mais de la manière dont les vérités de foi sont démontrables par les moyens de la philosophie. Par conséquent, l'on s'intéressa principalement à l'exactitude de la formulation d'un problème et à la consistance logique et philosophique de la réponse.

Jean Duns Scot compte parmi les premiers à avoir appliqué cette procédure critique. Une comparaison de sa preuve de l'existence de Dieu, dans le *Tractatus de primo principio*, avec celle d'Anselme, dans le *Proslogion*, montre clairement le progrès de la rationalisation dans la théologie du XIVe siècle. D'autres témoins importants sont le *Liber propugnatorius*, attribué à un certain Thomas l'Anglais, et les écrits de Guillaume d'Ockham. Le *Liber propugnatorius*, qui contient une réponse thomiste au commentaire des *Sentences* de Duns Scot, manifeste explicitement cette tendance critique, non seulement au niveau de la doctrine mais

2. Voir Z. Kaluza, « Les sciences et leurs langages. Note sur le statut du 29 décembre 1340 et le prétendu statut perdu contre Ockham », dans : *Filosofia e Teologia nel trecento. Studi in ricordo di Eugenio Randi*, éd. par L. Bianchi, Louvain-la-Neuve, Fédération Internationale des Instituts d'Études Médiévales (« Textes et Études du Moyen-Age », 1), 1994, p. 197-258, part. p. 243-244 et p. 253-255.

3. Z. Kaluza, *ibid.*, et M. J. F. M. Hoenen, « Marsilius von Inghen in der Geistesgeschichte des 14. und 15. Jahrhunderts », dans : *Philosophie und Theologie des ausgehenden Mittelalters. Marsilius von Inghen und das Denken seiner Zeit*, éd. par M. J. F. M. Hoenen et P. J. J. M. Bakker, Leyde, Brill, 2000, p. 21-45.

aussi au niveau de la méthode. En traitant de la question de savoir si Dieu possède connaissance et volonté, l'auteur écrit :

> Bien que les doctrines que Scot tente de prouver soient vraies, ses arguments et sa présentation ne sont pas toujours suffisants.

L'auteur du *Liber propugnatorius* s'intéresse ainsi à la forme et à la façon dont Scot argumente[4].

Un intérêt semblable se manifeste dans les écrits d'Ockham. Dans ses *Quodlibeta septem*, il examina, entre autres, la démontrabilité de l'unicité et de la causalité divines. Ockham ne les considère ni l'une ni l'autre démontrables de manière naturelle, nonobstant le fait que Dieu est réellement un et cause de toutes les choses[5]. En outre, dans son commentaire des *Sentences*, il met en œuvre séparément une critique formelle et doctrinale de ses prédécesseurs. En effet, après avoir présenté la doctrine scotiste du premier objet de la connaissance divine, Ockham développe d'abord une critique détaillée de la forme de l'argumentation introduite par la formule « ista opinio dicit multa quae non intelligo »[6]. Ensuite, après avoir exposé sa propre doctrine (« ideo dico aliter »), Ockham critique à nouveau l'argumentation scotiste en mettant l'accent non pas sur la forme mais sur la doctrine même[7]. Cette seconde critique de Scot utilise systématiquement la formule « dico quod », tandis que la critique formelle emploie la formule impersonnelle « contra ». Il apparaît ainsi que l'examen formel et objectif des arguments de l'adversaire, mené par Ockham antérieurement à la critique de la doctrine, occupe sa propre place dans la structure des questions du commentaire des *Sentences*.

Ce développement continue au cours du XIVe siècle. Il se manifeste dans des commentaires des *Sentences* provenant non seulement de l'Angleterre, mais aussi de Paris et des nouvelles universités de l'Europe centrale, où des questions traditionnelles telles que « Dieu possède-t-il la connaissance ? » sont reformulées ainsi : « Peut-on démontrer par la raison naturelle que Dieu possède la connais-

4. *Cf.* Thomas Anglicus, *Liber propugnatorius super primum Sententiarum contra Johannem Scotum*, Venise, 1523, repr. Francfort Minerva, 1966, Lib. 1, d. 2, q. 3, f° 22va : « (Q)uamvis conclusiones sint vere omnes quas probat doctor iste, tamen in aliquibus insufficienter arguit et dicit ». Pour l'auteur (inconnu) de cet ouvrage, voir Thomas de Sutton, *Quaestiones ordinariae*, éd. par J. Schneider, Munich, Verlag der Bayerischen Akademie der Wissenschaften (Veröffentlichungen der Kommission für die Herausgabe ungedruckter Texte aus der mittelalterlichen Geisteswelt, 3), 1977, p. 63*-66*.

5. *Cf.* Guillaume d'Ockham, *Quodlibeta septem*, éd. par J. C. Wey, St. Bonaventure (N. Y.), Franciscan Institute (« Opera theologica », 9), 1980, Quodl. 1, q. 1, p. 1-11 ; Quodl. 2, q. 1, p. 107-11 ; Quodl. 4, q. 2, p. 301-309.

6. Guillaume d'Ockham, *Scriptum in librum primum Sententiarum*, éd. par G. I. Etzkorn et F. E. Kelly, St. Bonaventure (N. Y.), Franciscan Institute (« Opera theologica », 4), 1979, d. 35, q. 3, p. 447-454.

7. *Ibid.*, p. 454-456 et p. 456-462.

sance ? »[8]. Dans son commentaire des *Sentences*, lu à Heidelberg dans les années 1392-1394, le théologien Marsile d'Inghen distingue nettement entre la méthode de la philosophie et celle de la théologie. La philosophie procède à partir des données des sens et de ce qu'on appelle des *principia per se nota*, tandis que la théologie s'appuie sur la révélation. Il s'ensuit que certaines propositions sont vraies selon la philosophie, mais fausses selon la théologie. En l'occurrence, Marsile atteste que la proposition ¬ Mp « Creatio non est possibilis » (la création n'est pas possible) est nécessairement vraie pour le philosophe, de telle sorte que la proposition opposée Mp « Creatio est possibilis » est impossible, tandis que pour le théologien c'est l'inverse : la proposition ¬ Mp « creatio non est possibilis » est impossible et la proposition opposée Mp « creatio est possibilis » est nécessairement vraie. Marsile opte pour la vérité de la théologie plutôt que pour celle de la philosophie, du fait que la dernière, par son recours nécessaire aux sens, n'a pas accès aux secrets divins. Marsile fait ainsi valoir l'idée d'une différence sur le plan de la méthode entre une argumentation philosophique et une argumentation théologique. Cette différence est telle que les deux argumentations peuvent aboutir à des conclusions opposées[9].

Pareille séparation entre la philosophie et la théologie ne fut pas propagée par tous les auteurs. En effet, il existe aussi une tendance à l'unification des deux disciplines. Cette tendance se lit dans le commentaire des *Sentences* de Thomas de Strasbourg, ermite de l'ordre de saint-Augustin. Ce commentaire compte parmi les plus influents du Moyen Âge tardif et fut utilisé comme manuel dans certaines universités. Le commentaire des *Sentences* du théologien pragois Conrad de Soltau suit de près celui de Thomas de Strasbourg[10]. Or, Thomas démontre en plusieurs endroits de son commentaire que les doctrines d'Aristote et d'Averroès, représentants par excellence du savoir purement naturel de la philosophie, s'accordent avec certaines thèses de la théologie, par exemple avec celle de la toute-puissance divine et avec celle de la création *ex nihilo*[11]. Cette tendance à l'unification existe aussi au XVe siècle, notamment dans les écrits de l'albertiste Heymeric de Campo. Dans son *Compendium divinorum* et ses *Theoremata totius universi*, Heymeric développe une conception néoplatonicienne de l'univers, intégrant les mystères chrétiens de la Trinité et de l'Incarnation dans

8. *Cf.* M. J. F. M. Hoenen, *Marsilius of Inghen. Divine Knowledge in Late Medieval Thought*, Leyde, Brill (« Studies in the History of Christian Thought », 50), 1993.

9. Hoenen, « Marsilius von Inghen in der Geistesgeschichte » (cité *supra* n. 3), p. 35-45.

10. Pour Thomas de Strasbourg et son commentaire des *Sentences*, voir A. Zumkeller, « Die Augustinerschule des Mittelalters. Vertreter und philosophisch-theologische Lehre », *Analecta Augustiniana* 27 (1964), p. 167-262, part. 212-214.

11. Thomas de Strasbourg, *Commentaria in III libros Sententiarum*, Venise 1564, repr. Ridgewood (New Jersey), Gregg Press, 1965, Lib. 1, d. 42-43, q. 1, a. 3, f° 114^{rb-va} ; Lib. 2, d. 1, a. 3-4, f° 125va-126va.

une métaphysique naturelle. Sa méthode ressemble beaucoup aux méthodes axiomatiques et géométriques utilisées au XIIe siècle [12].

La signification propre des mots *(virtus sermonis)*

Les réflexions sur le langage de la théologie se sont développées aussi dans un autre contexte, à savoir dans le débat sur la signification propre des mots. La question clef de ce débat était de savoir si les paroles des autorités théologiques doivent toujours être interprétées au sens littéral ou bien si elles peuvent être comprises aussi dans un sens dérivé. Ce problème n'est pas propre au XIVe siècle. En effet, déjà les grammairiens de l'antiquité abordent le problème analogue de la diversité des sens des mots, en reconnaissant des sens dérivés à côté du sens littéral et en signalant les difficultés qui en résultent pour l'interprétation des textes: est-ce que l'auteur parle au sens littéral ou au sens figuré [13]? En outre, le problème de la signification des mots joue un rôle capital dans la théorie de la supposition, développée à partir du XIIe siècle comme instrument pour pouvoir distinguer entre les différents sens d'un mot dans une phrase. L'on dit alors que la supposition du terme «homme» est matérielle lorsque ce terme se désigne lui-même en tant que mot écrit ou parlé. Elle est personnelle quand le terme «homme» supplée un être humain signifié, et elle est simple quand le terme «homme» supplée le concept «homme» [14].

Cependant, pour le développement du débat sur la signification des mots, le XIVe siècle occupe une place tout à fait particulière. Ce débat, en effet, entraîna une crise au sein de la faculté des arts de Paris, dont nous avons une trace dans le statut de 1340 [15]. Cette crise des années 1340 ne représente pas un événement isolé. Au contraire, elle eut des répercussions dans la philosophie et la théologie postérieures, notamment dans les écrits de Jean Buridan, Pierre d'Ailly et Jean

12. E. Colomer, «Heimeric van den Velde entre Ramón Llull y Nicolas de Cusa», dans: *Gesammelte Aufsätze zur Kulturgeschichte Spaniens*, Tom. 21, éd. par J. Vincke, Münster in Westfalen, Aschendorff, 1963; J. B. Korolec, «Compendium divinorum Heimeryka de Campo w rkp. BJ 695. Studia nad dziejami albertyzmy kolonskiego», *Studia Mediewistyczne* 8 (1967), p. 19-75 et 9 (1968), p. 3-90. Voir aussi M. J. F. M. Hoenen, «Tradition and Renewal: The Philosophical Setting of Fifteenth-Century Christology. Heymericus de Campo, Nicolaus Cusanus, and the Cologne Quaestiones vacantiales (1465)», dans: *Christ among the Medieval Dominicans. Representations of Christ in the Texts and Images of the Order of Preachers*, éd. par K. Emery Jr. et J. Wawrykow, Notre Dame (Indiana), University of Notre Dame Press, 1998, p. 462-492.

13. W. J. Courtenay, «Force of Words and Figures of Speech. The Crisis over *virtus sermonis* in the Fourteenth Century», *Franciscan Studies*, 44 (1984), p. 107-128.

14. Pour la théorie médiévale de la supposition, voir P. V. Spade, «The Semantics of Terms», dans: *The Cambridge History of Later Medieval Philosophy*, éd. par N. Kretzmann, A. Kenny, J. Pinborg, Cambridge, Cambridge University Press, 1982, p. 188-196.

15. *Chartularium Universitatis Parisiensis*, éd. par H. Denifle et É. Châtelain, t. 2, Paris, 1891, n. 1042, p. 505-507.

Gerson, où des notions fondamentales du statut de 1340, telles que *virtus sermonis* et *materia subiecta*, jouent un rôle important[16].

Bien que le statut ait été promulgué dans la faculté des arts, son lien avec la théologie est évident. En effet, les auteurs du statut condamnent une certaine méthode d'interprétation de textes qu'ils considèrent comme dangereuse et inadmissible si on l'applique à l'Écriture. Le statut décrit en détail cette méthode d'interprétation : elle se fonde sur l'idée que la vérité ou la fausseté d'une proposition se décide exclusivement par une acception des termes de la proposition en supposition personnelle, du fait que seule la supposition personnelle d'un terme exprime le sens propre *(sensus proprius)* et la valeur propre *(virtus sermonis)* d'un mot[17]. La méthode d'interprétation dénoncée par le statut relie donc la valeur propre d'un mot, sa *virtus sermonis*, à la supposition personnelle. Il en résulte qu'une proposition où les termes sont utilisés dans un sens dérivé (par exemple : Socrate est un lion) est fausse d'après la valeur propre des mots *(de virtute sermonis)*, bien que l'auteur puisse s'en servir pour exprimer une pensée vraie (Socrate est fort).

Le statut compare cette méthode d'interprétation avec la manière d'argumenter d'une disputation sophistique *(sophistica disputatio)* qui, elle aussi, ne s'intéresse qu'à la valeur propre des mots[18].

À cette méthode d'interprétation, le statut oppose une autre méthode. D'après cette méthode alternative, le sens propre des mots ne dépend pas de la supposition personnelle, mais de l'intention de l'auteur et de l'usage commun du langage. L'une et l'autre dépendent du sujet dont on parle *(materia subjecta)*. Il s'ensuit que pour déterminer la vérité d'une proposition, l'on doit prendre en considération le contexte d'usage[19]. En outre, une proposition peut être fausse d'après la supposition personnelle de ses termes, mais vraie eu égard à l'intention de l'auteur. Le statut dénonce ainsi, sous peine d'exclusion de la communauté académique *(consortium nostrum)*, l'interprétation logique des écritures saintes en faveur d'une analyse de la signification propre des mots prenant en compte le contexte d'usage[20].

Le problème abordé par les auteurs du statut se trouve aussi dans les ouvrages de Buridan qui, à plusieurs reprises, traite de la question de la signification

16. Kaluza, « Les sciences et leurs langages » (cité *supra* n. 2), p. 197-258 (avec une analyse des différentes interprétations du statut de 1340).

17. *Cf. Chartularium Universitatis Parisiensis* (cité *supra* n. 15), p. 506 : « Item, quod nullus dicit simpliciter vel de virtute sermonis omnem propositionem esse falsam, que esset falsa secundum suppositionem personalem terminorum (...) ».

18. *Loc. cit.* : « (...) disputatio namque ad proprietatem sermonis attendens nullam recipiens propositionem, preterquam in sensu proprio, non est nisi sophistica disputatio ».

19. *Ibid.*, p. 506 : « Et quia sermo non habet virtutem, nisi ex impositione et usu communi actorum vel aliorum, ideo talis est virtus sermonis, qualiter eo actores communiter utuntur et qualem exigit materia, cum sermones sint recipiendi penes materiam subjectam ».

20. *Ibid.*, p. 506-507.

propre des mots[21]. Dans ses *Summulae* il oppose une interprétation logique à une interprétation tenant compte du contexte d'usage, comme le fait le statut[22]. Il est important de noter que Buridan aussi compare l'interprétation logique avec la démarche des sophistes: «Sophistae non volunt recipere propositiones nisi secundum proprios sensus»[23]. Manifestement, le terme sophiste a ici une signification bien précise: un sophiste n'est pas simplement quelqu'un qui se sert d'un argument fallacieux, mais quelqu'un qui utilise un sophisme bien précis, qui consiste à interpréter partout et toujours les termes d'après leur supposition personnelle, indépendamment du contexte d'usage et sans tenir compte de l'intention de l'auteur.

Le problème du statut joue également un rôle important dans les écrits de Pierre d'Ailly et Jean Gerson. Dans son *Tractatus ex parte universitatis*, Pierre d'Ailly défend la thèse selon laquelle les doctrines philosophiques, bien qu'elles soient peut-être vraies selon la lettre *(de virtute sermonis)*, ne doivent pas être utilisées dans la théologie si elles y donnent lieu à des erreurs. Pierre d'Ailly vise en particulier la doctrine de Thomas d'Aquin de la *necessitas absoluta* des substance séparées ; bien que cette doctrine soit peut-être correcte du point de vue de la philosophie, elle s'oppose, d'après le futur cardinal, à la thèse fondamentale de la dépendance de toute la création à l'égard de la cause première et, par conséquent, elle est inacceptable du point de vue de la théologie. Le critère pour trancher de la vérité d'une doctrine n'est pas la *virtus sermonis*, mais la *materia subiecta*[24].

Il existe donc un lien direct entre, d'un côté, la conscience progressive de la différence entre philosophie et théologie et, de l'autre, le problème de la signification propre des mots. Ce lien apparaît aussi clairement dans les écrits de Jean Gerson, notamment dans son *De duplici logica*. Dans cet ouvrage, le chancelier distingue entre la logique des sciences naturelles et de la métaphysique et celle de la morale et du savoir pratique, auquel appartient la théologie. Tandis que la première est déclarée dépourvue de tout langage figuré et de toute ornementation, la seconde accorde, au contraire, une place importante à la rhétorique. Lorsqu'on applique cette seconde logique à l'Écriture, les mots eux-mêmes perdent

21. Les passages concernés se lisent chez Jean Buridan, *Questiones Elencorum*, éd. par R. van der Lecq et H. A. G. Braakhuis, Nimègue, Ingenium Publishers («Artistarium», 9), 1994, XIX-XXX. Cette énumération montre que la compréhension de la notion de «virtus sermonis» n'est pas identique dans les différents ouvrages de Buridan.

22. Jean Buridan, *Summulae de suppositionibus*, éd. par R. van der Lecq, Nimègue, Ingenium Publishers («Artistarium», 10-4), 1998, 4.3.2., p. 41-42. *Cf.* aussi Kaluza, «Les sciences et leurs langages» (cité *supra* n. 2), p. 235-237.

23. *Ibid.*, 4.3.4., p. 47 et Kaluza, *loc. cit.*

24. Pierre d'Ailly, *Tractatus ex parte universitatis studii Parisiensis pro causa Fidei contra quemdam fratrem Johannem de Montesono*, dans: Ch. du Plessis d'Argentré, *Collectio judiciorum de novis erroribus*, Tom. 1/2, Paris, 1728, f° 75ª-129ª, part. 125ª-129ª. *Cf.* Kaluza, *ibid.*, p. 230 et p. 243.

leur rôle important en faveur de l'intention de l'auteur. Ainsi, pour Gerson comme pour Pierre d'Ailly, les propositions doivent être analysées en fonction de leur contexte d'usage[25].

Dans une série de publications récentes, M. Kaluza a fait observer qu'il existe une filiation directe entre la position défendue par les auteurs du statut de 1340 et les doctrines du représentant principal du nominalisme au Moyen Âge tardif, la prétendue école buridanienne[26]. Par conséquent, l'insistance sur la *materia subiecta* et sur la distinction des différentes sciences, en particulier la philosophie et la théologie, constitue un trait important du nominalisme au Moyen Âge tardif. Dans le camp des réalistes, à l'inverse, l'on affirme avec insistance l'unité des sciences, ainsi qu'il en ressort des écrits des auteurs thomistes et albertistes.

Ces observations jettent une nouvelle lumière sur les recherches concernant le célèbre *Wegestreit* au Moyen Âge tardif[27]. En effet, les rapports entre les sciences ainsi que le débat sur la signification propre des mots constituent des domaines importants de nouvelles recherches. Cependant, l'étude de ces deux domaines, aussi importante et prometteuse qu'elle soit, restera insuffisante vis-à-vis de la complexité de l'histoire, si elle n'est pas capable d'intégrer un troisième élément, qui a été considéré constamment comme le noyau des querelles entre nominalistes et réalistes et qui s'avance dans de nombreux ouvrages du XVe siècle, à savoir la discussion sur le statut des universaux.

JEAN WYCLIF

À ce propos, les écrits de Jean Wyclif ont une importance capitale. Bien que les ouvrages de Wyclif proviennent d'Oxford, c'est-à-dire d'un autre entourage que ceux de Buridan, Pierre d'Ailly, Marsile d'Inghen et Jean Gerson, il est remarquable que les mêmes deux thèmes y jouent un rôle : le problème de la signification propre des mots et les rapports entre les sciences. En outre, Wyclif relie ces deux thèmes étroitement au troisième élément, la question du statut des universaux. C'est pourquoi nous porterons ici notre attention à l'œuvre de

25. *Cf.* Jean Gerson, *De duplici logica*, éd. par P. Glorieux, Paris, Desclée («Œuvres complètes», 3), 1962, p. 57-63.

26. Kaluza, «Les sciences et leurs langages» (cité *supra* n. 2), p. 242-244 ; *Id.*, «Les étapes d'une controverse. Les nominalistes et les réalistes parisiens de 1339 à 1482», dans : *La Controverse religieuse et ses formes*, éd. par A. Le Boulluec, Paris, Les Éditions du Cerf («Patrimoines, Religions du Livre»), 1995, p. 297-317 ; *Id.*, «Bulletin d'Histoire des doctrines médiévales. Les XIVe et XVe siècles», *Revue des sciences philosophiques et théologiques*, 80 (1996), p. 317-349, part. 336.

27. Pour le *Wegestreit*, *cf.* Kaluza, «Les étapes d'une controverse» (cité *supra* n. 26) et M. J. F. M. Hoenen, «The Medieval Via Moderna. Tradition and Innovation in Institutional Settings and Doctrinal Profiles», dans : *Metaphysics and Philosophical Theology in Late Medieval and Early modern Times*, éd. par L. Nielsen et R. Friedman, à paraître (Dordrecht, Kluwer).

Wyclif afin de montrer comment, pour lui, la question des universaux accompagne les deux autres problèmes. Cette étude nous donnera une compréhension plus globale de la filiation des différents problèmes qui ensemble constituent le débat entre nominalistes et réalistes au Moyen Âge tardif.

Dans un premier temps, nous examinerons alors la façon dont Wyclif utilise la notion de *virtus sermonis* et l'applique à l'interprétation de l'Écriture. Ensuite, nous étudierons sa doctrine des universaux, qui, pour lui, était un élément indispensable pour une interprétation correcte de l'Écriture. Finalement, nous examinerons le problème de l'unité des sciences : d'après Wyclif, en effet, une doctrine correcte des universaux constitue le fondement, non seulement de la logique, mais aussi de la théologie, des sciences de la nature et de l'éthique[28].

Virtus sermonis

En ce qui concerne l'emploi du terme *virtus sermonis* dans l'ouvrage le plus important pour notre propos, *De veritate Sacrae Scripturae*, l'on notera que Wyclif y oppose deux méthodes d'interprétation de l'Écriture, l'une qui procède selon le *sermo sophisticus*, l'autre qui procède selon le *sermo divinus*[29]. La première méthode consiste à interpréter l'Écriture en faisant attention seulement à la signification immédiate des mots *(iuxta significationem primariam terminorum)*. Suivant cette méthode, un nombre considérable de propositions se révèlent fausses[30]. La seconde méthode, en revanche, consiste à expliquer l'Écriture à partir de l'intention de l'auteur, la sagesse divine, et à supposer que chaque proposition qu'elle comporte est vraie. Wyclif opte sans équivoque pour la seconde méthode en s'opposant à la première. Il atteste que la signification propre de l'Écriture (sa *virtus sermonis*) ne se découvre pas par une analyse logique de ses termes, mais par une recherche de l'intention de son auteur[31].

L'interprétation sophistique

Cette conception de la notion de *virtus sermonis* évoque aussitôt la doctrine du statut de 1340. Celle-ci parle également d'une interprétation sophistique des textes, laquelle consiste à considérer certaines propositions comme étant fausses, bien qu'elles soient vraies eu égard à l'intention de l'auteur. En outre, le statut objecte à une telle interprétation que la signification propre d'un mot, la *virtus*

28. Pour Wyclif, voir J. A. Robson, *Wycliff and the Oxford Schools. The Relation of the Summa de ente to Scholastic Debates at Oxford in the Later Fourteenth Century*, Cambridge, University Press (« Cambridge studies in medieval life and thought », NS 8), 1961 ; *From Ockham to Wyclif*, éd. par A. Hudson et M. Wilks, Oxford, Basil Blackwell (« Studies in Church History. Subsidia », 5), 1987 ; *The History of the University of Oxford, vol. 2 : Late Medieval Oxford*, éd. par J. I. Catto et R. Evans, Oxford, Oxford University Press, 1992 (avec bibliographie).

29. *Cf. De veritate Sacrae Scripturae*, cap. 5, vol. 1, p. 103.

30. *Ibid.*, cap. 5, vol. 1, p. 101 ; cap. 19, vol. 2, p. 114.

31. *Cf. ibid.*, cap. 6, p. 126-126 ; cap. 8, p. 182 ; cap. 19, vol. 2, p. 107.

sermonis, ne coïncide pas avec sa signification première, mais avec l'intention de l'auteur[32].

Il convient de prêter quelque attention au sens du terme sophiste, car, comme le statut de 1340 et comme Buridan, Wyclif emploie le terme sophiste en un sens bien précis.

Un aspect du sens de ce terme a déjà été éclairé, à savoir le fait que les sophistes s'en tiennent à la signification immédiate, la *significatio primaria*, des mots[33]. Le second aspect résulte du premier. En effet, étant donné que les sophistes ne s'en tiennent qu'à la signification première des mots, ils se bornent d'après Wyclif à l'intelligence humaine et se ferment au savoir divin. Par conséquent, ils optent pour eux-mêmes et pour leur propre renommée, non pas pour la défense de la sagesse divine. Wyclif évoque ainsi implicitement la description des sophistes dans les *Réfutations sophistiques*, où Aristote distingue entre la véritable sagesse et la sagesse fausse, la dernière étant la sagesse des sophistes. Le savoir sophistique n'est qu'une apparence, destinée à gagner de l'argent. Le second aspect du terme sophiste dérive donc d'Aristote : le savoir d'un sophiste n'est qu'une apparence[34].

Le troisième aspect du terme est lié à son emploi dans la Vulgate. Dans le livre de l'*Ecclésiaste*, la parole sophistique *(qui sofistice loquitur)* s'oppose à la sagesse[35]. Le même thème se trouve dans la *Première lettre* de saint Paul *à Timothée*, à laquelle Wyclif renvoie. Là aussi, la doctrine de la crainte de Dieu s'oppose à l'enseignement d'une autre doctrine *(si quis aliter docet)* qui ne procure pas de savoir, mais de la tromperie et de la polémique *(pugna verborum)*[36].

Bref, le sophiste est quelqu'un qui ne s'occupe que des mots et qui ainsi égare l'homme de son chemin vers la sagesse divine. Il ne pense qu'à sa propre renommée et trompe les autres. Pour le sophiste, toute équivoque qui surgit de la première signification des mots, contient contradiction et fausseté, alors que pour Wyclif, une telle équivoque révèle la vérité plus profonde du divin[37].

Wyclif éclaircit l'interprétation sophistique de l'Écriture par un grand nombre d'exemples. Chacun de ces exemples se caractérise par le fait que l'équivoque ou la fausseté procède du fait que les propositions ont été isolées du contexte immédiat. Il en ressort que le sophiste analyse l'Écriture principalement au

32. *Chartularium Universitatis Parisiensis* (cité *supra* n. 15), p. 506.

33. À Oxford, le terme « sophiste » était utilisé pour désigner les étudiants qui participaient aux disputations dites « de sophismatibus ». Le but de ces disputations était de fournir aux étudiants un entraînement de logique. *Cf.* E. Sylla, « The Oxford Calculators », dans : *The Cambridge History of Later Medieval Philosophy* (cité *supra* n. 14), p. 540-563, part. 43-545.

34. *Cf.* Aristote, *Réfutations sophistiques*, cap. 1, 165a19-24 ; cap. 11, 171b 27-29.

35. *Sir.* 37, 12.

36. *1 Tim.* 6, 3-4. *Cf. De veritate Sacrae Scripturae*, cap. 2, vol. 1, p. 28 ; cap. 18, vol. 2, p. 73.

37. *Cf. De veritate Sacrae Scripturae*, cap. 8, vol. 1, p. 174 ; cap. 19, vol. 2, p. 100-101.

niveau du simple rapport entre sujet et prédicat. C'est pourquoi Wyclif met en avant contre ses adversaires l'idée que l'Écriture doit être lue dans sa totalité[38].

Illustrons le débat par l'exemple facile de la phrase *caeci vident* («les aveugles voient»), prononcée par Jésus dans l'Évangile selon Saint Matthieu. D'après les sophistes, cette phrase équivoque implique une contradiction: les aveugles ne sont pas capables de voir. Ils en concluent que l'Écriture contient des propositions qui sont fausses de par la signification propre des mots *(de virtute sermonis)*[39].

Wyclif, en revanche, atteste que cette phrase équivoque révèle la vérité selon laquelle toutes choses temporaires sont présentes pour l'éternité divine. Les aveugles d'aujourd'hui verront dans l'avenir et Dieu voit l'un et l'autre en tant que présent. La proposition «les aveugles voient» n'implique donc pas de contradiction. Elle est, d'après Wyclif, vraie *de virtute sermonis*, c'est-à-dire non pas selon le *sermo sophisticus*, mais selon le *sermo divinus*[40].

Une analyse semblable s'applique d'après Wyclif à toutes les phrases de l'Écriture, sans exception. En conséquence, l'Écriture ne contient aucune proposition susceptible de correction ou d'adaptation pour des raisons de logique[41].

Le « sermo divinus »

Afin de dévoiler la vérité de l'Écriture, le *sermo divinus*, et de la protéger contre les attaques des sophistes, Wyclif énumère cinq principes qui ont chacun leur fondement dans l'Écriture. Ainsi, Wyclif cherche à comprendre l'Écriture à partir d'elle-même, à la lumière de l'interprétation traditionnelle, le *sensus catholicus*, qu'il trouve habituellement chez saint Augustin[42].

Ces cinq principes sont: la doctrine des idées, celle des universaux, celle de l'unité et celle de la présence, ainsi que la règle selon laquelle les équivoques ne sont pas des contradictions[43]. La doctrine des universaux, que Wyclif fonde sur le livre de la *Genèse*, sert à comprendre le mystère de la Trinité et de l'Incar-

38. *Ibid.*, cap. 4, vol. 1, p. 79-80; cap. 19, vol. 2, p. 112-113.

39. *De veritate Sacrae Scripturae*, cap. 8, vol. 1, p. 166; *Fasciculi zizaniorum Magistri Johannis Wyclif cum tritico*, éd. W. W. Shirley, London, 1858, p. 466. *Cf. Mt.* 11, 5.

40. *De veritate Sacrae Scripturae*, cap. 8, vol. 1, p. 171-174; *Fasciculi zizaniorum* (cité *supra* n. 39), p. 459, p. 466-467. Pour la signification exégétique de l'éternité divine chez Wyclif, voir B. Smalley, «The Bible and Eternity. John Wyclif's Dilemma», *Journal of the Warburg and Courtauld Institutes*, 27 (1964), p. 73-89.

41. *De veritate Sacrae Scripturae*, cap. 1, vol. 1, p. 2; *Fasciculi zizaniorum* (cité *supra* n. 39), p. 466.

42. *De veritate Sacrae Scripturae*, cap. 8, vol. 1, p. 167-168. *Cf. ibid.*, cap. 3, vol. 1, p. 46-47; cap. 6. vol. 1, p. 123.

43. *De veritate Sacrae Scripturae*, cap. 8, vol. 1, p. 168-182. *Cf.* M. Tresko, «John Wyclif's Metaphysics of Scriptural Integrity in the *De veritate Sacrae Scripturae*», *Dionysius*, 13 (1989), p. 153-196.

nation[44]. La doctrine de la présence, rattachée à l'*Évangile de Saint Jean* et élaborée à l'aide de la *Somme théologique* de Thomas d'Aquin, sert à éclaircir le problème de la prédestination divine[45].

Contrairement au statut de 1340, Wyclif n'utilise donc pas la notion de *materia subiecta* pour mettre en valeur l'intention de l'auteur *(intentio auctoris)*, mais il se sert de ces principes métaphysiques. Il est important de le souligner, car ici se situe la différence principale entre la doctrine du statut et celle de Wyclif. Wyclif et les auteurs du statut combattent les mêmes adversaires, les sophistes, mais ils se servent d'armes différentes.

Wyclif n'avance pas de distinction fondamentale entre les différentes sciences. Pour lui, l'Écriture contient effectivement les principes de toutes les formes de savoir dont l'homme a besoin, y compris par exemple les doctrines physiques du vide et de la divisibilité du continu[46]. Ainsi, la *virtus sermonis* qui concerne la théologie, s'applique également aux autres disciplines.

La doctrine des *universalia realia*

L'un des piliers nécessaires à l'interprétation de l'Écriture est la doctrine des universaux. Wyclif traite brièvement de ce thème dans son ouvrage intitulé *De veritate Sacrae Scripturae*, mais il l'analyse en détail dans son *Tractatus de universalibus*. Une lecture globale de ce traité suffit pour comprendre l'intérêt capital que Wyclif accorde à la doctrine des universaux pour l'interprétation de l'Écriture. En plusieurs endroits, en effet, Wyclif l'affirme explicitement :

> Notitia universalium est gradus praecipuus scalae sapientiae ad indagandum veritates absconditas[47].

Dans l'historiographie de la philosophie, Wyclif est généralement compté parmi les réalistes et lui-même souligne effectivement que les universaux ont une existence réelle en dehors de l'esprit humain : les universaux existent *ex parte rei*. Cependant, n'étant pas d'avis que les universaux ont une subsistance indépendante, Wyclif n'est pas le représentant d'un réalisme extrême ou d'un platonisme. Pour lui, les universaux coïncident essentiellement avec les singuliers, mais ils s'en distinguent formellement. Ainsi, l'être-homme de Socrate n'est rien d'autre essentiellement que l'être-cet-homme de Socrate ; cependant, ils se distinguent formellement, car être-homme est logiquement antérieur à être-cet-homme ; être-homme appartient à tous les hommes, tandis qu'être-cet-homme n'appartient qu'à un seul individu[48]. Wyclif est donc tenant de la doc-

44. *Ibid.*, p. 169.

45. *Ibid.*, p. 171-174 ; *Fasciculi zizaniorum* (cité *supra* n. 39), p. 463, p. 475.

46. *De veritate Sacrae Scripturae*, cap. 8, vol. 1, p. 181 ; *Tractatus de universalibus*, éd. par I. J. Mueller, Oxford, Clarendon Press, 1985, cap. 14, p. 336.

47. *Tractatus de universalibus*, cap. 8, p. 175.

48. *Cf. ibid.*, cap. 4, p. 93-96. Pour la doctrine des universaux de Wyclif, voir A. de Libera, *La Querelle des universaux. De Platon à la fin du Moyen Age*, Paris, Éditions du Seuil (« Des

trine scotiste des *formalitates* et des *instantiae naturae*. Pour lui, les universaux ne sont pas des produits de l'esprit humain, mais ils le précèdent (bien que, par ailleurs, Wyclif accepte l'existence des universaux logiques, qui n'existent que lorsque l'homme les pense effectivement)[49]. Les universaux réels constituent, d'après Wyclif, une présupposition nécessaire pour toute réflexion sur la réalité. Il illustre cette thèse par un prétendu exemple empirique ayant, à ses yeux, force de preuve.

La proposition «l'instant est» (*instans est)* est nécessaire et vraie, étant donné que le signifié de cette proposition, le fait que l'instant est *(instans esse)*, existe toujours. Ce signifié est général, c'est-à-dire qu'il s'applique à tout instant. En effet, quel que soit l'instant choisi, il est toujours vrai de dire que l'instant est. Il en résulte que lorsque l'intellect cherche la vérité de la proposition «l'instant est», il aboutit à quelque chose de général qui n'est pas seulement signe *(signum)* mais qui subsiste réellement[50].

Les universaux réels *(universalia realia)*, que l'homme découvre par sa réflexion sur les individus concrets, trouvent leur origine dans la pensée divine. Lorsque Dieu, en effet, connaît l'homme individuel, il connaît en même temps les généralités qui précèdent l'existence de l'homme individuel, telles que le fait d'être homme *(hominem esse)* et le fait d'être animal *(animal esse)*. Ainsi, dès lors qu'il connaît l'homme individuel, il connaît son espèce et son genre: le fait d'être homme *(hominem esse)* est, en effet, la forme spécifique, qui fait que l'homme individuel est homme, et le fait d'être animal *(animal esse)* est la forme générique, qui fait que l'homme individuel est un animal[51].

La pensée divine étant toujours en acte, les universaux réels tels que *hominem esse* et *animal esse* existent en elle de toute éternité. Ces universaux coïncident essentiellement avec l'essence divine. Afin de démontrer cette thèse, Wyclif observe qu'en Dieu, *deus* et *deum esse* coïncident. Aucun être, sauf Dieu, n'est aussi bon que Dieu. Or, le fait d'être Dieu *(deum esse)* est un être qui est aussi bon que Dieu. En conséquence, le fait d'être Dieu et Dieu coïncident, car il est impossible que plus d'une chose soit le bien suprême. Cependant, *deus* et *deum esse* se distinguent formellement l'un de l'autre, du fait que *deum esse* constitue la vérité de par laquelle Dieu est Dieu et que *deum esse* est, par conséquent, antérieur à Dieu[52].

De même dans un être créé, *creatura* et *creaturam esse* coïncident essentiellement, c'est-à-dire que *creatura* et *creaturam esse* concernent une même

travaux»), 1996, p. 407-409, et A. D. Conti, «Analogy and Formal Distinction: On the Logical Basis of Wyclif's Metaphysics», *Medieval Philosophy and Theology*, 6 (1997), p. 133-165 (avec bibliographie).

49. *Cf. ibid.*, cap. 1, p. 15-16; cap. 2, p. 69.

50. *Ibid.*, cap. 3, p. 83.

51. *Ibid.*, cap. 3, p. 79; cap. 4, p. 93; cap. 6, p. 120; cap. 8, p. 170.

52. *Ibid.*, cap. 6, p. 114-119.

essence. Cependant, ils se distinguent formellement l'un de l'autre, dans la mesure où *creaturam esse* est la forme qui fait que *creatura* est *creatura.* Il s'ensuit que *creaturam esse* se situe à un plan plus élevé que *creatura*[53].

L'identité essentielle de *creatura* et *creaturam esse* se fonde sur la pensée divine. En effet, lorsqu'un homme individuel existe *(homo est)*, Dieu sait qu'un homme existe *(hominem esse)* et sa connaissance de cet homme est identique à sa connaissance de l'existence de cet homme. L'homme et le fait d'être homme représentent ainsi un même bien et, par conséquent, ils coïncident essentiellement[54].

La critique des sophistes

Dans son *Tractatus de universalibus*, Wyclif entre de nouveau en débat avec les sophistes. Il est important de prêter quelque attention à cette discussion, du fait qu'elle éclaircit la position de Wyclif, en particulier au sujet de la distinction formelle et de l'identité essentielle, de l'universel et du singulier.

D'après les sophistes, la position de Wyclif implique une contradiction, car, lorsqu'il affirme l'identité essentielle de l'universel et du singulier, cela implique la non-distinction de ceux-ci. En revanche, la distinction formelle entre l'universel et le singulier implique l'impossibilité d'affirmer un prédicat commun d'un sujet singulier et, par conséquent, l'incorrection d'une proposition telle que «Petrus est homo». Les sophistes acceptent ainsi la position ockhamiste selon laquelle le sujet et le prédicat d'une proposition suppléent une seule et même *res*. D'après cette position, la généralité du prédicat ne se situe pas au niveau du signifié, mais seulement au niveau du signe[55].

Wyclif, en revanche, considère que la généralité, exprimée par le prédicat, existe non seulement au niveau du signe mais aussi au niveau du signifié. La généralité coïncide avec l'individu, sans que pour autant il y ait identité du fait que l'individualité et la généralité se distinguent formellement. Il exprime sa position de façon concise par la distinction entre *aliud* et *alius* dans la phrase suivante: «Aliud quam species est homo, sed non alius quam species est homo». *Homo* et *species* sont, en effet, deux choses différentes, mais constituent néanmoins une unité[56].

Dans une proposition telle que «Petrus est homo», le sujet et le prédicat suppléent quelque chose d'un. C'est pourquoi l'emploi de la copule est justifié. Cependant, le sujet «Petrus» se réfère à autre chose que le prédicat «homo», car

53. *Ibid.*, cap. 6, p. 118; cap. 7, p. 134.

54. *Ibid.*, cap. 6, p. 118.

55. *Ibid.*, cap. 4, p. 96; cap. 5, p. 102; cap. 8, p. 166; cap. 9, p. 207; cap. 11, p. 254. Guillaume d'Ockham, *Summa logicae*, éd. par Ph. Boehner, G. Gál, S. Brown, St. Bonaventure (N. Y.), Franciscan Institute («Opera philosophica», 1), 1974 , Pars I, cap. 15, p. 53; Pars II, cap. 2, p. 250.

56. *Ibid.*, cap. 9, p. 194.

le sujet, «Petrus», se réfère au fait d'être cet homme *(istum hominem esse)* tandis que le prédicat, «homo», se réfère au fait d'être homme *(hominem esse)*. Or, le fait d'être cet homme et le fait d'être homme se distinguent formellement; c'est-à-dire que *hominem esse* est logiquement antérieur à *istum hominem esse*. Les sophistes n'acceptant pas de distinction formelle, ils sont contraints de choisir entre deux solutions: soit le sujet et le prédicat coïncident, soit ils ne coïncident pas. Wyclif, en revanche, grâce à la distinction formelle, dispose d'une troisième solution, selon laquelle le sujet et le prédicat coïncident essentiellement et ne coïncident pas formellement[57].

L'universel et la connaissance de la réalité

D'après Wyclif, l'universel précède le singulier comme le supérieur précède l'inférieur. Dans ce contexte, il reconnaît une triple causalité à l'universel, à savoir une causalité formelle, efficiente et finale. L'universel est non seulement la forme par laquelle le singulier est ce qu'il est, mais il est aussi le constituant du singulier en rapport avec la différence et les propriétés individuelles[58].

Les universaux se rapportent aux singuliers comme Dieu se rapporte à la création. Dieu est à la fois la cause formelle, efficiente et finale de la création entière qu'il crée et dont il soutient l'être. Les universaux assistent Dieu en cela, dans la mesure où ils sont les triples *concausae* de la création, secondant Dieu dans son travail. Sans les universaux, la création manque d'ordre et de cohésion[59].

Les universaux sont ainsi les éléments de base de la réalité. Ils construisent la réalité et ils contribuent à la compréhension de la structure de la réalité, y compris les mystères révélés. Ceci nous ramène à l'intérêt des universaux pour la compréhension de la Trinité et de l'Incarnation. Dans son *Tractatus de universalibus*, Wyclif observe que Joachim de Flore n'aurait jamais été condamné pour sa doctrine de la Trinité s'il avait eu une meilleure compréhension des universaux[60]. L'enjeu de la doctrine de la Trinité est, en effet, identique à celui de la doctrine des universaux, à savoir le rapport entre l'unité et la pluralité. La nature divine est une mais consiste en même temps en trois personnes distinctes dont chacune coïncide avec la nature divine. Le Père est Dieu et le Fils est Dieu, mais le Père et le Fils ne sont pas identiques. De même, Pierre est un homme et Jean est un homme, mais Pierre et Jean ne sont pas identiques. Dans les deux cas, l'unité se situe au niveau de l'essence: l'essence du Père est la nature divine et l'essence du Fils est également la nature divine. La nature formelle du Père, cependant, n'est pas identique à celle du Fils. Le père engendre le Fils, tandis que le Fils est engendré par le Père. Le Père est inengendré *(ingenitus)*, le Fils

57. *Ibid.*, cap. 4, p. 93-96.
58. *Ibid.*, cap. 7, p. 134; cap. 10, p. 134.
59. *Ibid.*, cap. 7, p. 210; cap. 11, p. 251; cap. 15, p. 373.
60. *Ibid.*, cap. 11, p. 263.

engendré *(genitus)*. C'est pourquoi le Père et le Fils ne sont pas identiques, en faisant abstraction de l'unité de la nature divine. La distinction formelle, qui joue un rôle principal dans l'élaboration de la doctrine des universaux, sert ainsi à pénétrer le mystère de la Trinité. Dans ce contexte,Wyclif invoque l'autorité de saint Anselme qui avait aussi observé les rapports entre la doctrine des universaux et celle de la Trinité[61].

Cependant, il existe des divergences entre ces deux doctrines. En effet, au niveau des créatures, les exemplifications individuelles de l'universel sont capables de subsister indépendamment l'une de l'autre, ce qui permet de parler, par exemple, de *multi homines*. Au plan divin, en revanche, cela est impossible. En effet, la nature divine étant simple et non-composée, les trois personnes ne sont pas *multi dii*, mais un seul Dieu[62].

La distinction formelle joue également un rôle de première importance dans la doctrine de l'Incarnation, considérée par Wyclif comme une chaîne d'or *(catena aura)* reliant la création à son Créateur. Le Christ est, en effet, une personne composée de deux natures, l'une divine, l'autre humaine[63]. Lorsque dans l'Évangile selon saint-Jean le Christ dit: «Quiconque croit en moi, ne croit pas en moi», il n'y a pas contradiction, comme le jugent les sophistes, étant donné que les deux membres de la formule se réfèrent à une autre nature de la même personne[64].

Le rapport entre l'unité et la pluralité, qui se manifeste dans la doctrine des universaux est ainsi d'une importance capitale pour pénétrer les mystères de la Révélation. Une bonne compréhension des universaux certifie une meilleure compréhension de l'Écriture, de la Trinité, de l'Incarnation et de la création. C'est pourquoi Dieu n'a jamais autorisé que la doctrine des universaux soit perdue, étant donné qu'autrement, l'accès aux mystères divins aurait été impossible[65].

« Diabolici haeretici »

La doctrine des universaux élaborée par Wyclif ne fut pas accueillie sans problèmes, étant donné qu'elle se fonde sur la doctrine de la distinction formelle. Celle-ci avait été dénoncée par de nombreux auteurs dès le début du XIVe siècle, notamment en réaction contre Duns Scot. Les ouvrages importants à ce propos sont les questions quodlibétiques de Thomas de Sutton, le *Liber propugnatorius* de signature thomiste, ainsi que les commentaires des *Sentences* de Guillaume

61. *Ibid.*, cap. 3, 78; cap. 5, p. 98-110; cap. 9, p. 197; *De veritate Sacrae Scripturae*, cap. 8, vol. 1, p. 169.

62. *Tractatus de universalibus*, cap. 5, p. 106-107.

63. *Ibid.*, cap. 10, p. 214.

64. *De veritate Sacrae Scripturae*, cap. 19, vol. 2, p. 100-101. *Cf. Jn* 12,44.

65. *Tractatus de universalibus*, cap. 8, 175; cap. 15, p. 357.

d'Ockham et d'Adam Wodeham[66]. Les auteurs de ces ouvrages ne reconnaissent que deux types de distinctions : la distinction de raison et la distinction réelle. Seule une distinction réelle existe *a parte rei*. Lorsque Duns Scot et ses disciples affirment l'existence *a parte rei* d'une distinction formelle, par exemple entre les attributs divins, cela implique l'existence d'une pluralité en Dieu et, par conséquent, ils compromettent l'unité divine. Pareille doctrine fut caractérisée en 1315 par les termes d'*opinio temeraria* et d'hérésie[67]. La même critique fut exprimée par Grégoire de Rimini, Marsile d'Inghen et Jean Gerson[68]. Or, la doctrine des universaux de Wyclif, lorsqu'elle affirme que les universaux se distinguent formellement et qu'ils coïncident de toute éternité avec l'essence divine, est susceptible de la même accusation d'hérésie et de mise en péril de l'unité de Dieu. En effet, elle semble entraîner la conséquence que Dieu n'est pas entièrement simple et qu'il existe de toute éternité des choses créées distinctes de Dieu.

Wyclif, à son tour, était aussi en position d'accuser les sophistes d'hérésie, du fait qu'ils ne reconnaissent pas de distinction formelle et, par conséquent, nient l'existence des universaux réels qui donnent accès aux mystères divins[69]. Cette observation jette une nouvelle lumière sur le débat sur les universaux. En effet, la doctrine des universaux, de par son lien avec la doctrine de la distinction formelle et de par son intérêt théologique, devient un véritable enjeu pour l'orthodoxie chrétienne, aussi bien du point de vue des tenants du réalisme que de celui de leurs adversaires[70].

66. *Cf.* M. J. F. M. Hoenen, *Marsilius of Inghen* (cité *supra* n. 8), p. 42-61.

67. *Cf.* H. A. Oberman, « Duns Scotus, Nominalism, and the Council of Trent », dans : *John Duns Scotus 1265-1965*, éd. par J. K. Ryan et B. M. Bonansea, Washington D. C, Catholic University of America Press (« Studies in Philosophy and the History of Philosophy », 3), 1965, p. 310-344, part. p. 311-312.

68. Z. Kaluza, *Les Querelles doctrinales à Paris. Nominalistes et réalistes aux confins du XIVe et du XVe siècles*, Bergame, Pierluigi Lubrina Editore (« Quodlibet », 2), 1988, p. 35-86 ; Hoenen, *Marsilius of Inghen* (cité *supra* n. 8), p. 56-61.

69. Wyclif s'appuie ici sur saint Anselme. *Cf. De veritate Sacrae Scripturae*, cap. 8, vol. 1, p. 169 : « Et hinc dicit Anselmus in De Incarnatione secundo cap., quod negantes talia universalia sunt "dialectice heretici" ». Certains manuscrits emploient le terme « diabolici heretici ». Cette accusation fut reprise par Jérôme de Prague, qui s'en servait pour attaquer des nominalistes comme Marsile d'Inghen. *Cf. Processus iudiciarius contra Jeronimum de Praga habitus Viennae a. 1410-1412*, éd. par L. Klicman, Prague, 1898, p. 13 ; Z. Kaluza, « La question de Jérôme de Prague disputée à Heidelberg », dans : *Langages et Philosophie. Hommage à Jean Jolivet*, éd. par A. de Libera, A. Elamrani-Jamal, A. Galonnier, Paris, Vrin (« Études de philosophie médiévale », 74), 1997, p. 123-152.

70. *Cf.* M. J. F. M. Hoenen, « The Medieval Via Moderna. Tradition and Innovation in Institutional Settings and Doctrinal Profiles » (cité *supra* n. 27).

L'unité des sciences

Wyclif distingue deux sortes de logiciens : d'une part les sophistes, qui ne se fondent que sur le savoir humain, d'autre part les *logici evangelici*, qui, eux, s'orientent vers la sagesse divine[71]. Les premiers représentent un danger pour l'Écriture et sont critiqués violemment. Sur ce point, la position de Wyclif s'apparente à celle du statut de 1340 ; là aussi, la logique sophistique est décrite comme un danger pour l'Écriture. Cependant, contrairement aux auteurs du statut et, plus tard, à Jean Gerson qui, par son insistance sur la notion de *materia subiecta*, sépara les domaines de la logique et de la théologie, Wyclif cherche à adapter la logique. Il développe une doctrine des universaux en accord avec l'Écriture et sans réduire celle-ci à la contradiction et à la fausseté[72].

À cet effet, il joint à la logique certains thèmes métaphysiques, tels que la doctrine des idées et la doctrine de la connaissance divine. Il puise pour cela dans les écrits de Thomas d'Aquin, de saint Augustin et de saint Anselme. Il caractérise ces deux derniers comme des *priores metaphysici*[73]. Chez Wyclif, des thèmes de théologie, de logique et de métaphysique entrent ainsi en rapport les un avec les autres. Par conséquent, il n'accepte aucune séparation entre ces trois sciences. La notion de *materia subiecta* et celle, voisine, de la distinction des méthodes pour atteindre la vérité, ne jouent aucun rôle dans sa pensée.

L'éthique et la physique

Il est important de noter que pour Wyclif, une bonne compréhension des universaux constitue également une condition pour l'élaboration de l'éthique, science pratique par excellence. En effet, le singulier représente la fin inférieure de l'agir, l'universel la fin supérieure. Le prochain ne doit pas être aimé en tant que voisin ou en tant que fils, mais en tant qu'homme. L'humanité en général est l'œuvre commune et propre de Dieu qui précède l'individualité de tel ou de tel homme.

La directive pour la droiture de l'agir doit être l'universel et non pas le singulier. Dans la mesure où l'homme s'oriente vers l'universel, il se tourne vers Dieu. C'est pourquoi, d'après Wyclif, la cause fondamentale du péché consiste en une mauvaise compréhension des universaux : « Sic igitur indubie error intellectus et affectus circa universalia est causa totius peccati regentis in saeculo »[74]. En somme, l'éthique repose sur une doctrine réaliste des universaux, c'est-à-dire sur une logique en accord avec la révélation de l'Écriture.

71. *Cf. De veritate Sacrae Scripturae*, cap. 2, vol. 1, p. 23.

72. *Cf.* M. J. F. M. Hoenen, « Theology and Metaphysics. The Debate between John Wyclif and John Kenningham on the Principles of Reading the Scripture », dans : *John Wyclif. Logica, politica, teologia*, éd. par S. Simonetta, à paraître (Firenze, SISMEL-Edizioni del Galluzzo).

73. *Tractatus de universalibus*, cap. 8, p. 74-75.

74. *Ibid.*, cap. 8, p. 77. *Cf.* aussi *ibid.*, cap. 7, p. 145.

Il en va de même pour les autres sciences. Lorsque, en effet, la physique affirme l'impossibilité d'une annihilation, elle repose sur la doctrine des universaux. Si Dieu voulait anéantir une créature quelconque, il devrait anéantir non seulement les propriétés individuelles, mais aussi l'ensemble des propriétés universelles auxquelles la créature participe. Autrement dit, par une éventuelle annihilation d'une créature quelconque, son *esse creatum* serait anéanti en même temps que toutes ses propriétés individuelles et, par conséquent, l'*esse creatum* de toute la création[75].

Cette doctrine physique est, d'après Wyclif, en accord avec l'Écriture et la foi. En effet, l'Écriture n'affirme nulle part que Dieu serait capable d'anéantir la création et aucune profession de foi ne contient un article sur l'annihilation. Il n'existe, par conséquent, aucune raison théologique décisive pour accepter la possibilité d'une annihilation, ce qui est, en outre, confirmé par la doctrine des universaux[76].

« Scriptura sacra sufficit » et les universaux

Wyclif rappela avec insistance que l'Écriture contient toute la connaissance nécessaire à l'homme lors de sa vie terrestre. L'homme n'a donc pas besoin d'autre chose que l'Écriture : « Scriptura sacra (...) sufficit pro quacumque sciencia necessaria viatori »[77]. Cette doctrine est en opposition flagrante avec celle de Gerson, selon laquelle il existe une séparation entre, d'un côté, la logique, les sciences de la nature et la métaphysique et, de l'autre, la rhétorique, l'éthique et la théologie[78]. Pour Wyclif, nous l'avons vu, ces disciplines sont étroitement liées l'une avec l'autre ; elles ont toutes leur fondement dans l'Écriture et elles reposent sur la doctrine des universaux *a parte rei*.

Dans sa critique des sophistes, Wyclif procède d'une autre manière que les auteurs du statut de 1340 et que des théologiens comme Pierre d'Ailly et Jean Gerson. Wyclif, en effet, n'opte pas pour la séparation, mais pour l'unité des sciences, en exprimant avec force sa conception de la vérité de l'Écriture.

L'UNITÉ DES SCIENCES ET LES UNIVERSAUX

La notion de l'unité des sciences au Moyen Âge tardif provient de plusieurs sources différentes. Premièrement, l'institution de l'université : en effet, les statuts de plusieurs universités fixent dans le texte des *iuramenta* l'obligation de défendre l'unité des facultés, et un auteur nominaliste comme Marsile d'Inghen

75. *Ibid.*, cap. 13, p. 307.
76. *Ibid.*, cap. 13, p. 302-318.
77. *De veritate Sacrae Scripturae*, cap. 8, vol. 1, p. 181.
78. *Cf.* Jean Gerson, *De duplici logica*, p. 57-63.

se montre partisan de l'idée d'une unité institutionnelle[79]. Au début de son commentaire sur la *Métaphysique*, il souligne que cette science sert de propédeutique pour l'étude de la théologie, affirmant ainsi le rapport institutionnel entre ces deux disciplines[80].

Une deuxième source est la doctrine thomiste de l'unité de la vérité donnée à l'homme par Dieu, doctrine élaborée notamment dans les premiers chapitres de la *Summa contra gentiles*. Les principes de la raison naturelle, que Dieu a imprimés dans l'intellect humain, ne sauraient être opposés aux principes de la Révélation, car l'intellect humain ne peut contenir simultanément des vérités opposées. La philosophie et la théologie ont la même vérité comme objet, chacune à sa propre manière. La théologie s'appuie sur la Révélation, tandis que la philosophie part de l'intellect humain[81].

Une troisième source occupe une place importante dans la pensée de Wyclif. Il s'agit de la doctrine des universaux *a parte rei*. Cette doctrine logico-métaphysique est à la fois la clef pour pénétrer les mystères de la Trinité et de l'Incarnation et un élément indispensable de l'éthique et de la physique. Les universaux trouvent leur origine dans la pensée divine et, en tant que *concausae* de la causalité divine, ils donnent la structure fondamentale de toute la création. Sans universaux, la création manque de cohésion et toute forme de science est impossible. Comme Wyclif le dit au début de son *Tractatus de universalibus*, les universaux sont les principes nécessaires, non seulement de la création, mais aussi de toute connaissance rationnelle de celle-ci[82].

En accord avec cette dernière thèse, il est possible de dire que, pour Wyclif, les universaux constituent le pivot métaphysique de la réalité et de toute science de la réalité, y compris la théologie et l'éthique. La notion de l'unité des sciences est ainsi indissolublement liée avec la doctrine des universaux *a parte rei*.

À la fin du XIVe siècle et au début du XVe siècle, Pierre d'Ailly et Jean Gerson s'opposent à l'idée de l'unité des sciences telle que les thomistes et les albertistes la défendent[83]. Au cours du XVe siècle, le problème des universaux détermina de manière progressive le débat entre nominalistes et réalistes. L'œuvre de Jean Wyclif montre comment ces deux discussions, celle sur l'unité des sciences et celle sur le statut des universaux, sont liées l'une avec l'autre au point de pouvoir être réunies en une seule métaphysique réaliste.

79. *Urkundenbuch der Universität Heidelberg*, éd. par. E. Winkelmann, vol. 1, Heidelberg, 1886, n. 12, 14 (1386 : Iuramenta ordinata super inscripcione scolarium).

80. *Cf.* Marsile d'Inghen, *Quaestiones super librum Metaphysicorum*, Vienne, Oesterreichische Nationalbibliothek, CVP 5297, f° 1r.

81. Thomas d'Aquin, *Summa contra gentiles*, Lib. 1. cap. 3-8.

82. *Cf. Tractatus de universalibus*, cap. 1, p. 16.

83. *Cf.* Kaluza, « Les étapes d'une controverse » (cité *supra* n. 2), p. 297-317.

PAUL J. J. M. BAKKER

INHÉRENCE, UNIVOCITÉ ET SÉPARABILITÉ DES ACCIDENTS EUCHARISTIQUES

OBSERVATIONS SUR LES RAPPORTS ENTRE MÉTAPHYSIQUE ET THÉOLOGIE AU XIVe SIÈCLE

INTRODUCTION

Dans une série d'articles fondamentaux, M. Ruedi Imbach a attiré l'attention sur le fait que, autour des années 70 du XIIIe siècle, le problème de la séparabilité des accidents, lié à la théologie de l'eucharistie en général et à la doctrine de la transsubstantiation en particulier, devint un sujet de discussion parmi les maîtres de la faculté des arts de l'université de Paris [1]. Les témoins les plus importants de cette discussion, un commentaire anonyme de la *Physique* d'Aristote (vers 1273) [2] et le commentaire du *Liber de causis* de Siger de Brabant (entre 1274 et

Mes recherches ont été menées à bien grâce au soutien financier du fonds néerlandais de la recherche scientifique (N. W. O.), dossier n° 200-22-295. – Je tiens à exprimer mes plus vifs remerciements à MM. D.-J. Dekker et L. M. de Rijk, qui ont bien voulu contrôler et corriger mon édition des textes de Buridan et de Marsile.

1. R. Imbach, « Metaphysik, Theologie und Politik. Zur Diskussion zwischen Nikolaus von Straßburg und Dietrich von Freiberg über die Abtrennbarkeit der Akzidentien », *Theologie und Philosophie*, 61 (1986), p. 359-395 ; *Id.*, « Philosophie und Eucharistie bei Wilhelm von Ockham. Ein vorläufiger Entwurf », dans : *Ockham and Ockhamists*. Acts of the symposium organized by the Dutch Society for Medieval Philosophy Medium Aevum on the occasion of its 10th anniversary (Leiden, 10-12 september 1986), éd. E. P. Bos et H. A. Krop, Nimègue, Ingenium Publishers (« Artistarium supplementa », IV), 1987, p. 43-51 ; *Id.*, « Le traité de l'eucharistie de Thomas d'Aquin et les averroïstes », *Revue des sciences philosophiques et théologiques*, 77 (1993), p. 175-194. Ces articles ont été réédités dans *Id.*, *Quodlibeta, Articles choisis*, éd. F. Cheneval *et al.*, Fribourg, Universitätsverlag (« Dokimion », 20), 1996, p. 251-295, 297-308 et 309-331.

2. Le commentaire anonyme a été édité par A. Zimmermann, *Ein Kommentar zur Physik des Aristoteles aus der Pariser Artistenfakultät um 1273*, Berlin, De Gruyter (« Quellen und

1276)[3], s'opposent radicalement à la tentative de la plupart des théologiens de l'époque de justifier philosophiquement leur doctrine de la séparabilité des accidents. En particulier, tant l'anonyme que Siger contestent la validité d'un des arguments préférés des théologiens qui consiste à faire appel au «principe d'immédiateté». Selon ce principe, attaché par Thomas d'Aquin à la première proposition du *Liber de causis*, la cause première peut suppléer à l'opération des causes secondaires afin d'intervenir immédiatement. Appliqué au problème de la séparabilité des accidents, ce principe se traduit ainsi: lorsque l'opération de la cause secondaire (la substance) à l'égard de son effet (l'accident) cesse d'être, la cause première (Dieu) peut suppléer à cette opération et conserver l'effet en l'absence de sa propre cause[4]. D'après Siger, le «principe d'immédiateté» est inacceptable en soi et donc, à plus forte raison, en tant qu'argument en faveur de

Studien zur Geschichte der Philosophie», 11), 1968. Au livre premier de ce commentaire, deux questions concernent l'accident: q. 12 (p. 21) «Utrum ens dicatur multipliciter de substantia et accidente»; q. 13 (p. 23) «Utrum accidens sit separabile»). Pour la datation du commentaire, voir *ibid.*, p. XIV («mit großer Wahrscheinlichkeit nach 1271 und vor 1274»). S. Donati, «Commenti parigini alla Fisica degli anni 1270-1300 ca.», dans: *Die Bibliotheca Amploniana. Ihre Bedeutung im Spannungsfeld von Aristotelismus, Nominalismus und Humanismus*, éd. A. Speer, Berlin-New York, De Gruyter («Miscellanea Mediaevalia», 23), 1995, p. 136-256, part. 146, suggère une datation plus récente.

3. Siger de Brabant, *Quaestiones super Librum de causis*, éd. A. Marlasca, Louvain, Publications universitaires-Paris, Béatrice-Nauwelaerts («Philosophes médiévaux», 12), 1972. Il s'agit de la q. 2: «Utrum causa primaria naturaliter possit producere effectum causae secundariae sine causa secundaria». Pour la datation du commentaire, voir *ibid.*, p. 29.

4. Thomas d'Aquin, *Scriptum super quarto libro Sententiarum*, d. 12, q. 1, a. 1, qa. 1, éd. M. F. Moos, Paris, Lethielleux, 1947, p. 498-499: «Dicendum (...) quod, sicut dicitur prima propositione libri *De causis*, "causa prima est vehementioris impressionis supra causatum causae secundae quam ipsa causa secunda"; unde quando causa secunda removet influentiam suam a causato, adhuc potest remanere influentia causae primae in causatum illud, sicut, remoto rationali, remanet vivum, quo remoto, remanet esse. Cum ergo causa prima accidentium et omnium existentium Deus sit, causa autem secunda accidentium sit substantia, quia accidentia ex principiis substantiae causantur, poterit Deus accidentia in esse conservare, remota tamen causa secunda, scilicet substantia. Et ideo absque omni dubitatione dicendum est quod Deus potest facere accidens esse sine subjecto». Pour la notion de «principe d'immédiateté», voir Imbach, «Metaphysik», p. 375 («Unmittelbarkeitsprinzip»), et *Id.*, «Le traité de l'eucharistie», p. 179. Imbach emprunte cette notion à H. Blumenberg, *Die Legitimität der Neuzeit*, Francfort, Suhrkamp, 1966, *passim*. – Au lieu de s'appuyer sur la première proposition du *De causis*, plusieurs théologiens de la première moitié du XIIIe siècle (Alexandre de Hales, Richard Fishacre, Guillaume de Méliton et Bonaventure) invoquent la thèse de Basile de Césarée selon laquelle «tout ce que l'intellect humain peut concevoir séparément, Dieu peut le séparer en réalité» (*cf. Homiliae in Hexaemeron*, VI, 3, éd. E. Amand de Mendieta et St. Y. Rudberg, *Eustathius. Ancienne version latine des neuf homélies sur l'Hexaéméron de Basile de Césarée*, Berlin, Akademie-Verlag («Texte und Untersuchungen zur Geschichte der Altchristlichen Literatur», 66), 1958, p. 72, 28 sq.); voir P. J. J. M. Bakker, *La Raison et le Miracle. Les Doctrines eucharistiques (c. 1250–c. 1400). Contribution à l'étude des rapports entre philosophie et théologie*, université de Nimègue (thèse de doctorat), 1999, t. I, p. 302-316.

la séparabilité des accidents[5]. Le commentateur anonyme de la *Physique*, en revanche, reconnaît, en soi, le «principe d'immédiateté» –selon lui, Dieu peut produire à lui seul et sans intermédiaire l'effet d'une cause secondaire–, mais il en conteste la valeur d'argument pour justifier la séparabilité des accidents[6]. En définitive, les deux auteurs admettent ce que la foi demande de croire –la possibilité miraculeuse de la séparation des accidents et de leurs substances–, mais ils refusent que cette croyance puisse être justifiée philosophiquement.

Le champ de recherche ouvert par Imbach a été exploré davantage par Mme Silvia Donati, qui a étudié de manière systématique les différentes solutions apportées au problème de la séparabilité des accidents dans la tradition des commentaires sur la *Physique* au XIIIe siècle[7]. De manière générale, l'étude de Donati confirme les observations faites par Imbach. En outre, elle permet de reconstruire de façon plus détaillée la discussion des philosophes concernant la séparabilité des accidents. En effet, il s'avère que la plupart des commentateurs d'après 1270 se sont montrés intéressés par les doctrines des théologiens sur ce point, notamment par la question du rapport entre cause première et cause secondaire et par la distinction entre inhérence actuelle *(inhaerentia actualis)* et inhérence potentielle *(inhaerentia secundum aptitudinem)*, distinction introduite pour clarifier la nature du rapport entre un accident et une substance. Sur le plan doctrinal, certains commentateurs ont cherché à réconcilier, d'une manière ou d'une autre, le point de vue aristotélicien, selon lequel les accidents sont inséparables de leurs substances, et celui de la foi. La majorité des commentateurs, cependant, ont défendu la thèse selon laquelle la séparation miraculeuse des accidents, admise en tant que vérité de foi, ne peut d'aucune manière être justifiée par un recours à la philosophie. L'étude de Donati montre donc que l'attitude de Siger de Brabant et du commentateur anonyme de la *Physique*, mise en évidence par Imbach, n'était pas une position marginale, mais, au contraire, qu'elle était l'opinion quasi commune des maîtres ès-arts du dernier quart du XIIIe siècle.

Dans la présente contribution, mon objectif est de poursuivre et d'enrichir les recherches menées par Imbach et Donati. À cet effet, je me propose d'étudier le rôle joué par le problème de la séparabilité des accidents dans la tradition des commentaires sur la *Métaphysique* au XIVe siècle. Dans cette tradition, ce problème intervient habituellement dans deux contextes différents, au moins: tout d'abord, dans le livre IV, à propos de la question de savoir si le terme «étant» se dit de manière équivoque, univoque ou analogue des substances et des accidents,

5. Siger de Brabant, *Quaestiones super Librum de causis*, q. 2, p. 40-41.

6. *Quaestiones Physicorum*, q. 13, p. 25.

7. S. Donati, «"Utrum accidens possit existere sine subiecto". Aristotelische Metaphysik und christliche Theologie in den Physikkommentaren des 13. Jahrhunderts», dans: *Nach der Verurteilung von 1277. Philosophie und Theologie an der Universität von Paris im letzten Viertel des 13. Jahrhunderts. Studien und Texte*, éd. J. A. Aertsen, K. Emery Jr. et A. Speer, Berlin-New York, De Gruyter («Miscellanea Mediaevalia», 28), 2001, p. 577-617.

et, ensuite, dans le livre VII, au sujet de la question de savoir si l'inhérence constitue l'essence même d'un accident[8]. La partie principale de mon étude portera sur les commentaires de la *Métaphysique* de quatre auteurs : Jean Duns Scot, Jean de Jandun, Jean Buridan et Marsile d'Inghen. En examinant, dans ces quatre textes importants, le traitement du problème de la séparabilité des accidents, j'espère contribuer à une meilleure connaissance des rapports entre métaphysique et théologie au Moyen Âge tardif. Une édition semi-critique de deux questions, l'une tirée du commentaire de Buridan, l'autre du commentaire de Marsile, sera donnée en appendice.

JEAN DUNS SCOT ET JEAN DE JANDUN

Au début du livre VII de son commentaire de la *Métaphysique*, Jean Duns Scot soulève la question de savoir si l'inhérence à un sujet appartient à l'essence même d'un accident (« Utrum inhaerentia sit de essentia accidentis »)[9]. Afin d'y répondre, il introduit d'abord trois distinctions.

8. Dans un commentaire de la *Métaphysique* de la fin du XIIIe siècle, conservé dans le ms. Firenze, Biblioteca Nazionale Centrale, Conv. Soppr. E. I. 252, la question de la séparabilité des accidents est soulevée en tant que telle (VII, q. 3) : « Utrum accidens separari possit a substantia ». Voir notamment le passage suivant (cité d'après la transcription de S. Ebbesen, « Radulphus Brito on the "Metaphysics" », dans : *Nach der Verurteilung von 1277*, *op. cit.*, p. 456-492, part. 484), où l'auteur (Raoul le Breton [?]) met en opposition la doctrine des philosophes et celle de la foi : « Philosophi dicerent quod non posset esse accidens sine subiecto, immo qui tolleret sibi substantiam, hic tolleret sibi rationem suam, quia ratio sua est esse in subiecto, quia omne quod potest esse per se est substantia ; et ideo si esset accidens per se et posset esse per se, qui sic diceret, faceret accidens esse non accidens. – Verumtamen secundum fidem oportet dicere quod immo. Et dico quod duplex est inhaerentia : actualis et aptitudinalis. Actualis non est de ratione accidentis, sed aptitudinalis. De ratione enim accidentis est inesse substantiae aptitudinaliter. Et tunc dicemus quod non est substantia, quia substantia non est apta nata inesse alteri ». L'un des arguments avancés au début de la question évoque le « principe d'immédiateté » (*ibid.*, p. 483) : « Quia substantia in qua est accidens est aliqua causa accidentis, saltem materialis, et non est causa prima sed secunda, quia substantia quae est causa prima separata est ab omni accidente, ergo est secunda ; sed causa secunda omnem causalitatem quam habet, accipit a prima ; ergo substantia in qua est accidens totam causalitatem quam habet supra accidens accipit a causa prima. Tunc arguitur : causa prima potest facere quicquid facit cum substantia sine ipsa substantia, quia causa prima potest quicquid secunda et adhuc amplius ; sed causa prima potest facere accidens cum substantia ; ergo et sine substantia ».

9. Toutes les références au commentaire de Scot se rapportent à la nouvelle édition : *Quaestiones super libros Metaphysicorum Aristotelis* (dorénavant : *Qq. Met.*), éd. R. Andrews *et al.*, St. Bonaventure (N. Y.), Franciscan Institute (« B. Ioannis Duns Scoti opera philosophica », 4), 1997. Pour cette édition, voir l'étude critique de G. Pini, « Duns Scotus's Metaphysics : The Critical Edition of his *Quaestiones super libros Metaphysicorum Aristotelis* », *Recherches de Théologie et Philosophie médiévales*, 65 (1998), p. 353-368. Signalons que la question du commentaire de Scot sur la *Métaphysique* est remarquablement similaire, du point de vue du contenu et de celui de l'organisation, à la question sur la subsistance des accidents

(i) La première concerne le mot « accident » : par ce mot, on peut entendre ou bien le rapport même d'accidentalité, qui est son signifié par soi, ou bien, de manière dénominative, un accident concret quelconque. Étant donné que, selon sa première acception, le mot « accident » ne signifie rien d'autre que le rapport d'inhérence, la question de savoir si l'inhérence appartient à l'essence d'un accident se pose uniquement pour la seconde acception de ce mot. La question soulevée par Scot concerne donc, de manière concrète, les neuf catégories accidentelles, et non pas l'accidentalité en tant que telle[10].

(ii) La seconde distinction introduite par Scot porte sur la notion d'« inhérence » : celle-ci peut désigner soit l'union actuelle d'un accident existant et d'un sujet existant, soit la dépendance d'un accident à l'égard d'une substance sur le plan de la quiddité. Pour justifier cette distinction, Scot évoque la nature d'une démonstration scientifique, par laquelle l'on prouve l'inhérence d'une propriété P à un sujet S. Or, pour qu'une démonstration scientifique ait un statut nécessaire, cette inhérence ne peut concerner l'existence actuelle – celle-ci étant contingente –, mais seulement la quiddité de l'accident et du sujet. Cette seconde distinction équivaut à celle de l'inhérence actuelle et de l'inhérence potentielle[11].

(iii) La troisième distinction de Scot concerne l'interprétation de la formule « A appartient à l'essence de B » : selon Scot, cette formule est différente de l'expression « A et B sont réellement identiques ». La première formule signifie que la quiddité de B implique celle de A et que la définition de B inclut celle de A. C'est pourquoi, si A appartient à l'essence de B, A et B sont, de surcroît, réellement identiques. En revanche, pour confirmer la possibilité que A et B soient réellement identiques sans que l'un appartienne à l'essence de l'autre, Scot évoque le rapport entre les transcendantaux : l'être, l'unité et la vérité sont réelle-

eucharistiques dans les deux rédactions du commentaire de Scot sur le livre IV des *Sentences* (*Quaestiones in librum quartum Sententiarum*, d. 12, q. 1, Lyon, 1639, réimpr. Hildesheim, G. Olms (« Opera omnia », 8), 1968, p. 711-718, et *Reportata parisiensia*, Lyon, 1639, réimpr. Hildesheim, G. Olms (« Opera omnia », 11), 1969, IV, d. 12, q. 1, p. 676b-679b).

10. *Qq. Met.*, VII, q. 1, p. 92 : « Responsio : distinguitur primo de accidente. Quod "accidens", si accipitur pro illo quod per se significat nomen, ut pro conceptu quem importat nomen accidentis per se – qui est ipsa accidentalitas –, synonymum videtur cum hoc quod est inhaerentia ; et tunc nulla est quaestio. Si accipiatur pro illo quod denominat hoc concretum "accidens", puta pro quantitate, sic quaestio habet locum ; et sic fiat deinceps sermo ».

11. *Qq. Met.*, VII, q. 1, p. 92 : « Tunc distinguitur secundo de inhaerentia, quod inhaerentia est duplex. Una est actualis unio accidentis exsistentis cum subiecto exsistente, ut actus aliqualis cum potentiali. Alia est dependentia sive essentialis ordo accidentis secundum quiditatem suam ad substantiam secundum quiditatem suam. Prima patet. Secunda probatur quia : demonstratio abstrahit ab exsistentia et a consequentibus rem in quantum exsistit – aliter non esset necessariorum ; demonstratur autem aliqua inhaerentia passionis ad subiectum ; igitur ista est alia a prima, quae scilicet est exsistentia vel condicio propria exsistentiae ». À propos de ce passage, une notice marginale de Scot observe (*ibid.*, p. 92-93) : « Hoc forte consuevit dici de inhaerentia actuali et aptitudinali. Prima non semper inest accidenti ; secunda semper inest, sive exsistenti sine subiecto sive non exsistenti. – Contra : aptitudinalis in accidente separato non verificat aliquam praedicationem denominativam sicut secunda hic ».

ment identiques, mais la quiddité de l'être n'inclut ni celle de l'unité, ni celle de la vérité, l'être étant antérieur à l'unité et à la vérité. Il semble plausible de faire un rapprochement entre cette argumentation et le concept scotiste de la distinction formelle. Pour Scot, il y a distinction (ou non-identité) formelle entre A et B lorsqu'ils sont réellement identiques sans que la définition de l'un implique celle de l'autre. En revanche, il y a identité formelle lorsque A et B sont réellement identiques de telle sorte que la définition de l'un comprenne celle de l'autre. En acceptant ce rapprochement, la position de Scot peut se traduire de la manière suivante : lorsque A appartient à l'essence de B, il y a identité formelle de A et de B ; lorsque A et B sont réellement identiques, sans que l'un appartienne à l'essence de l'autre, il y a entre A et B distinction (ou non-identité) formelle[12].

À l'aide de ces trois distinctions, Scot formule, ensuite, trois conclusions qui – comme il l'a annoncé auparavant – portent uniquement sur le terme « accident » selon sa signification dénominative (c'est-à-dire en tant que signifiant, de manière concrète, les neuf catégories accidentelles), et non pas selon sa signification par soi (c'est-à-dire en tant que signifiant le rapport même d'accidentalité).

(i) La première conclusion est la suivante : ni l'inhérence actuelle ni l'inhérence potentielle n'appartiennent à l'essence même d'un accident. Autrement dit, il y a distinction (ou non-identité) formelle entre un accident, d'un côté, et l'inhérence actuelle et potentielle, de l'autre[13].

(ii) La seconde conclusion formulée par Scot se présente comme suit : être potentiellement inhérent est réellement identique à être accident. En d'autres

12. *Qq. Met.*, VII, q. 1, p. 93 : « Tertio exponitur illud quod dicitur "de essentia". Non enim idem est *esse de essentia A* et *esse idem essentialiter vel realiter ipsi A*. Primum quidem infert secundum, sed non e converso, quia de essentia A praecise est illud quod includitur per se in conceptu quiditativo A ; et ideo ponitur in ratione eius quiditativa, non ut additum. Potest autem esse idem realiter ipsi A, licet sit extra conceptum eius, puta unitas, veritas etc. extra conceptum entis, qui prior est illis, secundum Avicennam V ; non tamen ista dicunt rem aliam ab ente ». Pour la référence, voir Avicenne, *Liber de philosophia prima sive scientia divina*, V, éd. S. Van Riet, Leyde, Brill (« Avicenna latinus »), 1980, p. 228-229 et 272-273. Pour la notion scotiste de « distinction formelle », voir F. Alluntis et A. Wolter, [John Duns Scotus], *God and Creatures. The Quodlibetal Questions*, Princeton, Princeton University Press, 1975, p. 505-507.

13. *Qq. Met.*, VII, q. 1, p. 93-94 : « Ad quaestionem igitur primo dico quod neutra inhaerentia est de essentia accidentis secundo modo sumpti, scilicet accipiendo "accidens" pro eo quod hoc nomine denominatur, ut quantum, quale et huiusmodi ». Scot apporte une double preuve à cette conclusion (*ibid.*, p. 94) : « Tum quia fundamentum respectus est aliquid praeter respectum, respectus inhaerentiae utriusque in substantia non fundatur, quia tunc substantia inhaereret et non esset terminus respectus ; igitur in accidente absoluto, et non in aggregato ex absoluto et isto respectu, quia non est ratio fundamentalis respectu sui ; igitur in absoluto praecise ; igitur est extra conceptum eius quiditativum, cum respectus sit posterior natura fundamento. (...) Tum quia inhaerentia videtur eiusdem rationis in quantitate et qualitate ; ergo, si est de essentia utriusque, potest ab utroque abstrahi conceptus dictus in quid de ipsis, inferior conceptu entis et superior eis ; et ita non erunt generalissima ».

termes : il n'y a pas de distinction réelle entre l'inhérence potentielle et l'accident[14].

(iii) La troisième conclusion de Scot affirme qu'être actuellement inhérent n'est pas réellement identique à être accident. Autrement dit, il y a distinction réelle entre l'inhérence actuelle et l'accident. Pour confirmer cette conclusion – la plus importante des trois –, Scot fait appel explicitement à la séparabilité des accidents eucharistiques. Lorsque A et B sont réellement identiques, il est inévitable que la disparition de l'un entraîne celle de l'autre. Or, dans le cas des accidents eucharistiques, se réalise la possibilité qu'un accident demeure tandis que son inhérence actuelle à un sujet disparaît. Bien que, dans le contexte de son commentaire de la *Métaphysique*, Scot n'aille pas jusqu'à expliquer comment ces accidents peuvent subsister actuellement sans sujet – cet aspect de sa théorie est élaboré dans le livre IV de son commentaire des *Sentences* –, il est néanmoins remarquable qu'il se serve de l'exemple des accidents eucharistiques comme argument dans une argumentation philosophique. La doctrine théologique selon laquelle les accidents du pain consacré subsistent *sine subiecto* lui permet de conclure qu'être accident n'est pas réellement la même chose qu'être actuellement inhérent[15].

À la suite de la formulation de ces trois conclusions, Scot présente, finalement, une triple argumentation destinée à démontrer qu'un accident possède, aussi bien qu'une substance, de manière formelle *(formaliter)* le statut d'un étant. Bien que les termes « équivocité », « univocité » et « analogie » n'apparaissent pas dans ce contexte, il est néanmoins évident que l'argumentation de Scot est solidaire de sa thèse selon laquelle le mot « étant » se dit de manière univoque

14. *Qq. Met.*, VII, q. 1, p. 94 : « Secundo dicitur quod inhaerentia secunda est eadem essentialiter sive realiter accidenti secundo modo sumpto ». Voici la double argumentation de Scot (*ibid.*, p. 94-95) : « Tum quia passiones entis dictae de inferioribus non dicunt aliud ab ente in eis ; igitur cum substantia dicitur prima, accidens posterius, quae prius et posterius dividunt ens ut passiones, primum non dicit aliud a substantia, nec posterius aliud ab accidente sive ab ente inhaerente (in accidente *ed.*) ; per se autem ens sive in se ens, et inhaerens sive in alio exsistens pro eodem accipio sicut prius et posterius. Tum quia iste ordo abstrahit ab exsistentia et fundatur super quiditatem possibilem, ista fundamenta sunt immutabilia, quia Deus necessario exemplat quiditates possibiles. Et voluntas, si quem actum habet respectu illarum, sic ille est necessarius. Stantibus autem fundamentis ordinis immutabilibus, non videtur ordo mutabilis in altero ; et ita nec differentia potest concludi per viam separationis possibilis ».

15. *Qq. Met.*, VII, q. 1, p. 96 : « Tertio dicitur quod inhaerentia prima non est idem realiter accidenti secundo modo sumpto, nec etiam exsistentiae accidentis, si ponatur illa aliud ab accidente. Tum quia idem realiter non manet et corrumpitur ; accidens etiam exsistens manet, non manente inhaerentia prima ; alias, si illa maneret, cum (tamen *ed.*) propter istam subiectum denominabatur prius ab accidente et dicebatur panis quantus, dice<re>tur ita post transsubstantiationem "panis" ; quod est falsum. Tum quia extremum unum ordinis istius mutabile est, alio manente, quia actus voluntatis divinae respectu cuiuscumque exsistentiae extra se contingens est ; igitur ordo non manebit, altero extremo tantum manente. Et sic per viam separationis concluditur aliud esse hoc ab illo ».

de tout ce qui est[16]. Tout d'abord, Scot s'interroge sur le sens de la formule aristotélicienne « accidens est ens quia entis ». Selon lui, cette formule n'indique pas la cause formelle, mais seulement la cause extrinsèque du fait qu'un accident possède le statut d'un étant. Elle ne signifie pas que le mot « étant » s'applique à un accident de manière secondaire ou dérivée, par l'intermédiaire de la substance, cause extrinsèque de l'accident. Ensuite, Scot affirme la possibilité que le signifié d'un prédicat quelconque (par exemple la blancheur) soit présent de manière plus parfaite dans A que dans B et que, malgré cela, le prédicat concerné (« blanc ») s'applique aussi formellement à l'un qu'à l'autre. Enfin, le fait que A et B (par exemple la blancheur et la noirceur) aient entre eux un certain rapport essentiel – en l'occurrence, un rapport de contrariété – n'empêche

16. Signalons toutefois que, dans son commentaire des *Catégories*, Scot défend la thèse selon laquelle le mot « étant » se dit de manière *équivoque* des substances et des accidents (*Quaestiones super Praedicamenta Aristotelis*, q. 4, éd. R. Andrews *et al.*, St. Bonaventure [N. Y.], Franciscan Institute [« B. Ioannis Duns Scoti opera philosophica », 1], 1999, p. 280 et 285) : « Propter hoc dicendum est quod ens non est univocum decem praedicamentis. Tamen quomodo se habeat, dubium est, utrum pure aequivoce vel analogice. (...) Propter hoc dicendum quod hoc nomen "ens" simpliciter est aequivocum primo modo aequivocationis ad haec decem genera ». Au livre IV de son commentaire de la *Métaphysique*, en revanche, Scot se décide à la fois pour l'*équivocité* (en adoptant le point de vue du logicien) et pour l'*analogie* (en adoptant le point de vue du métaphysicien) (*Quaestiones super libros Metaphysicorum Aristotelis*, IV, q. 1, éd. R. Andrews *et al.*, St. Bonaventure [N. Y.] Franciscan Institute [« B. Ioannis Duns Scoti opera philosophica », 3], 1997, p. 315-316) : « Ad quaestionem (*sc.* Utrum "ens" dicatur univoce de omnibus) concedo quod "ens" non dicatur aequivoce, quia aequivoce dicitur aliquid de multis, quando illa de quibus dicitur non habent attributionem ad invicem ; sed quando attribuuntur, tunc analogice. Quia ergo non habet conceptum unum, ideo significat omnia essentialiter secundum propriam rationem, et simpliciter aequivoce secundum logicum. Quia autem illa quae significantur inter se essentialiter attribuuntur, ideo analogice secundum metaphysicum realem ». À propos de cette réponse, plusieurs notices marginales soulignent que la doctrine définitivement retenue par Scot est bien celle de l'*univocité* (*ibid.*, p. 315) : « Haec non est opinio istius Doctoris, sicut patet diligenter consideranti. – Opinio propria, quam tamen non tenet modo. Item nota quomodo tenet analogiam ; alias tamen tenuit univocationem, quod in aliis magis manifestat. Item nota solutiones rationum probantes univocationem ulterius per totam columnam. – Responsio ad quaestionem quam non tenuit in *Sententiis* ». Concernant la référence au commentaire des *Sentences*, voir *Lectura*, I, d. 3, p. 1, q. 2, Cité du Vatican, Typis polyglottis Vaticanis (« Ioannis Duns Scoti Opera omnia », 16), 1960, p. 261 : « Ideo concludo quod vel nullum obiectum erit primum intellectus nostri, vel oportet ponere univocationem entis, modo praedicto. Probatio : nullum primum quod virtualiter continet omnia alia, potest esse primum obiectum, ut Deus vel substantia, sicut probatum est. Similiter nullum commune potest poni primum obiectum nisi ens sit commune univocum, quia, si ens non sit univocum ad decem praedicamenta, ergo qui concipit aliquid primo, oportet quod concipiat decem primo ; et ita nullum erit primum, si ens non sit univocum ; ideo oportet habere unum in quo adaequantur et univocantur ; et nullum tale potest esse nisi ens ; ergo ad hoc quod sit aliquod primum obiectum intellectus nostri, oportet ponere quod ens sit univocum, quod etiam sit obiectum primum adaequatum intellectui nostro ». – Pour l'attitude changeante de Scot vis-à-vis l'univocité, voir l'article fondamental de S. P. Marrone, « The Notion of Univocity in Duns Scotus's Early Works », *Franciscan Studies*, 43 (1983), p. 347-395.

pas qu'un prédicat quelconque (par exemple « couleur ») s'applique aussi formellement à l'un qu'à l'autre[17]. Il résulte de cette triple argumentation que ni la dépendance causale d'un accident à l'égard de son sujet, ni la plus grande perfection de l'être de la substance par rapport à celui de l'accident, ni l'existence d'un rapport essentiel entre substance et accident ne peuvent empêcher qu'un accident, aussi bien qu'une substance, possède lui-même de manière formelle le statut d'un étant. En d'autres termes, pour Scot, le mot « étant » se dit de manière univoque de la substance et des accidents[18].

Reprise, entre autres, par Antoine André, dans son commentaire de la *Métaphysique*[19], et par Jean le Chanoine, dans son commentaire de la *Physique*[20], la doctrine de Scot fut critiquée par Jean de Jandun, dans ses questions sur la *Métaphysique*[21]. Ce dernier résume de la manière suivante la doctrine de Scot :

17. Voir la réponse de Scot à l'objection que voici (*Qq. Met.*, VII, q. 1, p. 91) : « Contra : quo aliquid formaliter est ens, est de eius essentia ; sed "accidens est ens quia entis", in littera ». La réponse (p. 97-98) : « Ad primum in oppositum : "quia" non notat causam formalem praedicationis entis de accidente, sed extrinsecam. Licet enim aliquid secundum quidlibet sui sit causatum a causa extrinseca, tamen potest praedicationem alicuius immediate recipere formaliter, ac si non esset causatum, quia causa extrinseca non est medium de quo prius dicatur illud, et inde de causato. Exemplum : formaliter creatura est ens, licet totaliter a Deo. Item, possibile est aliquod praedicatum secundum se perfectius esse in uno quam in alio, et tamen aeque formaliter praedicatur de utroque. Exemplum : albedo remissa aequaliter est albedo et intensa, nec de altero per alterum dicitur. Item, possibile est ordinem essentialem esse aliquorum subiectorum secundum quidlibet in se, et tamen aliquod tertium praedicatum aeque formaliter dicitur de utroque. Exemplum de albedine et nigredine respectu coloris ». – Pour le sens précis du terme « formaliter », voir Alluntis et Wolter, *God and Creatures*, *op. cit.*, p. 505.

18. *Qq. Met.*, VII, q. 1, p. 98 : « Nec igitur causalitas in substantia respectu totius accidentis, nec maior perfectio entitatis, nec ordo essentialis in entitate concludit quin accidens sit formaliter ens, non per substantiam, nec per respectum ad ipsam, quia de per se intellectu eius est ens ».

19. Voir Antoine André, *Quaestiones super duodecim libros Metaphysicae Aristotelis*, VII, q. 1, d'après l'édition (non-foliotée) disponible sur le site Internet de la Bibliothèque nationale de France (http://gallica.bnf.fr). Pour le commentaire de la *Métaphysique* d'Antoine André, voir G. Pini, « Scotistic Aristotelianism : Antonius Andreas' 'Expositio' and 'Quaestiones' on the Metaphysics », dans : *Via Scoti : methodologica ad mentem Joannis Duns Scoti*. Atti del Congresso Scotistico Internazionale, Roma 9-11 marzo 1993, éd. L. Sileo, Rome, PAA-Edizioni Antonianum (Medioevo, 1), 1995, I, p. 375-389.

20. Voir Jean le Chanoine, *Quaestiones super octo libros Physicorum Aristotelis perutiles*, I, q. 3, a. 2, Venise, 1520, f° 8vb-9rb. Pour le commentaire de la *Physique* de Jean le Chanoine, voir P. J. J. M. Bakker et D.-J. Dekker, « Antoine Andrée ou Jean le Chanoine ? À propos de l'authenticité du commentaire de la *Physique* conservé dans le ms. Cambridge, Gonville & Caius College, 368 (590) », *Bulletin de Philosophie médiévale*, 42 (2000), p. 101-131.

21. Pour le commentaire de la *Métaphysique* de Jandun, voir R. Lambertini et A. Tabarroni, « Le *Quaestiones super Metaphysicam* attribuite a Giovanni di Jandun. Osservazioni e problemi », *Medioevo*, 10 (1984), p. 41-104. Toutes mes références au commentaire de Jean de Jandun se rapportent au ms. Leipzig, Universitätsbibliothek, 1363 (L) parfois corrigé à l'aide du ms. Padova, Biblioteca Antoniana, 366 Scaff. XVI (P).

Ad questionem (*sc.* Utrum inhaerentia accidentis sit sua essentia) dicunt aliqui presupponendo duo. Primo quod duplex est inherencia ad subiectum, actualis et aptitudinalis ; et differunt, quoniam ab actuali abstrahit demonstracio. Vnde dicunt quod in demonstracione scientifica non demonstratur accidens inherere actualiter subiecto. Quod patet, quia, dato quod triangulus omnino non habet esse in aliqua materia, adhuc demonstraretur veraciter quod triangulus habet tres ; similiter autem et in aliis ; ergo demonstracio abstrahit ab actuali existencia subiecti, et per consequens ab actuali inherencia accidentis. Sed non ab inherencia aptitudinali, ymo in demonstracione demonstratur accidens inherere subiecto aptitudinaliter. Secundo supponunt quod aliud est esse idem essencialiter cum alico et esse de essencia, quoniam de essencia vniuscuiusque sunt illa que ponuntur in diffinicione quidditatiua, vt animal in diffinicione hominis etc., sed illud est idem essencialiter alteri quod non potest ab eo separari, ymo sua separacio includeret contradictionem. Vnde secundum hoc passio est idem cum subiecto proprio essencialiter, sed non de essencia, quoniam non ponitur in eius diffinicione quidditatiua. – Per hoc dicunt quatuor ad questionem. Primo, quod neutra inherencia est de essencia accidentis. Secundo, quod inherencia aptitudinalis est idem essencialiter et realiter cum accidente quocumque. Tercio, quod inherencia actualis non est idem cum accidente absoluto. Quarto, quod inherencia actualis est idem essencialiter cum accidente respectiuo [22].

En faveur de la troisième conclusion – la plus importante –, l'on évoque, selon Jean de Jandun, la séparabilité des accidents eucharistiques :

Racio tercii quoniam : illa non sunt idem essencialiter quorum vnum corrumpitur, altero manente – hoc enim ita notum est quod oppositum nullus caperet intellectus, nisi diceret quod idem esset et non esset ; sed actualis inherencia corrumpitur, manentibus accidentibus absolutis, scilicet corpore, quantitate, figura etc. in sacramentali hostia, cum non manet substancia panis cui inherebant [23].

Le point le plus important de la critique de Jean de Jandun consiste dans une attaque de la méthode utilisée par Scot [24]. Il reproche à celui-ci de ne pas donner

22. *Quaestiones super Metaphysicam*, VII, q. 1, L f° 59^{ra-rb}, P f° 61rb. Dans ce passage, on le voit, la troisième conclusion de Scot (voir *supra*, n. 15) est divisée en deux parties selon la distinction entre accidents absolus (c'est-à-dire la quantité et la qualité) et accidents respectifs (la relation et les six dernières catégories accidentelles). Ce passage prouve que Jean de Jandun se rapporte, non pas au commentaire de la *Métaphysique* de Scot lui-même, mais à celui d'Antoine André (VII, q. 1) : « Quantum ad secundum sit ista prima conclusio : neutra inhaerentia est de essentia accidentis secundo modo sumpti, idest, accipiendo "accidens" pro eo quod hoc nomine denominatur, et hoc sive sit accidens absolutum sive respectivum. (...) Secunda conclusio sit ista: inhaerentia secunda, scilicet aptitudinalis, est idem realiter vel essentialiter accidenti secundo modo sumpto, sive sit absolutum sive respectivum. (...) Tertia conclusio sit ista : inhaerentia actualis non est idem realiter accidenti secundo modo sumpto quod est absolutum, nec per consequens est de essentia eius. Hanc ostendo sic : impossibile est quod idem realiter maneat et corrumpatur – alias esset et non esset simul, quod est oppositum primo principio ; sed manente et existente accidente absoluto, non manet inhaerentia actualis; ergo etc. Minor patet in sacramento eucharistiae, ubi accidentia separata erunt sine inhaerentia actuali – alias, si illa maneret, maneret substantia panis, quod est falsum. (...) Posset addi quarta conclusio quod illa inhaerentia actualis est eadem realiter accidenti relativo secundo modo sumpto ». Chez Scot, la distinction entre accidents absolus et accidents respectifs intervient dans le commentaire des *Sentences* (*Quaestiones in librum quartum Sententiarum*, d. 12, q. 1, p. 711). Pour cette distinction, voir Bakker, *La Raison et le Miracle*, I, p. 365–366.

23. *Quaestiones super Metaphysicam*, VII, q. 1, L f° 59rb, P f° 61^{rb-va}.

24. Un autre point de critique de Jandun concerne l'argumentation de Scot en faveur de la distinction entre inhérence actuelle et inhérence potentielle. Voir le passage suivant (L f° 59rb,

une argumentation proprement philosophique de sa thèse principale – c'est-à-dire la troisième conclusion – selon laquelle être actuellement inhérent n'est pas réellement la même chose qu'être accident. Plus précisément, il blâme l'argument scotiste qui consiste à faire appel à un phénomène surnaturel ou miraculeux afin de soutenir une doctrine naturelle ou philosophique. Bien qu'il reconnaisse explicitement que, dans l'eucharistie, les accidents du pain subsistent de manière miraculeuse sans sujet (« debemus (...) firmiter credere quod est ita »), il refuse de faire le passage du plan de la foi et du miracle au plan de la philosophie. À ses yeux, la doctrine théologique selon laquelle les accidents du pain consacré subsistent *sine subiecto* ne peut être vérifiée par l'expérience et, par conséquent, elle ne peut être utilisée en tant qu'argument dans une théorie philosophique[25]. En s'appuyant sur l'autorité d'Aristote et d'Averroès, il affirme, contre Scot, que l'inhérence actuelle d'un accident à sa substance constitue l'essence même de cet

P f° 61va) : « Non valet quod dicunt, premissa diuisione, quod demonstracio abstrahit sic quod, nullo prorsus homine existente, adhuc posset scientifice demonstrari. Contra : demonstracio non est de non ente ; sed nullo homine existente, homo est non ens. Item, dicunt quod accidens potest separari ab actuali inherencia. Contra : quia tunc tale accidens vel est aliquid vel nichil ; si nichil, pro nichilo etc. ; si aliquid, vel est ens in subiecto vel est ens in non subiecto ; si in subiecto, ergo actu inheret ; si in non subiecto, tunc est substancia, quoniam proprium est substancie in subiecto non esse. Sed dices quod rosa est in hyeme ; et tamen non habet actualem existenciam – dicendum quod hoc est falsum, ymo non est alica hora quin sint omnes species rerum, quoniam ipse pertinent ad perfectionem vniuersi. Vnde si rosa non est in hyeme in isto climate, est in alio, vbi est aer temperatus. Et hoc dicit Lyncolniensis, primo *Posteriorum*, quod verisimile est omnes species semper manere, alioquin vniuersum non esset perfectum. Item, si nullus homo esset, et tamen risibilitas demonstraretur de ipso, oportet quod risibilitas sit aliquid vel nichil ; si nichil, etc. ; si est aliquid, vel est ens in subiecto – et tunc inheret actu non alteri quam homini, cum sit eius proprie proprium ; si ens non in subiecto, erit substancia ».

25. L f° 59va, P f° 61vb : « Aliud dubium est de tercia conclusione quod actualis inherencia non sit de essencia accidentis absoluti : quidquid sit de conclusione, tamen modus probandi non est philosophicus. Resoluunt enim in tale principium quod fit mirabile per potenciam diuinam. Ideo non est principium philosophicum, quoniam non posset elici ex sensatis, nec concederetur in omni lege, nec ex negacione ipsius aliquis vituperaretur. Debemus tamen omnino firmiter credere quod est ita, reuerenter asserendo etc., aliter non esset nobis meritum, si posset probari racione humana ex sensatis habita ». – L'expression « debemus (...) firmiter credere » constitue sans aucun doute une allusion à la profession de foi *Firmiter credimus* du quatrième concile du Latran (1215). À partir du début du XIVe siècle, ce texte a été considéré comme étant une formulation définitive du « dogme de la transsubstantiation ». Voir en particulier le passage suivant (*Constitutiones Concilii quarti Lateranensis una cum Commentariis glossatorum*, éd. A. García y García, Cité du Vatican (« Monumenta iuris canonici », A/2), 1981, p. 42) : « Vna uero est fidelium uniuersalis ecclesia, extra quam nullus omnino saluatur, in qua idem ipse sacerdos est sacrificium Iesus Christus, cuius corpus et sanguis in sacramento altaris sub speciebus panis et uini ueraciter continentur, transubstantiatis pane in corpus et uino in sanguinem potestate diuina, ut ad perficiendum mysterium unitatis accipiamus ipsi de suo quod accepit ipse de nostro ».

accident, sans s'intéresser, d'une manière ou d'une autre, à l'explication de la séparabilité et de la subsistance sans sujet des accidents eucharistiques[26].

En somme, la doctrine théologique de la séparabilité des accidents eucharistiques permet à Scot de soutenir la conclusion métaphysique selon laquelle être actuellement inhérent n'est pas réellement la même chose qu'être accident. Cette conclusion est attachée, par la suite, à la thèse de l'univocité du terme «étant». En opposition à la démarche de Scot, Jean de Jandun refuse radicalement de faire appel à une doctrine théologique au sein d'une argumentation philoso-

26. Chacun des deux mss. du commentaire de Jandun, L et P, donnent, à cet endroit, un texte assez corrompu. Pour cette raison, je cite les deux mss. séparément. L f° 59va: «Dimissa ergo hac opinione, dicendum secundum mentem Aristotelis et Commentatoris quod actualis inherencia est ipsa essencia accidentis. Racio: inherencia accidentis est ipsum accidens vel aliquid aliud, per sufficientem diuisionem; si sit illud ipsum quod accidens, habetur intentum; si aliud, non potest esse nichil; vel ergo substancia vel accidens; non est substancia –nullus diceret–; ergo accidens. Sed omne accidens inheret; hec ergo inherencia sua [inherencia] non est nichil; ergo substancia vel accidens; non est substancia; ergo est accidens. Non potest dici quod inherencia inherencie sit eadem sibi, quoniam eadem racione fuit standum in primo. Oportet ergo quod sit accidens et quod inhereat. Tunc queretur de illa inherencia tercia sicud prius; et procederetur in infinitum in essencialiter ordinatis, quoniam per accidens sunt essencialiter ordinata; oportet ergo quod inherencia <***>. Preterea, illud est de essencia accidentis per quod accidens formaliter est ens, quoniam nichil est ens formaliter per illud quod est extra suam essenciam; sed accidens formaliter est ens per inherenciam; accidens enim non est nisi quia est aliquid entis, vt qualitas non est nisi quia est aliquid entis simpliciter modo eo quod reduplicat essenciam. Preterea, albedo inheret subiecto; aut ergo se ipsa aut per aliud; si inherencia albedinis est aliquid superadditum albedini, tunc inheret albedini –aliter non daret sibi esse formaliter; vel ergo inheret se ipsa vel per aliud; si se ipsa, eadem respectus et albedo; si per aliud, illud eciam inheret, et quereretur per quid, et sic procederetur in infinitum in entibus per se ordinatis et simul, quoniam subiectum et accidens habent ordinem essencialem». –P f° 61vb: «Dimissa ergo hac opinione, dicendum est secundum mentem Aristotelis et Commentatoris quod actualis inherentia est ipsa essentia accidentis. Ratio: inherentia accidentis est ipsum accidens vel aliquid aliud, per diuisionem sufficientem; si sit illud ipsum quod accidens, habetur intentum; si aliud, non potest esse nichil; vel ergo est substantia vel accidens; non est substantia –hoc enim nullus diceret–; ergo accidens; sed omne accidens inheret; et quero iterum de alia inherentia huius inherentie, que non est nichil; ergo substantia vel accidens; non substantia; ergo accidens. Ideo potest dici quod inherentia inherentie sit idem sibi, quoniam eadem ratione fuit standum in primo. Oportet ergo quod sit accidens et quod inhereat. Et tunc queretur de illa inherentia tertia sicut prius; et procederetur in infinitum in ordinatis essentialiter existentibus, quoniam secundum accidens sunt essentialiter ordinata; oportet ergo quod inherentia <***>. Preterea, illud est essentia accidentis per quod accidens formaliter est ens, quoniam nichil est formaliter per illud quod est extra suam essentiam; sed accidens formaliter est ens per inherentiam; accidens enim non nisi quia aliquid entis simpliciter in eo quod est reducat inherentiam. Preterea, albedo inheret subiecto; aut ergo se ipsa aut per aliud; si inherentia albedinis est aliquid superadditum albedini, tunc inheret albedini –aliter non daret suum esse formaliter; vel ergo inheret se ipsa vel per aliud; si se ipsa, eadem et albedo; si per aliud, illud etiam inheret, et queretur per quid, et sic procedetur in infinitum in entibus per se ordinatis et simul, quoniam subiectum et accidens habent ordinem essentialem».

phique. Dans la seconde moitié du XIVe siècle, des positions semblables à celles de Scot et de Jean de Jandun seront adoptées respectivement par Jean Buridan et Marsile d'Inghen.

JEAN BURIDAN ET MARSILE D'INGHEN

Dans son commentaire de la *Métaphysique*, rédigé à Paris entre 1346 et 1355, Jean Buridan aborde à plusieurs reprises et sous plusieurs angles différents le problème du statut ontologique de l'accident. À chaque fois, il constate l'existence d'une opposition fondamentale sur ce point entre la philosophie aristotélicienne et la doctrine de la foi. Pour Buridan, l'enjeu de l'ontologie de l'accident dépasse donc la pure spéculation métaphysique. Il concerne immédiatement le rapport entre philosophie et théologie. Étudions deux questions tirées de son commentaire[27].

(i) Dans sa réponse à la question de savoir si le terme «étant» signifie la substance et les accidents selon un seul mode de concevoir («Utrum hoc nomen "ens" significet substantias et accidentia secundum unam rationem sive secundum unum conceptum»), Buridan énonce d'emblée que, au sujet de cette question, la théorie d'Aristote s'éloigne considérablement de la doctrine de la foi[28].

Pour mettre en évidence les différences, Buridan présente tout d'abord un bref résumé de la conception aristotélicienne du statut ontologique des accidents. Cette conception se construit autour de trois notions: «le blanc» *(album)*, «être-

27. Ces deux questions (IV, q. 6 et V, q. 8) ont, dans un cadre plus large, fait l'objet de trois études de L. M. de Rijk: «On Buridan's View of Accidental Being», dans: *John Buridan: a Master of Arts. Some Aspects of his Philosophy.* Acts of the second symposium organized by the Dutch Society for Medieval Philosophy Medium Aevum on the occasion of its 15th anniversary, Leiden-Amsterdam (Vrije Universiteit), 20-21 June, 1991, éd. E. P. Bos et H. A. Krop, Nimègue, Ingenium Publishers («Artistarium supplementa», VIII), 1993, p. 41-51; *Jean Buridan (c. 1292-c. 1360). Eerbiedig ondermijner van het aristotelisch substantiedenken*, Amsterdam, Koninklijke Nederlandse Akademie van Wetenschappen («Mededelingen van de Afdeling Letterkunde. Nieuwe Reeks», 57/1), 1994; «Foi chrétienne et savoir humain. La lutte de Buridan contre les *theologizantes*», dans: *Langages et philosophie. Hommage à Jean Jolivet*, éd. A. de Libera, A. Elamrani-Jamal, A. Galonnier, Paris, Vrin («Études de philosophie médiévale», 74), 1997, p. 393-409, part. 406-408. Voir également P. J. J. M. Bakker, «Aristotelian Metaphysics and Eucharistic Theology: John Buridan and Marsilius of Inghen on the Ontological Status of Accidental Being», dans: *The Metaphysics and Natural Philosophy of John Buridan*, éd. J. M. M. H. Thijssen et J. Zupko, Leyde-Boston-Cologne, Brill («Medieval and Early Modern Science», 2), 2001, p. 247-264, part. 249-257. –Pour la datation du commentaire de la *Métaphysique* de Buridan (*secundum ultimam lecturam*), voir B. Michael, *Johannes Buridan: Studien zu seinem Leben, seinen Werken und zur Rezeption seiner Theorien im Europa des späten Mittelalters*, Berlin (diss.), 1985, II, p. 809-810.

28. *Qq. Met.*, IV, q. 6. Toutes les références à cette question se rapportent à l'édition donnée en appendice à cet article: *cf.* Buridan [4]. –L'un des huit arguments en faveur d'une réponse affirmative fait allusion à la subsistance des accidents eucharistiques; *cf.* Buridan [2.2].

blanc» *(esse album)* et «la blancheur» *(albedo)*. Selon Aristote, le blanc et l'être-blanc sont différents l'un de l'autre, mais la blancheur est la même chose que l'être-blanc. De cette identification de la blancheur et de l'être-blanc, Aristote tire, selon Buridan, trois conclusions. En premier lieu, il déclare qu'un accident ne peut d'aucune manière être séparé de son sujet. Car, de même qu'il est contradictoire de dire qu'il y a de l'être-blanc sans qu'il existe quelque chose de blanc, de même il est contradictoire d'affirmer qu'il y a de la blancheur en l'absence d'une chose blanche[29]. En second lieu, Aristote affirme que ni le concept de l'être-blanc ni celui de la blancheur ne sont des concepts absolus, mais que l'un et l'autre sont des concepts connotatifs. Autrement dit, tant le concept de l'être-blanc que celui de la blancheur connotent, outre la blancheur, une chose quelconque[30]. En troisième lieu, Aristote estime que la blancheur et l'être-blanc ne possèdent pas un statut d'étant de manière absolue *(simpliciter)*, mais seulement de manière relative *(secundum quid)*. Car, de même que l'être-blanc n'est pas lui-même un étant mais qu'il l'est seulement en rapport avec *(cum additione)* une chose quelconque, de même la blancheur n'est un étant qu'en rapport avec une chose blanche[31]. En fonction de ces trois conclusions, Aristote répond par la négative à la question soulevée. Pour lui, un accident et une substance ne possèdent pas à titre univoque, mais à titre analogue le statut d'un étant: un accident est un étant «par attribution» à une substance. C'est pourquoi le terme «étant» signifie la substance selon un mode de concevoir absolu, sans connoter autre chose, et les accidents selon un mode de concevoir connotatif. Autrement dit, le concept d'un accident inclut nécessairement celui de la substance[32].

En opposition à la conception aristotélicienne, Buridan présente une théorie différente tenant compte du point de vue de la foi. En faisant référence explicitement à la subsistance des accidents eucharistiques, il prend son point de départ dans une reconnaissance de la possibilité pour Dieu de séparer les accidents de leurs substances. Il en déduit que la blancheur, pour pouvoir subsister par soi *(per se)*, doit être un véritable étant et qu'elle ne possède pas moins le statut d'un étant lorsqu'elle inhère en une substance que lorsqu'elle subsiste séparément d'elle. De ce fait, il en conclut que le concept de la blancheur est un concept absolu, et non pas un concept connotatif. D'où il s'ensuit que le terme «étant» se dit de la substance et des accidents de manière univoque, selon un mode de concevoir absolu[33]. La différence principale entre la conception aristotélicienne

29. Buridan [4.1.1-4.1.3].

30. Buridan [4.1.4].

31. Buridan [4.1.5].

32. Buridan [4.1.6]. – Pour l'expression «cum additione», voir Aristote, *Métaphysique* VII, c. 5, 1031a1-3 (*Auctoritates Aristotelis*, 1: 164, éd. J. Hamesse, *Les Auctoritates Aristotelis. Un florilège médiéval*. Étude historique et édition critique, Louvain, Publications Universitaires-Paris, Béatrice-Nauwelaerts («Philosophes médiévaux», 17), 1974, p. 129).

33. Buridan [5-5.1.1] (et [5.2.3]).

et la conception buridanienne du statut ontologique des accidents consiste donc en ce que, pour Buridan, la blancheur n'est pas la même chose que l'être-blanc. Car, à supposer que, par l'intervention divine, la blancheur subsiste séparément de la substance, elle peut en vérité être désignée par le mot « blancheur », mais non par l'expression « être-blanc », étant donné que celle-ci exige nécessairement la présence d'une chose – c'est-à-dire d'une substance – blanche[34]. C'est en fonction de cette théorie que Buridan procède à une redéfinition des notions de « substance » et d'« accident » en incluant, sur le plan de la définition, la distinction entre l'ordre de la nature et celui du miracle. En effet, pour Buridan, la substance se définit comme ce qui, dans l'ordre naturel, subsiste par soi sans inhérer à quelque chose d'autre. Réciproquement, l'accident se définit comme ce qui ne subsiste pas par soi dans l'ordre de la nature, mais qui, de manière miraculeuse, peut subsister par soi. Grâce à cette nouvelle définition, Buridan est en mesure de maintenir que la blancheur séparée de son sujet reste un accident. Pour Aris-

34. Buridan [5.1.2]. – Chez Buridan, la différence ontologique entre le blanc, l'être-blanc et la blancheur se confirme sur le plan du langage. Pour établir les différences entre les termes « le blanc », « être-blanc » et « blancheur », Buridan se sert du vocabulaire technique de la signification, de la supposition et de la connotation. Selon lui, la différence entre le mot « le blanc » et l'expression « être-blanc » ne se situe pas sur le plan de la signification (chacun de ces deux termes signifie la blancheur), mais sur celui de la supposition et de la connotation (VII, q. 3, ms. Carpentras, Bibliothèque Inguimbertine, 292, f° 86ra (C), et Paris, Bibliothèque nationale de France, lat. 14716, f° 154va (P)) : « Et puto quod sit de intentione Aristotilis quod iste terminus "album" supponit solum pro subiecto cui inheret albedo, et appellat vel connotat albedinem sibi inherentem. Sed iste terminus "esse album", quia res est alba formaliter per albedinem, supponit vel pro illa albedine secundum quam formaliter est "esse album" vel supponit pro congregato ex illa albedine et subiecto cui inheret. Et tunc statim manifestum est quod non est idem "album" et "esse album", quia non est idem subiectum et forma sibi inherens, nec etiam est idem subiectum et congregatum ex forma et subiecto. (...) (C f° 86rb, P f° 154vb) Non alia significat "esse album" quam "album", sed diversimode. Significant ea que significant, quia "album" significat albedinem, non supponendo pro ea, sed pro congregato ex ea et aliquo alio, sed "esse album" significat albedinem, supponendo pro ea vel aggregato ex ea et subiecto ». Malgré cette différence, le terme « le blanc » et le terme « être-blanc » connotent chacun la blancheur comme une « disposition adjointe » *(dispositio adiacens)* du sujet (VII, q. 4, C f° 86va, P f° 155ra) : « Ideo credo esse dicendum quod protanto differunt "album" et "esse album", quia hoc nomen "album" sic diversimode plura significat quod pro uno illorum supponit, et non pro altero, sed illud alterum connotat tamquam rem vel dispositionem adiacentem illi rei pro qua supponit. Tunc enim "esse ipsum" non supponit pro ipso, sed pro congregato, verbi gratia, "esse album" non supponit pro albo, sed pro congregato ex albo et albedine sibi adiacente, scilicet per quam dicitur album ». Le terme « blancheur », en revanche, ne connote aucune disposition adjointe à la blancheur (C f° 86va, P f° 155ra) : « Nos, dicentes albedinem esse separabilem, diceremus quod hoc nomen "albedo" non connotat dispositionem aliquam adiacentem albedini secundum quam albedo formaliter dicatur albedo ». Pour plus de détails sur la sémantique buridanienne des termes accidentels, voir De Rijk, « On Buridan's View of Accidental Being », *op. cit.*, p. 45-47 (pour « album » et « esse album ») et 47-48 (pour « albedo »), et *Id.*, *Jean Buridan*, *op. cit.*, p. 28-35. Pour la notion de « dispositio adiacens », voir *infra*, n. 36.

tote, en revanche, la blancheur séparée deviendrait inévitablement une substance, en raison de sa subsistance par soi[35].

(ii) Une opposition similaire entre la philosophie aristotélicienne et la doctrine de la foi se présente au sujet de la question de savoir si les rapports de causalité et de dépendance entre les choses sont des dispositions additionnelles (« Utrum causalitates sive dependentiae rerum ad invicem sunt dispositiones additae illis causis et illis causatis »)[36]. Pour mon propos actuel, l'importance de cette question réside en ce qu'elle concerne directement le statut ontologique de l'inhérence. Sur ce point, le problème de la séparabilité des accidents se situe, de nouveau, au centre de la controverse entre Aristote et la foi. Selon Aristote, aucun accident ne peut subsister séparément de son sujet. C'est pourquoi le Philosophe pensait qu'un accident inhère de par lui-même en un sujet et que, réciproquement, celui-ci est de par lui-même le sujet de l'accident. De ce fait, pour expliquer l'inhérence d'un accident à son sujet, Aristote jugeait superflu d'accepter, outre l'accident et le sujet, une disposition additionnelle quelconque[37]. Buridan, en revanche, soutient que l'inhérence d'un accident à son sujet

35. Buridan [5.3.1.1] et [5.3.2.1].

36. Il est fort probable que la notion de « disposition additionnelle » *(dispositio addita)* doit être mise en rapport avec celle de « disposition adjointe » *(dispositio adiacens),* dont Buridan se sert pour développer sa sémantique des termes accidentels (voir *supra*, n. 34). Toutefois, à ma connaissance, Buridan ne donne pas de définition formelle de ces deux types de disposition et dans sa question consacrée à la disposition additionnelle, la notion de « disposition adjointe » n'intervient pas. De Rijk, « Foi chrétienne et savoir humain », *op. cit.*, p. 407, propose l'interprétation suivante : « Cette distinction concerne les statuts différents d'un accident (p. ex. de la blancheur) suivant que l'on considère sa disposition par rapport à la chose composée actuellement du substrat et de l'accident, ou seulement l'accident en tant que tel, c'est-à-dire sans son inhérence ou non-inhérence (miraculeuse) dans un substrat. Il y a donc disposition adjointe quand, par exemple, une blancheur inhère actuellement dans un substrat (...). La disposition additionnelle, en revanche, précède et suppose une pareille situation d'inhérence ; en effet, elle est requise afin que l'inhérence actuelle de "blancheur" dans un substrat quelconque puisse s'effectuer. C'est cette dernière disposition (...) qui peut être enlevée par l'intervention divine, si bien que la blancheur subsiste par elle-même, sans aucun substrat ». Pour la notion de « disposition additionnelle », voir, en outre, C. Normore, « Buridan's Ontology », dans : *How Things Are. Studies in Predication and the History of Philosophy and Science*, éd. J. Bogen et J. E. McGuire, Dordrecht-Boston-Lancaster, Reidel (« Philosophical Studies Series in Philosophy », 29), 1985, p. 189-203, part. 198-199, et J. Zupko, « Sacred Doctrine, Secular Practice : Theology and Philosophy in the Faculty of Arts at Paris, 1325-1400 », dans : *Was ist Philosophie im Mittelalter ?*, éd. J. A. Aertsen et A. Speer, Berlin-New York, De Gruyter (« Miscellanea Mediaevalia », 26), 1998, p. 656-666.

37. C f° 74va, P f° 144ra : « Ista questio non erat Aristotili difficilis. (...) Erat enim eius opinio quod albedo lapidis non est separabilis a lapide sive a subiecto suo, nisi per eius corruptionem, et ita etiam ipse ponit de omnibus accidentibus, et ita etiam ponit de omnibus formis materialibus, quod non sunt separabiles ab ipsa materia nisi per corruptionem earum. (...) Non enim credidit quod per potentiam divinam posset fieri talis separatio. Et ideo in octavo huius et in multis aliis locis ipse omnino negat quod albedo inhereat suo subiecto per aliquam dispositionem sibi additam, immo per se ipsam formaliter inheret, et subiectum per se

possède le statut d'une disposition additionnelle. Pour justifier sa position, il se sert ingénieusement de l'argumentation d'Aristote lui-même. En effet, Buridan se plaît à souligner qu'Aristote a reconnu que, si l'accident était séparable de son sujet, il serait nécessaire d'admettre l'existence d'une disposition additionnelle par laquelle l'accident inhèrerait à son sujet. Or, en faisant appel à la subsistance des accidents eucharistiques, Buridan peut dès lors s'appuyer sur l'argumentation d'Aristote lui-même pour soutenir une conclusion non-aristotélicienne. Grâce à la doctrine de la foi, Buridan sait que, en vérité, l'accident (en général) est séparable de son sujet. Par conséquent, selon l'argumentation d'Aristote *(secundum Aristotelem)*, il faut accepter l'existence d'une disposition additionnelle pour expliquer l'inhérence d'un accident à son sujet[38]. Buridan admet ouvertement qu'il n'aurait jamais reconnu l'existence d'une telle disposition, si la foi ne lui avait pas appris la séparabilité de l'accident[39].

Dans ces deux questions tirées de son commentaire de la *Métaphysique*, Buridan s'écarte donc, au nom de la foi, de l'ontologie aristotélicienne. En particulier, par un recours à la subsistance miraculeuse des accidents eucharistiques, il redéfinit les notions d'«accident» et d'«inhérence» afin de pouvoir justifier, sur le plan général de la métaphysique, la séparabilité de l'accident. Pour lui, la thèse de la foi selon laquelle un accident peut subsister séparément de son sujet a révélé l'insuffisance de l'ontologie aristotélicienne de l'accident. Faute de ce qu'enseigne la foi sur ce point, il aurait suivi la doctrine d'Aristote[40]. Toutefois, il est important de le souligner, Buridan se défend de donner lui-même une

ipsum sibi subicitur. Nec ibi oportet esse aliud quid quam subiectum illud et illam albedinem ad hoc quod illud subiectum sit album».

38. C f° 74^{va-vb}, P f° 144ra: «Et tamen ipse (*sc.* Aristotiles) ultra bene dicit quod, si accidens esset separabile a subiecto, ut albedo lapidis a lapide et scientia tua ab anima tua, quod tunc preter illum lapidem et illam albedinem exigeretur alia dispositio ad hoc quod lapis esset albus, et preter animam et scientiam exigeretur alia dispositio ad hoc quod subiectum, scilicet anima, esset sciens. (...) Modo ultra secundum fidem catholicam nos concedimus huiusmodi separationem, unde ponimus accidentia in benedicto sacramento altaris, que fuerunt accidentia panis, remanere, et tamen nulli subiecto inherere. Igitur secundum Aristotilem nos ultra debemus concedere quod requiritur dispositio addita». Voir également le passage suivant (C f° 75ra, P f° 144^{rb-va}): «Ad aliam de albedine et lapide dico quod oportet quod sit dispositio addita ad hoc quod albedo inhereat lapidi, vel etiam ad hoc quod dependeat a lapide, propter hoc quod possibile est quod ipsa maneat non inherens et non dependens, scilicet a lapide. (...) Credo quod dicendum est quod illa dispositio requisita ad hoc quod homo sit albus, preter hominem et albedinem, est inherentia albedinis ad hominem».

39. C f° 75ra, P f° 144rb: «Sic ergo probabile est quod in predictis sint tales dispositiones addite. Quas tamen nullo modo concederem nisi esset illa separabilitas quam ex fide tenemus».

40. C f° 85ra, P f° 153va: «Et sine dubio hec omnia concederem, si crederem, sicut credebat Aristotiles, scilicet quod albedo vel caliditas, et sic de aliis talibus accidentibus, non possent separari per aliquam virtutem a substantiis suis nec separatim conservari». – Pour une évaluation de la démarche buridanienne, voir également De Rijk, *Jean Buridan*, *op. cit.*, p. 44-47, et *Id.*, «Foi chrétienne et savoir humain», *op. cit.*, p. 408.

explication de la subsistance des accidents eucharistiques. En philosophe, il fait valoir la doctrine de la foi pour soutenir une thèse philosophique sans pour autant s'aventurer dans le domaine de la théologie[41].

Le problème de la séparabilité de l'accident et, par ce biais, celui du rapport entre métaphysique et théologie, occupent également une place importante dans les questions sur la *Métaphysique* de Marsile d'Inghen, rédigées à Heidelberg entre 1386 et 1396[42]. Toutefois, Marsile ne suit pas le même chemin que Buridan. De fait, quand il se demande si le terme «étant» signifie de manière univoque la substance et les accidents («Utrum "ens" univoce significet substantias et accidentia»), Marsile présente Buridan comme un tenant de la «communis opinio» des théologiens, tout en exprimant son incertitude quant à savoir si Buridan a réellement soutenu cette opinion jusqu'à la fin de sa vie. Il se propose, en opposition à l'opinion buridanienne, de défendre lui-même une position plus métaphysique. La partie principale de sa question peut donc être lue comme une confrontation d'une conception «théologique» et d'une conception «métaphysique» du statut ontologique de l'accident[43].

Pour présenter la «communis opinio», Marsile résume en huit conclusions la question correspondante de Buridan. De ces huit conclusions, les quatre premières rendent, en réalité, la conception aristotélicienne du statut ontologique de

41. Il semble justifié de mettre en rapport la démarche de Buridan et les stipulations du statut du 1er avril 1272, dans lequel la faculté des arts de l'université de Paris déclare (*Chartularium Universitatis Parisiensis*, éd. H. Denifle et A. Chatelain, I, Paris, 1889, n°441, p. 499): «(...) statuimus et ordinamus quod nullus magister vel bachellarius nostre facultatis aliquam questionem pure theologicam, utpote de Trinitate et Incarnatione sicque de consimilibus omnibus, determinare seu etiam disputare presumat, tanquam sibi determinatos limites transgrediens (...). Statuimus insuper et ordinamus quod si questionem aliquam, que fidem videatur attingere simulque philosophiam, alicubi disputaverit Parisius, si illam contra fidem determinaverit, ex tunc ab eadem nostra societate tanquam hereticus perpetuo sit privatus (...). Superaddentes iterum quod si magister vel bachellarius aliquis nostre facultatis passus aliquos difficiles vel aliquas questiones legat vel disputet, que fidem videantur dissolvere, aliquatenus videatur; rationes autem seu textum, si que contra fidem, dissolvat vel etiam falsas simpliciter et erroneas totaliter esse concedat (...)». Voir, à ce propos, Bakker, «Aristotelian Metaphysics and Eucharistic Theology», *op. cit.* Pour le statut parisien du 1er avril 1272 et son influence, voir l'étude d'O. Pluta, «Persecution and the Art of Writing. The Parisian Statute of April 1, 1272, and Its Philosophical Consequences», à paraître.

42. Pour le commentaire de Marsile sur la *Métaphysique*, voir M. E. Reina, «"Comprehensio veritatis". Una questione di Marsilio di Inghen sulla *Metafisica*», dans: *Filosofia e teologia nel Trecento. Studi in ricordo di Eugenio Randi*, éd. L. Bianchi, Louvain-la-Neuve, Fédération Internationale des Instituts d'Études Médiévales («Textes et études du Moyen Âge», 1), 1994, p. 283-335. Pour la datation, voir M. J. F. M. Hoenen, *Marsilius of Inghen. Divine Knowledge in Late Medieval Thought*, Leyde, Brill («Studies in the History of Christian Thought», 50), 1993, p. 16. Voir également Bakker, «Aristotelian Metaphysics and Eucharistic Theology», *op. cit.*, p. 257-262.

43. *Qq. Met.*, IV, q. 5. Toutes les références à cette question se rapportent à l'édition donnée en appendice à cet article; *cf.* Marsile [4].

l'accident. (i) Selon Aristote, l'être d'un accident n'est rien d'autre que son inhérence. Il est donc impossible qu'un accident subsiste par soi. (ii) En s'appuyant sur cette première conclusion, les philosophes soutiennent qu'un accident ne peut d'aucune manière être séparé de son sujet, parce que seule une substance possède le statut d'un *quid* ou d'un *aliquid*, l'accident ayant celui d'un *quale* ou d'un *aliquale*. (iii) C'est pourquoi il n'existe aucune similitude essentielle *(essentialis convenientia)* entre un accident et une substance. (iv) Aucun concept ne peut donc signifier de manière univoque la substance et les accidents[44]. En revanche, les quatre dernières conclusions présentent la conception buridanienne du statut ontologique de l'accident. Cette conception se fonde en quelque sorte sur la doctrine de la foi. (i) Comme le prouve la subsistance des accidents eucharistiques, les accidents (en général) peuvent subsister par soi sans inhérer en un sujet. (ii) De ce fait, il y a une certaine similitude essentielle entre la substance et l'accident. (iii) En raison de cette similitude, le mot «étant» signifie de manière univoque la substance et les accidents, au moins ceux qui, par la puissance divine, peuvent subsister séparément de leur sujet. (iv) C'est pourquoi l'étant possède le statut du genre le plus général à l'égard de la substance et des accidents. Inversement, la substance et les accidents sont donc des genres subalternes de l'étant[45].

La doctrine «plus métaphysique» soutenue par Marsile lui-même s'apparente à l'ontologie aristotélicienne de l'accident. Elle s'établit à partir de deux présupposés. Le premier affirme que, naturellement parlant *(in lumine naturali)*, il est aussi impossible pour une forme substantielle d'être sans matière que pour un accident de subsister sans sujet. Le second déclare que, malgré cela, le terme «substance» et le terme «étant» signifient de manière univoque la substance composée, la forme substantielle et la matière[46]. À l'aide de ces deux présupposés, Marsile formule sa première conclusion: ce n'est pas parce qu'un accident ne peut subsister par soi qu'Aristote disait qu'il n'est pas un étant proprement dit *(simpliciter)*. Car, pour la même raison, le Philosophe aurait dû dire qu'une forme substantielle n'est pas un étant proprement dit, ce qui va à l'encontre du second présupposé[47]. Pour formuler sa seconde conclusion, Marsile présente d'abord quatre remarques préliminaires, dont les deux dernières sont les plus

44. Marsile [5-5.1.4].

45. Marsile [5.1.5-5.1.8]. – Par rapport à la dernière conclusion [5.1.8], Marsile précise [5.3.2] que les tenants de la «communis opinio» acceptent néanmoins la doctrine aristotélicienne qui consiste à fixer les catégories au nombre de dix. La dernière conclusion et la précision apportée par Marsile dérivent de la réponse de Buridan à la seconde *dubitatio*: Buridan [5.3.2.2]. – Pour la thèse buridanienne selon laquelle l'étant possède le statut du genre à l'égard de la substance et des accidents, voir S. Ebbesen, «Proof and its Limits according to Buridan», dans: *Preuve et Raisons à l'université de Paris. Logique, Ontologie et Théologie au XIVe siècle*, éd. Z. Kaluza et P. Vignaux, Paris, Vrin («Études de philosophie médiévale», hors série), 1984, p. 97-110, part. 107 (et n. 39).

46. Marsile [6.1-6.2.1].

47. Marsile [6.3-6.3.1].

importantes. Prises ensemble, ces deux remarques affirment que la substance possède un autre mode de dépendance à l'égard de la cause première qu'un accident. Le mode de dépendance propre à la substance fait qu'elle possède le statut d'un *quid* existant par soi. En revanche, celui propre à un accident fait qu'il possède le statut d'une disposition de la substance, qui, abstraction faite du miracle, ne peut d'aucune manière subsister par soi. Or, entre ces deux modes, il n'existe aucune similitude essentielle, parce que le premier appartient à un étant par soi alors que le second appartient à un étant qui, dans l'ordre naturel, possède seulement le statut d'une disposition ou d'une affection[48]. À l'aide de ces deux remarques préliminaires, Marsile formule la conclusion selon laquelle il ne peut y avoir un concept absolu signifiant de manière univoque la substance et les accidents. Car, pour qu'un concept puisse signifier deux choses de manière univoque, il faut qu'il y ait entre elles une similitude essentielle, ce qui n'est pas le cas de la substance et des accidents[49]. Cette conclusion constitue la base pour la réponse de Marsile à la question soulevée: le terme «étant» ne signifie pas de manière univoque, mais de manière équivoque (ou analogue) la substance et les accidents[50].

Marsile s'accorde donc avec Aristote pour dire qu'un accident n'est pas un étant proprement dit, mais il conteste que cela vienne de l'inséparabilité de l'accident et de son sujet. Car, si tel était le cas, il faudrait dire aussi que la forme substantielle n'est pas un étant proprement dit, ce qui, aux yeux de Marsile, est faux. Pour lui, la seule raison pour laquelle un accident n'est pas un étant au même titre que la substance réside en ce que l'accident est un *quale*, la substance un *quid*. Or le fait qu'un accident soit un *quale*, et non pas un *quid*, n'implique aucunement qu'un accident ne puisse être séparé de son sujet. Seulement, la subsistance d'un accident séparément de son sujet est purement de l'ordre du miracle et ne peut d'aucune manière être expliquée de façon naturelle[51]. Lorsqu'on compare la position de Marsile avec celle de Buridan, l'on constate que Marsile s'éloigne moins de l'ontologie aristotélicienne de l'accident, mais qu'il sépare plus radicalement l'ordre de la nature et celui du miracle. En effet, tout en reconnaissant la possibilité pour Dieu de faire subsister l'accident séparément de son sujet, Marsile se défend de la justifier sur le plan de la métaphysique. Du point de vue de la philosophie, l'accident, en tant que disposition de la substance, ne peut d'aucune manière subsister par soi. Du point de vue de la foi, en revanche, il faut admettre la possibilité que Dieu fasse subsister l'accident séparément de la substance. Pour Marsile, ces deux points de vue restent, par principe, séparés l'un de l'autre[52].

48. Marsile [6.3.2.3-6.3.2.4].

49. Marsile [6.4-6.4.1].

50. Marsile [6.4.2]. Pour la notion d'«analogie», voir Marsile [6.7].

51. Marsile [6.4.3].

52. Dans son commentaire des *Sentences*, Marsile se montre également favorable à la séparation de l'ordre naturel (ou de la philosophie) et de l'ordre surnaturel (ou de la théologie).

CONCLUSION

Au terme de cette étude, il convient de souligner que, tout au long du XIVe siècle, les philosophes ont continué de s'interroger sur le problème, d'origine théologique, de la séparabilité des accidents. Le phénomène détecté par Imbach et analysé en détail par Donati se révèle donc être d'une ampleur historique considérable. Lorsqu'on compare la situation de la fin du XIIIe siècle à celle du XIVe, l'on est amené à observer une différence importante : la question qui, au XIIIe siècle, crée une opposition entre théologiens et philosophes (Thomas d'Aquin contre Siger de Brabant) divise, au XIVe siècle, les philosophes, commentateurs de la *Métaphysique*, en deux camps (Scot et Buridan contre Jean de Jandun et Marsile). Sur le plan doctrinal, ces deux camps peuvent être désignés comme celui des « aristotéliciens » (Jean de Jandun et Marsile d'Inghen – l'inhérence actuelle constitue l'essence d'un accident et le terme « étant » se dit de manière équivoque (ou analogue) de la substance et des accidents) et celui des « non-aristotéliciens » (Jean Duns Scot et Jean Buridan – être actuellement inhérent n'est pas réellement la même chose qu'être accident et le terme « étant » se dit de manière univoque de la substance et des accidents). Sur le plan de la méthode, l'attitude de Jean de Jandun et Marsile s'écarte de celle de Scot et Buridan face à la question de la place d'une doctrine théologique au sein d'une

Voir, à ce propos, l'étude de M. J. F. M. Hoenen, « Marsilius von Inghen in der Geistesgeschichte des ausgehenden Mittelalters », dans : *Philosophie und Theologie des ausgehenden Mittelalters. Marsilius von Inghen und das Denken seiner Zeit*, éd. M. J. F. M. Hoenen et P. J. J. M. Bakker, Leyde, Brill, 2000, p. 21-45. – Signalons ici que, au sujet de la « disposition additionnelle », Marsile se fait également partisan de la position d'Aristote (*Qq. Met.*, V, q. 9, ms. Kraków, Biblioteka Jagiellońska, 709 (K), f° 57vb, et Wien, Österreichische Nationalbibliothek, CVP 5297 (W), f° 66ra) : « Ad secundum (*sc.* articulum) est conclusio responsalis hec : quod inhesio forme in materia est forma inherens ; et pari modo dependencia effectus a sua causa est effectus dependens. Hec est de mente Philosophi, octauo huius, ut recitatum fuit in primo articulo. Et probatur racione sic : inhesio forme substancialis in materia est forma substancialis inherens ; igitur pari racione ubique debet ita poni ». Il arrive à cette conclusion après avoir rejeté une opinion semblable à celle de Buridan. Cette opinion affirme que, du point de vue d'Aristote, il est superflu d'accepter une disposition additionnelle pour expliquer l'inhérence (K f° 57rb, W f° 65va) : « Secundo notandum quod Aristoteles loquens in lumine naturali de hiis inhesionibus uel dependenciis faciliter se expediret. Reputaret enim quod forma inherens, siue substancialis siue accidentalis, nullo modo esse ualeret sine subiecto cui inheret. Et propter hoc diceret causam esse suam inhesionem et non requirit aliquam coniunctionem superadditam qua forma substancialis uel accidentalis uniatur cum suo subiecto ». En revanche – toujours selon l'opinion buridanienne –, du point de vue de la foi, l'inhérence possède le statut d'une disposition additionnelle (K f° 57rb, W f° 65va) : « Tercio notandum quod secus est, secundum hanc opinionem, supponendo ex ueritate fidei katholice quod Deus quarumlibet duarum rerum absolutarum quamlibet potest ab alia separare et (quamlibet *add.* W) separatim conseruare, sicut albedinem in sacramento altaris benedicto conseruat sine subiecto. (...) Quibus premissis, ponit conclusionem responsalem quod inhesio forme in materia est res superaddita forme inherenti ; similiter et dependencia effectus absoluti a causa secunda est res superaddita rei dependenti ».

argumentation philosophique. En philosophes, Jean de Jandun et Marsile refusent de tenir compte du point de vue de la théologie. Pour Scot et Buridan, en revanche, la doctrine théologique de la séparabilité des accidents possède une valeur d'argument à part entière dans le développement d'une métaphysique générale des accidents. L'étude du débat philosophique sur la séparabilité des accidents au XIVe siècle – et de sa continuation au XVe siècle[53] – contribue ainsi à une meilleure connaissance de l'histoire complexe d'intégration et de désintégration de la philosophie et de la théologie au Moyen Âge tardif.

53. Pour le XVe siècle, voir mon étude « Nicholas of Amsterdam on accidental being. A Study of Two Questions from his Commentary on the *Metaphysics* » (comprenant une édition de deux questions tirées de son commentaire de la *Métaphysique*), à paraître dans *Vivarium*.

APPENDICE

Cet appendice présente une édition semi-critique de deux questions étudiées plus haut. La première question provient du commentaire de la *Métaphysique* de Jean Buridan *(secundum ultimam lecturam)* (IV, q. 6), la seconde du commentaire de la *Métaphysique* de Marsile d'Inghen (IV, q. 5). Pour la constitution du texte buridanien, quatre manuscrits et une édition ancienne ont été pris en compte[54] :

C = ms. Carpentras, Bibliothèque Inguimbertine, 292

P = ms. Paris, Bibliothèque nationale de France, lat. 14716

W = ms. Wien, Bibliothek des Dominikanerkonvents, 187/153

V = ms. Venezia, Biblioteca Marciana, lat. Cl. VI, 204a

b = éd. Paris : Josse Bade, 1518

Pour l'établissement du texte marsilien quatre manuscrits ont été pris en compte[55] :

54. Pour les manuscrits et l'édition ancienne du commentaire de la *Métaphysique* de Buridan *(secundum ultimam lecturam)*, voir Michael, *Johannes Buridan*, *op. cit.*, II, p. 802-807. Les informations données par Michael sont à compléter par les observations de Chr. Flüeler, « Two manuscripts of Buridan on the Metaphysics : Paris, BN, lat. 16131 and Darmstadt, Hessische Lu&HB, Hs 516 », *Cahiers de l'Institut du Moyen-Âge Grec et Latin*, 67 (1997), p. 78-92, et de L. M. de Rijk, « The Commentaries on Aristotle's *Metaphysics* », dans : *L'Enseignement des disciplines à la Faculté des arts (Paris et Oxford, XIIIe-XVe siècles)*, éd. O. Weijers et L. Holtz, Turnhout, Brepols (« Studia Artistarum », 4), 1997, p. 303-312.

55. Pour les manuscrits du commentaire de la *Métaphysique* de Marsile, voir M. Markowski, « Les *questions* de Marsile d'Inghen sur la *Métaphysique* d'Aristote. Notes sur les manuscrits et le contenu des questions », *Mediaevalia philosophica Polonorum*, 13 (1968), p. 8-32 ; *Id.*, « Katalog dzieł Marsyliusza z Inghen z ewidencją rękopisów », *Studia Mediewistyczne*, 25/2 (1988), p. 39-132, part. 81-83 ; et *Id.*, « Die handschriftliche Überlieferung der Werke des Marsilius von Inghen », dans : *Marsilius of Inghen.* Acts of the International Marsilius of Inghen Symposium Organized by the Nijmegen Centre for Medieval Studies, Nijmegen, 18-20 December 1986, éd. H. A. G. Braakhuis et M. J. F. M. Hoenen, Nimègue, Ingenium Publishers (« Artistarium Supplementa », VII), 1992, p. 173-193, part. 186.

K = ms. Kraków, Biblioteka Jagiellońska, 709

W = ms. Wien, Österreichische Nationalbibliothek, CVP 5297

La = ms. Leipzig, Universitätsbibliothek, 1387

Lb = ms. Leipzig, Universitätsbibliothek, 1434

L'édition du texte de Buridan suit le ms. C, celle du texte de Marsile suit le ms. K[56]. Une leçon du manuscrit de base, C ou K, est rejetée seulement lorsqu'elle entraîne un texte incompréhensible ou manifestement erroné. Dans le cas où la leçon de C ou de K est, en principe, acceptable mais moins bonne que celle d'un autre ms., elle est néanmoins retenue. Lorsque, dans le texte de Buridan, la leçon de C est rejetée, les autres témoins sont utilisés dans l'ordre PWVb; lorsque, dans le texte de Marsile, la leçon de K est rejetée, les autres manuscrits sont utilisés dans l'ordre WLaLb. Dans l'apparat critique sont signalées toutes les leçons variantes, à la seule exception de *ergo* - *igitur* et de *ille* - *iste* (avec identité de genre, de nombre et de cas) ainsi que des inversions de mots sans modification de sens (par exemple : *essentialis convenientia* - *convenientia essentialis*). Les corrections et exponctuations effectuées par les copistes ne sont pas signalées. L'orthographe de l'édition correspond à celle de C (pour le texte de Buridan) et de K (pour celui de Marsile).

56. Ces deux manuscrits ont été désignés comme manuscrits de base en raison de la bonne qualité de leurs textes (c'est-à-dire qu'ils contiennent le nombre le moins élevé de leçons individuelles et qu'ils présentent le nombre le moins élevé d'accidents tels qu'omissions, erreurs grammaticales et passages indéchiffrables). Quant à l'ancienneté de ces deux mss. : C est daté du XIVe siècle (voir Michael, *Johannes Buridan*, *op. cit.*, II, p. 796-797), K de 1408 (voir Markowski, «Les *questions* de Marsile d'Inghen», *op. cit.*, p. 12). Pour une description récente du ms. K, voir *Catalogus codicum manuscriptorum medii aevi latinorum qui in bibliotheca Jagellonica Cracoviae asservantur*, éd. M. Kowalczyk *et al.*, V, Wrocław 1993, p. 125-130. – Pour une justification théorique de la méthode suivie ici pour la constitution de l'édition (la méthode dite «optimiste»), voir J. Bédier, *La Tradition manuscrite du Lai de l'Ombre. Réflexions sur l'art d'éditer les anciens textes,* Paris, 1970 (= 1913), et G. Kane, *Piers Plowman*: *The A Version. Will's Vision of Piers Plowman and Do-Well*, Londres, 1960, p. 115-172. Voir également l'article de L. E. Boyle, «Optimist and Recensionist: "Common Errors" or "Common Variations"?», *Latin Script and Letters* A. D. *400-900* [Festschrift L. Bieler], éd. J. J. O'Meara et B. Naumann, Leyde, Brill, 1976, p. 264-274.

Les signes et abréviations utilisés dans les apparats sont les suivants :

add.	=	addit, addunt
om.	=	omittit, omittunt
hom.	=	homoioteleuton
(*?*)	=	lectio incerta
(*!*)	=	sic
*W*m	=	manus in margine codicis *W*
AA	=	*Auctoritates Aristotelis* (éd. J. Hamesse, *Les Auctoritates Aristotelis. Un florilège médiéval. Étude historique et édition critique*, Louvain-Paris, Publications Universitaires-Béatrice-Nauwelaerts [« Philosophes médiévaux », XVII], 1974)

IOHANNIS BURIDANI

QUAESTIONES IN METAPHYSICAM (SECUNDUM ULTIMAM LECTURAM)

Liber IV, quaestio 6

Utrum hoc nomen «ens» significat substantias et accidentia secundum unam rationem sive secundum unum conceptum

C 60rb, P 130ra
W 26va, V 15ra

1. | Queritur consequenter vtrum hoc nomen «ens» significat substancias et b 16va
accidencia | secundum vnam racionem siue secundum vnum conceptum. W 26vb

⟨Arguitur quod sic⟩

2.1. Et arguitur quod sic quia: ab vno modo essendi communi potest sumi vna racio siue vnus conceptus, sicud ab hoc quod est *per se stare* sumitur vnus conceptus communis omnibus substanciis; sed substanciis et accidentibus conuenit vnus modus essendi communis; ergo. Minor declaratur quia: iste modus essendi, scilicet *esse formaliter*, conuenit tam substancie quam accidenti per se et sine attribucione vnius ad alterum; quamuis enim accidens habeat esse per substanciam subiectiue, tamen per se ipsum et non per substanciam dicitur esse formaliter.

2.2. Item, ab illo modo essendi qui est *per se stare* sumitur vnus conceptus communis omnibus per se subsistentibus; sed accidencia possunt per se subsistere, | scilicet separatim a substancia, saltim per potenciam diuinam; V 15rb
ergo possibile est quod ipsis substanciis et accidentibus conueniat vnus

1 queritur consequenter] sexto *add. P om. W* sexto queritur *V* queritur sexto *b* 1 significat] significet *Vb* 1 substancias] substanciam *V* 3 et] *om. WV* 3 arguitur] primo *add. V* 3–4 communi potest sumi ... conceptus] *om. V* 4 sicud] communiter (*?*) *add. V* 5 omnibus] *om. V* 5 substanciis[1]] subiectis *b* 5 substanciis[2]] accidentibus *PWVb* 5–6 et accidentibus] et substanciis *PWb om. V* 6 conuenit] competit *V* 6 ergo] etc. *add. PV* 7 essendi] communis *add. V* 8 accidenti] accidentibus *b* 8 enim] nulla *V* 8–9 accidens] accidencia *V* 9 habeat] habeant *V* 10 dicitur] dici *b* 11 stare] subsistens *W* 12 communis ... subsistentibus] *om. W* generis omnibus per se existentibus *V* communis per se omnibus substentibus *b* 13 subsistere] existere *V* 13 separatim] separate *V* separata *b* 14 ergo] ideo *b* 219.14–220.1 vnus conceptus] conceptus vnus et *W*

conceptus communis; et ille non videtur esse nisi conceptus a quo sumitur hoc nomen « ens ».

2.3. Item, si substanciis et accidentibus non conueniat vnus conceptus communis, oportet inquirere quid prohibeat. Nichil enim videtur prohibere nisi inherencia vel dependencia accidentis a substancia; sed neutrum istarum prohibet. Probacio quia: forma substancialis inheret materie; et tamen forme et materie est bene conceptus communis secundum quem vtraque dicitur « substancia »; ergo inherencia non prohibet. Sed eciam neque dependencia, quia magis dependent ab ipso Deo omnes alie substancie quam accidens a substancia cui inheret; et tamen Deo et aliis substanciis est vnus conceptus communis a quo sumitur hoc nomen « substancia ». Ymmo eciam nec prioritas substancie ad accidencia prohibet quin sit conceptus communis, quia Deus magis precedit naturaliter in esse omnes alias substancias quam substancie accidencia sibi inherencia, licet, sicud dictum est, Deo et aliis substanciis sit conceptus communis; ergo nichil potest prohibere quin substancie et accidenti sit aliquis conceptus communis.

2.4. Item, vnius potencie cognitiue debet esse obiectum vnum primum, vel secundum rem vel secundum racionem; obiectum autem primum et adequatum potencie intellectiue ponitur esse ens in tota sua communitate; ergo oportet quod in tota sua communitate sit vnum secundum racionem.

W 27ra **2.5.** | Item, si hoc nomen « ens » non esset vnius racionis ad substancias et accidencia, sequeretur quod primum principium complexum esset ambiguum et distinguendum; et per consequens non esset notissimum et certissimum; cuius oppositum apparet quarto *huius*[1]. Et consequencia ex hoc patet, quia

1 communis] *om. b* 1 a] *om. V* 3 conueniat] conuenit *V* 3–4 communis] *om. W* 4 inquirere] querere *Wb* 4 videtur] videretur *b* 5 vel] et *W* 5 a substancia] ad substanciam *Wb* 5 istarum] istorum *CPV om. b* 6 probacio] probo *Wb* 7 bene] vnus *add. W* 7 quem] quam *Vb* 7 vtraque] vtrumque *W* 8 substancia] subiecta *b* 8 neque] nec *V* 9 quia] homo *add. W* 9 dependent] dependet *WV* 9 deo] similiter et *add. W* 9 alie] *om. W* 10 deo] dei *W* 10 aliis substanciis] aliarum substanciarum *W* 11 a] *om. b* 11 nec] non *W* 13 precedit] procedit *V* 13 in esse] *om. b* 13 quam] quia *V* 14 licet] sed *W* 14 est] quod *add. W* de *add. b* 14 deo] dei *W* 14–15 aliis substanciis] aliarum substanciarum *W* 15 potest] apparet *Wb* 15 prohibere] prohibitio *b* 16 accidenti] accidentis *W* 16 aliquis] vnus *add. b* 17 cognitiue] cognoscitiue *W* 17 vnum primum] primum et vnum *W* 18 vel[1]] et *V* 18 rem] esse *b* 18 rem vel secundum] *om.* (*hom.*) *W* 18 primum] proprium *V* 19 ponitur esse] est *W* 19 tota] *om. V* 19 sua] sui *P* 20 oportet] debet *V* 20 sua] sui *PV* 23 sequeretur] sequitur *WV* 24 et[3]] nec *b* 24 et certissimum] *om. W* 25 apparet] patet *PV* habetur *Wb* 25 et] *om. W* 25 consequencia] principalis *add. Wb* 25 quia] quod *b*

1. Aristoteles, *Metaphysica* IV, 3 (1005b10–15); cf. *AA*, 1: 96 (122).

primum principium fundatur in hoc nomine «ens»; et tamen hoc nomen «ens» esset distinguendum, cum non diceretur de illis de quibus dicitur secundum vnam et eandem racionem; ergo.

2.6. Item, substancia est prius natura ens quam accidens, vt patet septimo *huius*[2]; quero ergo secundum quam racionem entis verificatur dicta proposicio. Si dicas quod secundum racionem substancie, tunc erit sensus quod substancia est prius substancia quam accidens — et hoc esset falsum vel esset comparacio valde abusiua. Si autem dicas quod ibi accipitur «ens» secundum racionem accidentis, | tunc | erit sensus quod substancia est prius accidens quam accidens — quod est manifeste falsum. Ergo oportebit quod in dicta proposicione «ens» capiatur secundum racionem communem substancie et accidentis. P 130rb C 60va

2.7. Similiter hec est vera: «homo et albedo sunt duo encia»; et tamen hoc nomen «encia» non potest hic capi secundum racionem substancie, quia homo et albedo non sunt duo encia substancie; nec eciam hoc nomen «encia» potest sumi secundum racionem accidentis, quia homo et albedo non sunt duo accidencia; ergo | oportebit quod in dicta proposicione accipiatur secundum racionem communem. b 16vb

2.8. Vltimo arguitur quia: ista communiter reputatur falsa: «omne ens est substancia»; et tamen non deberet reputari falsa nisi ens haberet communem racionem; ymmo vel deberet distingui, et esset vera secundum vnum sensum

1 ens] vel esse *add. Wb* 1 tamen] cum *C* 2 cum] ex quo *PWVb* 2 diceretur] dicetur *V* 2 dicitur] deberet dici *W* 3 vnam] aliam *W* 3 et eandem] *om. Wb* 3 ergo] *om. PWVb* 4 natura] *om. PWVb* 4 patet] apparet *W* in *add. b* 4 septimo] quinto *V* 5 dicta] predicta *V* 6 dicas] dicatur *b* 7 est] erit *b* 7 et hoc] quod *V* 7 esset[1]] est *Vb* 7 falsum] cum idem non sit prius se ipso *add. b* 7 vel] quia *W* 8 comparacio] composicio *W* 9 accidentis] antecedentis *C* entis *P* et *add. V* 9 tunc] et sic *b* 9 erit] est *b* 9 erit sensus] *om. C* 9 prius] pocius *V* 9 accidens] actus *PV* ens *W* 10 oportebit] oportebat *Pb* oporteret *W* 11 capiatur] acciperetur *P* accipiatur *WVb* 12 accidentis] accidenti *Vb* 13 tamen] hic *add. W* 14 encia] ens *V* 14 hic] *om. WV* 14 substancie] quoniam proposicio esset falsa *add. W* nec secundum rationem accidentis quoniam propositio esset falsa *add. b* 14–15 quia homo] homo enim *Wb* 15 duo] due *W* 15 encia[1]] *om. W* accidentia nec due *b* 15 nec] ita *PWV* 15–17 nec eciam hoc nomen ... accidencia] *om. b* 15 encia[2]] non *add. PWV* 16 potest] hic *add. PW* 16 sumi] capi *W* capi hic *V* 16 accidentis] *om. V* 17 oportebit] oportebat *P* oportet *W* oporterat *b* 17 proposicione] ens *add. V* 17 accipiatur] acciperetur *PV* accipiantur *W* acciperentur *b* 19 vltimo] item *b* 19 quia] quod *Wb* 19 ista] hec *V* 19 communiter reputatur] communiter reputantur simpliciter *W* reputatur simpliciter *b* 20 tamen] *om. V* 21 vel] nichil *PW* 21 et esset vera ... sensum] secundum vnum sensum et esset vera *V*

2. Aristoteles, *Metaphysica* VII, 1 (1028a31–32).

et falsa secundum alium, vel deberet reputari simpliciter vera, eo quod esset vera secundum sensum principaliorem.

⟨Oppositum arguitur⟩

3.1. Oppositum tamen arguitur per Porphyrium[3] dicentem: « si quis omnia 'encia' vocet, vtique equiuoce nominabit », ita quod ipse reputat hoc nomen « ens » equiuoce dici de substanciis et accidentibus, et non vniuoce. Modo habemus in *Predicamentis*[4] quod nominis equiuoci non est vna racio W 27rb V 15va communis, ymmo secundum diuersas raciones dicitur de illis | de quibus dicitur.

3.2. Et eodem modo Aristotiles in primo *Physicorum*[5] et in quarto *huius*[6] reputat hoc nomen « ens » tanquam non vniuocum, sed multipliciter dictum. Vnde dicit quod encia non dicuntur secundum vnum, sed bene dicuntur ad vnum, hoc est dictu quod non dicuntur vniuoce secundum vnam racionem, sed dicuntur secundum diuersas raciones quarum vna est prima, scilicet racio substancie, et alie sunt attribute ad illam primam. Et dicit esse simile de ente sicud de sano; hoc enim nomen « sanum » dicitur de animali, de cibo et de vrina non secundum vnam racionem, sed secundum valde diuersas. Ex eo animal dicitur « sanum », quia complexio eius est conueniens operibus ipsius animalis. Vrina autem non sic dicitur « sana », sed ex eo quod ipsa significat talem complexionem in animali. Ergo ens non est vnius racionis sicud nec sanum.

3.3. Item, si « ens » diceretur secundum vnam racionem de substancia et accidente, sequeretur quod accidens deberet dici simpliciter « ens », quod

1 et] sed *V* 1 falsa secundum alium] secundum alium esset falsa *V* sensum *add. PW* 1 vera] falsa *V* 1 eo quod esset] *om. V* 2 sensum] *om. V* 2 principaliorem] principalem *Wb* 3 tamen] *om. WVb* 4 vocet] facit *W* 4 vtique] *om. b* 4 nominabit] nuncupabit *b* 4 reputat] reputabat *b* 5 dici] *om. V* 5 de] ipsis *add. b* 6 modo] non *V* 6 habemus] habetis *W* 9 aristotiles] aristotilis *V* arguitur *b* 9 in[1]] *om. V* 9 et[2]] *om. V* 11 dicit] dicitur *V* 12 dictu] dictum *WV* 12 dicuntur] dicitur *V* 12 vniuoce] et *add. b* 13 prima scilicet] scilicet prima *W* 14 et alie] alie autem *V* 14 ad] et *V* 14 illam] ipsam *V* 14 et[2]] *om. W* 14 esse] enim *V om. b* 14 simile] similiter *b* 15 sicud] et *V* 15 animali] et *add. V* 15 de[4]] *om. P* 15–16 vrina] et *add. V* 16 vnam] vrina *V* 16 racionem] communem *add. W* 16 eo] quod *add. V* enim hoc *add. b* 16 animal] enim *add. W* 17 quia] ex eo quod *V* 17 operibus] operacionibus *V* 18 sed] *om. V* 18 eo] hoc *b* 18 ipsa] *om. V* 19 animali] debitam *add. V* 19 nec] neque *W* 21 sequeretur] sequitur *WV* 21 accidens] ens *P* ens non *V* 21 dici] de *V*

3. Porphyrius, *Isagoge*, 6, 8–9; cf. *AA*, 30: 7 (300).
4. Aristoteles, *Categoriae* 1 (1a1–2); cf. *AA*, 31: 1 (301).
5. Aristoteles, *Physica* I, 2 (185a21, b6).
6. Aristoteles, *Metaphysica* IV, 2 (1003a33–34); cf. *AA*, 1: 88 (122).

Aristotiles[7] negat. Et consequencia manifesta est, quia nec inherencia vnius ad alterum, nec dependencia, nec prioritas, nec posterioritas impediunt simplicem predicacionem superioris de inferiori, cum tam materia quam forma quam Deus dicantur simpliciter « substancie ».

3.4. Item, sequeretur quod ens esset vnum genus vniuocum ad decem predicamenta. « Vniuoca » enim dicuntur quorum nomen est commune et secundum illud nomen racio est eadem.[8] Modo, si substanciis et accidentibus esset hoc nomen « ens » commune et secundum eandem racionem, ergo esset genus vniuocum, quia, sicud iam dictum est, nec inherencia prohiberet, nec prioritas, nec posterioritas, nec dependencia, nec aliquid aliud, ymmo breuiter « ens » ita simpliciter diceretur de accidente sicud de substancia, et nullo modo diceretur de accidente secundum attribucionem ad substanciam, quia iam non diceretur secundum vnam et eandem racionem, si diceretur de substancia simpliciter et de accidente secundum racionem attributiuam. Cum ergo ens non ponatur esse genus vniuocum ad decem predicamenta, sequitur quod non dicitur de eis secundum vnam racionem.

⟨Articulus primus: de opinione Aristotelis⟩

4. | Ista questio est iudicio meo valde difficilis propter hoc, vt puto, quod W 27[va] Aristotiles valde aliter opinatus est de accidentibus quam fides nostra ponit.

4.1.1. Credo enim quod ipse opinabatur, si homo est albus, quod ad hoc non concurrit nisi homo et albedo.

1 aristotiles] aristotilis *V* 1 negat] *om. P* 1 consequencia manifesta est] probatur consequencia *W* 2 ad] aut *P* 2 alterum] alterius *P* 2 nec[3]] vel *W* neque *V* 3 cum] quia *b* 3 forma] tam asinus *add. W* quam asinus *add. b* 4 dicantur] dicuntur *b* 4 simpliciter] de *add. b* 4 substancie] substancia *Wb* 5 sequeretur] sequitur *V* 5 esset] est *V* 5 vnum] *om. W* verum *b* 5–6 predicamenta] vniuoca *add. b* 6 enim] *om. V* 6–7 secundum illud nomen] *om. b* 7 racio] substancie *add. WVb* 7–8 modo si substanciis et accidentibus ... racionem] *om. V* 7 si] *om. PWb* 7 accidentibus] actualibus *b* 8 ergo] generis *W* 8 esset] vere *add. W* verum *add. b* 9 nec[1]] neque *V* (*et sic saepius*) 9 prohiberet] prohibet *Vb* 9–10 nec prioritas] *om. V* 10 aliud] *om. V* 11 simpliciter] *om. b* 12 secundum] vnam *add. W* 13 diceretur[1]] dicetur *V* 13 vnam] vnum *V* 13 vnam et] *om. W* 13 vnam et eandem racionem] vnam rationem eandem *b* 13 si] sed *Wb* 13 diceretur[2]] dicetur *Vb* 13 de] *om. W* 14 secundum] quid siue secundum *add. b* 14 attributiuam] attributam *W* 15 ens] *om. V* 15 esse] *om. V* 15 vniuocum] vniuocam *V om. b* 17 valde] satis *V* 17 puto] (*?*) *V* 17 quod] quia *V om. b* 18 valde aliter] *om. V* 19 enim] vero *b* 19 si] scilicet quod *V* 19 albus] asinus *V* 20 concurrit] conuenit *V*

7. E.g. Aristoteles, *Metaphysica* VII, 1 (1028a10–31); cf. *AA*, 1: 160 (128).
8. Aristoteles, *Categoriae* I (1a7–8).

4.1.2. Modo vltra, quamuis album sit idem quod homo, tamen Aristotiles credidit | [C 60vb] quod esse album non sit homo, quia dicetur in septimo *huius*[9] quod in dictis secundum accidens non est idem ipsum et esse ipsum, vt album et esse album. Et ideo, cum esse album non sit homo, Aristotiles credidit quod esse album est idem quod albedo, et esse magnum idem quod magnitudo, et esse figuratum idem quod figura, et sic de aliis.

4.1.3. Et ideo vltra Aristotiles credidit quod accidencia nulla virtute sunt separabilia a subiectis suis, quia videtur | [P 130va] implicare contradictionem quod sit esse album nisi aliquid sit quod est album. Et ita pari racione, cum esse album sit idem quod albedo, videtur implicare contradictionem quod esset albedo nisi aliquid esset quod esset album.

4.1.4. Postea Aristotiles credidit quod esse hominem vel lapidem est esse aliquid, sed esse album non est esse aliquid, ymmo est esse aliquale; et sic esse tricubitum non est esse aliquid, sed esse aliquantum; nec esse in domo est aliquid esse, sed est alicubi esse; et sic de aliis predicamentis. Sicud ergo esse album non dicitur secundum conceptum simplicem, | [b 17ra] scilicet absolutum a connotacione, ita credidit Aristotiles quod hoc nomen «albedo» non diceretur secundum conceptum absolutum a connotacione, ymmo secundum conceptum connotatiuum.

4.1.5. Et vltra Aristotiles credidit quod esse album simpliciter loquendo non esset aliquid, sed esset aliquid secundum quid, scilicet cum addicione, | [V 15vb] quia esse album est bene aliquid esse album, et esse magnum est aliquid

1 album sit idem] sit idem album *b* 1 quod] et *b* 1 homo] hoc *V* 1 aristotiles] aristotilis *V* 2 sit] est *Wb* 2 quia] vt *add. W* 2 dicetur] dicitur *V* 2 in] *om. V* 2 septimo] quinto *V* 2 quod] *om. W* 3 vt] nec *b* 4 sit] est *b* 5 magnum] nigrum (?) *P* est *add. b* 6 figuratum] est *add. b* 7 et] *om. V* 7 ideo] ymo *V* 7 vltra] *om. b* 8 subiectis] substanciis *PW* 8 quia] quod *C* 9 sit esse] aliquid sit *W* 9 nisi aliquid] et quod non *W* nichil aliud *V* 9 quod] *om. Wb* quam *V* 9 est] *om. WVb* 10 videtur] videretur *b* 10–11 quod esset albedo] *om. W* 11 nisi aliquid] nichil aliud *V* 11 quod esset] aliud quam *V* 12 credidit] postea aristotilis credidit *add. V* credebat *b* 12 quod] per *add. W* 13 aliquid[1]] aliud *V* 13 sed] cum *add. V* 13 sed esse album ... aliquid] *om. (hom.) b* 13 aliquid[2]] *om. V* 13 esse[3]] *om. V* 13 aliquale] accidentale *V* 13 sic] *om. V* 14 aliquid] aliud *V* 14 sed] ymo *V* est *add. Pb* 14 esse[3]] *om. V* 14 aliquantum] aliquem *V* 15 sed est alicubi esse] *om. V* 15 et sic de aliis predicamentis] *om. W* 15 sicud] sic *V* 16 conceptum] communem *add. b* 16 simplicem] simpliciter *b* 17–18 diceretur] dicetur *V* 18 conceptum] nomen *V* 18 absolutum] *om. V* 18 a connotacione] *om. W* 18–19 secundum conceptum] conceptum secundum *V* 20 esse] omne *P* 21 esset[1]] esse *V* 21 sed esset aliquid] *om. (hom.) P* 22 bene] *om. b* 22 magnum] nigrum *Vb* 22 est[2]] bene *add. W* et *V*

9. Aristoteles, *Metaphysica* VII, 6 (1031a15–27); cf. Johannes Buridanus, *Quaestiones in Metaphysicam*, VII, q. 3, Parisiis 1518, f. 43ra–va.

esse magnum, et sic de aliis. Et ideo sequitur vltra quod albedo simpliciter loquendo non est aliquid, sed cum addicione: albedo est aliquid esse album.

4.1.6. Et tunc videre possumus opinionem Aristotilis de substanciis et accidentibus et de conceptu entis. Accipiendo istum terminum «ens» nominaliter, ita quod ista sunt nomina synonima «ens» et «aliquid», tunc diceret Aristotiles quod hoc nomen «ens» vel hoc nomen «aliquid» non dicitur secundum eandem racionem de terminis substancialibus et de terminis accidentalibus, quia secundum racionem simplicem, sine connotacione aliena, dicitur de terminis substancialibus—homo enim | simpliciter loquendo est W 27vb aliquid, et asinus est aliquid; sed albedo vel magnitudo non est aliquid, vt dicebatur, ita quod hoc nomen «ens» vel «aliquid» non dicitur de albedine vel magnitudine secundum racionem simplicem, ymmo secundum racionem connotatiuam. Et de terminis diuersorum predicamentorum dicitur secundum diuersas connotaciones et addiciones. Albedo enim est aliquid esse aliquale, magnitudo autem non sic, ymmo est aliquid esse aliquantum. Ideo patet quod accidencia non dicuntur «simpliciter encia», ymmo «encia secundum quid», scilicet cum addicione et per attribucionem ad substanciam, quia conceptus accidentis explicatur per conceptum substancie cum addicione; conceptus enim a quo sumitur hoc nomen «aliquid» est conceptus substancialis. Vltimo quantum est ad presens debemus notare quod certe Aristotiles credidit hoc nomen «quid» vel «aliquid» esse primum predicamentum et genus generalissimum magis quam hoc nomen «substancia». Et ideo sepe in *Metaphysica*[10], quando ipse enumerat predicamenta, ipse sem-

1 magnum] nigrum *Vb* et esse magnum *add. V* 1 et sic de aliis] etc. *W* 1 et[2]] *om. PWVb* 1 vltra] vltimum *V* 1–2 simpliciter loquendo non est] non esset simpliciter loquendo *b* 2 aliquid[1]] aliud *V* 4 et[1]] sed *P om. W* 4 videre possumus] videre potestis *W* possumus respondere ad *b* 5 accipiendo] accipio *W* albedo *V* 5 istum terminum] enim *Wb* 5 ens] *om. W* 6 et] *om. W* 6 aliquid] et *add. Wb* 7 aristotiles] aliquis *W* aristotilis *V* 7 ens] aliquid *V* 7 vel] et *Vb* 7 aliquid] ens *V* 7 dicitur] dicerentur *b* 8 secundum] vnam et *add. b* 8 de terminis[1]] determinatis (*?*) *V* 8 de terminis[2]] *om. V* 9 racionem] connotacione *V* 11 et] *om. V* 11 magnitudo] nigredo *CPVb* 12 albedine] albo *V* 13 magnitudine] nigro *V* nigredine *b* 15 enim] *om. V* 16 magnitudo] nigredo *V* 16 ymmo] sed *b* 16 est] *om. Vb* 16 aliquantum] quantum *V* 16 ideo] *om. V* 17 encia] entis vel encium *V* 18 scilicet] et *V* 18 et] *om. V* 18 per] cum *b* 18 attribucionem] attributione *b* 19 substancie] *om. V* 19–20 addicione] conceptus substancie *add. W* 21 substancialis] vnde *add. Wb* 21 est] *om. WVb* 21 debemus] bene est *W om. V* 21 notare] notandum *W* notum (*?*) *V* 22 aristotiles] aristotilis *V* 22 credidit] quod *add. P* 22 esse] esset *P* 22 primum] vnum *W* predicatum vel *add. V* 24 ipse[2]] *om. V* 225.24–226.1 semper] *om. W* vere (*?*) *V*

10. E.g. Aristoteles, *Metaphysica* VII, 4 (1030b10–14).

per dicit: « aliud significat quid, aliud quale, aliud quantum » etc.. — Sic ergo secundum Aristotilem responsum est ad questionem.

4.2. Et Aristotiles solueret raciones que fiebant.

4.2.1. Quando enim dicitur **[2.1]** quod est vnus modus essendi, scilicet *esse formaliter*, dico quod istud verbum « est », si sumatur tercio adiacens, non est a quo sumatur aliquod predicatum de aliquo predicamento, sed solum est copula predicati ad subiectum. Si autem capiatur « est » secundo adiacens, tunc debet resolui: « est », id est, « est ens ». Et tunc Aristotiles,
C 61ra sicud non concederet albedinem esse ens, ita | nec concederet albedinem esse simpliciter loquendo, sed secundum quid, quia albedo est aliquid esse album.

4.2.2. Ad secundam **[2.2]** Aristotiles diceret albedinem non existere sine substancia.

4.2.3. Ad terciam **[2.3]**, que querit quid prohibet, dico quod prohibicio est quia albedo non est ens siue non est aliquid.

4.2.4. Ad aliam **[2.4]** de potencia cognoscitiua dico quod ipsa non accipit vnitatem ex vnitate obiecti, ymmo esset vna quamuis non esset obiectum; et ideo nichil ad propositum de illo obiecto.

4.2.5. Ad aliam **[2.5]** dicendum est quod hoc nomen « ens » simpliciter loquendo non est equiuocum, sed simpliciter loquendo non dicitur nisi
W 28ra de terminis substancialibus. Sed | si diceretur de terminis accidentalibus, hoc esset secundum equiuocacionem. Et ideo, si hoc verbum « est » vel

1 aliud^{1}] aliquid *V* 1 quid] et *add. b* 1 quale] et *add. b* 1 etc.] et *V* 2–3 responsum est ... aristotiles] *om. (hom.) W* 3 aristotiles solueret raciones] raciones aristotilis solueret *V* 3 solueret] soluerentur *W* 3 que fiebant] *om. V* 4 scilicet] *om. CPV* 5 esse] *om. V* 5 verbum] verum *W* 5 sumatur] capiatur *Wb* est *add.* W^{m} 5 tercio] tercium *Wb* 6 est] *om. V* 6 sumatur] sumitur *b* 6 aliquod predicatum] *om. V* 6 predicamento] predicato *CP* 7 predicati] predicamenti *b* 7 ad subiectum] *om. W* 7 capiatur est] ens capiatur cum verbo *W* 7 est^{2}] *om.* V 7 secundo] secundum *b* 8 est^{1}] *om. W* 8 id est] in (*?*) *P* 8 est^{3}] *om. WV* 8 aristotiles] aristotilis *V* 8–9 aristotiles sicud] vt aristotiles *b* 9 sicud] *om.* V 9 concederet^{1}] sic *add. V* 9 nec] eciam non *Vb* 12 ad secundam] item *b* 12 aristotiles] ipse *V* 12 non] posse *add. Wb* 13 substancia] subiecto *W* 14 ad terciam] item *b* 14 que] cum *b* 14 querit] queritur *b* 14 prohibicio] non *add. V* prohibitum *b* 15 siue] et *V* 15 est^{2}] ens est *add. V* 16 ad aliam] item *b* 16 cognoscitiua] cognitiua *b* 16 dico] dicitur *b* 16 ipsa] ipse *V* 16 accipit] capit *Wb* 17 obiecti] subiecti *Pb* vel subiecti *add. V* 17 quamuis] si *V* 17 obiectum] subiectum *b* 18 obiecto] subiecto *b* 19 ad aliam] item *b* 19 est] *om. V* 19 hoc nomen] *om. b* 20 est] dicitur *W* 20 sed] quia *Wb* 21 substancialibus] substantibus *b* 21 sed] quia *V* 21 accidentalibus] accidentibus *b* 22 verbum] nomen *Wb* 22 est] ens *Wb*

« esse » accipitur simpliciter in primo principio, illud principium propter hoc non est ambiguum. Et iterum hoc nomen « ens » non ponitur in primo principio, ymmo hoc verbum « esse » tercio adiacens, et hec nomina « idem » et « eidem », que simpliciter loquendo non sunt equiuoca, vt puto; et de hoc dicetur post.

4.2.6. Ad aliam **[2.6]** dico quod Aristotiles non posuit illam proposicionem: « substancia est prius ens | quam accidens », sed istam: « substancia est P 130vb prior accidente ». Vnde Aristotiles non concederet simpliciter loquendo quod accidens esset ens, sed diceret cum addicione quod accidens est ens aliquale esse vel ens esse aliquantum etc..

4.2.7. Ad aliam **[2.7]** sicud prius Aristotiles non concederet | hominem et V 16ra albedinem esse duo encia.

4.2.8. Ad vltimam **[2.8]** Aristotiles concederet omne ens esse substanciam.

⟨Articulus secundus: de opinione propria⟩

5. Nunc dicendum est ad questionem motam, tenendo que debemus tenere ex fide.

5.1.1. Dico ergo quod nos tenemus quod | per potenciam Dei accidencia b 17rb possunt separari a substanciis et separatim subsistere et sine substancia sibi subiecta; vnde dicimus quod sic de facto subsistunt in sacramento altaris. Tunc ergo ponamus quod albedo sic per se subsistit absque hoc quod alicui

1 accipitur] sumitur *W* 1 simpliciter] *om. V* 1 principio] tercio adiacente *add. W* 1 illud] primum *add. b* 1–2 propter hoc non] non propter hoc *V* 2 iterum] ideo *b* 3 ymmo] *om. W* 3 verbum] verum *W* 3 esse] esset *W* est *Vb* 3 tercio] tercium *Vb* 3–4 idem et eidem] idem et hec nomina idem et eciam idem *V* eadem et idem *b* 4 que] est *V* 4 loquendo] se nomina (*?*) *V* 4 de] *om. b* 6 ad aliam] item *b* 6 posuit] ponit *b* 7 ens] *om. V* 7 istam] ista *PV* 8 aristotiles] aristotilis *V* 8 loquendo] *om. b* 9 esset] est *b* 9–10 aliquale esse] esse ens aliquale *W* esse quale *b* 10 vel] et *V* 10 ens] *om. b* 10 ens esse] *om. WV* 10 aliquantum] quantum *b* 10 etc.] *om. Wb* esse *V* 11 ad] item ad *b* 11–12 ad aliam sicud prius ... encia] *om. W* 11 aliam] dicitur *add. V* 11 sicud prius] *om. b* 11 et] esse *V* 12 duo] tercio ergo *V* 13 vltimam] vltimum *b* 13 omne] esse *V* 13 ens] esse *W* 13 esse] *om. V* 13 substanciam] et hoc de primo scilicet quid sit dicendum secundum aristotilem etc. *add. W* etc. vt patet ex dictis *add. V* 14 nunc] sed nunc *V* 14 dicendum est] quomodo debet responderi *add. W* videndum est quomodo respondendum est *b* 14 tenendo] ponendo *b* ea *add. Wb* 14 que] fide *add. W* quod *V* 14 debemus tenere] posuimus *b* 15 ex fide] *om. W* 16 tenemus] ex fide *add. b* 16 quod^2] *om. V* 16 dei] diuinam *V* 17 substanciis] subiectis (*?*) *V* 17 subsistere] conseruari *b* 17 et^2] *om. Wb* 17 sibi] scilicet *V* sic *b* 18 quod] *om. W* 18 de facto] sine subiecto *b* 18 subsistunt] subsistit *PV* subsistere *Wb* 19 tunc] si *b* 19 subsistit] subsistat *PWb*

subiecto inhereat, tunc manifestum est quod illa albedo vere est ens et vere est aliquid. Vnde eciam ex hoc manifestum est quod conceptus a quo sumitur hoc nomen « albedo » est ita simplex sine aliqua connotacione sicud aliquis terminus substancialis. Et si de isto termino « albedo » predicetur hoc nomen « ens » vel hoc nomen « aliquid », non oportet quod de eo predicetur secundum aliquam attribucionem ad substanciam subiectam vel ad aliquem terminum substancialem, quia sine substancia subiecta ipsa est ens et aliquid. Et non minus ipsa est ens vel aliquid quando inheret quam si subiectum esset ablatum; ipsa enim est illud idem quando inheret quod ipsa esset si subiectum esset ablatum. Ideo hoc nomen « ens » vel hoc nomen « aliquid » eque simpliciter et secundum conceptum eque simplicem dicitur de albedine W 28rb sicud diceretur de lapide | vel de asino.

5.1.2. Postea eciam sequitur ex hoc quod albedo non est idem quod esse album, quia in casu posito quod albedo sic est separata, verum est dicere quod hoc est albedo, et tamen hoc non est esse album, quia non est esse album nisi aliquid sit album; et tamen illa albedine nichil est album.

5.2. Et tunc restat difficultas quid est esse album.

5.2.1. De qua difficultate aliqui volentes se faciliter expedire dicunt quod esse album, vel hominem esse album, non est nisi vna oracio, ita quod ista oracio « hominem esse album » non supponit nisi pro ista proposicione « homo est albus ».

5.2.2. Sed hoc non est bene dictum, quia, quamuis secundum supposicionem materialem esset ita sicud illi dicunt, tamen secundum supposicionem significatiuam siue personalem ille oraciones « esse album » vel « hominem esse album » non supponunt pro aliqua proposicione, ymmo pro rebus vel pro

1 subiecto] *om. W* 1 vere] *om. W* manifeste *b* 1 et] *om. V* 2 vere est aliquid] est aliquid vnum *V* 2 vnde] et *Wb om. V* 2 eciam] et *V* 3 sicud] deus vel *add. b* 4 terminus] terminis *b* 4 et] sic *add. b* 4 isto] hoc *V* 4 termino] tota *V* 4 predicetur] predicatur *W* predicaretur *b* 5 hoc nomen] *om. W* 5 de eo] *om. V* 6 subiectam] substanciam *V* 6 vel] et *W* 6 aliquem] aliud *V* 7 substancialem] substanciale *V* 7 subiecta] *om. V* 7 ipsa] ipsum *W* ipse *V* 7 est] potest esse *W* 8 et non minus ... aliquid] *om.* (*hom.*) *V* 8 vel] ipsa est *add. W* 8–9 quam si subiectum esset ... inheret] *om.* (*hom.*) *V* 9–10 ipsa enim est illud ... ablatum] *om.* (*hom.*) *b* 9 est] esset *W* 9 quando] ipsa *add. PW* 10 ideo] ymo *V* 10 hoc nomen[2]] *om. W* 12 sicud] sicut *add. V* 12 diceretur] dicetur *b* 12 vel] et *Vb* 12 de[2]] *om. W* 13 sequitur] sequeretur *V* 13 ex hoc] *om. b* 14 sic] *om. Wb* sicut *V* 14 est[1]] sit *Wb* sicut est *add. V* 15 hoc[1]] hec *V* 15 esse[1]] *om. CPV* 15–16 quia non est esse album] *om.* (*hom.*) *V* 16 et tamen illa ... album] *om.* (*hom.*) *V* 17 et] *om. b* 17 est] sit *W* 18 faciliter] *om. V* 18 esse] homo *add. W* 20 pro] quod *V* 20 homo] hoc *V* 22 quia] *om. b* 23 ita] illa *b* 23 tamen] et non *W* 24 siue] sine *V* 24 personalem] tamen *add.* W^{m} 24 oraciones] raciones *V* 25 non] solum *add. W* 25 proposicione] supposicione *V* 25 ymmo] eciam *add. W* 25 pro[3]] *om. WVb*

disposicionibus rerum extra existencium. Quod sic apparet, quia Aristotiles dicit—et verum est—quod secare | est agere, vel eciam vrere est agere, C 61rb et secari vel vri est pati; et tamen cum hoc ipse dicit in septimo *huius*[11]—et manifeste est verum—quod secare idem est quod esse secans, et vadere idem est quod esse vadens, et sic de aliis; ergo esse secans est esse agens. Et similiter dicendum est quod esse album est esse coloratum, et esse coloratum est esse aliquale, ymmo iste predicaciones sunt quidditatiue; et ita hominem esse album est hominem esse coloratum. Et tamen omnia ista essent falsa, si predicte oraciones supponerent pro talibus proposicionibus, quia manifeste falsum est dicere quod ista proposicio «homo est albus» est ista proposicio «homo est coloratus», vel eciam quod ista proposicio «homo est secans» est ista proposicio «homo est agens». Ideo bene restat dubitacio quid est esse album, quoniam esse album non est ipsum album, nec est ipsa albedo; sed de hoc perscrutabitur in septimo libro[12].

5.2.3. Et istis visis, videtur quod oportet concedere quod hoc nomen «ens» vel hoc nomen «aliquid» dicuntur vere vniuoce secundum vnum conceptum communem simpliciter absolutum a connotacione de | terminis significanti- V 16rb bus substancias et de terminis significantibus talia accidencia. Nec prohibet inherencia vel dependencia, | vel prioritas vel posterioritas in essendo, quo- W 28va niam sine aliqua tali connotacione albedo dicitur «ens» et intelligitur esse aliquid. | Et secundum hoc istud nomen «ens» vel «aliquid» esset vnum P 131ra

1 disposicionibus] supposicionibus *V* 1 existencium] existentibus *Wb* 1 apparet] appareret *b* 2 et] *om. V* 2 est[1]] dicere *add. b* 2 vel eciam vrere est agere] *om.* (*hom.*) *W* naturaliter *add. b* 3 ipse] *om. b* 3 in] *om. b* 3 septimo] quinto *V* 4 et[1]] eciam *add. PW om. b* 4 manifeste] manifestum *Wb* 4 verum] *om. W* etiam *b* 4 esse] *om. C* 5 esse[1]] *om. C* 5 de] de *add. V* 5 aliis] et sic de aliis *add. V* 5 agens] ymmo est predicacio quidditatiua scilicet esse secans est esse agens *add. P* ymo eciam predicacio quiditatiua scilicet esse secans est esse agens *add. V* 5–6 et similiter] et simpliciter *W* consimiliter *V* 6 esse[1]] esse *add. V* 6 est[2]] et *b* 6 esse[2]] *om. b* 6 et] *om. b* 6 esse coloratum] *om. Wb* 7 aliquale] et *add. V* 7 iste] eciam *P* 7 quidditatiue] quiditatiua *V* 7 ita] etiam *add. b* 8 est] et *b* 9 oraciones] proposiciones *V* 9 talibus] omnibus *P* predictis *V* 9 quia] quod *W* patet nam *add. W*[m] 9 manifeste] in aliqua *V* 10 homo] hoc *V* 10 albus] album *V* 10 proposicio[2]] coloratus *add. b* 11 homo[1]] hoc *V* 11 coloratus] coloratum *V* 11 vel] *om. V* 11 quod] est *add. V* 12 est[1]] sit *W* 12 ideo bene] et ideo *b* 13 quoniam] non *add. V* quia *b* 13 est[2]] *om. Vb* 14 perscrutabitur] presentabitur (*?*) *V* 15 et] ex *V* 15 visis] *om. PV* 15 videtur] apparet *V* 16 vel] et *V* 16 hoc nomen] *om. C* 16 dicuntur] dicitur *Wb* 16 vere] *om. WVb* 16 vnum] *om. b* 17 communem] *om. W* 17 simpliciter] simplicem *V* 19 vel[2]] *om. V* nec *b* 19 vel[3]] nec *b* 19–20 quoniam] quando *V* 20 aliqua] *om. V* 21 hoc] *om. P* 21 istud] *om. V* 21 vnum] verum *add. W* verum *b*

11. Aristoteles, *Metaphysica* V, 7 (1017a27–29); VII, 1 (1028a20–26).

12. Cf. Johannem Buridanum, *Quaestiones in Metaphysicam*, VII, qq. 3–4, Parisiis 1518, ff. 43ra–44rb.

genus vniuocum, cuius vna species esset aliquis terminus supponens sine connotacione pro omnibus substanciis indifferenter, et alia species esset vnus terminus supponens sine connotacione subiecti pro omnibus accidentibus. Sed tunc statim oporteret negare dicta Porphyrii et Aristotilis de equiuocacione entis. Nec mirum, quia que nunc dicta sunt, fundantur | super illud quod est contra opinionem Aristotilis, sicud apparuit. Et ita oporteret eciam concedere quod hoc nomen « substancia » non esset genus generalissimum, sed illud nomen « quid » vel « aliquid ».

b 17va

5.3. Sed tunc restant duo dubia.

5.3.1.1. Si accidencia ponerentur sic per se subsistere, quomodo ponetur differencia inter substancias et accidencia?

5.3.1.2. Aliud dubium erit vtrum erit vnum solum generalissimum vel adhuc erunt decem.

5.3.2.1. Ad primum istorum **[5.3.1.1]** ego dico quod Aristotiles dixisset quod albedo esset vere substancia, si sic posset per se subsistere, et esset hoc aliquid, quia, si queratur « quid est hoc? », non potest responderi nisi quod hoc sit albedo. Sed nos possumus aliter dicere, scilicet quod omne illud est substancia quod naturaliter per se subsistit ita quod non inheret alteri; et omne illud eciam est substancia quod est pars talis naturaliter subsistentis. Et omne illud est accidens quod sic non subsistit per se naturaliter, nec est pars per se subsistentis, non obstante quod subsistit per se miraculose. Et sic albedo, quamuis per se subsisteret, non diceretur « substancia », quia non sic subsistit naturaliter, sed miraculose.

1 vniuocum] et *add. W* 2–3 et alia species ... supponens] *om. W* 2 vnus] alius *V* 3 subiecti] eciam *add. W* 3 omnibus] talibus *add. PWVb* 4 sed] et *b* 4 tunc] *om. b* 4 oporteret] oportet *Wb* 4 dicta] dictum *V* 5 super] supra *PV* 5 illud] illo *W* 6 apparuit] arguebatur *b* 6 oporteret] oportet *W* 6 oporteret eciam] etiam oportet *b* 8 illud] hoc *Vb* 9 restant] *om. V* 9 dubia] primum est *add. b* 10 ponerentur] ponantur *PWb* ponuntur *V* 10 quomodo] quando *W* 10 ponetur] poneretur *W* ponatur *b* 12 aliud] secundum *b* 12 erit[1]] *om. PV* est *W* 12 solum] genus *add. b* 12 vel] an *b* 12 adhuc] ad hoc *V* 13 decem] generalissima *add. PWVb* 14 istorum] istarum *W* 14 ego] *om. WV* 14 aristotiles] aristotilis *V* 15 esset[1]] est *b* 15 vere] *om. V* 16 quia] *om. W* 16 potest] bene *add. b* 17 quod[1]] *om. b* 17 hoc sit] hoc est *Wb* sit hec *V* 17 nos] non *W* 18 est] esset *b* 18 quod[1]] est pars talis quod *add. W* 18 subsistit] exit (*!*) *V* 18 alteri] alicui *V* 19 talis] per se *add. P* 19 naturaliter] nature *b* per se *add. Wb* 19 naturaliter subsistentis] subsistens naturaliter *V* 20 sic] *om. V* 20 subsistit] persistit *C* 21 subsistentis] subsistens *V* 21 non] nec *V* 21 subsistit] subsistat *W* erit *V* subsisteret *b* 21 per se[2]] *om. W* 22 subsisteret] subsistat tamen *W* existeret *V* subsistet *b* 22 diceretur] dicitur *WV* 23 subsistit] subsisteret *b*

5.3.2.2. Ad aliam dubitacionem **[5.3.1.2]** dico quod adhuc ponenda sunt decem predicamenta siue decem genera generalissima, quia termini accidentales concreti sunt connotatiui; et ideo predicantur de isto termino «aliquid» denominatiue sicud passio de subiecto. Et eciam, si iste terminus «aliquid» predicatur de illis terminis, vt dicendo «album est aliquid» vel «quale aut quantum est aliquid», adhuc iste predicaciones sunt denominatiue et indirecte, sicud si ego dicerem «risibile est homo» vel «risibile est animal»; et talis predicacio non est generis de specie, | W 28vb sed subiecti de passione, vel e conuerso. Ideo hec nomina «quantum» et «quale» non habent genus supra se, sed sunt generalissima. Et debemus secundum opinionem Aristotilis et secundum rei veritatem dicere quod predicamenta debent distingui secundum diuersos modos predicandi de primis substanciis siue de terminis contentis sub illo genere *quid* vel *aliquid*. Si enim predicantur de illis in *quid*, tunc pertinent ad primum predicamentum. Et si predicantur de illis in *quale*, tunc pertinent ad predicamentum quod vocatur «*quale*», vt, si queratur: «quale est hoc?», dicimus quod hoc est album, dulce vel coloratum; ideo isti termini sunt de isto predicamento *quale*. Et si predicantur in *quantum*, sunt de alio predicamento; et si predicantur in *vbi*, sunt de alio; et sic de multis aliis modis | C 61va predicandi. Et isto modo loquendi apparet quod nomina abstracta et sua concreta non semper reducentur ad idem predicamentum, ymmo isti termini «albedo» et «dulcedo» essent de illo predicamento *quid* vel *aliquid*,

1 aliam dubitacionem] secundum dubium *W* secundum *b* 1 adhuc] ad hoc *C* 2 genera] *om. b* 3 concreti] contracti *V* 3 predicantur] predicacio *V* 3 aliquid] aliud *V* 4 denominatiue] connotatiue *W* 4 aliquid] si *add. V* 5 predicatur] predicetur *Vb* 5 aut] vel *W* 6 est aliquid] *om. W* 6 adhuc] ad hoc *V* 6 denominatiue] indenominatiue *V* 6 et] sunt *add. PWVb* 7 si] *om. W* 7 risibile] risibilis *V* 8 generis] genus *W* communis *V* generi *b* 9 ideo] *om. V* 9 et] *om. V* 9 genus] *om. V* 10 sed sunt] *om. V* 10 et^{1}] sed *W* 10 debemus] debetis *W* scire *add. Wb* 10 opinionem] intencionem *Wb* 10 opinionem aristotilis] aristotilem opinionis *V* 10–11 secundum] *om. Wb* 11 rei] eciam *W* 11 dicere] *om. Wb* 11 dicere quod] vel *V* 11 predicamenta] predicamenti *V* 11 debent] deberent *V* 11 distingui] diuidi *W* 12 terminis] significantibus *add. P* singularibus *add. Vb* 12 contentis] conceptis *V* 13 illo] hoc *b* 13 tunc] tantum *b* 14 pertinent] pertinet *V* 14–15 et si predicantur de illis in quale ... predicamentum] *om.* (*hom.*) *V* 14 predicantur de illis] *om. W* de illis predicantur W^{m} 14 tunc] *om. Wb* tunc W^{m} 15 quod] que *V* 15 quale^{2}] qualis *CV* 16 hoc^{1}] homo *CPV* 16 dicimus] dicetur *V* dicitur *b* 16 hoc^{2}] homo *CPV* 16 album] albus *V* vel *add. PWVb* 16 dulce] dulcis *V* 16 vel coloratum] *om. W* vel coloratus *V* 16 ideo] ymo *V* 16–17 isti termini sunt] *om. V* 16 termini] *om. b* 17 de^{1}] in *V* 17 isto] termino *add. V om. b* 17–18 quale et si predicantur ... predicamento] *om.* (*hom.*) *V* 18 predicantur] *om. W* 18 in] eciam *V* 18 sunt] iterum *W* 18 de^{1}] in *WVb* 18 alio] predicamento *add. b* 18 multis] *om. WVb* 19 et] sed *Wb* etc. *V* 19 loquendi] dicendo *W* dicendi *b* 20 reducentur] reducerentur *Wb* reducuntur *V* 20 ad] illud *add. P* vnum et *add. b* 21 et] vel *W om. V* 21 predicamento] genere *PVb*

et isti termini « album », « dulce » essent de predicamento *quale*. Et quia hoc non consueuit dici — licet non esset inconueniens dicere —, nos possumus aliter distinguere predicamenta, scilicet penes nomina concreta et diuersos modos predicandi ipsorum de primis substanciis. Et sic iterum habentur decem, scilicet *quid*, *quale*, *quantum* etc., et tunc reducendo abstracta ad genera siue predicamenta concretorum, ita quod poneremus ista nomina « album » et « dulcedo », « dulce » et « albedo » pertinere ad idem genus V 16va siue ad | idem predicamentum, sicud enim communiter dicitur. Tamen certe Aristotiles bene dicit aliter in quarto *Thopicorum*[13]; ibi enim ipse valde bene multiplicat genera generalissima. Sicud enim secare est agere, ita secans est agens, et sectiuum est actiuum, et sectio est actio, et sunt predicaciones generum de speciebus; nec istud nomen « sectio » est genus ad ista nomina « secans » vel « sectiuum », ymmo « actio » est genus ad hoc nomen « sectio », et « agens » ad « secans », et « actiuum » ad « sectiuum ». Et sic ista sunt genera generalissima diuersa: actio, agens, actiuum. Et sic eciam ista nomina P 131rb sunt generalissima: « qualitas », « quale » et « qualitatiuum ». Hoc tamen non b 17vb obstante, | ponuntur solum decem genera principalia, quia tales casus | W 29ra reducuntur | ad principale a quo cadunt.

6. Secundum ista dicta omnes raciones que fiebant pro prima parte conceduntur, et auctoritates que adducebantur in contrarium negarentur.

1 album] vel *add. W* et *add. b* 1 de] isto *add. PWVb* 1 quia] et *add. V* 2 consueuit] est consuetum *V* 2 dici] dicere *V* 2 nos] vos *Wb* 2 possumus] potestis *Wb* 3 nomina] abstracta et *add. V* 4 sic] *om. V* 4 habentur] haberentur *b* 5 decem] predicamenta *add. W* 5 etc.] *om. W* 5 et tunc] *om. b* 6 siue] seu *PWVb* 7 et^{1}] *om. PV* 7 dulcedo dulce et] *om. Wb* 7 et^{2}] *om.* V 7 idem] illud *CPV* 7 genus] idem *add. V* 8 siue] vel *W* seu *b* 8 ad] *om. W* 8 sicud] sic *WVb* 8 enim] eciam *V* 8 tamen] tunc *V* 9 aristotiles] aristotilis *V* 9 bene] *om. b* 9 aliter in quarto thopicorum] quarto topicorum aliter *V* 9 ibi] vbi *Wb* 9 enim] *om. b* 9 bene] *om. PWVb* 10 ita] eciam *add. W* 11 et^{1}] *om. b* 11 sectiuum] secatum *V* 11 actiuum] agens *V* 11 sectio] secatum *V* 11 actio] actum *V* 12 nomen] genus *V* 12 sectio] scio (*!*) *V* 12 genus] nomen nomen (*!*)*V* 12 ista] hec *Wb* 13 sectiuum] secatum *V* 13 ymmo] hoc nomen *add. Wb* 13 sectio] scio (*!*) *V* 14 et^{1}] ad *add. V* 14 et^{2}] ad *add. V* 14 actiuum ad] ad actum *W* actiuam et *V* 14 sectiuum] secatiuam *V* 15 actiuum] actum *V* 15 eciam] *om. P* 16 et] *om. W* 16 qualitatiuum] qualiter *CWV* 17 genera] generalissima *PWV om. b* 17 principalia] predicamenta *b* 19 pro prima parte] ad primam partem *PWVb* 20 adducebantur] inducebantur *PV* 20 in contrarium] ad oppositum *Wb* 20 negarentur] et sic finitur questio sexta etc. *add. P* etc. *V*

13. Aristoteles, *Topica* IV, 4 (124a15–35) (*?*).

MARSILII DE INGHEN

QUAESTIONES IN METAPHYSICAM

⟨Liber IV, quaestio 5
Utrum « ens » univoce significet substantias et accidentia⟩

1. | Queritur quinto vtrum « ens » vniuoce significat substancias et accidencia. K 26ra W 27rb La 19vb Lb 129ra

⟨Arguitur quod sic⟩

2.1. Arguitur quod sic: ab omni essenciali conueniencia qua aliqua conueniunt potest sumi conceptus communis eorum; sed aliqua est essencialis conueniencia substancie et accidentis; igitur. Maior patet, quia conceptus communes non sumuntur a rebus nisi propter aliquam essencialem conuenienciam in qua res similes sunt siue conueniunt, vt dictum est in *Abbreuiatis* primi *Physicorum*[1]. Minor patet, quia conueniunt in esse vel existere.

2.2. Secundo, omnium per se stancium potest esse vnus conceptus communis; sed substancie et accidencia sunt huiusmodi; igitur. Maior patet, quia omnium talium est conceptus substancie. Minor patet, quia licet accidencia non sint per se, de facto tamen per se stare possunt per potenciam diuinam, sicut patet de accidentibus in sacramento altaris; ergo essencie rerum | accidentalium | non repugnat per se stare. (K 26rb Lb 129va) Confirmatur sic quia: albedo est ens simpliciter; ergo « ens » significat substancias et accidencia vniuoce. Consequencia nota est. Antecedens probatur quia: « albedo » respondetur ad questionem querentem « quid est? » sine addito; que non querit nisi | de ente simpliciter; (W 27va) igitur. Patet consequencia. Et assumptum declaratur quia:

2 **2.1**] Cf. Buridanum **2.1**. 8 **2.2**] Cf. Buridanum **2.2**.

1 quinto] circa quartum metaphysice *add. W om. Lb* 1 significat] significet *La* 1 accidencia] et *add. LaLb* 2 sic] quod *add. La* quia *add. Lb* 4 igitur] etc. *add. W* 5 a rebus nisi] nisi a rebus *LaLb* 6 similes] *om. LaLb* 6 siue] vel *La* 7 vel] et *La* 8 secundo] sic *add. LaLb* 9 igitur] etc. *add. W* 11 sint] stant *LaLb* 12 essencie] essenciis *La* 13 se] subsistere seu *add. La* 13 sic] *om. LaLb* 15 est] *om. La* sed *add. LaLb* 16 quid est] *om. W* 17 igitur] etc. *add. WLaLb* 17 et] *om. La* 17 assumptum] antecedens *LaLb* 17 declaratur] sic *add. La*

1. Marsilius de Inghen, *Abbreviationes super octo libros Physicorum Aristotelis*, I, q. 6, Venetiis 1521, f. 3rb (*ad sensum*).

si de albedine sacramenti altaris queratur «quid est hoc?», videtur quod optime respondeatur quod hoc sit albedo, cum ibi non sit aliquod album nec aliqua substancia subiecta albedini.

2.3. Tercio, si non, vel hoc esset propter accidentis inherenciam vel dependenciam, vel propter substancie prioritatem; nullo modorum potest dici; igitur. Maior videtur nota sufficienti diuisione. Minor demonstratur: primo, non propter inherenciam, quia sic non esset conceptus aliquis vniuocus forme substanciali et aliis substanciis vel entibus. Secundo, non propter dependenciam, quia sic non esset conceptus vniuocus Dei et substanciarum productarum a Deo. Neque eciam propter prioritatem substancie, quia immateriales priores sunt materialibus; et tamen omnium earum est vnus conceptus et vniuoce significantur. Confirmatur sic: si eorum que multum plus distant quam accidens et lignum vnus sit conceptus essencialis, tunc eciam poterit esse vnus accidentis et ligni; sed vnus est conceptus eorum que multum plus distant quam accidens et lignum; igitur. Maior patet per locum a minori, quia magis distancium minus videtur posse esse idem conceptus, eo quod conceptus sumitur a conueniencia vel similitudine rerum. Minor patet, quia Deus et lignum infinite distant, et multo magis quam lignum et albedo; et tamen eorum est vnus conceptus, scilicet substancie.

2.4. Quarto, vnius potencie cognoscitiue vnicum debet esse obiectum vniuoce significans omnia circa que est illa potencia; sed hoc non potest saluari de intellectu nisi «ens» sit vniuocum substanciis et accidentibus; igitur. Consequencia nota est. Et maior videtur esse Philosophi in illo quarto dicentis quod omnis sensus debet esse vnius generis sensibilis[2]; et eadem racione omnis potencia cognoscitiua. Minor patet, quia nichil posset poni vniuocum obiectum intellectus significans omnia intelligibilia absolute nisi ille terminus «ens».

4 **2.3**] Cf. Buridanum **2.3**. 21 **2.4**] Cf. Buridanum **2.4**.

1 queratur] queritur *La* 4 tercio] secundo *La* sic *add. LaLb* 4 vel[1]] *om. LaLb* 5 propter] *om. LaLb* 5 nullo] nullum *LaLb* 5 modorum] illorum *LaLb* 6 igitur] etc. *add. WLb* 6 nota] ex *add. LaLb* 6 demonstratur] declaratur *La* 6–7 demonstratur primo] primo declaratur *Lb* quod *add. LaLb* 8 substanciali] substancialis *KW* 8 vel entibus] *om. LaLb* 10 a deo] ab ipso *LaLb* 10 neque] nec *LaLb* 10 quia] res *add. LaLb* 12 et] *om. La* 12 vniuoce] vniuocus *La* 12 significantur] *om. La* significat *Lb* 12 multum] multo *LaLb* 13 essencialis] substancialis *LaLb* 14 vnus[1]] conceptus *add. LaLb* 15 que] qui *KW* 15 multum] multo *LaLb* 15 igitur] etc. *add. WLb om. La* 16 esse] *om. W* 17 rerum] ad rem *KW* 18 minor patet] *om. La* 19 tamen] *om. La* 21 quarto] sic *add. La* sic arguitur *add. Lb* 21 potencie] substancie *WLb* 23 igitur] etc. *add. W* 24 est et] *om. La* 24 esse] *om. KW* 27 intellectus] *om. KW* 28 ens] igitur *add. La* igitur etc. *add. Lb*

2. Aristoteles, *Metaphysica* IV, 2 (1003b20).

2.5. Quinto, nisi «ens» esset vniuocum, primum principium esset distinguendum. Consequens est contra Philosophum in littera[3]. Et consequencia tenet, quia in | [Lb 129vb] primo principio ponitur ens vel esse non restrictum; modo proposiciones in quibus ponuntur termini equiuoci sine restrictione sunt distinguende.

2.6. Sexto, communiter vtuntur sapientes et vulgares hoc termino «ens» vt vniuoco substanciis et accidentibus; igitur. Consequencia tenet, quia hoc concedendum est quod et sapientes et vulgares concedunt. Antecedens probatur primo quia: Philosophus septimo *huius*[4] dicit quod substancia est prius ens quam accidens; vel ergo tenet «ens» vniuoce — et habetur propositum —, vel tenet «ens» pro substancia solum, et sic nulla est comparacio, quia | [W 27vb] erit dicere quod substancia est magis substancia | [La 20ra] quam accidens; quod est improprie dictum. Secundo, quia dicimus quod paries et albedo sunt duo encia; et non volumus dicere quod sunt due substancie. Tercio, quia omnes | [K 26va] negant illam: «omne ens est substancia», ymo et Philosophus in primo *Physicorum*[5]; que tamen non deberet negari, si «ens» per se positum solam substanciam significaret.

⟨Oppositum arguitur⟩

3.1. Oppositum dicit Philosophus in illo quarto[6].

3.2. Similiter et Porphyrius[7], capitulo de predicabilibus.

3.3. Et potest probari racione quia: si «ens» esset vniuocum ad omnia que sunt, non haberemus decem predicamenta. Falsitas consequentis patet per omnes. Et consequencia tenet, quia ens esset vnum genus generalissimum omnium; omnia enim vniuoce significaret.

1 **2.5**] Cf. Buridanum **2.5.** 6 **2.6**] Cf. Buridanum **2.6 – 2.8.** 20 **3.3**] Cf. Buridanum **3.4.**

1 quinto] arguitur sic *add. Lb* 6 sexto] arguitur sic *add. La* sic *add. Lb* 7 igitur] etc. *add. WLb* 8 et^{1}] *om. LaLb* 10 tenet ens] ens *add. W* ens tenetur *LaLb* 10 vniuoce] ad vtrumque *add. LaLb* 11 tenet] tenetur *Lb* 11 tenet ens] ens tenetur *La* 11 est] esset *LaLb* 11 quia] tantum *add. LaLb* 12 erit] valebit *LaLb* 12 est^{1}] esset *LaLb* 12 quam] quod *Lb* 14 sunt] sint *Lb* 15 ymo] *om. W* 15 in] *om. LaLb* 16 solam] solum *LaLb* 17 substanciam] substancias *LaLb* 19 capitulo] in *LaLb* 22 genus] *om. La*

3. Aristoteles, *Metaphysica* IV, 3 (1005b10–15); cf. *AA*, 1: 96 (122).
4. Aristoteles, *Metaphysica* VII, 1 (1028a31–32).
5. Aristoteles, *Physica* I, 3 (186a23–b13) (*ad sensum*).
6. Aristoteles, *Metaphysica* IV, 2 (1003a33–34); cf. *AA*, 1: 88 (122).
7. Porphyrius, *Isagoge*, 6, 8–9; cf. *AA*, 30: 7 (300).

⟨De divisione quaestionis⟩

4. Ista questio difficilis est, quia non est facile aliquam partem eius efficaciter demonstrare. Et ideo probabiliter procedendo, primo recitanda est opinio communis, quam multi theologi tenent; et est bone memorie magistri Iohannis Biridani in questionibus suis super isto quarto, quamuis non credam quod in fine vite fuerit illius opinionis. Secundo respondebitur aliter ad questionem et, vt michi apparet, magis methaphisicaliter.

⟨Articulus primus: de opinione communi⟩

5. Ad primum articulum est primo notandum quod opinio communis videtur posse reduci ad octo conclusiones.

5.1.1. Quarum prima est ista: quod secundum Philosophum accidentis esse est purum inesse et nullo modo posse per se existere. Hec est Philosophi septimo *huius*[8].

5.1.2. Ex qua inferunt secundam quod ideo philosophi dicunt accidens non esse simpliciter, nec esse aliquid, sed pocius esse in alio vel aliquid alterius. Lb 130ra Probant ex precedenti quia: | esse quid vel aliquid seu esse simpliciter non videtur competere nisi hiis que per se esse possunt. Qualiter accidens secundum eos esse non potest per precedentem conclusionem; vnde in particulari dicunt Aristotilem non concessisse albedinem esse aliquid, sed esse aliquale, eo quod nunquam per se est nec esse potest, vt credidit, sed semper dat esse quale suo subiecto. Aliud motiuum in dictis eorum non video.

5.1.3. Ex quo inferunt terciam conclusionem quod iuxta mentem Philosophi nulla est essencialis conueniencia accidencium cum substancia. Probant ex precedenti quia: substancie sunt simpliciter quid et aliquid in modo suo communissimo essendi; et esse quid vel aliquid accidentibus non conuenit,

9 **5.1.1**] Cf. Buridanum **4.1.2.–4.1.3.** 12 **5.1.2**] Cf. Buridanum **4.1.4–4.1.5.**

4 in questionibus suis] *om. LaLb* 5 vite] sue *add. LaLb* 5 fuerit] fuit *Lb* 5 respondebitur] respondetur *La* 5–6 ad questionem] *om. La* 6 methaphisicaliter] etc. *add. La* 7 ad] quantum ad *WLaLb* 7 articulum] *om. Lb* 9–10 esse est] est esse *W* 10 posse] *om. La* 10 se] subsistere *add. La* 10 existere] posse *add. La* 10 est[2]] *om. W* 12 secundam] conclusionem *add. LaLb* 12 dicunt accidens non] non dicunt accidens *LaLb* 13 sed pocius ... aliquid] *om. (hom.) La* 14 precedenti] precedente *LaLb* 14 seu] vel *LaLb* 16 per] iuxta *LaLb* 16 conclusionem] questionem *La* 17 dicunt aristotilem non] non dicunt aristotilem *La* 20 quo] hoc *LaLb* 20 quod] *om. La* 21 accidencium] accidentis *La* 22 precedenti] antecedente *Lb* 22 suo] sui *W* 23 communissimo essendi] essendo communissimo *KW*

8. Aristoteles, *Metaphysica* VII, 1 (1028a18–20); cf. *AA*, 1: 160 (128).

sed esse aliquale, vel esse aliquid alterius siue aliquid per inhesionem — patet ex precedenti conclusione; igitur.

5.1.4. Quarta conclusio, quod iuxta hanc viam Philosophi nullus potest esse conceptus essencialis simplex communis substancie | et accidentibus. W 28ra
Probant ex precedenti quia: nulla est essencialis conueniencia inter ea.

5.1.5. Quinta conclusio: secundum rei veritatem accidencia possunt per se et sine subiecto existere. Patet ex fide, in sacramento altaris.

5.1.6. Sexta conclusio: quod in posse per se existere conueniunt substancia et accidens. Patet ex precedenti. Ex quo infertur correlarie quod aliqua est essencialis conueniencia substancie et accidentis.

5.1.7. Septima conclusio: quod ens est vniuocum ad omnes substancias et omnia accidencia, saltem illa que possunt seorsum existere per potenciam diuinam. Nam ex quo inter ea est essencialis conueniencia, ab illa potest sumi conceptus communis vtrique.

5.1.8. Octauo inferunt quod ens | est genus generalissimum ad hunc terminum K 26vb
« substancia » et alium terminum qui absolute significat omnia accidencia, saltem potencia per se existere, si esset ei nomen impositum; et quod hic terminus « substancia » est genus subalternum contentum sub hoc genere « ens ».

5.2. Ad raciones ante oppositum dicunt quod sint pro eis.

5.3.1. Ad auctoritates post oppositum dicunt quod Philosophus, Porphyrius et Commentator fuerunt illius opinionis, quia nesciuerunt accidencia posse per se existere; et ideo crediderunt nullam conuenienciam essencialem esse inter substancias et accidencia. Et ideo, cum nos ex fide sciamus contrarium, merito aliter ponimus.

5.3.2. Ad racionem adductam dicunt quod nichilominus manent decem predicamenta, quia licet ens sit genus ad omnes terminos absolutos, tamen | Lb 130rb
manent nouem modi generales predicandi distincti nouem predicamentorum accidencium, quia non per res, sed per modos predicandi vel significandi

3 **5.1.4**] Cf. Buridanum **4.1.6**. 6 **5.1.5**] Cf. Buridanum **5.1**. 8 **5.1.6**] Cf. Buridanum **5.1**. 11 **5.1.7**] Cf. Buridanum **5.2.3**. 15 **5.1.8**] Cf. Buridanum **5.3.2.2**.

1 aliquid[1]] quid *LaLb* 2 patet] *om. KW* 2 igitur] etc. *add. W om. LaLb* 3 quarta] quarto *W* 3 hanc] *om. LaLb* 4 substancie] substanciis *LaLb* 4 accidentibus] et *add. Lb* 5 precedenti] precedente *La* 6 per] secundum *La* 8 per se] *om. W* 9 infertur] inferunt *LaLb* 11 et] ad *add. LaLb* 12 saltem] ad *add. LaLb* 13 diuinam] patet ex precedenti *add. LaLb* 13 nam] quia *LaLb* 14 vtrique] vtroque *La* 16 et] ad *add. LaLb* 20 ad] et *LaLb* 20 dicunt quod] *om. LaLb* 20 sint] sunt *LaLb* 20 eis] et *add. La* 25 ponimus] et *add. La* 26 dicunt] dicimus (*?*) *La*

La 20rb circa primas substancias distinguuntur predicamenta. Verum est | secundum eos quod isti termini «color», «odor» et alii formas accidentales significantes absolute non sunt de predicamento qualitatis, sed entis. Nec oportet, vt dicunt, concretum et abstractum semper poni in eodem predicamento, cum secundum veritatem sint genera distincta.

5.4. Hec de primo.

⟨Articulus secundus: de opinione propria⟩

6.1. Ad secundum est prima supposicio quod forme substanciales in lumine naturali non plus esse possunt sine subiecto quam accidencia.

6.1.1. Patet, quia Aristotiles equaliter impossibile reputaret materiam stare sine forma, vel formam substancialem sine materia, sicut accidencia esse sine subiecto. Apparet ex secundo *De anima*[9], quia actus actiuorum, idest forme substanciales, semper sunt in paciente disposito. Eciam istud apparet primo *De generacione*[10] et determinatiue ex processu Philosophi septimo et octauo *huius*[11].

6.2. Secunda supposicio: quod hoc non obstante, iste terminus «substancia» vel «ens» vniuoce dicitur de substancia composita, forma substanciali et materia.

6.2.1. Patet per Philosophum septimo et octauo *huius*[12] et in principio secundi *De anima*[13], vbi substanciam tanquam vniuocum diuidit | in materiam, formam et compositum. W 28rb

6.3. Ex hiis duabus supposicionibus infertur prima conclusio huius articuli: quod Philosophus non negauit accidencia esse encia simpliciter, ex eo quia reputauit ea non posse per se existere, sed solum esse in alio.

3–4 vt dicunt] quod *LaLb* 4 semper] sed *Lb* debeant *add. LaLb* 5 sint] sunt *LaLb* 6 hec de primo] *om. LaLb* 7 ad] quantum ad *WLaLb* 7 secundum] articulum *add. LaLb* 9 reputaret] reputat *LaLb* 11 apparet] patet *LaLb* 12 semper] *om. LaLb* 12 disposito] predisposito *LaLb* 12 eciam] et *LaLb* 12 apparet] patet *LaLb* 15 quod] nec *La* 16 composita] composito *Lb* 18 patet] *om. Lb* 19 materiam] et *add. La* 21 huius] hec *La om. Lb* 21 articuli] *om. La* secundi *add. Lb* 22 negauit] negabat *LaLb* 22 quia] quod non *LaLb* 23 reputauit] reputabat *La* 23 non posse] *om. LaLb*

9. Aristoteles, *De anima* II, 2 (414a11–12); cf. *AA*, 6: 55 (179).

10. Aristoteles, *De generatione et corruptione* I, 10 (327b22); cf. *AA*, 4: 6 (167).

11. Cf. Averroem, *In Metaphysicam* VIII, com. 3, Venetiis 1562, f. 210H; cf. *AA*, 1: 212 (133).

12. Aristoteles, *Metaphysica* VIII, 1 (1042a26–30); cf. *AA*, 1: 200 (131).

13. Aristoteles, *De anima* II, 1 (412a6–9), 2 (414a14–16); cf. *AA*, 6: 37 (177).

6.3.1. Patet, quia eadem racione negasset formam substancialem esse ens simpliciter; cuius contrarium dicit secunda supposicio. Et consequencia patet per supposicionem primam.

6.3.2.1. Confirmatur sic: vel hec opinio intendit quod Philosophus reputauit accidencia simpliciter nichil positiuum habere, nec in se nec in alio; et illud est manifeste falsum, quia ipse ponit accidencia esse positiue contraria; et non est contrarietas quin concurrunt forme positiue. Vel intendit quod sint positiue res, sed non distincte contra subiecta que afficiunt; et illud non est verum, quia si sic, albedo esset substancia sic affecta et esset quoddam ens simpliciter ex consequenti. Vel intendit quod sint res pure respectiue fundate in aliis rebus absolutis; et hoc non, quia sic omnia accidencia solum essent in predicamento *ad aliquid*, vbi huiusmodi res pure | respectiue habent | poni, Lb 130va K 27ra sicut dependencia vel inhesio, si ponerentur distincte a rebus absolutis. Vel intendit quod sint quedam entitates positiue et absolute afficientes substancias, sed non potentes esse extra eas; et tunc, licet falsum supposuerit in hoc quod non credidit ea posse esse nisi in subiecto, tamen non supponit falsum quin esse naturale eorum, quo possunt remanere et agere sine miraculo, sit esse in subiecto et ex consequenti naturaliter inniti subiecto et, eciam si essent semota per potenciam diuinam, habere tendenciam ad subiectum. Et per consequens, siue per miraculum ponerentur per se siue naturaliter essent in subiecto, Philosophus eodem modo diceret de entitatibus eorum, quia eadem entitas remanet positiua.

6.3.2.2. Et iterum confirmatur illud auctoritate Philosophi, primo *De generacione*[14], dicentis quod caliditas separata nichil pacietur, capitulo de actione. Ex quo sequitur quod eciam nichil aget, nisi forte per miraculum. Et ex hoc sequitur quod naturaliter tendit, quando separata est, ad esse in subiecto, vt possit in generacionem sibi similis, ad quod a natura inclinatur.

3 per] propter *La* 4 sic] *om. La* 4 intendit quod philosophus] *om. LaLb* 5 simpliciter] *om. LaLb* 6 ipse] ipsa *Lb* 7 est contrarietas] contrariantur *LaLb* 8 afficiunt] efficiunt *W* 9 si] *om. LaLb* 9 sic^{1}] *om. W* 10 sint] sunt *K* 10 fundate] funditate *W* 11 solum] *om. La* 12 aliquid] solum *add. La* 13 distincte] *om. La* distincta *Lb* 14 sint] sunt *LaLb* 14 quedam] *om. La* 14 entitates] entitas *K* 14 afficientes] efficientes *K* 15 tunc] esse *La* 15 supposuerit] suppositum erat *La* supposuerat *Lb* 16 ea] eas *LaLb* 16 esse] posse *add. La* 16 supponit] supposuit *La* 18 inniti] innata *LaLb* 18 et eciam] *scripsi* eciam *KWLa* et *Lb* 19 habere] haberet *La* haberent *Lb* 20 ponerentur] ponentur *K* 21 philosophus] et sic *LaLb* 21 modo] *om. Lb* 21 diceret] diceretur *La* dicetur *Lb* 21 eadem] eorum *LaLb* 22 remanet] remaneret *LaLb* 23 iterum] *om. LaLb* 24 pacietur] pateretur *La* 25 aget] ageret *LaLb* 25 forte] *om. La* 25 ex^{2}] *om. La* 26 quando] quin *KW* 26 ad] a *LaLb* 26 esse in] *om. LaLb*

14. Aristoteles, *De generatione et corruptione* I, 7 (324b19–20).

6.3.2.3. Tercio notandum quia duo videntur modi dependencie rerum a prima causa, extendendo nomen « rei » ad substancias et accidencia. Qui primus modus est vt sit quid secundum se existens vel saltem huiusmodi rei constitutiuum vt illud sit quid secundum se. Et hic modus omnibus substanciis conuenit, nam, etsi forma vel materia | [W 28va] non sit quid secundum se existens, nichilominus componunt et constituunt hoc aliquid vt partes essenciales eius. Secundus modus est emanacio per modum afficientis huiusmodi quid siue ens per se existens vel partem eius. Et hic modus est omnium accidencium, nam quodlibet eorum secundum suam naturam propriam innititur subiecto, quod per ipsum afficitur siue disponitur. Nec quouismodo potest hoc esse per se sine miraculo, nec aliquid per se existens cum alio constituere, cum accidens nunquam componat hoc aliquid cum subiecto suo. Et vt clarior sit sermo, primus modus vocetur « dependencia | [La 20va] rerum per se existencium », secundus « dependencia rerum afficiencium vel disponencium substancias ».

6.3.2.4. Quarto notandum quod videre meo Philosophus voluit hos duos modos in nulla essenciali conueniencia conuenire, cum primus sit encium per se, vel simpliciter vel in componendo, | [Lb 130vb] secundus sit encium que secundum suam naturam sine miraculo nullo modo habent esse per se, nec simpliciter nec compositiue, sed solum habent esse affectiue. Et videtur michi quod Philosophus mouebatur ex eo quod tota latitudo primi modi habet quodammodo per se subsistere, vel simpliciter vel compositiue, et tota latitudo secundi modi secundum sui naturam intrinsecam sine miraculo ad tale esse nequit ascendere.

6.4. Quibus premissis, sit secunda conclusio hec: quod nullus est conceptus vniuocus et absolutus substancie et | [K 27rb] accidentis.

6.4.1. Probatur sic: conceptus vniuocus communis absolutus fundatur super aliqua essenciali similitudine rerum; sed nulla est talis inter substanciam et accidens; igitur. Maior patet a Philosopho tercio *De anima*[15], nam, cum

1 tercio] est *add. W* 1 quia] quod *WLaLb* 2 et] ad *add. Lb* 2 qui] *om. LaLb* 3 vt] illud quod dependet *add. LaLb* 3 huiusmodi] alicuius *LaLb* 4 vt illud sit quid secundum se] *om. LaLb* 5 vel] et *LaLb* 6 et constituunt] *om. LaLb* 7 emanacio] emanacia *Lb* 7 huiusmodi] ipsum *LaLb* 8 partem] pars *W* 8 hic] huiusmodi *KW* 11 miraculo] constituere *add. K* 11 nec] constituere *add. LaLb* 11 aliquid] aliquod *LaLb* 11 constituere] *om. LaLb* 13 vocetur] conceditur (*?*) *Lb* 15 quarto] est *add. LaLb* 15 videre] videri *Lb* 15 voluit] noluit *Lb* 15 duos] *om. W* 16 nulla] aliqua *LaLb* 16 conueniencia] debere *add. LaLb* 17 in] *om. La* 17 componendo] et *add. LaLb* 18 naturam] et *add. La* 19 habent] habet *La* 19 affectiue] effectiue *Lb* 20 quod] quia *LaLb* 21 subsistere] existere *LaLb* 21 vel[2]] *om. La* 22 sui] suam *LaLb* (*et sic saepius*) 26 sic] omnis *add. LaLb* 26 communis] et *LaLb* 26 absolutus] *om. W* 28 igitur] etc. *add. W* 28 a philosopho] per philosophum *LaLb*

15. Aristoteles, *De anima* III, 8 (431b29–432a1); cf. *AA*, 6: 163 (163).

non sint res vniuersales in essendo, oportet quod species communis lapidis in anima fundatur super essenciali similitudine lapidis. Et hec maior eciam declarata est in *Abbreuiatis* primi *Physicorum*[16]. Minor patet per precedens notabile.

6.4.2. Correlarium responsale ad quesitum: iste terminus «ens» non significat vniuoce substanciam et accidencia. Sequitur ex conclusione, cum sit terminus absolutus.

6.4.3. Et ad racionem alterius opinionis dicitur quod, licet accidens per primam potenciam possit separari, et separatum conseruari in esse et agere, a suo subiecto, nichilominus hoc totum est preter nature cursum solitum et miraculose, nam naturalis tendencia accidentis est ad subiectum, sicut forme ad materiam. Et ergo ex tali conseruacione miraculosa non fit accidens quid simpliciter; ymmo miraculum est quod caliditas separata calefacit, vel quod remittitur a frigido, sicut | patet ex auctoritate allegata. Et patet demonstratiue, W 28vb nam caliditas agens in frigiditatem separatam non attingit nec attingere potest finem sue actionis, cum finis sue actionis sit generare caliditatem sibi similem; quam generare non potest nisi ex subiecto, sine miraculo; et ergo non generabit eam ex frigiditate separata, nisi Deo supplente per miraculum vices subiecti.

6.5. Tercia conclusio: nec «esse» dicitur vniuoce de substancia et accidente.

6.5.1. Patet ex tercio et quarto notabilibus, cum illi duo modi dependenciarum rerum substancialium et | accidentalium nullam habeant conuenienciam nec Lb 131ra in esse nec in alio, cum vnus totus innitatur modo existendi per se et alius totus modo existendi in alio, cum quo non componit nec componere potest.

6.6. Quarta conclusio: huiusmodi «ens» et «esse» conueniunt equiuoce substancie et accidenti.

6.6.1. Patet, quia conueniunt eis, et non vniuoce, vt dicunt precedentes conclusiones; igitur.

6.7. Quinta conclusio: huiusmodi equiuocacio est annoloya vel a consilio.

1 communis] communes *Lb* 2 fundatur] fundaretur *K* fundentur *W* fundantur *Lb* 2 super] esse *add. La* 3 est] *om. W* 5 quesitum] est *add. W* 6 accidencia] accidens *Lb* 8 et] *om. WLaLb* 8 racionem] raciones *LaLb* 8 quod] *om. La* 9 separatum] separatim *LaLb* 11 miraculose] miraculosum *KW* 14 frigido] frigiditate *LaLb* 15 nam] *om. W* 16 sit] scit *Lb* 18 generabit] generauit *LaLb* 22 rerum] illarum *W* 23 existendi] essendi *LaLb* 24 totus] *om. LaLb* 24 existendi] essendi *LaLb* 24 non] nec *LaLb* 25 huiusmodi] equiuoce *add. K om. LaLb* 28 igitur] etc. *add. W* conclusio vera *add. LaLb* 29 annoloya] annologa *La*

16. Marsilius de Inghen, *Abbreviationes super octo libros Physicorum Aristotelis*, I, q. 6, Venetiis 1521, f. 3rb (*ad sensum*).

6.7.1. Patet, quia «ens» et «esse» dicuntur de substanciis vel existentibus per se primo et principaliter, quia secundum se existunt, et dicuntur de accidentibus secundario et ex consequenti, quia existunt in alio.

6.7.2.1. Forte dices: hec dictio «canis» significat equiuoce a casu latrabile et piscem maris; ergo eciam «ens» significabit equiuoce a casu substanciam et accidens. Antecedens supponitur. Et consequencia probatur quia: videtur quod conceptus representantes habeant se sic sicut res representate; modo essencialiter similiores sunt latrabile et piscis in mari quam substancia et accidens; ideo si «canis» significat illa que magis similia sunt, a casu equiuoce, quanto magis quilibet terminus significans equiuoce magis dissimilia eciam significabit ea equiuoce a casu.

6.7.2.2. Respondetur quod equiuocacio a casu non attenditur penes similitudinem rerum quas terminus significat, nec equiuocacio a consilio penes dissimilitudinem vel similitudinem, sed magis penes ordinem. Dicitur enim terminus equiuocus a casu respectu horum que significat diuersis conceptibus
K 27va | eque primo, vt «Sor» diuersos homines veros quibus est impositus diuersis imposicionibus, et equiuocus a consilio respectu horum que significat non eque primo, sed posterius in ordine ad prius, sicut iste terminus «Sor»
La 20vb Sortem verum et Sortem pictum, quamquam | essencialiter sunt dissimiliora quam duo homines veri quorum est proprium nomen.

6.7.3. Correlarie sequitur ex conclusione quod iste non sunt concedende de vi sermonis: «albedo est», «caliditas est». Sequitur ex conclusione, quia esse simpliciter non conuenit eis.

W 29ra **6.8.** Tu dices: nunquid, magister, hec est | concedenda: «caliditas est causa», «caliditas est qualitas prima», «caliditas est alicui contrarium»?

6.8.1. Ad primam respondeatur quod nulla proposicio in qua terminus positus communis substancie et accidenti predicatur de termino supponente pro
Lb 131rb accidente de vi | sermonis est concedenda. Racio quia: quelibet talis includit esse simpliciter, quod accidenti non conuenit; nam esse causam includit esse,

1 vel] de *add. LaLb* 3 secundario] secundarie *LaLb* 3 alio] et *add. La* 4 dices] quod *add. LaLb* 4 dictio] *om. La* 4 casu] animal *add. LaLb* 5 maris] marinum *LaLb* 6 et^2] sed *Lb* 7 sic] *om. LaLb* 7 representate] presentate *Lb* 8 in mari] marinus *LaLb* 9 ideo] igitur *La* 10 significans] significat *Lb* 10 equiuoce] illa que sunt *add. LaLb* 11 ea] *om. La* 12 respondetur] quarta conclusio *add. W* 12–13 similitudinem] similitudines *LaLb* 13 significat] vel eciam dissimilitudinem *add. LaLb* 16 sor] sortes *W* 16 impositus] impositum *KW* 18 sor] sortes *W* 19 verum] viuum *LaLb* 19 sortem^2] *om. La* 19 pictum] depictum *La* 21 ex conclusione] ad conclusionem *La* 22 sequitur] patet *LaLb* 24 tu] *om. LaLb* 24 magister] *om. LaLb* 24 hec] illa *LaLb* 24–25 est causa caliditas] *om. (hom.) La* 25 prima] *om. LaLb* 26 respondeatur] respondetur *LaLb* 26 positus] positiuus *LaLb* 28 quelibet] quilibet *Lb*

esse effectum includit esse, et ita in aliis. Secundo dicatur quod frequenter talibus vtimur ac si esse vniuoce competeret substancie et accidenti, sicut dicitur quarto *Celi*[17] quod grauitas et leuitas mouent vel sunt cause motus; et multa consimilia sunt in philosophia.

6.8.2. Per hoc ad dubitaciones. Ad primam dicitur quod hec non est vera de vi sermonis: « caliditas est causa » vel « grauitas est causa », nam, cum non sit simpliciter, sequitur quod non est causa. Secundo dicitur quod, vbicumque tales reperiuntur, intelligende sunt cum addito, videlicet: « caliditas est causa instrumentalis » vel « causa agens cum alio ». Ad alias duas dicitur quod ille sunt simpliciter concedende, nam ille non includunt esse simpliciter, eo quod predicatum proprium est formis accidentalibus sicut « esse contrarium » vel « esse qualitatem primam ».

6.9. Hec de secundo.

⟨Respondetur ad rationes principales⟩

7. Ad raciones principales.

7.1.1. Ad primam **[2.1]** dicitur negando minorem. Et ad probacionem eius dicitur quod esse et existere non conueniunt vniuoce nec aliqua similitudine reperiuntur in substancia et accidentibus, vt dictum est in tercia conclusione.

7.1.2. Ad secundam **[2.2]** dicitur distinguendo maiorem, quia vel intelligitur quod omnium que secundum sui naturam propriam possunt per se stare est vnicus conceptus — et sic maior est vera et minor falsa, nam accidens secundum suam naturam propriam non potest esse nisi in subiecto; et si sit extra, semper tamen tendenciam habet ad subiectum. Vel intelligitur sic quod quidquid potest stare per se, siue sit eleuatum secundum suam naturam siue sustentatum preter sui naturam, habet cum omnibus per se stantibus eundem conceptum — et sic maior est falsa et minor vera, quia accidentis non fit in nobis conceptus ex hoc quod sustentatur miraculose sine subiecto, cum conceptus generentur naturaliter et natura generans particularis huiusmodi

1 dicatur] dicitur *LaLb* 2 sicut] sic *KW* 3 quod] *om. LaLb* 3 cause] causa *KW* 4 philosophia] philosophico (*?*) *La* 6 nam] *om. La* 6 sit] *om. LaLb* 7 non] *om. LaLb* 7 est] sit *LaLb* 7 secundo] vnde *LaLb* 8 caliditas] *om. La* 9 alias duas dicitur] alias dicas scilicet duas *K* alias dicas duas *W* 11 accidentalibus] substancialibus *Lb* 12 qualitatem] calidum *LaLb* 12 primam] *om. LaLb* 13 hec de secundo] *om. LaLb* 14 principales] *om. La* 18 quia] *om. LaLb* 22 extra] subiectum *add. LaLb* 22 habet] tendenciam *add. La* habent *Lb* 22 quod] *om. LaLb* 23 sit eleuatum] *om. LaLb* 23 siue[2]] *om. La* secundum *add. Lb* 24 sustentatum] sustamentum *La* sustentamentum *Lb* 24 cum] *om. W* 26 in] *om. LaLb* 26 nobis] nouus *LaLb* 27 generentur] generantur *WLaLb*

17. Aristoteles, *De caelo* IV (307b28 – 313b22) (*passim*).

existenciam miraculosam in nullo aduertat; et ergo sic fiunt conceptus ac si nunquam accidens per se existeret. Ad confirmacionem negatur antecedens. Et ad probacionem dicitur quod si, demonstrando hostiam consecratam, que- W 29rb ratur: « quid est hoc? », non bene respondetur: « hoc est albedo », cum questio Lb 131va « quid | est? » sine addito, vel cum hoc pronomine « hoc », semper intelligatur K 27vb querere substanciam. Et ergo respondendum | est: « hoc est corpus dominicum », vel « Ihsus Christus », quia vtrumque est ibi ex fide. Forte dices: si albedo staret sine subiecto, et nulla substancia subesset, et quereretur: « quid est hoc? », quomodo deberet responderi? Respondetur quod qui ignoraret albedinem sic existere, semper reputaret hoc esse vel panem vel aliquod huiusmodi quod per albedinem taliter dispositam consueuit informari. Sed ponatur quod reuelatum sit alicui ibi nullam substanciam subesse; quomodo ergo ille respondebit? Respondetur quod diceret ibi non esse hoc, sed solum esse qualitatem separatam a subiecto; que non est nata demonstrari secundum sui naturam per hoc pronomen « hoc ».

7.1.3. Ad terciam **[2.3]** dicitur quod causa equiuocacionis est diuersus modus dependencie accidencium a prima causa respectu substanciarum, sicut patet ex secundo articulo. Ad confirmacionem dicitur quod, si maior intelligatur sic quod, si horum que plus distant perfectione essenciali quam accidens et lignum sit vnus conceptus essencialis etc., maior est falsa et minor vera; quamquam enim plus distet prima causa a substanciis dependentibus essenciali perfectione quam substancie ab accidentibus, tamen ex quo multi termini predicamentorum, sicut « substancia », « causa » et consimiles, significant illimitate rem per se existentem per se existere, « substancia » et « causa » de prima causa et aliis substanciis vniuoce dicuntur. Vel intelligis La 21ra maiorem de distancia essencialis conueniencie | a qua natus est sumi conceptus vniuocus multorum; et sic conceditur maior et negatur minor. Ad probacionem eius dicitur quod, licet infinite excedat in perfectione Deus quamlibet substanciam dependentem, tamen a cuiuslibet substancie sensibilis conceptu potest capi conceptus illimitatus, puta substancie vel per se stantis, per abstractionem intellectus communis illi substancie et Deo, eo quod per se stare potissime Deo conuenit et in aliis est ab ipso. Nulla autem talis essencialis conueniencia est inter substancias et accidencia.

1 existenciam] essenciam *La* 1 et] *om. LaLb* 7 fide] et *add. La* 10 aliquod] *om. LaLb* 12 subesse] simul esse *La* 13 diceret] dicet *LaLb* 14 esse] *om. LaLb* 15 hoc] illud *LaLb* 17 causa] substancia *LaLb* 19 essenciali] accidentali *La* 20 etc.] *om. LaLb* 21 distet] distat *WLaLb* 22 quo] sunt *add. LaLb* 23 termini] diuersorum *add. LaLb* 23 consimiles] qui *add. LaLb* 24 existentem per se] *om.* (*hom.*) *LaLb* 24–25 substancia et causa] *om. LaLb* 25 intelligis] intelligitur *LaLb* 26 maiorem] maior *LaLb* 26 distancia] *om. La* perfectione *Lb* 26 conueniencie] perfectione *add. La* 29 tamen] tanquam *Lb* 30 capi] sumi *La* 30 substancie] substancia *LaLb* 31 stantis] existens *LaLb* 32 quod] *om. W* 32 in] *om. LaLb* 32 est ab ipso] *om. LaLb*

7.1.4. Ad quartam **[2.4]** dicitur quod non oportet obiectum potencie cognoscitiue esse purum vniuocum et absolutum, cum color, qui est obiectum potencie visiue, equiuoce significet lucem et colorem proprie dictum. Sufficit enim vnitas annoloye.

7.1.5. Ad | quintam **[2.5]** dicitur quod equiuocacio a consilio non reddit Lb 131vb proposicionem distinguendam. Vnde in primo principio esse ponitur | sim- W 29va pliciter, vel ly «ens»; et ergo stat pro principali significato.

7.1.6. Ad sextam **[2.6]** dicitur quod, vt frequenter, talibus vtimur ac si essent vniuoca, eo quod significacio secunda propinqua est prime. Sed tamen considerando res a quibus sumuntur huiusmodi conceptus, inuenitur in eis equiuocacio. Vnde septimo *Physicorum*[18] dicitur quod in genere latent equiuocaciones multe, quamuis tamen homines communiter reputant genera esse vniuoca, sicut de hoc specialiter dictum est de generibus qualitatis et quantitatis in *Abbreuiatis Predicamentorum*[19]. Sed ad ea que assumis; ad primum dicitur quod Philosophus in septimo *huius*[20] non dicit quod substancia est prius ens accidente, sed bene quod est prior, idest perfectior, accidente; et est comparacio improprie dicta, sicut habebitur in septimo *huius*[21]. Ad secundam dicitur | quod hec de virtute sermonis est falsa: «homo et albedo K 28ra sunt duo encia», cum albedo non sit ens, sed sunt vnum ens et vnum ens inherens. Ad terciam dicitur quod vulgares nesciunt equiuocacionem entis; et ideo negant illam: «omne ens est substancia» vel «omne quod est, est substancia»; capiunt enim «ens» in sua communitate annologa, ac si accidencia essent encia. Ipsa tamen de virtute sermonis est vera, quia «ens» sine addito eidem conceptui correspondet cui ille terminus «substancia».

7.2. Raciones post oppositum **[3.1 – 3.3]** sunt pro correlario responsali secunde conclusionis articuli secundi.

8. Et hec de questione.

1 quod] *om. Lb* 2 purum] et *add. Lb* 3 visiue] eciam *add. LaLb* 3 significet] significat *Lb* 5 quintam] quinta *Lb* 6 distinguendam] distinctam *La* 9 est] *om. La* 10 sumuntur] sumitur *WLb* 12 homines] omnes equiuocaciones *LaLb* 12 genera] *om. LaLb* 13 sicut] sed *LaLb* 14–15 primum] primam *La* 15 in] *om. LaLb* 17 habebitur] habetur *LaLb* 18 secundam] secundum *Lb* 20 terciam] tercium *Lb* 20 equiuocacionem] equiuocaciones *La* 23 encia] ens *LaLb* 25 post] in *La* 27 et hec de questione] *om. WLaLb*

18. Aristoteles, *Physica* VII, 4 (249a22–24); cf. *AA*, 2: 193 (155).

19. Marsilius de Inghen, *Abbreviationes super librum Praedicamentorum*, cod. Kraków, Biblioteka Jagiellońska, 712, f. 4rb (de quantitate) et f. 6ra (de qualitate).

20. Aristoteles, *Metaphysica* VII, 1 (1028a31–32).

21. Cf. Marsilium de Inghen, *Quaestiones in Metaphysicam*, VII, q. 1, cod. Kraków, Biblioteka Jagiellońska, 709, ff. 73va–74rb.

INDEX NOMINUM

A. — SOURCES

I. — TEXTES ANONYMES

II. — AUTEURS ANTIQUES

III. — AUTEURS MÉDIÉVAUX

1. Auteurs musulmans

2. Auteurs chrétiens

IV. — AUTEURS MODERNES ET CONTEMPORAINS

B. — LITTÉRATURE SECONDAIRE

NOTICES SUR LES CONTRIBUTEURS

PAUL J. J. M. BAKKER : chargé de recherches à l'Université de Nimègue et membre associé du Centre d'Études des Religions du Livre. Ses travaux concernent la philosophie et la théologie du XIVe au XVIe siècles (thèse, à paraître, sur *La Raison et le Miracle. Les Doctrines eucharistiques (c. 1250 – c. 1400). Contribution à l'étude des rapports entre philosophie et théologie*). Il a co-édité (avec Maarten J.F.M. Hoenen) le recueil *Philosophie und Theologie des ausgehenden Mittelalters. Marsilius von Inghen und das Denken seiner Zeit* (Leiden, Brill, 2000).

OLIVIER BOULNOIS : directeur d'étude à l'École Pratique des Hautes Études, V^e section, membre du Centre d'Études des Religions du Livre. A publié notamment : *Duns Scot, la rigueur de la charité* (Paris, Cerf, 1998), *Être et représentation, une généalogie de la métaphysique moderne à l'époque de Duns Scot (XIVe siècle)* (Paris, PUF, 1999), traduit et commenté: Jean Duns Scot, *Sur la connaissance de Dieu et l'univocité de l'étant (Ord. I, d. 3 et d. 8, collatio 24)* (Paris, PUF, 1988), et dirigé le recueil : *La Puissance et son ombre (Sentences I, d.42-44), de Pierre Lombard à Luther* (Paris, Aubier, 1994).

MAARTEN J. F. M. HOENEN : professeur associé de métaphysique et d'histoire de la philosophie à l'université de Nimègue. Il travaille sur la philosophie et la théologie du Moyen Age tardif. A publié entre autres : *Marsilius of Inghen. Divine Knowledge in Late Medieval Thought* (Leiden, Brill, 1993), *Speculum philosophiae medii aevi. Die Handschriftensammlung des Dominikaners Georg Schwartz*, (Amsterdam, 1994).

ZÉNON KALUZA : directeur de recherches au CNRS (Centre d'Études des Religions du Livre). Il a fait ses études à l'Université catholique de Lublin (Pologne) où il fut nommé assistant. En France depuis 1967, il a continué ses études à la Sorbonne et à l'ÉPHÉ, V^e section. Il travaille au CNRS depuis 1968. Il a publié entre autres : *Thomas de Cracovie. Contribution à l'histoire du collège de Sorbonne* (Wroclaw, 1978), *Les Querelles doctrinales à Paris. Nominalistes et réalistes aux confins du XIVe et du XVe siècles* (Bergame, 1988), *Nicolas d'Autrécourt, ami de la vérité* (Paris, 1995).

ALFONSO MAIERÙ : professeur d'histoire de la philosophie médiévale à l'université La Sapienza de Rome. Ses recherches portent sur la logique et la sémantique (notamment en théologie trinitaire), l'aspect institutionnel de l'enseignement dans les universités et les écoles des ordres mendiants, et enfin sur le vocabulaire philosophique de Dante. Rédacteur de l'*Enciclopedia Dantesca*, il est l'auteur de : *Terminologia logica della tarda scolastica* (Rome, Ateneo, 1972), *University Training in Medieval Europe*, Leiden, Brill, 1994 ; il a dirigé les recueils : (en coll. avec A. Paravicini Bagliani) *Studi sul XIV° secolo in memoria di A. Maier* (Rome, Edizioni di Storia e di Letteratura, 1981), et (en coll. avec R. Imbach) *Gli studi di filosofia medievale fra Otto e Novencento* (Rome, Edizioni di Storia e di Letteratura, 1991).

THOMAS RICKLIN : docteur en philosophie, professeur du FNRS pour l'histoire de la philosophie médiévale auprès de l'Université de Neuchâtel. A publié entre autres : *Die "Physica" und der "Liber de causis" im 12. Jahrhundert* (Freiburg, Universitätsverlag, 1995), *Der Traum der Philosophie im 12. Jahrhundert. Traumtheorien zwischen Constantinus Africanus und Aristoteles* (Leiden, Brill, 1998), et édité : Dante Alighieri, *Das Schreiben an Cangrande della Scala* (Hamburg, Meiner, 1993), et (en collaboration avec F. Cheneval) *Das Gastmahl* (Hamburg, Meiner, 1996).

JEAN-LUC SOLÈRE : ancien élève de l'ENS de Saint-Cloud, agrégé et docteur en philosophie, chargé de recherches au CNRS (Centre d'Études des Religions du Livre), chargé de cours à l'Université Libre de Bruxelles et à l'Université Catholique de Louvain. A publié diverses études sur la pensée antique et médiévale, sur la scolastique tardive et la pensée du XVIIe siècle, ainsi que sur la philosophie comparée (Inde et Occident).

GÉRARD SONDAG : maître de conférences de philosophie, habilité à diriger les recherches, à l'Université Blaise-Pascal, Clermont, et chercheur associé au Centre d'Études des Religions du Livre. Spécialiste de Jean Duns Scot, il a notamment traduit, annoté et commenté : *Le Principe d'individuation* (Paris, Vrin, 1992), *L'Image* (Paris, Vrin, 1993), *La Théologie comme science pratique (Prologue de la Lectura)* (Paris, Vrin, 1996), *Prologue de l'Ordinatio* (Paris, PUF, 1999), et édité le recueil *Duns Scot et la métaphysique classique* (Paris, Vrin, 1999).

CHRISTIAN TROTTMANN : agrégé de philosophie, docteur et habilité à diriger les recherches. Ancien membre de l'Ecole Française de Rome, il a consacré sa thèse à *La Vision béatifique, des disputes scolastiques à sa définition par Benoît XII* (Bibliothèque des Écoles françaises d'Athènes et de Rome, 289, 1995). Il a publié depuis *Théologie et Noétique* (Vrin 1999), *La Vision de Dieu aux multiples formes, Quodlibet de Guiral Ot* (édition, traduction et notes, Paris, Vrin, 2001) et une cinquantaine d'articles principalement sur la philosophie médiévale. Directeur de recherches au CNRS et directeur de programme au Collège International de Philosophie, il enseigne à l'Université de Bourgogne.

TABLE DES MATIÈRES

ACHEVÉ D'IMPRIMER
EN JUILLET 2002
PAR L'IMPRIMERIE
DE LA MANUTENTION
A MAYENNE
N° 241-02

Dépôt légal : 3e trimestre 2002